KB247968

2027
대한민국 대학입시 트렌드

University Admissions Trends

2027
대한민국
대학입시
트렌드

EBS · EBS i

입시대표강사 윤윤구 선생님의 대학입시 트렌드 완전분석

2026 대한민국 대학입시 트렌드를 처음 출간한 이후 벌써 1년이라는 시간이 지나고 있습니다. 전국을 순회하며 숱한 강연들을 진행하면서 '학생들의 성장'에 대해 목이 터져라 그렇게도 많은 이야기를 하고 있는 요즘에도 여전히 입시에 대해 오해하고 있고 막연한 불안감을 호소하는 수많은 학생들의 이야기를 듣습니다. 그럴 때마다 저의 고민은 더욱 깊어만 갑니다. 시대의 흐름이기도 하지만, 갈수록 입시에 대한 학생과 학부모의 열망은 더욱 커져만 가고, 여러 상황들이 덧입혀지면서 더 예민해지고, 더 과격해지고, 더 치열해져 가고 있음을 느낍니다. 남들보다 더 좋은 대학, 조금 더 거창한 대학이라는 타이틀, 부모의 가슴에 붙여질 더 위대한 훈장까지……. 그럴수록 '교육'이란 의미가 퇴색되는 것 같아 안타까움을 느낍니다.

보다 좋은 대학이 보다 나은 삶을 보장할 수 없다는 것을 충분히 알고 있음에도, 내 자식만은 보다 나은 삶의 기회를 잡을 수 있을 것이라는 막연한 기대로 인해 우리는 오늘도 난처하고, 불안한 삶을 살아갑니다. 입시라는 '소재'를 가지고, 학생의 '성장'을 고민하는 교사의 입장에서는 우리나라 입시 현실이 더더욱 안타까울 따름입니다.

더 좋은 대학에 입학하는 것만이 실패하지 않는 삶이라고 말하는 사교육의 외침과 그 외침에 편승하고 있는 언론의 보도 속에서 이 난처한 상황을 헤쳐 나가는 것이 그리 쉽지만은 않습니다. 교육의 본질은 '성장'이 분명하고, 성장을 위해서는 '변화'를 시도해야 하는데 그러려면 시행착오와 실패를 전제로 할 수밖에 없습니다. 하지만, 고등학교에서마저 실패를 용납하지 않고, 시행착오를 인정하지 않으려 하는 지금의 상황에서 남들과 다른 길을 간다는 것은 상당한 용기를 필요로 하는 일입니다. 그렇지만 기왕에 시작한 일이고, 어차피 앞으로 나아가야 하는 일이니 저는 더 당당하게 '교육의 본질'에 대해서 이야기를 해야겠다는 생각이 들었습니다.

최근 TV 프로그램에서 대학을 잘 보낸 엄마들의 이야기들이 '전설'처럼 흘러나오고, 보다 많은 돈을 쓰고, 남들 보다 앞서 교육을 받아야 한다고 말하는 온갖 '쓰앵님'들이 넘쳐나는 상황이다 보니, 어느새 교육의 본질은 찾아보기 힘들고, 겉모습의 화려함이 교육을 지배하는 형국이 되어버렸습니다. 이유는 알 수 없지만, 이렇게 하면 된다고 말하는 '1등 맘의 계시(!!)'를 추앙하고, 그 속에서 답을 찾으려 하는 숱한 이야기들을 뒤로 하고, 저는 **어렵고 힘든 공부에 대한 이야기, 입시에 대한 이야기**를 하려 합니다. 쉬울 리가 없는 공부들을 너무나 쉽다고 말하고, 한 줌의 노력이면 입시를 성공한다고 말하는 '기적'들을 보면서, 때로 제가 하는 노력들이 너무도 허무하게 느껴지지만, 하루하루 처절한 노력을 통해 조금씩 성장하는 제자들을 보며, 그리고 그들의 눈빛에 생겨나는 열정을 느끼며, 또 다시 힘을 내어 시작합니다.

2027학년도 입시는 "여전히" 변수가 많습니다. 의대 정원 원복으로 시작된 출발점도 혼란이 되고, 무전공 전형의 확대, 2028 입시를 대비하기 위한 대학들의 다소 전격적인 입시 변경, 다소 심각한 상황으로 번지고 있는 '사탐런'과 '확통런', N수생의 변동 등 숱한 난제들이 여전히 존재하고, 이제까지와 같이 '유난히' 힘든 입시 전쟁이 될 것입니다. 하지만, 여전히 혼란한 입시에도 불구하고, 2027학년도 입시를 준비하는 모든 예비 수험생들은 '자신이 해야 할 일'에 집중해야 합니다. 무엇을 준비하고, 어떻게 준비할 것인지에 대한 숱한 이야기들을 통해 우리는 '불안을 이기는 성장'에 대해 이야기를 할 것입니다. 불안하기 때문에 할 수 없다고 말하는 것이 아니라,

불안에 집중하지 않고,
'성장'에 집중해서 성공의 길을 만들기

에 대해서 이야기를 하려 합니다. 누군가에게는 엄청난 두려움이지만, 준비를 하는 사람들에게 입시는 항상 "기다림"입니다. 남다른 기다림을 바라는 존재가 되기 위해서 우리는 시간을 잘 관리할 필요가 있습니다.

　성적이 좋지 않은 많은 고등학생들과 상담을 하게 되면 항상 느끼게 되는 것이 하나 있습니다. '학습된 무기력'입니다. 중학교를 거치면서 무기력을 학습하고, 무엇 하나 제대로 해낼 수 없다는 생각이 팽배함을 봅니다. 잦은 실수, 계속되는 실패, 방치된 학습, 실패에 대한 잘못된 해석 등으로 무기력을 "학습"한 학생들은 제자리에 멈춰 서 있습니다. 자신이 가진 모든 가능성에 마음을 닫고, 무기력을 선택합니다. 그 '무기력'에 숱한 공부들이 덧입혀지고, 더 많은 성공의 방법

이 덧칠됩니다. 그러다보니 학생들은 자신의 '무기력'에 집중하지 못하게 되고, 자꾸 '공부 방법'에 대해서만 집착을 하게 됩니다. 더 나은 방법을 찾고, 더 쉽고 빠른 길을 찾기 위해 연구합니다. 문제의 핵심은 방법과 길이 아니라 **'태도(attitude)'**에 있습니다. 그 문제를 해결해야만 '공부'라는 증상에 대한 해결이 이뤄지게 됩니다. 증상 자체에 집착하게 되면, 그 증상은 다시 나타나게 될 수밖에 없습니다. '대증 치료'에 모든 것을 걸려고 하는 사회 속에서 원인에 대한 고민이 필요함을 다시 한 번 강조합니다.

이 책을 통해 저는 개인적으로는 예비 수험생들의 가능성에 포커스를 두고 싶습니다. 숱한 성공의 사례와 실패 사례를 통해 얻게 된 지금까지의 최종적인 결론은 **'모든 학생은 공부를 잘할 수 있는 충분한 가능성을 가지고 있다'**입니다. 즉, 공부를 못하는 학생은 존재할 수 없다는 말입니다. 이 말이 가지는 가장 본질적인 의미를 간과하지 않았으면 합니다. 그냥 선언적인 의미가 아니고, 통상적이 수사에 불과한 것이 아니라, 가장 실질적인 말입니다. 다만, 예비 수험생들이 가진 가능성을 '구현'하고, 현실화시키기 위해서는 **남다른 노력**이 필요합니다. 통상의 노력이 아니라, '남다른' 노력이 필요합니다. 예비 수험생들의 '남다른' 노력을 위해서는 너무나 당연하게 "남다른 동기"가 필요합니다. 모든 예비 수험생들과 학부모들에게 이 책이 그런 '동기'가 되었으면 합니다. 그냥 열심히 하라는 말을 하기 보다는 구체적인 방법들을 생각해 보는 동기가 되길 바라고, 안된다고 말하기 보다는 가능한 방법을 찾을 수 있는 통로가 되길 바라고, 불가능하다고 이야기하는 모든 상황들을 이겨낼 수 있는 튼튼한 '설득 기제'가 되길 바랍니다. 성공의 사례들을 통해, 그리고 실패의 사례를 통해 무엇이 문제인지에 대한 깊은 통찰을 공유했으면 합니다. 더 많이 고민하고, 더 많이 아파야 더 많은 성장을 이룰 수 있습니다. 모든 가능성을 현실로 만들기 위해서는 고통의 과정은 필수이고, 실패의 과정도 필수입니다.

그 많은 고통과 실패를 통해 만들어지는 성장이 예비 수험생들이 원하는 대학을 진학하게 만드는 원동력이 될 것입니다. 이 책의 모든 이야기를 통해 숱한 도전들이 시작되고, 만들어지고, 완성되어지길 간절해 기원해 봅니다.

2027학년도 입시에서의 성공, 그리고 그 이후로 이어지는 인생에서의 성공 경험들을 위해 우리는 부단히 우리의 노력을 '정교화'해야 합니다. 무턱대고 '열심히 해'라고 말하기 보다는 보다 의미 있는 결과를 만들기 위한 '전략적 열심'을 만들어야 하고, 막연하게 전교 1등의 공부 전략과 입시 전략을 따르기보다는 **자신만의 구체화된 학습과 입시 전략**'을 만들어 낼 수 있어야 합니다. 그 시간과 노력이 협력하여 '결과'로서의 진학이 결정됩니다. 그 과정이 없으면 당연히 결과도 없습니다. 과정이 생략되어가는 세태에서 제대로 된 과정의 중요함을 생각해야만 합니다. 그런 구체적인 노력과 설득의 과정을 통해 우리는 보다 "의미 있는 선택"들을 할 수 있게 될 것이고, 그 의미 있는 선택들이 모이고, 쌓일 때 우리의 목표를 즐겁게 성취할 수 있게 될 것입니다.

부디 이 글이, 입시로 인해 지치고, 힘들고, 낙담한 모든 학생, 학부모들에게, 그리고 그들을 지켜보고 마음 졸이고 보다 나은 길을 제시하기 위해 고뇌하는 멋진 동역자들인 교사들에게 무한한 힘이 되길 기도해봅니다.

우리의 모든 수고와 노력이, 사랑과 헌신이 멋지게 피어날 그 날을 기다리며.

'모든 것이 합력하여 선을 이루느니라' (롬 8:28)

학생들과 함께하는 자습실 한 켠에서
학생들의 성장에 진심인 입시 큐레이터

전윤구 드림

contents

Chapter 2 합격을 위한 맞춤형 입시 전략 세우기

Chapter 3 2027 대학 입시 트렌드 분석

대한민국 입시 트렌드 대응 전략

Chapter 1

난.처.한 (난생 처음 한 번)
입시 준비

1. 아는 만큼 보이는 입시

 2027 입시 준비를 위하여

요즘 제가 근무하는 학교에서는 쉬는 시간이면 학생들이 피아노 연주를 하곤 합니다. 학생들 중 대다수가 이미 초등학생 때부터 수년 간의 레슨과 연습을 통해 바이엘, 체르니 등을 거치면서 나름의 실력들을 쌓았기에 쉬는 시간이라도 자신이 '꿈꿨던' 피아니스트인양 맘껏 피아노 실력을 뽐냅니다. 가끔씩 제가 듣기에 전공자 못지않은 실력을 갖춘 학생의 연주를 듣고 감탄할 때도 있습니다. 이른바 '피아노 조기 교육의 보편화'로 인한 현상의 결과로 볼 수 있습니다.

우리나라 아이들의 초등학교 혹은 유치원부터 시작하는 피아노 교육은 누구나 한번은 거치는 과정인 것처럼 매우 보편화 되어 있습니다. 물론 개인차가 있기 마련이지만 피아노를 잘 배우고, 남들보다 더 잘 치는 아이들을 보면 피아노에 남다른 재능이 있다고 생각을 합니다.

입시에 대한 이야기를 하면서 먼저 피아노 교육을 언급하며 시작하는 이유는 우리의 입시 이야기는 대체로 피아노를 배우고 포기하는 과정과 유사점이 있어 보이기 때문입니다. 당연히 해야만 하는 것으로 생각하고 시작하고, 잘하는 것 같아서 더 큰 기대와 열정을 보이고, 조금의 시간이 흐른 후에는 정체되고, 늘지 않는 실력으로 인해 적당한 긴장감과 소소한 갈등을 보이고 결국에는 쿨하게 피아노를 포기하는 이러한 일련의 과정들이 입시를 준비하는 과정과 놀랍도록 유사합니다.

교육자로서 저 역시 아이들의 어린 시절의 예체능 교육은 성장하는 아이들의 신체 발달과 인지 발달에 매우 긍정적인 영향을 준다고 생각합니다. 덧붙여 이러한 예술 교육은 무엇보다 아이들이 즐겁게 예술 활동을 즐기면서 그 전문성을 기를 수 있도록 이끄는 것이 더 중요합니다. 아쉬운 점은 우리나라의 경쟁 문화에 익숙한 부모의 입장에서는 즐기는 예체능이 존재하기가 쉽지 않다는 점입니다. 사실 아이는 즐겁게 예체능 활동을 하는 것만으로도 많은 성장을 이룹니다. 반면 대부분의 부모는 '결과'에 관심을 가집니다. 아이의 열심과 노력보다는 그 결과의 어떠함에 대한 매우 직접적인 평가와 반응을 보이는 것이 문제입니다. 제대로 된 교육이 이뤄지지 않고, 실질적인 변화가 없이 나름의 성공의 '신화(myth)'를 동경하고 부모의 한없는 기대 혹은 속절없는 포기가 가득한 공간으로서의 입시는 매우 험난한 여정일 뿐입니다.

우리나라의 피아노 교육은 매우 '체계적'입니다. 놀라운 피아노 실력을 보여주는 자녀를 보고 있노라면, 혹시 피아노에 남다른 재능이 있는 '피아노 천재' 혹은 그 정도까지는 아니어도 나름의 '피아노 영재'는 아닐까 하는 막연한 기대를 가지며 숱한 콩쿨과 대회에 참여하며 입상하면서 피아노에 재미를 붙입니다. 그런데 막상 아이들이 체르니 30번 즈음에서 위기를 한 번 겪습니다. 피아노를 끊고 싶다는 말이 나올 정도로 흥미를 잃는 아이들이 점차 많아집니다. 여러 이유들이 있겠지만, 저는 그 나름의 이유를 이렇게 봅니다. '어쩌면 체르니 교본이 무엇인지 모르기 때문이 아닐까?'

체르니 교본은 베토벤의 제자였으며, 피아노 교사인 카를 체르니(Carl Czerny)가 만든 정말 피아노 교육의 정석 같은 교재입니다. 숱한 학생들이 이 교재를 통해 탁월한 피아노 실력을 갖출 수 있게 되었습니다. 반면에 체르니 교재는 많은 학생들로 하여금 피아노를 그만두게 하는 교본으로도 유명합니다. 또한 부모와 자녀 간의 깊은 감정의 골을 만드는 연습곡이기도 합니다.

위대한 작곡가이자 음악 교사였던 체르니는 '무대 공포증'을 가진 사람으로 알려져 있습니다. 피아노 연주에서 실수하지 않도록 손가락 연습을 위한 피아노 연습곡을 만들었고, 더 정확하게 건반을 잘 칠 수 있도록 반복적인 훈련을 전제로 한 손가락 연습으로 고안된 교재인 셈입니다. 최고의 피아니스트가 되길 원하고, 욕심이 있는 학생들에게는 체르니 교본은 자신의 테크닉과 스킬을 연마해서 한걸음 더 성장하게 만드는 최고의 교재이지만, 그런 생각이 별로 없는 대부분의 학생들에게는 그저 힘들고 어렵고, 지루한 최악의 교재일 뿐입니다. 특히나 최근의 많은 학생들에게 체르니는 매우 당황스러운 교재이기도 합니다. 사회적 흐름에 따라서 많은 학생들이 자신을 드러내는 것을 주저하지 않습니다. 무대에 대한 공포보다는 무대에서 느끼는 희열을 더 즐기는 세대가 되어가고 있습니다. 그런 학생들에게 완전주의적 연습을 강요하는 체르니는 받아들이기 어려운 교재이기도 합니다.

'실수하지 않는 법'을 배우고 익히기 위해서는 '고통'과 '지루함'이 필수입니다. 피아노를 잘 치는 사람들, 보다 폭넓게는 무언가를 잘 하는 모든 사람들이 경험해야만 하는 과정입니다. 고통과 지루함이란 것은 어떠한 분야든 제대로 배우기 위해 반드시 거쳐야 하는 과정인 셈입니다. 성공과 실패는 역시 이것으로 나뉩니다.

> 체르니 30번에서 피아노를 그만둔 그 숱한 학생들은
> 피아노에 "재능"이 없어서가 아니라,
> 그 고통과 지루함을 견딜 이유가 없기 때문입니다.

대한민국에서 입시를 준비한다는 것은 누구에게나 무척 어려운 일임에 틀림없습니다. 특히, 고등학교에 진학한 자녀에 대한 고민은 이루 말할 수 없이 깊을 수밖에 없는 것이 현실이기도 합니다. 숱한 부모와의 상담을 통해 입시에 실패하는 학생과 '부모'를 많이 만나고 있습니다. 학생은 학생대로 부모는 부모대로 나름의 최선을 다하고 있다고 말하는 학생과 부모를 볼 때면 도대체 어디에서 어떻게 준비가 잘못된 것인지에 대한 자괴감을 가지게 됩니다. 부모나 학생들의 성

공적인 입시를 위해 당면한 과제를 정확하게 이해하는 것이 무엇보다 필요해 보입니다.

2027 입시를 준비하는 모든 학생과 부모들에게 가장 먼저 하고 싶은 이야기는 제대로 된 공부를 해야 한다는 점입니다. 제대로 된 공부는 너무도 당연하게도 '고통'과 '지루함'이 전제됩니다. 공부를 잘한다는 것, 공부를 열심히 한다는 것은 그 고통과 지루함을 당연한 것으로 받아들일 때 가능합니다. 그러니 입시를 준비하기 위해서 가장 먼저 전제되어야 할 것은 바로 '태도(attitude)'입니다.

같은 피아노 학원을 다니던 학생들 중에서 누군가는 성공을 하고, 누군가는 포기를 합니다. 어떤 차이가 있을까를 고민하면, 대부분의 경우에는 '재능'을 이야기합니다. 재능은 매우 중요한 요소이긴 하지만, 재능이 모든 것을 결정하는 것은 아닙니다. 오히려 태도가 더 많은 것을 결정합니다. 그렇다면 재능이 과연 유전의 영역으로 설명이 되는지 그 답을 찾기 위해서 바로 이 간단한 질문을 던져보면 됩니다. "성공한 모든 사람들의 부모들이 그런 '재능'을 가지고 있었을까요?"

그럴 리가~~~!!!!

재능은 매우 중요한 요소이긴 하지만, 그 재능마저도 후천적으로 만들어지고 형성되는 부분이 있다는 점을 간과해서는 안됩니다. 이와 관련된 이야기를 할 때 제가 주로 예를 드는 것은 '생활의 달인'입니다. 신기하고, 놀랍고, 저런 것이 가능할까 싶은 '달인'들의 특출한 재능조차도 그들의 지나온 삶을 되돌아보면 그 이면에 남모를 고통과 지루하리만큼 긴 세월을 버틴 결과물임을 알게 됩니다. '달인'들은 자신의 일에 대한 남다른 애정을 전제로 합니다. 보다 나은 방법을 찾으며, 자신의 성장과 발전에 대해 끊임없이 '고민'을 하는 사람들입니다.

그런 의미에서 2027학년도 입시를 준비하는 모든 수험생들은 자신이 원하는 모든 대학을 진학하는 것이 가능하다는 전제에서 시작해야 합니다. 오랜 시간 동안 고교에서 숱한 학생들을 직접 지도하면서 알게 된 가장 중요한 법칙 중의 하나를 소개합니다.

'공부를 못하는 학생은 없다'

이 명제에 대해 다양한 학생, 부모들이 많은 의견을 내놓습니다. 오랜 경험을 토대로 저는 단호하게 말씀 드릴 수 있습니다. 공부는 못하는 것이 아니라, '안 하는' 것입니다. 물론 안 하는 이유는 학생들마다 무수히 많고, 사회적 분위기, 부모와의 관계 등 숱한 변수들이 존재합니다. 그럼에도 불구하고 공부는 못하는 것이 아니라, 안 하는 것입니다. 특히나 입시를 준비하고, 수능을 준비하는 모든 고등학교 수준의 공부는 더욱 그러합니다.

2027학년도 수능을 치러야 하는 도민이는 매우 대표적인 학생입니다. 도민이의 1학년 내신 성적은 국어 8, 수학 7, 영어 6 등급이었습니다. 1학년 2학기에 긴 상담의 과정을 통해, 그리고 더 많은 '자기 설득'의 시간을 통해 공부를 "선택"하고, 휴대폰과 태블릿을 반납하고, 오프라인 공부를 시작했습니다. 고등학교 1학년 학생이 스스로 '고통'과 '지루함'을 선택한다는 것은 매우 어려운 일입니다. 그 어려운 일을 도민이는 자기 설득의 과정을 통해 스스로 선택한 약속을 지켜나가려고 애를 쓰고 있습니다.

처음 공부를 시작할 때의 어려움을 이루 말할 수가 없었습니다. 자습 시간에 제대로 집중하는 것조차도 힘들었고, 무엇을 공부해야하는지에 대한 개념도 없었기 때문에 자습 시간의 상당 부분을 멍 때리거나, 자는 것으로 채웠습니다. 하지만, 고통과 지루함을 선택하고 그 긴 시간을 자기 설득으로 견뎌내고 자습실에 앉아 있는 것을 '선택'한 도민이는 겨울방학 중 눈부신 성장과 발전을 이뤄냈습니다. 2학년 중간고사와 기말고사를 열정적으로 달린 도민이의 2학년 1학기 성적은 국어 3, 수학 4, 영어 3 등급입니다. 도민이는 이번 1학기 시험의 과정을 통해 공부에 대한 남다른 자신감을 형성했고, 2학기를 멋지게 준비하기 위해 여름방학을 말 그대로 '미친 듯이' 공부를 할 것이고, 더 좋은 결과를 만들어 낼 것입니다. 그리고 3학년 1학기에는 보다 나은 성적을 만들고 자신이 희망하는 대학을 진학하게 될 것입니다.

여기서 이런 질문이 가능합니다. 그렇다면 도민이는 '공부를 잘하는 학생일까요, 못하는 학생일까요?' 개인적으로 이 질문이 입시를 준비하는 모든 학생들에게 의미 있는 질문이길 바랍니다. 결과만 보고 이야기를 한다면 아마도 성공한 케이스를 자랑스레 소개한다고 여길 수 있습니다. 대부분의 학부모나 학생들은 남의 자녀가 성공한 것이라고 생각을 할뿐, 자신 혹은 내 자녀는 그렇게 될 수 없을 것이라고 막연히 생각을 합니다.

아닙니다.

도민이는 매우 평범한 고등학생입니다. 엄청 특출한 재능이 있거나, 머리가 탁월하게 좋은 학생이 아닙니다. 그저 주위에서 흔하게 볼 수 있는 수준의 "평범한" 학생입니다. 그런 학생도 자신이 "원한다면" 충분히 공부를 잘해낼 수 있습니다. 공부를 못하는 학생은 기본적으로 없습니다. 우리의 신체, 뇌는 공부를 못하도록 세팅된 것이 아닙니다. 수학을 못하도록 세팅된 뇌는 없습니다. 과학을 못하고, 영어를 못하고, 국어를 못하도록 뇌가 세팅이 된 것이 아니라, '나는 못해' 스스로 한계를 만들고 그 생각의 틀 속에 자신을 가두는 것이 더 심각한 문제입니다.

수학을 잘한다는 것, 국어를 잘한다는 것, 실제로는 공부를 잘한다는 것은 언제나 쉽지 않습니다. 특히, 고등학교에서는 더욱 그러합니다. 모르는 것을 알기 위해 노력해야 하고, 어려운 것을 이해하기 위해 더 많이 수고해야 합니다. 여기서 방향이 결정이 됩니다. 수학을 잘하고, 공부를 잘한다는 말은 이 어려운 과정을 '선택' 하는 것입니다. 우리 뇌는 사용자가 원하는 방향으로 발달을 합니다. 누군가 게임을 원하고, 운동을 원하면 뇌는 그것이 생존에 필요하다고 판단해서

1. 아는 만큼 보이는 입시　　23

그 역량을 더 강화시키려고 합니다.

공부는 못하는 것이 아니라,
남들보다 적은 시간과 노력을 투자하고
있을 뿐입니다.

2027학년도 입시를 준비하는 고2 학생들이 보다 의미 있는 선택을 하기 위해서는 지금 이 마인드가 반드시 필요합니다. 숱한 상담을 통해 이 문장을 신뢰하고, 자신의 삶의 패턴을 바꾼 학생들은 성공의 경험을 하고 있습니다. 2027학년도 입시는 앞선 입시들과 유사하게 매우 복잡하고, 변수가 여전히 존재합니다. 많이 불안하고, 어려운 상황이지만, 그런 상황일수록 수험생의 태도는 더욱 중요해집니다.

지금 당장 시작합시다.

공부하고 있다는 착각에 대해

　최근 고3 교실을 가면 매우 이상한 현상들을 보게 됩니다. 수능을 한 달 정도 앞둔 고3 교실에서 학생들의 절반 이상이 인강을 보고 있습니다. 이런 이야기를 하면 부모들은 매우 이상하게 쳐다봅니다.

　　'왜 이상한 현상인가요? 공부 잘하고 있는 것 아닌가요?'

　진짜로 그런걸까요? 당연히 아닙니다. 수능을 한 달 정도 앞둔 상황에서 여전히 인강을 보고 있다면 매우 심각한 공부 착각을 하고 있는 것입니다. 수능은 '수학修學 능력(scholastic ability)'을 측정하는 시험입니다. 무언가를 '알고' 있는지를 묻는 시험이 아닙니다. 인강을 보고 공부를 한다는 것은 당연히 매우 중요합니다. 하지만, 공부 즉 학습을 완성하기 위해서는 배우는(學) 것으로 끝나지 않습니다. 중요한 것은 자신의 것으로 만드는 과정인 '익히는(習)' 과정이 있어야 합니다. 문제는 인강을 듣는 것은 '학(學)'에 해당한다는 점입니다. 모르는 것을 배우는 과정일 뿐입니다. 수학 능력을 증명하기 위해서는 배운 것을 자신의 것으로 만들어야 합니다. '익히는(習)' 과정이 생략되면 좋은 결과를 얻기 힘들다는 말입니다. 고3 10월이면 마지막 '습(習)'을 위한 담금질이 한참이어야 할 때인데, '학(學)'을 하고 있으니 수능에서 좋은 결과를 받는다는 것은 어려울 수밖에 없습니다.

　문제는 상당수의 고3 학생들이 이런 방식으로 공부한다고 착각하고 있다는 점을 지적하고 싶습니다. '왜 이렇게 공부하는걸까요?' 아마도 어릴 때부터의 공부 습관 때문인 것 같습니다. 현대 사회를 살아가는 우리들은 대체로 '듣고 보는 것'을 주로 합니다. 문제는 배움도 듣고 보는 것으로 이뤄진다고 '착각'하고 있다는 점입니다. 최근 제작되어 있는 인강은 매우 '친절'합니다. 너무 친절해서 당황스럽기까지 합니다. 이런 친절한 인강에는 맹점이 많습니다. 공부는 결국 모르는 것을 배우는 과정이기 때문에, 자신의 것으로 만들기 위해서는 반드시 '시간'이 필요하고, 공백이 필요합니다. 그런데 '지나치게 친절한 인강'은 그 모든 것이 다 이뤄졌다고 "착각"하게 만듭니다. 그러니 대부분의 학생들은 인강을 듣는 것만으로도 자신이 그 개념을 알게되었고, 이해했다고 생각을 하게 됩니다. 사실 가장 심각한 문제는 상당수의 학생들이 이런 '공부 착각'을 실제로 공부한 것으로 생각하고 있다는 점입니다. 듣고 보는 것으로는 사고의 확장이 이뤄지기 어렵습니다. 생각하는 과정이 생략되었기 때문입니다. 우리 뇌는 반복적인 사고의 과정을 통해 신경망을 형성할 때 비로소 사고의 확장이 가능합니다. 인강은 이 시간을 극도로 단축시키는 것처럼 '보일' 뿐입니다.

심리학에서는 이런 현상을 '유창성 착각(illusion of fluency)'이라고 합니다. 유창성 착각은 어려운 일을 쉽게 하는 사람들을 보면서 '나도 충분히 할 수 있겠다.'고 느끼는 감정을 말합니다. 흔히 국가 대표 경기를 보는 사람들이 많이 하는 말을 생각해보면 쉬울 듯합니다.

'아니, 국가 대표라면서 저것도 못해? 나도 할 수 있겠다.' 정도의 이야기인 셈입니다. TV에서 요리를 잘하는 사람들을 보면, 그 요리가 매우 쉬워 보입니다. 왠지 나도 쉽게 할 수 있을 것 같아서 도전을 하면 항상 실패를 하게 됩니다. 영상에서 본 춤을 따라 하기 힘든 이유도 마찬가지입니다, 쉬워 보이는 슬릭백을 해보면 절대 제대로 되지 않는 이유 역시 쉽다고 느끼는 '유창성 착각' 때문입니다. 근래 학생들에게 인강은 이런 착각을 하게 만드는 매우 중요한 기제로 작용을 합니다. 유명한 인강 강사는 숱한 연습과 다양한 엔터 요소를 가지고 강의를 준비합니다. 까다롭고 난이도 있는 문제를 너무나도 쉽게 푸는 인강 강사를 보는 학생들은 그 문제가 쉽다고 느끼게 됩니다. 쉬운 문제이기 때문에 군이 연습할 필요가 없고, 자신도 잘할 수 있다는 스스로 "믿게" 됩니다. 이해했다고, 알겠다고, 쉽다고, 해낼 수 있다고 스스로 '믿기' 때문에 더 이상의 공부를 할 필요가 없다고 생각을 합니다. 이런 심각한 '공부 착각'은 결국 낮은 시험 점수로 이어지게 됩니다. 이렇게 공부의 순간들을 '유창성 착각'으로 채운 학생들이 시험을 치게 되면 공통적으로 자주 하는 말이 두 가지 정도 됩니다.

'공부는 열심히 하는데, 성적이 잘 안 나와요.'

물론 이 문장 자체는 학생들이 다양한 상황에서 다양한 이유를 가지고 말합니다. 하지만, 정말 열심히 공부했는데, 성적이 실제로 안나오는 학생들은 대체로 '보는 공부' 혹은 '듣는 공부'에 집중한 학생들입니다. 이런 공부 습관이 생기는 이유는 초중등 때 이런 공부 방법으로 성공했던 경험이 있기 때문입니다. 이러한 경험이 고등학교에 이어진다면 자신이 원하는 성적은 거의 받기 힘듭니다. 고등학교의 공부는 기본적으로 '習'을 중심으로 하기 때문입니다. 어려운 것을 배우고, 이를 토대로 사고의 확장을 해내야 좋은 결과를 만들 수 있게 됩니다. 인강을 통해 보거나 듣는 공부를 하는 것만으로는 절대 성적을 올릴 수 없습니다.

유창성 착각이 무서운 이유는 많은 학생들이 그것을 '착각'이라고 생각하지 않기 때문이기도 합니다. 지윤이가 가장 대표적인 학생입니다. 지윤이는 2학년까지 엄청 공부를 열심히 하는 것으로 전교에서 매우 유명한 학생이었습니다. 그럼에도 성적은 항상 매우 낮게 형성되었습니다. 지윤이는 이 문제로 엄청 힘들어 했고, 어렵게 상담의 기회를 가지게 되었고, 긴 상담을 통해 '열심히 하는 공부'의 문제점을 찾을 수 있었습니다. 누가 보기에도 성실하고, 열심히 하는 지윤이는 공부의 거의 대부분의 시간을 '學'으로 보내고 있었습니다. 학교 수업 후에 학원으로 직행하고, 학원 수업 후에는 학원에서 보내는 링크에 따라 인강을 열심히 시청하고 있었습니다. 당연히 인강을 다 본 후에는 공부를 엄청 열심히 했으니 자신만의 시간을 보내야 한다며 휴대폰을 하고 있습니다. 지윤이의 입장에서는 진짜 공부를 열심히 했기 때문에 시험을 보고 난 이후에는 항상 억울함이 존재합니다. 자신은 최선을 다했는데, 밤잠을 줄여가면서 공부를 했는데, 주말까지 열정적으로 공부를 했는데, 안된다고 이야기를 합니다. 이쯤 되면 이런 말을 내뱉습니다.

'저는 공부 체질이 아닌가 봐요'

정말 안타까운 결과입니다. 냉정하게 생각해 보면 서울대에 다니는 학생들이 모두 공부가 체질인 학생일까요? 당연히 아닙니다. 그러니 체질 문제 혹은 재능의 문제로 치부하고 도망가면 가장 쉽긴 하겠지만, 항상 후회와 좌절이 남게 됩니다.

지윤이의 공부 패턴을 바꾸기 위한 첫 번째 시도는 당연히 지윤이의 공부 시간에 대한 점검입니다. 3일 동안 '學'의 시간과 '習'의 시간을 체크하도록 했습니다. 지윤이의 경우는 7學, 3習 정도였습니다. 개인적으로 생각하는 성공하는 공부 패턴은 대체로 1學 2習 정도의 수준입니다. 물론 상위권으로 올라갈수록 더 習의 비율이 더 높아지는 것이 정상이긴 하지만, 기본적으로는 1學 2習의 패턴으로 연습을 해야 합니다. 지윤이는 2학년 여름방학부터 이 패턴으로 공부를 시작했고, 2학년 2학기의 성적을 무난하게 올릴 수 있었습니다. 당연하게 2학년 겨울방학에는 習의 비율이 훨씬 더 높아졌고, 자신이 원하는 대학에 진학을 했습니다.

열심히 공부를 했는데, 결과가 안 나왔다면 공부의 과정에 문제가 있는 것입니다. 공부를 못하는 학생이라고 생각하는 것은 포기를 위한 가장 쉬운 방법일 뿐입니다. 모든 문제가 그러하듯, 원인을 찾고

원인을 해결해야만 좋은 결과를 만들 수 있습니다. 원인을 고치지 않고 결과를 바꾸기를 원하는 사람들이 너무 많은 세상이긴 하지만, 학습의 원칙은 바뀌지 않는다는 점을 꼭 기억하길 바랍니다.

유창성 착각을 제대로 보여주는 것은 두 번째 문장입니다.

'이 문제는 아는 데 틀렸어'

학생들이 정말 많이 사용하는 문장입니다. 학생도, 부모도 이렇게 이야기하고 넘어가는데, 안됩니다. 반드시 그 원인을 물어봐야 합니다. '왜 아는 데 틀렸지?' 라는 질문을 생각하기 쉽겠지만, 아닙니다. '아는 데 틀렸다.'는 이 말에 대한 제대로 된 질문은 전혀 다릅니다. 실제로 생각해 보면 아는 데 틀렸다는 말은 어불성설입니다. 그럼 제대로 된 질문은 어떤 것일까요?

'왜 이 문제를 안다고 생각하니?'

틀린 문제를 안다고 생각하는 것이 바로 유창성 착각을 정확하게 보여주는 것입니다. 왜 아는 데 틀렸다고 말을 하냐면, 어디선가 본 적이 있고, 들은 적이 있기 때문입니다. 공부의 과정에서 인강에서 듣고, 학원에서 봤던 내용이기 때문에 자신이 알고 있다고 '착각'을 하게 됩니다. 정확하게는 자주 봤고, 자주 들었던 내용이기 때문에 뇌가 알고 있다고 '생각'을 하게 됩니다. 알고 있는 것이고, 잘할 수 있다고 뇌가 느끼기 때문에 공부할 필요성을 못 느끼게 됩니다. 해당 부분에 대해 잘 알고 있다고 생각하기 때문에 공부의 공백이 생기게 되고, 그만큼 시험에서는 틀리게 되는 것입니다.

결국 선행 학습을 많이 하면 할수록, 듣는 공부를 많이 할수록 시험에서 좋은 결과를 만들기는 어렵게 됩니다. 이런 류의 문제는 지윤이의 사례에서도 충분히 확인할 수 있습니다. 지윤이의 수학 학원 패턴을 예를 들어보겠습니다. 지윤이는 수학 학원에서 열심히 개념 수업을 들었고, 학원 수학 선생님이 '지나치게 친절하게, 너무도 쉽게' 문제 풀이를 하는 것을 보고 들었습니다. 근래 학원들의 패턴이 비슷한데, 수업이 끝나고 나면 유사한 문제들을 계속 풀게 합니다. 학원에서도 풀고, 과제로 제출하기도 합니다. 정말 엄청나게 많은 문제들을 풀게 됩니다.

여기서 질문입니다. 그렇게 수업을 듣고, 유사 문제들을 풀고, 과제도 했는데 왜 성적에는 변화가 없는 것일까요? 지윤이를 포함한 많은 학생들은 이 과정에서 자신이 그 개념과 학습 내용에 '유창'해진 것으로 착각을 하게 됩니다. 수동적으로 보고, 들은 내용을 기계적으로 접목시키는 것에 불과하기 때문입니다. 사고의 확장이 이뤄지지 않고, 자신의 지식으로 익히지 못한 지식이기 때문에 시간이 지나게 되면 당연히 "망각"하게 됩니다. 그리고 시험 문제에서 '다시' 만나면 익숙한 문제라고 인식은 하게 되는데, 문제를 틀리게 되는 것입니다. 그래서 '아는 데 틀리는 것'이 가능해집니다. 지윤이와 같은 많은 학생들이 이렇게 휘발되는 지식을 자신의 지식이라고 '착각'을 하고 있는 셈입니다. 익히지 않으면(習) 자신의 지식이 되지 않습니다.

유창성의 착각에 갇힌 숱한 학생들을 만나는 편입니다. 사교육의 정도가 심한 학생일수록, 특히, 어릴 때부터 선행 학습에 익숙한 학생일수록 이런 유창성 착각에 더욱 빠지기 쉽습니다. 수업 시간에 배우는 개념을 이미 선행을 했기 때문에 안다고 생각하고 대충 듣습니다. 그리고 시험에 틀리는 일이 반복이 됩니다. 문제는 지윤이와 같은 학생들은 시험 문제를 틀리면 유창성 착각에 대한 고민을 하는 것이 아니라, 자신에게 선행이 부족해서 틀린 것이라고 생각을 합니다. 그러니 시험 점수가 안 좋을수록 더 많은 사교육과 더 많은 선행으로 이어지게 됩니다. 결국 갈수록 더 學에 매달리게 되니, 결과는 갈수록 더 안 좋아지기만 합니다.

조금 더 2027학년도 입시를 준비하는 예비 수험생들에게 냉정하게 말한다면, 듣는 공부와 보는 공부가 공부하는 방법 중에서 가장 쉽습니다. 듣고 보는 것은 실질적으로 우리 뇌가 에너지를 적게 쓰기 때문입니다. 가장 쉽기 때문에 기억에 남는 것은 가장 적을 수밖에 없습니다. 여러분이 희망하는 대학을 가기 위해서는 가장 쉬운 공부법으로 공부를 하면 안 됩니다. 가장 좋은 공부법은 개인적으로는 '설명이 가능한 공부법'이라고 생각합니다. 이 공부법은 매우 어렵고, 힘들고, 귀찮기까지 합니다. 하지만, 성공 확률은 100%입니다.

지윤이도 공부를 위해서 이 어렵고, 지루하고, 힘들고, 귀찮은 방법을 사용했습니다. 수학의 경우에는 그날 풀었던 모든 문제들 중에서 틀린 문제들을 따로 분류하고, 그 문제들 중에서 가장 어려운 문제 5문제를 선택해서 저녁에 화이트보드 앞에서 설명을 하는 겁니다. 누군가 들어주는 사람이 있다면 금상첨화고, 혼자라면 녹화를 하는 것도 좋은 방법이 됩니다. 화이트보드에 문제를 적고, 그 문제에 대한 설명을 하면서 풀이를 진행해 봅니다. 낮 시간에 틀렸던 문제이고, 나름의 오답 정리를 했을테니, 저녁에 다시 풀면 맞는 것이 너무도 당연하겠지만, 생각보다 쉽게 설명할 수는 없을 것입니다. 왜냐하면, 해설지를 보고 이해했다고 생각하는 것도 일종의 '착각'이기 때문입니다. 자신이 말로 설명하고, 자신의 논리로 정리해야만 본인의 것이 된다고 생각하면 됩니다. 그런 의미에서 이 공부법은 매우 중요하고, 의미가 있습니다. 하루 5문제, 한 달 150문제, 1년 1,800문제입니다. 그것도 해당 진도에서 어려운 문제로 분류된 문제들을 직접 설명하고, 풀어내는 과정을 통해 수학적 사고는 상승할 수밖에 없습니다. 팁을 하나 주자면, 최고의 효과를 내기 위해서는 그 수학 문제를 모르는 사람이 이해할 수 있도록 설명을 하는 것입니다. 자, 그럼 공부하고 있다는 착각에 대한 마지막 질문을 해 보겠습니다.

'공부 잘하고 있나요?'

많은 제자들에게 항상 묻는 질문입니다. 공부를 '잘'하고 있는지, 착각하고 있는 것은 아닌지, 공부에 진심인지를 자신에게 계속 물어봐야 합니다. 공부를 잘하고 있는 것은 어떤 것인지 구체적으로 생각을 할 수 있어야 합니다. 결국 공부 착각이 일어나는 이유는 공부하고 있다고 스스로를 위로하고 방어하기 때문에 발생하는 것입니다. 다양한 이유로 강요된 공부를 하고 있다면, 공부 착각은 매우 쉽게 일어나게 됩니다.

강요된 공부를 하는 많은 학생들은 결국 '공부하는 척'을 합니다. 다른 사람에게, 특히 부모에게 보여주기 위해, 혹은 선생님께 인정받기 위해 '공부하는 척'을 선택합니다. 그리고 공부하는 척이 반복되면 자신도 모르게 어느새 자신이 공부를 하고 있다고 믿게 됩니다. 공부하는 척이 행동 패턴이 되면, 나름의 변명도 만들게 됩니다. 당연히 이 변명에는 자신이 공부를 못할 수밖에 없는 다양한 조건들을 만들게 됩니다. 원래 수학을 못했다느니, 공부를 못하는 것이 유전이라느니, 공부할 조건이 갖춰지지 않았다느니, 학원이 없다느니, 과외 쌤이 이상하다느니 등등의 변명이 늘어납니다.

모든 조건이 갖춰지면 공부를 잘할 수 있고, 자신도 열심히 할 수 있다고 이야기하는 학생들도 제법 있습니다. 공부를 하기에 적당한 시간, 완벽히 준비된 기회는 존재하지 않습니다. 완벽한 조건, 갖춰진 기회는 사실상 평생 존재하지 않습니다. 우리의 모든 삶은 부족한 것 투성이고 예상치 못한 일들을 수행하는 과정입니다. 공부는 알지 못하는 것을 배우는 과정이니 더 예측 불가의 상황이 생깁니다. 그러니 이런저런 조건이 갖춰지면 공부를 하겠다는 생각은 이미 공부할 마음이 없는 학생들의 변명입니다.

최근에 만난 경북 지방의 일반고 2학년 학생인 승우는 그렇게 도망가는 학생의 한 명이었습니다. 승우와의 상담은 매우 힘든 꼬리잡기 상담이었는데, 승우는 모든 이유와 변명으로 자신이 최선을 다하고 있음을 강력하게 주장했습니다. 사실 승우의 반응이 거의 대부분의 학생의 생각이긴 하지만, 유독 승우는 더 강력하게 자신의 '최선'을 어필했습니다. 승우는 해당 고등학교에서 2등급 극초반의 내신을 유지하고 있었지만, 학력평가는 3, 4등급을 유지하고 있었습니다. 좋은 내신에 대한 만족도가 높고, 자신이 생각하는 적당한 대학을 진학할 수 있다는 생각 때문에 '적당한' 공부를 강조하고 있었습니다. 자신의 '적당한 공부'를 최선이라고 주장하는 학생이었습니다. 적당히 놀고, 적당히 공부하고, 자신이 할 수 있는 최선을 충분히 양보하고 타협한 전형적인 학생이었습니다. 지방이기 때문에, 더 이상 할 수 있는 것이 없기 때문에 등등의 이야기를 하는 승우의 하루 공부 시간은 2시간 남짓이었습니다. 나머지 시간들은 유튜브와 게임으로 삶을 즐기고 있는 정말 평범한 학생이었습니다. 긴 상담의 시간들을 지나며, 결국 승우는 크게 울면서 나가버렸습니다.

'저는 최선을 다하고 있단 말입니다.'

안타까운 이야기입니다. 어떤 이유에서든 승우는 자신의 가능성을 충분히 발휘할 수 있음에도 적당히 공부하는 척으로 만족하고 있는 셈입니다. 공부를 '잘'하고 있다기 보다는 공부 흉내를 잘 내고 있는 학생이었고, 자신이 살아가는 삶에 대한 만족도도 제법 높아 보였습니다. 못내 울고 나가는 모습을 보면서 마음이 엄청 불편하긴 했지만, 노는 것과 공부하는 것의 적당한 타협, 혹은 적정선에 대한 고민은 여전히 어려운 이야기인 듯합니다.

공부를 열심히 하는 것과 '잘'하는 것은 다른 이야기입니다. '공부 잘하고 있냐?'고 질문을 하면 대부분의 학생들은 승우의 경우처럼 열심히 하고 있다고 대답을 합니다. 열심히, 최선을 다해서 등등 좋은 대답입니다. 하지만, 추상적인 대답일 뿐입니다. 냉정하게 말하면 대학이 선발하는 학생은 열심히 하는 학생이 아닙니다. 많은 학생이 착각하는 부분이긴 하지만, 대학은 열심히 하는 학생을 선발하는 것이 아니라 '잘하는' 학생을 선발합니다. 잘하는 학생을 선발한다는 말은 대학이 사용하는 '역량(competence)'이라는 단어에서 알 수 있습니다. 역량은 능력보다는 상위의 개념입니다. 무언가를 할 수 있다는 말보다는 경쟁을 통해 잘하게 됨을 의미하는 단어입니다.

입시가 코앞으로 다가온 상황입니다. 이제 더 이상의 '공부하는 척'은 의미가 없습니다. 자신의 능력이 아니라, 자신의 역량을 증명하기 위해 어떤 선택을 해야 할 것인지를 결정해야 합니다. 지금의 상황에서 최선의 전략은 무엇인지, 어떤 전형을 선택할 것인지에 대한 심도 있는 고민이 필요합니다. 진심을 담은 공부가 필요하다는 말입니다.

제대로 된 진짜 공부, 진심을 담은 공부를 해봅시다.

입시 성공을 위한 "전략적" 입시 공부

2027학년도 입시에서 우리의 고민은 '전략'입니다. 어떤 전략을 선택해야 하고, 어떤 전형을 지금에 와서 준비하는 것이 맞는지에 대한 판단이 절실히 필요한 시점입니다. 숱한 강의와 상담에서도 이 부분에 대한 이야기를 엄청 많이 하게 됩니다. '입시 전략'이라는 단어는 입시 전문가로 활동을 하면서 가장 많이 접하는 단어이기도 합니다. 그래서 항상 궁금하게 생각하는 부분은 '입시를 위한 최고의 전략은 무엇이고, 맞춤형 전략은 도대체 무엇인가?' 입니다. 수많은 전문가들이 존재하고, 맞춤형 입시 전략이 넘쳐납니다. 유튜브에 '입시'라는 단어를 치기만 해도 엄청난 수의 관련 영상이 나오고, 학원가를 가면 금방 서울대를 가고, 의대를 갈 것 같은 광고들이 넘쳐납니다. 그럼에도 불구하고 무엇을 선택하고, 어떻게 해야 할 것인지를 묻는 학생과 부모는 갈수록 늘어갑니다. 우리는 정보 과잉의 시대를 살아가고 있으니, 과잉된 정보에 대한 필터링이 무엇보다 중요한데, 숱한 상담에서 만나는 학생과 부모들은 대체로 과잉 정보에 억눌려 있습니다. 넘치는 정보들 속에서 옥석을 가리고, 자신에게 필요한 '진짜 맞춤형' 정보를 선별해야 하는데, 그러기가 쉽지 않습니다.

그 많은 정보들 중에서 가볍게 흘려야 하고, 가장 경계해야 할 몇 가지의 정보들을 알려드립니다. 일단 개인적으로는 가장 경계하고 흘려보내야 할 내용으로 뽑는 것은 엄마 친구, 혹은 학부모회에서 들은 정보들입니다. 사실, 가장 쉽게 접하는 정보이기 때문에 부모들의 신뢰 수준은 매우 높지만, 대체로 '매우 잘못된 정보'입니다. 자신과 친하고, 가까운 사람들의 실제 이야기라서 이상하게 신뢰 수준이 높게 형성되는 경향이 강하지만, 매우 잘못된 정보일 가능성이 높습니다. 입시에서 가장 중요한 정보는 흔히 말하는 입시 전형 정보, 입결 정보 등이 아닙니다. 학원에서 발표하는 입시 설명회에 가서 얻게 되는 정보들은 사실 입시에서 결정적 장면을 만들지 못합니다.

입시에서 가장 중요한 정보는 "수험생"에 대한 정보입니다.

2027학년도 입시를 준비하고 있다면, 반드시 수험생이 어떤 상태인지, 태도가 어떤지, 무엇을 중요하게 생각하는지 등에 대한 제대로 된 정보가 있어야만 합니다. 대부분의 입시는 개별 수험생이 가진 정보를 잘 모르기 때문에 실패합니다. 나의 아이는 옆집 아이와 다릅니다. 공부를 대하는 태도도 다르고, 지향점도 다릅니다. 즉, 옆집 아이의 성공 방법이 내 아이에게 적용되지 않는다는 말입니다. 같은 활동을 하고, 같은 책을 읽고, 같은 내신을 가지고 있다고 하더라도 전혀 다른 결과가 나올 수 있습니다. 그런 의미에서 제대로 된 입시 공부가 필요하다는 말입니다. 제대로 된 입시 공부는 제대로 된 전략을 만들 수 있기 때문입니다.

상담을 진행하다 보면 항상 막히고 걸리는 부분이기도 합니다. 학생과 이야기할 때와 부모와 함께 이야기할 때는 항상 서로 다른 이야기가 나옵니다. 대체로 부모가 이야기하는 학생에 대한 정보는 잘못된 경우들이 많습니다. 업데이트가 안 된 지난 이야기이거나, 제대로 된 대화가 아니라 겉핥기 식의 이야기인 경우가 많습니다. 그러니 3자 대면(교사, 학생, 부모)을 하는 경우에는 상담의 효율이 뚝 떨어지게 됩니다.

자녀에 대한, 혹은 수험생 본인에 대한 정보는 무엇보다 중요합니다. 전략의 출발선이기도 합니다. 제대로 된 정보가 없다면 당연히 전략적 실패가 예정될 수밖에 없습니다. 숱한 상담에서 이런 실패 사례는 거의 대부분의 경우에 존재하는 것 같습니다. 흔히 말하는 대치동의 엄청난 입시 정보를 가진 부모들이 자신의 자녀들에 대한 정보가 부족해서 입시에 실패하고 눈물 흘립니다. 더 좋은 학원, 더 많은 정보를 외치지만, 가장 중요한 정보는 놓친 채로 입시가 계속 흘러갑니다. 이러한 결과가 나오게 되는 가장 큰 이유는 자녀에 대한 정보를 제대로 분석하는 것이 '가장 힘들기' 때문입니다. 입시와 관련된 정보들은 차고도 넘칩니다. 그러나 홍수처럼 쏟아지는 입시 정보가 '내 자녀'에게 어떤 의미가 있는지 반드시 고민해 봐야 합니다. 가장 얻기 힘든 정보인 자녀에 대한 정보를 제대로 취득하고 분석하기만 한다면, 대부분의 입시에서는 매우 빠르게 성공이라는 결과를 향해 나갈 수 있게 됩니다.

그런 의미에서 가장 경계해야 할 정보들은 '옆집 엄마의 성공담'입니다. 같은 고교의 학부모회에서 만난 전교 1등의 이야기는 매우 경계해야 할 정보입니다. 사실상 매우 현실적인 정보이고, 정보의 출처도 신뢰성이 있어 보이고, 눈앞에서 확인하는 선명함까지 갖춘 완벽한 정보처럼 보입니다. 하지만 가장 중요하고, 가장 기본적인 전제가 다릅니다. 공부와 학업의 문제가 아니라, 그 공부와 학업을 수행하는 '사람'이 다르다는 말입니다.

자녀에 대해 공부합시다.

더 멋진 결과를 위해 꼭 필요한 과정이 곧 공부입니다. 그냥 막연히 알고 있다고 생각하지 말고, 구체적인 정보들을 만들어가야 합니다. 2027학년도 입시를 준비하는 고2 학생이라고 하더라도, 지금이라도 제대로 준비를 하면 충분히 좋은 결과를 만들 수 있습니다.

두 번째로 경계해야 할 정보는 유튜브 혹은 몇몇 학생의 성공담입니다. 숱한 영상들이 돌아다니고, 이렇게 하면 된다, 저 학원을 가면 된다는 이야기들이 넘쳐납니다. 아닙니다. 입시는 구체성을 전제로 하는 전략입니다. 단순한 예를 들어보겠습니다.

수능 만점 받은 학생의 공부법으로 공부하면 만점을 받을까요?

이런 질문을 하는 것이 중요합니다. 구체적 전략은 이런 질문들에 대한 답을 찾아가는 과정이기도 합니다. 이 질문을 부모들에게 하면, 대체로 '그렇다'라는 대답이 나오는 편입니다. 설마요~~~!!! 완벽한 공부법, 완전무결한 학습법은 존재하지 않습니다. 수능 만점을 받은 학생들의 공부법을 따라한다고 내 아이가 만점을 받지는 못합니다. 학습이라는 가장 기본적인 원리를 제외한 공부법은 결국 구체적인 개인의 방법이기 때문입니다. 가장 기본적인 내용 외에는 크게 의미 있지 않습니다. 그럼에도 우리는 '만점자'들의 공부법에 관심을 가집니다. 안됩니다.

유튜브에서, 언론에서 SKY를 합격한 학생들의 인터뷰들이 넘쳐나고, 자신처럼 하면 된다고 숱한 사람들이 주장하지만, 그 모든 이야기들은 내 아이가 소화할 수 있을 때 의미 있는 이야기입니다. 결국 공부는 수험생이 한다는 사실을 잊으면 안됩니다.

그런 의미에서 부모들의 제대로 된 전략적인 공부가 필요하다고 강조하는 것입니다. 고2의 시간을 지나고 있는 예비 수험생들이 학교에서 어떤 공부를 하고 있는지, 무엇을 고민하고 있는지, 어떤 관심을 가지고 있는지를 부모가 잘 알고 이해해야만 의미 있는 길을 '안내'할 수 있습니다. 부모의 역할은 '운전하는 사람'이 아니라, '네비게이션'입니다. 방향을 안내하는 네비게이션인데, 부모가 길을 모르고, 이상한 길을 안내합니다. 목적지에 이르기 위해서는 결국 고속도로에서 내려와서 길을 찾아야 하는데, 자꾸 '고속' 도로의 이야기만 합니다. 남보다 빨리에 집중된 안내는 목적지를 잃고 도착을 못할 뿐입니다. 즉 유튜브의 성공 사례와 이렇게 하면 된다고 말하는 숱한 이야기들은 결국 수능 만점 받은 학생의 학습법에 대한 이야기일 뿐입니다. 그것을 '맹신'하는 순간, 실패는 확정적입니다. 모든 전략이 그러하듯 입시 전략은 대체로 구체적 상황에 대한 구체적 대응입니다. 수험생 개개인의 전략이 너무도 당연하게 다르게 나타나게 되고, 학습법도 다르게 나타나게 됩니다. 그러니 제발 합격한 학생의 부모, 전교 1등하고 있는 학생의 부모, 유튜브에서 거창하게 합격을 외치는 사람들의 이야기는 '걸러서' 들어주시길 부탁드립니다. 수험생이, 내 자녀에게 그것이 어떤 방식으로 적용될 수 있는지에 대한 최소한의 고민이 필요합니다. 넘쳐나는 과잉 정보들을 그대로 받아들이면 실패합니다.

우리의 모든 선택을 위해
"정보의 필터링"이 반드시 필요합니다.

제대로 된 전략을 세우기 위한 '입시 공부'의 출발점은 당연히 "대학"입니다. 수험생과 부모들은 선발의 주체인 대학이 무엇을 요구하는지, 그 대학을 진학하기 위해 준비해야 할 구체적인 것이 무엇인지를 알아야 제대로 된 준비가 가능합니다. 대학이 말하는 '우수함'에 대한 기본적인 이해가 필요합니다. 대부분의 사람들의 생각과 다르게 '우수함'은 매우 주관적인 개념입니다. 즉, 대학이 생각하는 우수함과 학생, 부모가 생각하는 우수함은 다릅니다. 대학의 우수함은 입학사정관과 교수들이 나름의 '공부'를 통해 합의에 도달한 것입니다. 그러니 그 '우수함'에 대해 이해하기 위해서는 더 많은 공부가 필요합니다.

얼마 전 엄청 흥행을 했던 '흑백 요리사'라는 프로그램에서 요리를 평가하는 평가자들이 '눈을 가리고' 평가를 하겠다고 선언을 했습니다. 오로지 맛으로만 평가하겠다는 선언이었는데 평가에 참여한 요리사들 중 상당수는 '눈을 가리고 평가'한다는 의미를 제대로 이해하지 못했습니다.

자신이 해왔던 방식대로

경연에 참여했고, 평가 기준을 이해하지 못한 요리사들은 탈락의 고배를 마시게 되었습니다. 무엇이 문제였을까요? 평가자의 입장에서 평가 기준에 대한 이해를 고민을 하지 않고, 이전처럼 해왔던 대로 했다는 점이 문제였습니다. 한참의 경연 중간에 심사위원이 한 말에는 참으로 많은 고민이 담겨있었습니다.

눈을 가리지 않고 평가했다면, 결과가 달라졌겠어.

이 말의 의미를 이해하셨나요? 평가하는 심사위원의 심사 기준에 대한 공부와 이해가 있어야만 한다는 말입니다. 바로 이점이 학생, 부모들이 가장 크게 실수하는 영역입니다. 이전에 해왔던 방식대로 공부를 하고, 입시를 준비하고, 그러다보니 더 할 수 있는 것이 없다고 느끼게 됩니다. 대학이 평가하는 우수함에 대한 이야기는 다음 장 후반부에 상세히 알려드리겠습니다. 여기서는 우리가 가야할 방향에 대한 동의를 해야 합니다. 대학이 요구하는 우수함에 대한 이해가 입시 공부의 출발점이고, 제대로 이해하기 위해서는 학원 자료가 아니라, 대학의 자료를 속속들이 파고들어 깊게 연구하는 과정이 필요하고, 또한 많은 질문들이 필요하다는 점을 꼭 기억해주시길 바랍니다.

두 번째 출발점은 앞서 강조한 바와 같이 '수험생'에 대한 이해입니다. 전략을 성공하기 위해서는 무엇보다 '정보'가 중요합니다. 하지만, 우리에게 필요한 정보는 전형에 대한 '과도한 정보'가 아닙니다. 단순하게 수능 만점 받은 학생의 공부법을 그대로 따라 한다고 수능 만점을 받을 수는 없습니다. 자신만의 최적의 공부법을 찾아야 합니다. 입시에 대한 정보도 마찬가지입니다. 수험생과 부모들이 넘쳐나는 입시 관련 정보의 홍수 속에서 허우적거리고 있으면 입시는 실패하게 됩니다. 입시를 위해서 무엇보다 중요한 정보는 '수험생'에 대한 정보입니다. 수험생에 대한 "정확한" 정보는 전략의 완성을 위해서 무엇보다 필요합니다. 특히, 2027학년도 입시를 준비하는 지금, 어떤 전형을 준비할 것인지, 혹은 어떤 전형이 더 유리한지를 정확하게 알기 위해서는 수험생의 상태를 정확하게 파악해야 합니다.

고등학교 2학년을 지나고 있는 예비 수험생들이 어떤 생각을 하는지, 그리고 무엇을 위해 많은 시간을 사용하고 있는지, 보다 면밀하게 관심을 가지고 찾아보는 것은 무엇인지, 어떤 것을 궁금해 하고 있는지를 알아야 전략이 성립하게 됩니다. 만약 어떤 학생이 '심리학과'를 가고 싶다면 그 학생은 심리학과를 진학하기 위해 무엇을 어떻게 준비해야 하는지 구체적인 정보들을 알고 있어야 합니다.

입시는 '남다른 전략'이 필요합니다.

이 말을 잘 이해해야 합니다. 학원에서, 유튜브 등에서 강조하는 것처럼 다른 사람이 모르는 정보를 가지고 있어야 한다는 말이 아닙니다. 다른 사람과는 다른 구체적인 자신만의 전략이 필요하다는 말입니다. 자신만의 전략을 위해서는 당연히 자신에 대한 남다른 정보가 있어야만 합니다. 그 정보가 없으면 대체로 가장 어려운, 그리고 가장 쉬운, 그러면서도 아무 것도 하지 않을 방법을 선택하게 됩니다. 지금 2027학년도 입시를 준비하는 재학생들에게 대학을 가는 가장 어려운 방법은 당연히 '정시-수능 위주' 전형입니다. 가장 큰 이유는 수능 위주의 정시 전형에는 '대단한' 수준의 경쟁자들이 17만 명 수준으로 준비하고 있다는 점을 잊어서는 안됩니다. 서울 상위 수준의 대학을 수능 성적으로 진학하는 학생들의 거의 70%는 재수생 이상입니다. 그들과의 경쟁이 재학생인 예비 수험생들에게는 쉽지 않습니다. 그럼에도 예비 수험생들이 너무도 쉽게 수능 위주의 전형을 선택합니다. 가장 큰 이유는 지금 당장의 대안이 별로 없다고 생각하기 때문입니다. 하지만, 수능 위주의 전형으로 돌아서려는 예비 수험생들의 가장 본질적인 이유는 수능으로 대학을 가겠다고 선언을 하면 당장의 공부 부담에서 해방될 수 있다고 생각하기 때문입니다. 놀랍게도 2027학년도 입시를 준비하는 예비 수험생들 중에 수능 위주의 정시 전형을 선택하고, 수능으로 대학을 가겠다고 선언한 학생들은 대체로 공부량이 현저히 줄어듭니다.

수능까지는 너무도 긴 시간이 남아있다고
생각하기 때문입니다.

수능에서 좋은 점수를 받고, 학생들이 대체로 원하는 상위권 대학을 진학하기 위해서는 매우 많은 공부량이 필요합니다. 재수생을 기준으로 하면 대체로 하루에 13시간 정도의 공부를 해야 합니다. 당연히 이 정도의 시간을 오롯이 투자한 학생들은 재수를 성공하게 됩니다. 재수 학원을 열심히 다니지만, 그만큼의 공부를 하지 않는 학생들은 좋은 결과를 만들지 못합니다. 17만 명 수준의 재수생들이 모두 성공을 하지 못하는 이유이기도 합니다. 예비 수험생들이 원하는 결과를 수능에서 만들기 위해서는 재수생보다 공부를 많이 해야만 합니다. 재수생들은 기본적으로 고3의 시간을 지나면서 수능 공부를 한 번 했던 학생들이기 때문에 그들보다는 더 많이 공부에 집중해야 합니다. 그러나 안타깝게도 일찍 수능 준비를 선언한 학생들의 공부량은 그만큼에 미치지 못합니다. 잘못된 정보가 들어갔고, 그 정보를 기반으로 잘못된 선택을 했기 때문입니다. 이후에 언급하겠지만, 정시 전형의 가장 큰 성공의 열쇠는 딱 하나일 수밖에 없습니다.

그만큼의 공부량!!!!

놀랍게도 많은 예비 수험생들이 상위권 대학을 진학하고도 남을 만큼의 학원을 다닙니다. 더 많이 배우는 것에 집중된 사회이고, 그것이 너무도 당연하게 통용되는 사회입니다. 듣고 보는 것을 공부라고 생각하는 착각이 존재하고 있고, 대부분의 수험생들도 그렇게 '믿고' 있습니다. 이 부분이 엄청 중요합니다. 자녀에 대한 정보 중에서 사실 가장 중요한 정보이기도 합니다. 자녀가 무슨 생각으로 공부를 하고 있는지를 정확하게 알아야 합니다.

엄청난 공부를 하는 윤정이의 사례가 이런 상황을 정확하게 보여줍니다. 윤정이와의 첫 상담에서 가장 놀랐던 점은 윤정이가 스스로를 평가하면서 공부를 엄청 열심히 하는데, 성적이 안나온다고 말하는 점이었습니다. 실제로 누가 보더라도 열심히 공부하는 것처럼 보이기도 합니다. 학교 수업이 끝나면, 학원에 가서 수업을 듣고, 집에 도착하면 바로 인강을 봅니다. 하루 종일 공부를 하고 있고, 윤정이는 스스로 생각하기에도 자신의 모든 시간을 쏟아서 공부를 하고 있다고 '믿고' 있었습니다. 그런데도 시험 성적은 늘 4등급을 유지하고 있었습니다.

도대체 무엇이 문제일까요?

찾으셨나요? 윤정이는 스스로 공부를 열심히 하고 있다고 '믿는' 학생입니다. 그리고 옆에서 그 모든 상황들을 지켜보는 부모는 더 열렬하게 자녀가 공부한다고 믿고 있었습니다. 그렇게 공부해도 4등급이니 윤정이가 얼마나 답답했을까요. 뼈아픈 지적이지만 윤정이는 공부를 하고 있는 것이 아닙니다.

공부를 보고, 듣고 있는 것입니다.

앞선 지윤이의 사례와 유사합니다. 초등학교 때의 공부 습관 때문에 공부는 '보고, 듣는 것'으로 생각하는 고등학생들이 엄청 많습니다. 이런 '믿음'이 성적을, 공부를, 입시를 망치게 되는 이유입니다. 보고 듣는 것으로 고차원적인 사고를 할 수 있는 사람을 대체로 우리는 '천재'라고 부릅니다. 그래서 초등학교 때 보는 것만으로, 듣는 것만으로도 이해하는 자녀가 영재라고 생각한 것입니다. 사실, 그것이 가능한 이유는 초등학교 때 매우 쉬운 것을 배우기 때문입니다. 영재라서가 아니라는 말입니다. 수험생 스스로, 그리고 자녀에 대한 이런 믿음을 반드시 깨야 합니다. 자녀에 대한 최고의 정보 중 하나는 매우 강력한 진실입니다.

내 아이는 평범하다.

모든 부모들에게 매번 강조하는 이야기입니다. 우리의 고민은 평범한 학생을 자신이 원하는 대학에 진학시키는 전략을 고민하는 것입니다. 천재 혹은 영재를 SKY를 보내는 작업을 하는 것이 아니라는 점을 인정해야 합니다. 그래야 제대로 된 전략을 시작할 수 있습니다.

오랜 시간 동안 숱한 학생들의 성적 변화를 추적하면서 알게 된 진실 중의 하나는 대부분의 고등학생들이 3년간의 고교 생활에서 자신의 내신 성적을 바꾸지 못한다는 점입니다.

성적의 변화를 만들지 못하는 학생들은 체감상 80% 수준입니다. 실제 고교생활에서 성적을 올리는 학생들의 비율도 10%가 되지 않습니다. 유사한 성적대에서 등락을 반복할 뿐입니다.

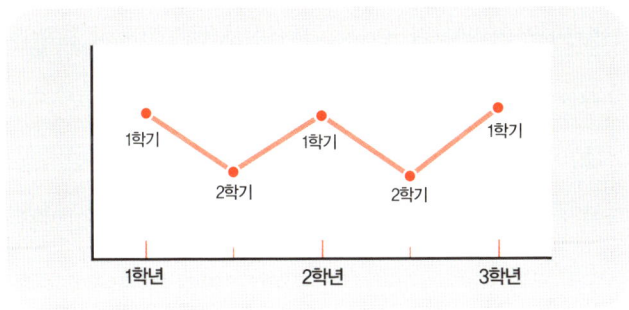

많은 학생들의 내신 성적은 M자형이거나, W자형의 모습을 가지고 있습니다. 개인적인 견해이긴 하지만, M자형과 W자형의 비율은 대략 80% 수준입니다. 매번 내신 시험이 끝나고 나면 학생들이 가장 많이 하는 말은 '시험을 망했다'는 말이고, 더 많이 하는 말은 놀랍게도 바로 이 말입니다.

"다음 시험은 진짜 공부 열심히 해서 성적 올릴겁니다"

그리고 다음 시험에도 시험이 망했다고 우는 모습을 거의 항상 봅니다. 왜 이런 일이 반복될까요? 사실, 우리의 생활 패턴 역시 이와 유사합니다.

다음에는 살을 빼야지, 다음에는 복근을 만들어야지, 다음에는 정리를 잘해야지...

우리의 생각과는 다르게 '성적'은 공부를 한 결과입니다. 즉, 과정에 의해 드러난 '결과물'일 뿐입니다. 놀랍게 대부분의 학생과 부모는 과정 없이 '결과물'만을 바꿀 수 있다고 생각합니다. 결과물을 바꾸기 위해서는 '과정'의 반복이 필수적입니다. 습관으로서의 공부가 지속되면 결과물인 '성적'이 변화하게 되는 것입니다. 그런데 거의 대부분의 학생들은 시험 후에 자신의 행동 패턴을 바꾸지 않습니다. 그러니 다음 시험에도 같은 결과가 나오는 일들이 반복되는 것입니다. 그런 과정이 반복되면 자신은 열심히 노력해도 머리가 나빠서 공부를 못한다는 이상한 결론으로 이어지게 됩니다. 결국 자신의 성적을 자신의 것으로 '받아들이게' 됩니다. 나는 공부를 못해, 나는 수학을 못해라고 말하는 학생들은 자신이 공부를 못한다는 점을, 수학을 못한다는 점을 '받아들인' 학생입니다. 스스로 공부를 못한다고 생각하고, 수학을 못한다고 '믿고' 있는 학생들이 공부를 잘하고, 수학을 잘할 가능성은 없습니다. 자신의 현재 상태를 어쩔 수 없는 것이라고 받아들이고, '믿는' 학생들은 현재의 상태를 바꿀 의지와 선택을 하지 않습니다. 그러니 어떤 변화도 만들 수 없게 됩니다. 행동은 공부를 하고 있고, 열심히 학원을 다니지만, 성적이 오를 것이라고 생각하지 않습니다. 그래서 정확하게는 공부를 하는 것이 아니라, 공부하는 "척" 만 하고 있습니다.

모든 변화는 현재 상태를 인정하지 않는 것에서 시작하게 됩니다. 자신의 현재 성적이 만족스럽지 못한 수험생은 성적을 바꾸기 위한 '선택'을 합니다. 당연하게도 이 선택은 매우 힘들 수밖에 없습니다. 안하던 것을 하는 것이니, 힘들고 어려울 수밖에 없습니다. 현재 성적에 대한 불만족의 정도가 클수록 고통을 감내하는 정도가 커지게 되고, 더 오래 버텨서 결국 '공부 패턴'을 바꾸게 됩니다. 중간에 당연히 힘든 선택으로 지칠 수 있고 말할 수 없는 고통을 겪을 수 있습니다. 공부를 선택한다는 행위 자체는 고통스러운 것을 선택하는 과정이지만, 성적을 올리는 소수의 학생들은 그 고통과 힘듦을 기꺼이 받아들입니다. 그러나 문제는 대다수의 수험생들이 휴대폰을 가지고 있고 그 재미나고 신나는 것을 과감히 내려놓지 못한다는 점입니다. 입시를 앞둔 수험생들은 강도 높은 '공부'라는 스트레스를 받게 됩니다. 학생 나름대로 스트레스를 해소하기 위해 노력을 합니다. 수많은 학생 상담의 결과로 알게 된 것은 스트레스를 해소하려고 애쓰는 노력이 오히려 공부에 집중을 할 수 없게 만드는 방해요인이 될 수 있다는 사실입니다. 공부는 지속적으로 스트레스를 유발하게 되고, 그 스트레스를 자신이 선택해가야 하는 과정이기 때문에 어쩔 수 없이 받는 그 스트레스를 본인이 잘 관리해야 합니다.

스트레스는 해소하는 것이 아니라, "관리"하는 것입니다.

스트레스를 관리해야 하는 이유는 공부는 단시간에 결과가 나오지 않기 때문입니다. 대부분의 예비 수험생과 부모들이 오해하는 부분이기도 합니다. '열심히 노력하면 그만큼의 결과가 나온다. 그러니 열심히 노력해보자.' 이런 식의 이야기들을 많이 합니다. 그래서 다들 성적, 공부에 대한 이야기를 하면 다음과 같은 그래프를 생각하게 됩니다.

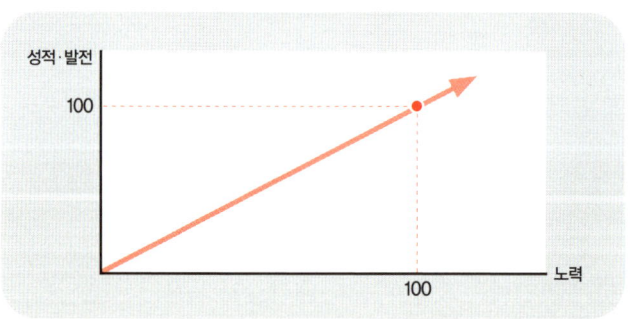

이런 결과를 예상하고 공부하면 금방 지치게 됩니다. 당장의 결과가 나오지 않는다고 생각하면 대부분의 학생들은 그 이유를 찾아야 합니다. 어릴 때부터 당장 '결과가 나오는 공부'를 많이 했기 때문이기도 하고, 결과 자체에 집착하는 어른들을 많이 봤기 때문이기도 합니다. 결국 당장의 결과를 바라보는 많은 학생들은 이런 이야기를 합니다.

‘이번 중간고사는 진짜 열심히 했는데,
결과는 더 안좋게 나왔어요.’
‘저는 공부에 재능이 없나봐요.’

하지만, 성적은 노력에 비례하는 것이 아닙니다. 공부는 굳이 이야기하자면, 게임의 레벨업 시스템과 유사합니다. 일정한 경험치를 쌓으면 어느 순간 레벨이 상승하게 되는 원리라는 말입니다. 많은 학생들은 경험치를 쌓아가고 있다는 점을 현실로 이해하지 못합니다. 경험치가 쌓이는 것을 눈으로 볼 수 없기 때문입니다. 하지만 현실 공부는 이런 경험치가 쌓이는 모든 시간들을 버틸 때 상승하게 됩니다.

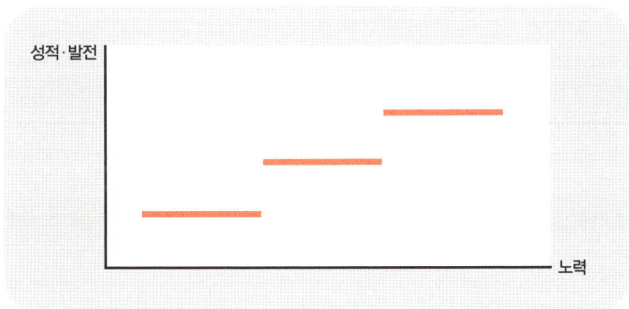

오랜 시간 동안 학생들을 관찰하면서 알게 된 진실은 레벨업 시스템이라기보다는 ‘지수 함수’에 가까운 것 같습니다. 오랜 시간 동안 기초를 쌓고, 더 많은 시간 동안 그 기초를 자신만의 것으로 만들어 가

면 어느 순간 비약적으로 성적이 상승하게 됩니다.

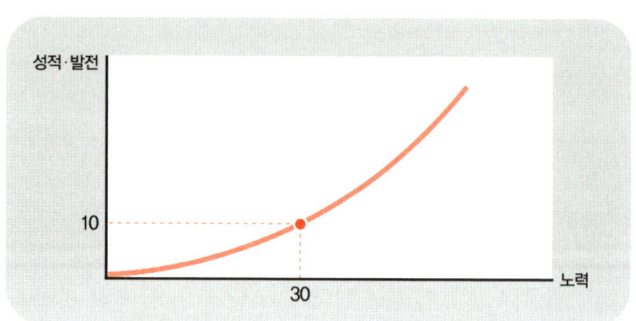

요즘의 대다수 학생들은 초기의 성장 없음을 견디지 못합니다. 당장의 성과가 안 보이고 결과가 나타나지 않으면 더 이상의 도전을 하려고 하지 않고 '공부는 나랑 안맞아' 쉽게 말하며, 편리한 선택을 합니다.

영어 공부를 생각해 보면 이 부분이 쉽게 이해가 됩니다. 처음 영어 단어를 외울 때는 이렇게 외우는 단어들이 도움이 안되는 것처럼 보입니다. 한 두 단어 더 안다고 해결되는 것이 없을뿐더러, 모르는 단어가 워낙에 많기 때문입니다. 하지만, 그 시간들을 버티고, 계속 단어를 쌓아 가면, 쌓여진 단어들로 인해 영어 실력이 급격하게 상승하게 됩니다.

이전의 공부 습관을 버리고, 새로운 공부 패턴을 익히기까지 불편하고 힘든 시간들이 있지만, 결국은 그 시간을 버틸 수 있도록 수험생은 주변에 도와줄 수 있는 사람을 찾아야 하고, 부모들은 '최고의 조언자'가 되어주어야 합니다. 자신이 가고 싶은 대학을 가기 위해 공부를 해야 한다는 점은 누구나 알고 있습니다. 하지만, 자신이 지금까지 살아온 삶의 '습관과 관성'이 현재의 공부를 방해하고 있다는 사실을 잘 인지하지 못합니다. 부모가 자녀의 '습관과 관성'을 제대로 알고 있고 이것을 끊어낼 수 있게 돕는 것이 최고의 입시 전략이 됩니다. 일반적으로 부모들이 입버릇처럼 말하는 '공부해라'는 말은 전혀 도움이 안 될뿐더러 전략이라고 할 수도 없습니다. 수험생에게도, 부모에게도 쉽지 않은 일입니다. 길고 지루하고도 험난한 삶의 여정이기도 하지만, 이 과정들을 통해 엄청난 성장을 하는 것도 사실입니다.

새로운 삶의 관성을 가질 수 있도록 !!!

내 자녀의 입시를 위해 꼭 알아야 할 것

부모의 입장에서 자녀의 2027학년도 입시를 생각하면 막연히 두렵고 답답합니다. 부모 세대가 경험한 입시와는 너무 다르다는 점이 가장 크게 작용하기도 하지만, 대체로 언론에서 보내는 입시와 관련된 신호들이 문제로 작용합니다. '부모의 입시 공부'는 생각보다 그리 어렵지 않습니다. 언제나 그러하듯 새로운 영역을 공부하기 위해서는 기본적으로 알아야 할 것들이 있기 마련입니다. 그 기본적인 공부를 위해 저는 개인적으로 부모님들께 '정석적인 공부'를 하시기를 항상 권합니다. 정석적인 부모의 입시 공부는 대학의 요구가 무엇인지 파악하는 것에서부터 시작합니다. 그러니 가장 자녀를 보내고 싶은 대학을 하나 정하고, 그 대학을 집중적으로 분석해보면 대체로 무엇을 준비해야 하는지, 어떻게 흘러가는지를 어느 정도 알 수 있습니다. 생각보다 시간도 많이 걸리지 않습니다.

가장 중요하게 알아야 할 것은 목표 수준을 파악하는 것입니다. 자녀가 희망하는 대학, 부모가 보내고 싶은 대학은 어느 정도 수준인지를 정확하게 확인해야 그에 대한 준비를 할 수 있게 됩니다. 희망하는 대학이 높을수록 더 많은 준비가 필요한 것은 너무도 당연합니다. 2027학년도 입시에서 의대 증원과 관련된 이슈가 마무리되고, 재수생들의 숫자가 어느 정도 안정기에 들면 대체로 48만 명 정도의 수준이 될 것으로 보입니다. 여전히 여러 변수가 있기는 하겠지만, 48만

명이 수능을 보게 될 것으로 예상합니다. 그러면 원하는 대학을 진학하기 위해서는 48만 명의 수험생 중에서 어느 정도를 해야 할까요? 이 질문이 가장 현실적인 질문이고, 방향을 잡기 위해 꼭 필요한 질문입니다. 부모가 어느 정도 수준의 전략을 짜야 하는지, 수험생이 어느 정도의 노력을 해야 하는지 가늠이 가능합니다.

2027학년도 대입 시행 계획상 발표된 자료에는 의대 모집 정원이 2,000명 증원 상태로 되어 있습니다. 현실적인 것들을 고려하면 증원 이전의 상태로 계획을 수립해야 합니다. 그렇게 생각하면 의학계열(의치약수한)은 전체 모집 인원 중 1.4% 수준입니다. SKY까지 계산을 하면 대략 3.8% 수준입니다. 즉, SKY를 목표 대학으로 삼는다면 3.8% 수준의 학생이 되어야 한다는 말입니다. 이 비율은 '수시와 정시의 합'입니다. 그러면 이러한 질문이 나오게 됩니다.

'공부를 위한 네 노력은 48만 명 중 몇 % 수준인 것 같아?'

이런 문제에 대해 깊이 있는 대화가 부드러운 분위기에서 가능하다면 우리는 보다 나은 입시를 위한 설계를 할 수 있고, 전략을 고민해 볼 수 있게 됩니다. 그저 단순하게 '열심히' 노력하면 된다고 이야기하는 것은 별로 도움도 안 되고 이런 추상적인 말로는 사람을 움직일 수가 없습니다. 목표를 성취하기 위해서는 구체적인 목표와 행동이 꼭 필요합니다. 그러므로 자녀가 목표로 하는 대학이 어느 정도 수준인지를 명확하게 밝히는 과정은 반드시 필요합니다. 서울 상위 14개 대학의 모집 정원과 의학계열 모집 정원은 합하면 대략 5.2만 명 수준입니다. 48만 명의 수험생을 생각하면, 11% 수준입니다. 희망 대학이 어디냐에 따라 다르겠지만 상위 10% 수준이 쉽지는 않습니다. 우리의 목표는 희망하는 대학의 수준에 합당한 역량을 갖추는 것입니다. 2027학년도 입시를 지금부터 시작한다면 충분히 가능합니다. 다만, 의미 있는 방법들을 사용하는 것이 중요합니다. 지금까지의 방법이 의미 있고, 성공하고 있다면 상관없지만, 지금까지의 과정을 분석했을 때 성공하지 못하고 있다면 반드시 새로운 전략을 고민해야 합니다. 목표 대학을 진학하기 위해 어느 정도의 노력이 필요한지에 대한 구체적인 개념이 만들어졌다면 이를 '실행'하는 과정이 필요합니다. 그 과정에서의 핵심적인 내용은 앞에서도 다루었고, 뒷부분에서 전형별로 이야기를 하겠습니다.

이 시점에서 저는 부모님들께 엄청 중요한 말씀을 드리고자 합니다. 상담을 진행하는 많은 부모님들이 먼저 자녀의 '한계'를 정하고 오는 편입니다.

우리 아이는 '원래' 이래요.
제 딸은 '수학'을 싫어해요.
제 아들은 '과학'만 잘해요.

이 모든 이야기의 공통점은 자녀의 한계를 정했고, 자녀가 그 한계 속에서 행동할 것이라는 전제로 둔 이야기입니다. 앞서 언급한 바와 같이, 공부를 못하는 학생은 없습니다. 공부를 못한다고 '생각'할 뿐입니다. 그렇게 생각하는 이유는 자녀가 성장의 한계를 짓기 때문이고, 많은 경우에 부모가 그 성장의 한계를 정해주었기 때문입니다. 그러니 2027학년도 입시를 본격적으로 준비하기 위해서는 현재 자녀의 상태를 '끝'으로 규정하지 않아야 합니다. 자녀는 일정한 과정을 거치면 충분히 성장할 수 있습니다. 앞서 7,8 등급을 극복하고 성장하고 있는 도민이의 경우가 그러하고, 뒤이어 설명할 숱한 졸업생들이 고교 생활을 통한 성장을 증명했습니다. 그들이 자신의 한계를 정해두었다면 입시는 실패했을 것입니다. 우리가 자녀의 성장에 대한 한계를 규정 짓지 않으면, 자녀가 가진 여러 가능성이 보이게 될 것입니다. 여러분의 자녀는 현재의 모습으로 대학을 진학하는 것이 아니라, '성장'해서 대학을 진학하는 것입니다. 그 성장이 바른 방향으로 갈 수 있도록 고민하고, 길을 함께 찾아주는 과정이 필요합니다. 자녀는 함께 동행할 부모가 필요하지, 대신 운전해 줄 사람을 필요로 하지 않습니다.

그런 의미에서 중요한 한 가지를 짚고 넘어가도록 하겠습니다. 눈치 채셨는지 모르겠지만, 제가 많은 이야기를 진행하면서 '학부모'라는 단어를 쓰지 않고 있습니다. 개인적으로 부모와 학부모는 역할이 다르다고 생각하기 때문입니다. 부모가 양육을 하는 사람이라면, 학부모는 코칭(coaching)을 하는 사람입니다. 이 차이에 대한 자세한 이야기를 뒷부분에서 하도록 하고 여기서는 한 가지만 이야기를 하겠습니다. 많은 부모들이 입시 교육에 실패하는 이유 중 가장 근본적인 것은 티칭(teaching)을 하려고 하기 때문입니다. 고등학생들은 부모에게 티칭 받기를 거부(??!!)합니다. 그러니 우선 가르치려는 의도가 없는 것이 가장 좋습니다. 실제로 그 가르침은 통하지도 않습니다. 진심으로 자녀를 위한다면 자녀를 가르치겠다는 생각을 버리고 진정으로 자녀와 함께 입시를 고민하는 '학부모'가 되는 것이 더 도움이 됩니다.

입시 전략을 세우기 위해서는 대학의 어떠함을 이해하는 것이 매우 중요합니다. 대학의 선발 방식에 대한 이해는 자녀의 '우수함'을 증명할 수 있는 방법이기도 합니다. 고등학생과 학부모들이 입시와 관련해서 가장 오해를 많이 하는 단어는 아마도 '우수함'이라는 단어인 것 같습니다. 많은 입시 설명회에서 우수함이 어떤 것인지를 물어보면 '내신 성적이 뛰어난 것' 혹은 '다른 학생보다 잘하는 것' 등의 거의 비슷한 대답이 나옵니다. 단순하게 생각해 봅시다. 여러분이 회사 사장입니다. 어떤 직원을 선발하고 싶을까요? 머릿속에 많은 생각이 떠오를 겁니다. 지금 떠올린 생각들은 대체로 '주관적'인 생각입니다. 다른 사람들이 동의하지 않을 수도 있는 그런 생각이라는 말입니다. 대학은 나름의 기준을 가지고 학생들을 선발합니다. 그러니 중요한 것은 그 기준을 이해하는 것입니다. 더 정확하게는 그 기준에 대한 명확한 공부가 필요합니다.

실제 2027학년도에 대학을 진학하기 위해서는 대학 가는 방법을 이해해야 합니다. 대학 가능 방법은 곧 대학이 선발하는 방식에 관한 것입니다. 2026학년도에 대학은 크게 4가지의 방법으로 학생을 선발합니다. 물론 4가지 이외에도 특기자 전형과 실기 전형 등이 있지만 대체로 4가지의 방법으로 학생을 선발합니다. 그럼 단순하게 생각하면 4가지의 방법 중에서 제대로 준비한 하나만 있으면 대학을 갈 수 있다는 말이 됩니다.

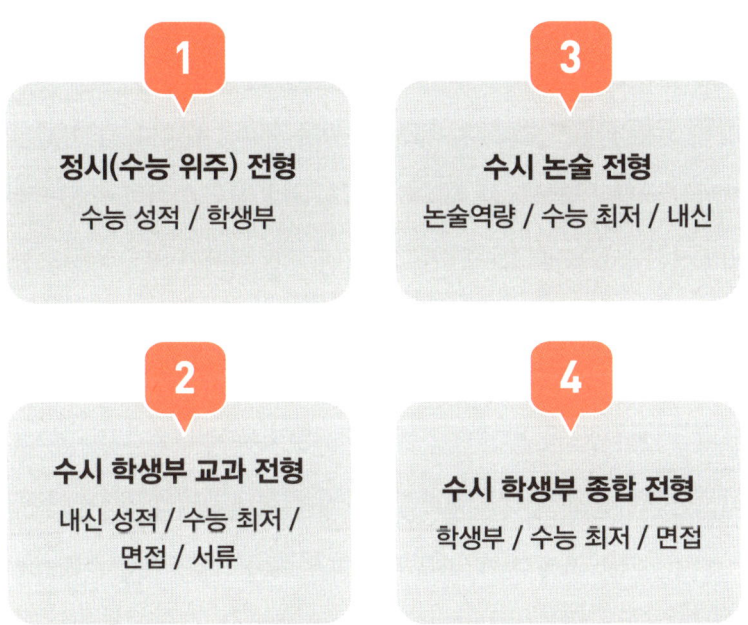

1
정시(수능 위주) 전형
수능 성적 / 학생부

3
수시 논술 전형
논술역량 / 수능 최저 / 내신

2
수시 학생부 교과 전형
내신 성적 / 수능 최저 / 면접 / 서류

4
수시 학생부 종합 전형
학생부 / 수능 최저 / 면접

각각의 전형에서 최근 활용되는 지표들입니다. 수능 위주의 정시 전형에서는 수능 성적이 가장 중요합니다. 대부분의 대학에서 현재까지는 수능 성적으로 합불을 결정하게 되지만, 최근 서울 상위권 대학을 중심으로 학생부를 정성적, 정량적으로 반영을 하고 있습니다. 이 부분은 동일한 정량적 전형인 학생부 교과 전형에서도 나타나고 있고, 차츰 확대되고 있는 추세이기도 합니다. 전형은 복잡할 것도, 어려울 것도 없습니다. 이제 하나의 질문을 해봅시다.

'어떤 전형이 내 자녀에게 유리할까?'

수험생이 입시를 준비하는 출발점은 당연히 자녀에게 유리한 것이 무엇인지를 고민하는 것에서부터 시작합니다. 각각의 전형에 대한 상세한 설명은 뒤이어서 하도록 하고 간략하게만 정리하면, 1,2번 전형(정시, 학생부 교과)은 객관식 능력을 전제로 합니다. 즉, 학생의 객관식 역량이 뛰어날 때 유리한 전형입니다. 전국 단위의 시험인 학력평가와 모의 수능 등에서 두각을 나타내는 학생이라면 정시(수능 위주) 전형이 장점이 될 것입니다. 반면, 학교 내신의 우수함을 전제로 하는 전형이 바로 학생부 교과 전형입니다. 결국 두 전형은 모두 객관식 역량의 우수함을 전제로 하고, 객관식 역량에 탁월함이 있을 때 자신이 원하는 대학, 혹은 학과를 선택할 수 있게 됩니다.

반면, 3,4번 전형(논술, 학생부종합)은 객관식 능력으로 표현되지 않는 능력을 전제로 합니다. 논술 전형은 수리력, 논리력, 비판적 사고력 등이 뛰어난 학생들에게 유리한 전형입니다.(경쟁률이 지나치게 높다는 단점이 있습니다.) 논술 전형은 이른바 '대박'이 나오는 전형으로 유명하긴 합니다. 하지만, 실제로 대박이라기보다는 객관식 능력이 다소 약한 학생들이 있다는 점을 명확하게 보여주는 전형입니다. 정말 똑똑한데, 객관식 역량이 학생이 가진 다양한 역량에 비해

약할 수 있습니다. 다만, 기대와는 달리 논술 대박은 주로 인문계열에서 나오는 편입니다. 이공계열의 논술은 대체로 수학 문제이기 때문에 수학 성적과 상관관계를 가지고 있는 편입니다.

학생부 종합 전형은 가장 많은 학생, 학부모가 오해하는 전형입니다. 오해가 많다는 말은 전형에 대한 '공부'가 되어 있지 않다는 말입니다. 학생부 종합 전형은 학생이 가진 역량을 "종합적"으로 판단하려는 전형입니다. 객관식 시험으로는 판단하기 어려운 부분(예를 들어 창의력)까지 고려해서 학생을 입체적으로 파악해서 선발하려는 전형입니다. 그러니 우수함의 기준이 조금 다를 수밖에 없습니다. 정말 단순하고 쉽게 말한다면, 내신 성적 2.5의 학생이 내신 성적 3.0의 학생보다 반드시 우수하다고 판단할 수 없다는 것을 전제하는 전형입니다. 그러니 이 전형에서 가장 중요한 것은 대학이 우수하다고 생각하는 것을 "이해하는 것"입니다. 개별 대학은 각자 우수함의 기준을 마련하고 제시하고 있습니다. 이를 공부하면 대학이 선발하려는 학생에 대해 이해할 수 있게 되고, 이를 "지금" 준비하면 됩니다.

전체적인 전형들의 특징과 대비 방법 등은 앞으로 충분히 다루게 될 것입니다. 다만, 큰 그림을 이해해야 우리가 무엇을 준비할 수 있는지를 생각할 수 있다는 점에서 이 부분은 잘 이해할 필요가 있습니다. 더불어 2027학년도 입시를 준비할 때 가장 큰 갈림길에 대한 고민을 해야 합니다. 제대로 된 입시의 방향을 잡기 위해서는 전국 4년제 대학의 선발 비율에 대한 이해가 필요합니다. 이 부분을 이해하면 여기서 사실상의 갈림길이 생긴다는 점을 알 수 있게 됩니다.

2027학년도 전국 4년제 대학의 전형별 모집 비율은 다음과 같습니다. 이 부분을 이해하면, 2027학년도 대입전형시행계획이 발표된 이후 한동안 신문에서 크게 다뤘던 제목의 의미도 이해할 수 있게 될 것입니다. 제목들은 대체로 최초로 수시 비율이 80%를 넘었다는 내용이었습니다. 중요한 분기점이라는 것은 이런 기사 제목만 봐도 알 수 있습니다.

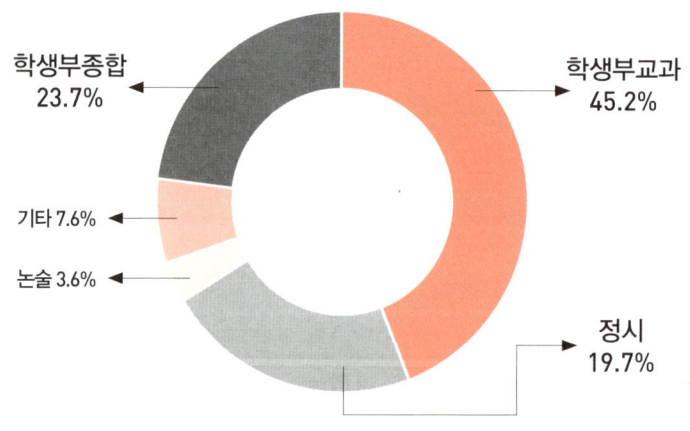

전체적으로 보면 실제 수시의 비율이 80.3%이고, 정시의 비율이 19.7%입니다. 전국 대학을 기준으로 해서 보면 학생부 교과 전형이 가장 강력한 전형이고, 논술 전형이 가장 낮은 비율을 기록하고 있음을 알 수 있습니다. 학생부 교과 전형으로 45.2%인 156,403명을 선발합니다. 내신의 중요성을 충분히 추론할 수 있는 자료이기는 합니다.

하지만, 이 자료를 수도권과 비수도권으로 나눠서 보면 전혀 다른 이야기가 나옵니다. 전체 선발 인원 중 수도권 대학에서 선발하는 인원은 134,787명으로 전체의 약 39% 수준입니다. 비수도권 대학에서 선발하는 인원은 210,930명으로 61% 수준입니다.

지역	수시		정시		계
	인원	비율(%)	인원	비율(%)	
수도권	88,756	**65.8**	46,031	**34.2**	134,787
비수도권	188,827	**89.5**	22,103	**10.5**	210,930
계					**345,717**

앞서 살펴본 바와 달리 수도권과 비수도권 대학의 수시와 정시 비율의 차이는 매우 극명하게 나타납니다. 즉, 수도권 대학들은 비수도권 대학에 비해 정시 선발 비율이 높습니다. 반면, 비수도권 대학은 수시의 비율이 매우 높게 나타납니다. 수도권 대학에서 한걸음 더 나가서 서울의 주요 15개 대학의 전형을 분석해보면 대학의 선발 방향이 보다 명확하게 대비된다는 점을 알 수 있습니다.

전형	인원	비율(%)
학종	16,144	35.3
교과	5,224	11.4
논술	4,016	8.7
실기등	1,506	3.2
정시	18,786	41.1
계	**45,676**	

** 서울 상위 14개 대학 : 서울대, 연세대, 고려대, 성균관대, 서강대, 한양대, 중앙대, 경희대, 이화여대, 한국외대, 서울시립대, 건국대, 동국대, 숙명여대

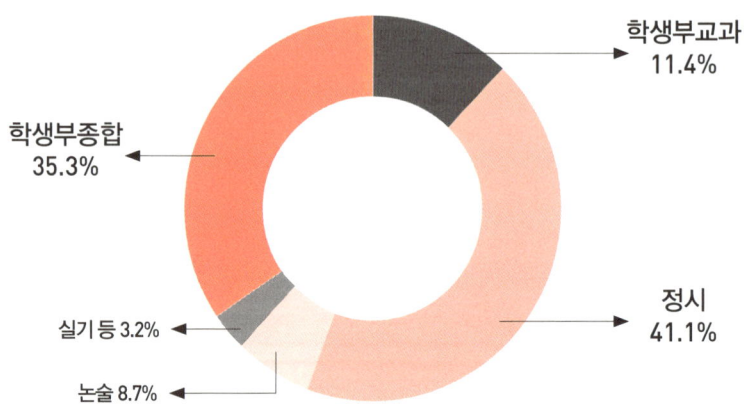

학생부교과
11.4%

학생부종합
35.3%

정시
41.1%

실기등 3.2%

논술 8.7%

　전국 대학과 서울 상위 14개 대학을 비교해서 보면 확실한 차이를 찾을 수 있습니다. 결국 입시를 어느 방향으로 준비하느냐에 따라 준비해야 할 것이 전혀 다르다는 점을 꼭 알아야 합니다. 제대로 된 준비를 위해서는 목표 대학을 미리 세팅해 두고 그 기준에 맞게 준비하는 것이 가장 중요합니다.

　학생들의 선호도가 높은 서울의 주요 대학과 전국 대학을 비교하면 결국 다음과 같은 형태로 나타나게 됩니다.

서울 주요 대학	전국 대학
정시 〉 학종 〉 교과 〉 논술	교과 〉 학종 〉 정시 〉 논술

　입시 전략을 세워야 하는 상황에서 중요한 분기점이 되는 이유는 준비해야 할 것이 많이 다르기 때문입니다. 그러니 2027학년도 입시

를 준비하기 위해서는 수험생과 학부모의 목표가 선명해야 합니다. 수험생이 가지고 있는 가능성을 발현하기 위해서는 "선택과 집중"을 요합니다. 대체로 지방거점국립대학을 진학하기 위해서는 학생부 교과 성적의 관리가 가장 중요한 요소가 되지만, 서울의 주요 대학을 진학을 목표로 한다면 학생부 교과 성적으로 진학하기에는 큰 어려움이 있을 수밖에 없습니다. 이런 이야기를 하면 대부분의 학부모들은 숱한 대학들을 찾아볼 자신이 없고, 너무 복잡할 것 같은 생각에 지레 겁을 먹고 '어렵다'고 하소연하고 포기를 선언합니다. 앞서 언급한 바와 같이 처음으로 접하게 되는 생소한 단어들로 인해 어렵게 느껴질 뿐입니다. 입시에서 사용되는 단어들은 대부분 중복해서 사용되는 단어들이 많아서 조금만 익숙해지면 생각보다 간단히 많은 입시 정보를 얻을 수 있습니다. 일단 자녀를 보내길 희망하는 대학의 입학처 홈페이지에 들어가서 전형에 대해서 찬찬히 읽어보면 됩니다. 무엇보다 부모에게 동기 부여가 되고, 자녀와 함께 찾아보고 알아보는 과정 가운데 훨씬 정확하게 무엇을 준비해야 할지 방향을 잡고 준비 할 수 있어서 더 좋습니다.

저는 전국을 대상으로 입시 관련 다양한 주제로 강의를 다니고 있습니다. 서울대를 비롯한 대학 입학사정관과 위촉 입학사정관들을 대상으로 하는 강의, 학부모들을 대상으로 하는 강의, 학생을 대상으로 하는 강의 등을 진행하면서 숱한 사람들을 만나고 입시 공부의 중요성에 대해 이야기를 합니다. 강의 현장에 오신 분들의 이야기를 들으면 대부분의 경우에 유튜브 영상을 통해서 혹은 학원에서 진행하는 입시 설명회를 통해 입시 정보를 들었다고 합니다.

숱한 입시 강의를 듣고, 뭐가 달라졌나요?

제가 학생들에게도 유사한 질문을 항상 합니다. 숱한 인강을 듣고, 무엇이 달라지고 있는지를 묻습니다. 대부분의 경우에 별로 달라진 점이 없다고 말합니다. 사실, 당연합니다. 변화는 자신이 직접 할 때 발생합니다. 듣는다고, 본다고 이뤄지는 것이 아닙니다. 듣는 공부, 보는 공부는 크게 의미가 없습니다. 그러니 입시 공부도 마찬가지입니다. 대학의 선발 요소들을 이해하고 구체적으로 자녀에게 접목시킬 수 있는 것을 찾아야 합니다. 여러 강의를 쫓아다닌다고 해결되는 것이 아닙니다. 그러니 제대로 된 입시 공부를 하면 됩니다. 희망 대학의 전형을 분석해보고, 궁금한 점을 물어보면 될 입니다. 실제로 대학의 전형에 대해 이해하는 것은 오래 걸리지 않습니다. 중요한 것은 결국 자녀에게 구체적으로 적용하는 것입니다. 구체적 적용의 부분은 다른 사람이 해줄 수가 없습니다.

숱한 강연을 다니고, 방송을 하고, 학교 행사를 진행하는 정말 바쁜 삶을 살면서도 제가 절대 빼먹지 않는 것이 있는데, 바로 학교 학생들과의 상담입니다. 방학을 기준으로 하면 하루 13시간 정도의 상담을 진행하는 편입니다. 13명의 학생들과 그들의 학교생활, 학습 과정, 지적 호기심을 확인하고 의미 있는 결과물을 만들기 위해 노력하는 과정을 반드시 만듭니다. 이렇게 하는 이유는 매우 간단합니다. 제가 학생들을 알아야 학생들을 구체적으로 지도할 수 있기 때문입니다. 개별 학생에 대한 이해도가 높아질수록, 학생이 희망하는 대학보다 더 좋은 대학, 더 의미 있는 대학을 진학시킬 수 있기 때문입니다.

그런 의미에서 다시 한 번 제대로 된 입시 공부를 권합니다.
이제 본격적으로 시작해 봅시다.

2. 2027 입시 준비를 위한 정보

2027학년도 입시를 준비하기 위해 해야 할 가장 중요한 일은 자녀에 대한 정보를 구체적으로 확정짓는 것이라고 강조를 했습니다. 수험생의 개개인에 대한 이야기이고, 정보이기 때문에 보편적인 이야기를 할 수는 없지만, 그럼에도 수험생의 일반적인 특징과 코칭 방향에 대해서는 방향을 잡았습니다. 그 다음 해야 할 일은 대학이 무엇을 말하고 있는지를 확인할 필요가 있습니다. 그런 의미에서 예비 고3 수험생들에게 중요한 것이 바로 '2027학년도 대입전형 시행 계획'입니다. 2027학년도 입시를 준비하기 위한 대학의 기본적인 계획들입니다. 매우 중요한 자료인 것은 분명하지만 그렇다고 확정적인 자료는 아닙니다. 하지만 그 방향성과 지향성을 확인하고 준비할 수 있는 매우 소중한 자료입니다.

2027학년도 입시의 전체적인 큰 틀은 2026학년도 입시와 맥을 같이 합니다. 트렌드라는 측면에서도 대체로 유사하게 나탑니다. 다만, 우여곡절을 겪고 있는 의대 증원과 관련된 문제는 아직 명확한 답이 제시되지는 못하고 있는 듯 보입니다. 2027학년도 대입전형 시행 계획에는 의대 증원을 전제로 한 계획들이 구성되어져 있다는 점을 생각하고 자료를 분석해야 합니다.

2028학년도 대입 개편안이 확정 발표된 상황에서 2015 개정 교육 과정의 마지막 입시이기도 한 2027학년도 입시는 여러 측면에서 주의 깊게 분석해야 할 필요가 큽니다. 최근의 트렌드와 경향을 생각해 보면 '재수를 전제로 한 입시 전략'이 확대되고 있긴 합니다. 그런 측면에서 완전히 입시 체계가 달라지는 2028학년도에는 그런 경향이 유지되기가 힘들 수도 있다는 점을 고려해야 할 필요가 있습니다. 전체적인 전형의 성격을 이해해야 개별 전형을 대비하기 위한 다음 스텝이 확정적으로 유효하게 됩니다. 단순한 정보들이긴 하지만, 대학의 지향성을 면밀히 분석해 보도록 하겠습니다.

2027 대입 전형 시행 계획

2027학년도 입시를 준비하면서 가장 중요한 첫 번째 걸음은 당연히 '주력' 전형을 정하는 것입니다. 자신의 역량과 장점에 맞는 주력 전형을 정하고, 제대로 준비하는 과정이 꼭 필요합니다. 각각의 특징들을 이해한다면, 충분히 준비가 될 것입니다. 다만, 2학년인 여러분들이 반드시 기억해야 할 것은 수시 or 정시가 아니라는 점입니다. 숱한 상담을 진행하면서 가장 큰 불편함으로 느끼는 것은 수시와 정시를 분리하려는 생각들입니다. 단순하게 생각하면 수험생은 "9번"의 카드를 가집니다. 수시에서 6장의 카드를 사용하고, 정시에서 3장의 카드를 사용하는 셈입니다. 그런데 전략을 준비하는 학생들은 '다른 것 모르겠고' 전략을 사용합니다. 왜 자신에게 주어진 6번의 기회를 버리고, 정시 3번의 기회에 집착하려고 할까요? 안타깝게도 전형에 대한 이해가 부족하기 때문입니다.

"수시 & 정시"

꼭 기억하세요! 가장 확실한 전략은 수시와 정시입니다. 그러니 우리들은 지금 "9번"의 기회에 대해서 이야기를 합니다. 1학년 때의 내신 성적이 어떠하다고 하더라도 우리에게는 여전히 '9번'의 기회가 있습니다. 9번의 기회를 충분히 살릴 때 전략이라는 말이 의미가 있어집니다. 자신이 할 수 있고, 해야 할 일은 다 내려놓고 정시만 준비하겠다고 하는 것은 '인생 역전, 한 방'을 노리는 도박에 불과합니다. 수시파이터이든, 정시파이터이든 우리에게는 9번의 기회가 있고, 그 기회를 최대한 살리는 것이 최고의 전략입니다. 예비 수험생들과 학부모들이 절대적으로 알아야 할 입시의 절대적인 원칙이 있습니다.

수시에서 적정 대학이
정시에서는 꿈의 대학이다.

입시의 가장 기본이 되는 문장입니다. 왜냐하면 수시를 지원할 때의 기준이 대체로 정시에서 어느 정도의 성적이 나오는지를 베이스로 하기 때문입니다. 그러니 수시 6번의 기회는 2027학년도 입시를 준비하는 2학년들에게는 무엇보다 중요합니다. 이 글을 읽고 있는 지금부터 잘 준비하면 얼마든지 원하는 대학에 진학하는 것이 가능합니다. 수시를 준비하는 학생들도 상위권 대학은 수능 최저 학력 기준을 반영하는 대학이 많은 만큼 적극적으로 수능 준비를 하는 것이 필요합니다. 1학년 때의 성적 등은 과거의 성적일 뿐입니다. 과거는 변화시킬 수 없습니다. 그러니 우리가 바꿀 수 있는 "현재"에 집중해야 전략이 만들어질 수 있게 됩니다. 정시 전형에 대한 환상은 안타깝게도 '환상'일 뿐입니다. 정시는 재학생이 대학을 진학하는 대체로 가장 어려운 전형입니다. 서울의 상위권 대학에서 정시로 선발되는 인원의 70% 수준이 졸업생 등입니다. 예비 수험생들에게 이 비율을 이야기해도 '나는 할 수 있다'라고 이야기를 합니다. 하지만, 냉정하게 생각하고 자신에게 물어봐야 합니다. 학교의 동기들을 이기지 못하는데, 재수생 들을 이길 수 있다는 자신감 넘치는 생각은 어디서 나올까요? 다른 예로 조건은 다르겠지만, 마치 동네 축구에서 골을 못 넣던 학생이 월드컵에 나가서는 반드시 골을 넣을 수 있다고 주장하는 모습과 유사합니다. 수능으로 자신이 원하는 상위권 대학을 진학하겠다는 말은 '탁월한 객관식 능력'을 전제로 합니다. 쉽게 말해서 시험에서 '틀리지 않는 능력'이 필요하다는 말입니다. 상위권 대학을 수능으로 진학하기 위해서는 실제 수능에서 많이 틀리면 안 됩니다.

2027학년도 예비 수험생들에게 가장 유리한 전형에 대한 고민이 반드시 필요합니다. 재학생에게 유리한 전형에 대해 이해하는 것이 전략의 출발점이기도 합니다. 자신에게 유리한 전장을 굳이 포기하고, 불리할 것으로 보이는 전장에서 전쟁을 수행할 필요는 없습니다. 이순신 장군의 전략처럼 자신에 대한 정확한 정보를 바탕으로 최고의 결과를 만들어 낼 수 있는 '가장 유리한 장소'가 무엇인지를 분석해야 합니다. 다시 한 번 강조합니다! 수험생 여러분 "수시 & 정시"입니다. 그런 의미에서 2027학년도 대입 전형 시행 계획을 제대로 "분석"하고 전략을 세워봅시다. 우리가 가진 모든 자원들을 최대한 활용하는 최고의 전략을 함께 고민해 봅시다. 2027학년도 대입 전형 시행 계획에서는 전체 모집 인원은 다소 증가했습니다. 전체적으로 보면 수시 모집 인원은 증가하고, 정시 모집 인원은 감소하면서 수시 비율이 80%를 넘었습니다. 다만, 이전 연도에 이미 80% 수준이었던 것을 감안하면 큰 의미를 부여할 필요는 없습니다.

학년도	수시모집	정시모집	합계
2027학년도	277,583 (80.3%)	68,134 (19.7%)	345,717
2026학년도	275,848 (79.9%)	69,331 (20.1%)	345,179

결국 전체적인 인원수의 변동 등은 큰 틀에서는 이전 연도가 큰 차이가 없는 셈입니다. 전형별 비율도 이전 연도와 크게 차이가 나지는 않습니다. 다만, 여전히 수도권 대학과 비수도권 대학의 전형 차이가 크다는 점은 매우 유심히 봐야 할 부분입니다.

모집 시기	전형유형	모집인원				증감(C)= (A)−(B)
		2027학년도(A)		2026학년도(B)		
수시	학생부위주(교과)	156,403	56.3%	155,495	56.4%	908
	학생부위주(종합)	81,931	29.5%	81,373	29.5%	558
	논술위주	12,711	4.6%	12,559	4.6%	152
	실기/실적위주	21,954	7.9%	21,865	7.9%	89
	기타	4,584	1.7%	4,556	1.7%	28
수시 소계		277,583	100.0%	275,848	100.0%	1,735
정시	수능위주	63,195	92.8%	63,902	92.2%	-707
	실기/실적위주	4,574	6.7%	4,726	6.8%	-152
	학생부위주(교과)	228	0.3%	317	0.5%	-89
	학생부위주(종합)	117	0.2%	219	0.3%	-102
	기타	20	0.0%	167	0.2%	-147
정시 소계		68,134	100.0%	69,331	100.0%	-1,197
총합계		345,717		345,179		538

전년도와 비교해서도 증감이 미미한 수준이라는 점은 2027학년도 입시가 현행 선발 시스템을 그대로 유지한다는 의미입니다. 즉, 2027학년도 입시를 준비하는 수험생들은 현행 입시 제도를 정확하게 이해하고, 제대로 된 정보를 바탕으로 입시를 준비하면 된다는 말이기도 합니다. 2026학년도 수험생들은 의대 증원 이슈 등으로 인해 전년도 입결에 대한 신뢰도가 낮다는 점이 아쉽지만, 반면에 2027학년도 입시는 2026학년도 입시 데이터가 안정적으로 제공될 수 있다는 점에서 다소 안정적이긴 합니다. 그럼에도 2027학년도의 가장 큰 입시의 베이스는 수능 응시 인원입니다. 전국 대학에서 모집하는 인

원은 약 34만 명 수준입니다. 어느 정도의 경쟁을 해야 하는지를 가늠하기 위해서는 전체 수험생의 규모를 어느 정도 예측할 수 있어야 합니다. 그런 의미에서 전년도 수능 응시자를 판단하는 것은 매우 중요합니다. 2025학년도 수능 응시자는 다음과 같이 형성되었습니다.

학년도	합계	재학생	졸업생 등
2025 접수	522,670	340,777(65.2%)	181,893(34.8%)

2025학년도 대수능 접수 인원은 52만 명 수준이지만, 결시율 10%(52,210명)으로 실제 수능에 응시한 학생은 46만 6천 명 수준입니다. 전체적인 수능 응시 현황에서 가장 주목해야 할 부분은 항상 '졸업생 등'의 비율입니다.

2025학년도 대수능을 준비한 전체 응시 인원들은 다음과 같이 정리됩니다.

구분	6월		9월		수능	
학적	재학	졸업	재학	졸업	재학	졸업
인원 수	318,906	73,877	295,071	91,581	302,589	160,897
전체 인원	392,783		386,652		463,486	

전체 인원 변동을 살펴보면, 재학생 응시 수준은 유사하게 유지되고 있지만, 6월 모의평가와 9월 모의평가, 수능까지 재수생이 꾸준히 증가한다는 사실을 확인할 수 있습니다. 이런 경향은 오랜 시간 동안 지속되어 온 것이기도 합니다. 일반적으로 '풀재수'를 선택한 졸업생

들은 6월 모의평가에 참여하고, 대학을 한 학기 다니고 휴학을 통해 반수를 선택한 학생들이 9월 모의평가에 합류합니다. 최근 경향을 생각해 보면 재수생은 16만 명 수준으로 고정될 것으로 보입니다. 다만, 2026학년도 입시를 치르는 고3 학생들의 숫자가 다소 변수가 될 수 있습니다. 주지하는 바와 같이 '2007년생' 황금 돼지띠는 앞뒤의 학령인구보다 숫자가 대략 3만 명 수준으로 증가하게 됩니다. 즉, 자연적으로 수험생이 3만 명 정도가 증가한다는 의미입니다.

2025학년도 입시에서 의대 증원과 관련해서 엄청난 수의 재수생이 유입될 것이라는 견해가 있었지만, 예상과 달리 재수생의 증가는 두드러지게 나타나지는 않았습니다. 의대 증원이 원상태로 복귀했지만, 재수 혹은 반수를 생각하는 졸업생들의 응시는 별 차이가 없을 것으로 예상이 됩니다. 실제 증가는 5천 명 수준이 될 것으로 보입니다. 즉, 2026학년도 입시에서는 다양한 변수가 있긴 하지만 전년도와 유사한 수준의 16만 재수생을 예측할 수 있는 상태에서 3만 명의 자연 증가가 더해지게 되면, 실제 수험생은 49만 명 수준이 될 것입니다. 이런 예측이 가능한 것은 2025년 3월 학력평가의 응시 인원을 분석한 결과가 있기 때문입니다. 2025년 3월 학력평가는 고3 재학생 대부분이 치르는 시험입니다. 3월 학평의 응시 인원은 35만 명 수준으로, 2024년 3월 학평의 32만 명보다 3만 명 정도 증가했습니다. 결국 2026학년도 수능에서 재학생 응시는 33만 명 수준이고, 재수생을 16만 명으로 예상한다면 총 49만 명의 수능 응시를 예상할 수 있게 됩니다. 상대적으로 2027학년도에는 졸업생의 숫자가 17만 명 수준으로 예상할 수 있고, 결국 2027학년도 수험생은 48만 명 수준으로 예측을 할 수 있습니다. 그런 의미에서 2026학년도 입결 분석이 매우 중요해 진다고 할 수 있습니다.

2027학년도 대입 전형 시행 계획은 여전히 변수가 많긴 합니다. 가장 큰 변수는 의대 증원 관련 내용입니다. 발표된 자료는 의대 증원을 유지한 '4,980명'입니다. 2026학년도 입시에서 의대 증원은 철회되었고, 이후의 사태는 아직 가늠할 수가 없다는 점을 감안하면 충분히 변화의 여지가 있는 지점입니다. 최상위권임을 감안하면 변화로 인한 후폭풍을 감안하지 않을 수는 없습니다. 다만, 2027학년도 입시를 준비하는 예비 수험생들은 의대 증원 상태를 예상하기 보다는 보수적으로 판단하고 입시를 준비하는 것이 좋습니다. 2026학년도 입시에서 의대 증원의 철회와 관련하여 언론에서 다양한 기사들이 쏟아지고 있지만, 그럼에도 수험생들은 크게 흔들리지 않아야 합니다. 의대 증원 혹은 철회라는 점에 영향을 받는다면 자신의 역량을 강화하는 일에 대한 집중도가 떨어지게 될 터이니, 모든 상황에서 최악을 가정하고 전략을 세우는 것이 최고의 전략이 됩니다. 분위기에 편승해서 괜한 불안을 키우지 말고, 지금 해야 할 공부에 집중하는 것이 훨씬 유익합니다.

2027학년도 대입 전형 시행 계획에서 유심히 봐야 할 부분 중의 하나는 지역 균형과 지역 인재 전형의 확대입니다. '지역 균형 전형'은

2022학년도부터 대입 제도 공정성 강화 방안에 따라 수도권 소재의 대학들이 학교장 추천 형식의 학생부 교과 전형에서 지역 균형 선발을 실시하고 있습니다. 지역 균형 전형은 정원의 10% 이상을 교과 성적 위주로 선발해야 합니다. 2027학년도 입시에서는 수도권의 47개 대학이 지역 균형 전형을 유지하고 있고, 선발 인원도 소폭 증가했습니다. 지역 균형 전형은 대체로 학교장 추천 전형으로 학생부 교과 내신으로 선발하게 되는데, 수도권 특히 서울 소재의 대학에서 학생부 교과 전형이 10% 수준으로 유지되는 이유이기도 합니다.

지역 균형 전형 변화

2027학년도	2026학년도	증감
13,872	13,086	786

서울 소재의 상위권 대학에서는 지역 균형 전형의 도입에 대응하기 위해 학생부 교과 전형에서의 학생부 반영을 서서히 늘리고 있는 추세입니다. 고대와 동국대, 성균관대가 지역 균형 도입과 함께 학생부 교과 전형에서 정성 평가 및 정성적 평가인 서류 반영을 시작했고, 이후에 건국대, 경희대 등으로 확대되고 있습니다. 2027학년도에서는 한양대, 서울시립대, 숙명여대 등도 정량 평가 전형인 학생부 교과 전형에 정성 평가 요소들을 활용하게 됩니다.

2026학년도 입시에서 아주 핫한 소재였던 '지역 인재 전형'은 2027학년도 입시에서 더 확대되면서 지역 인재 전형이 더욱 견고해지고 있습니다. 2027학년도 입시에서는 103개 대학에서 27,730명을 선발하게 됩니다.

지역 인재 전형 변화

2027학년도	2026학년도	증감
27,730	26,778	952

2027학년도 지역 인재 전형은 이전과는 다르게 선발 방식의 다양화가 예고되어 있습니다. 대체로 학생부 교과 전형 중심이었던 지역 인재 전형에 다양한 학종 형식을 도입하고, 평가를 고도화하는 방향으로 정책이 추진되고 있는 상황인 만큼 지역 거점 국립대를 중심으로 입시를 준비하는 학생들은 그에 상응하는 준비가 필요합니다.

2027학년도 입시에서 논술은 이전 연도와 동일하게 42개 대학(캠퍼스 2개 대학 포함 44교)에서 선발하고 있고, 전체 모집 인원은 미미하게 증가하고 있습니다.

논술 전형

2027학년도	2026학년도	증감
12,711	12,559	152

논술은 논술 100% 반영 대학이 있고, 학생부 성적을 반영하는 대학도 있습니다. 수능 최저를 적용하는 대학과 적용하지 않는 대학들이 혼재하고 있습니다.

2027학년도 대학 전형 시행 계획은 이렇게 정리될 수 있지만, 언제나 그러하듯 세부적인 변화와 디테일에는 차이가 납니다. 그러므로 수험생이 지원하는 대학의 변화를 중심으로 보는 것이 가장 중요합니다.

수능 위주의 정시 전형 변화

구분	정시모집		
	가군	나군	다군
2027학년도	141	146	137
2026학년도	136	146	130

정시는 3번의 지원 기회가 있고, 각 대학은 분할 모집 여부를 선택하게 됩니다. 대학의 입장에서는 이 3번의 지원 기회가 학생들의 선택이라는 점에서 전략적인 고민을 하게 되고, 대체로 상위권 대학은 경쟁 대학과 다른 군을 선택하는 전략을 일반적으로 사용하려고 하는 편이지만, 최근의 입시 상황에서는 군별 전략을 다른 형태로 시도하는 대학들이 다소 늘고 있는 추세이긴 합니다. 군별 분할 모집 대학은 지금 당장의 2027학년도 입시를 준비하는 예비 수험생들에게 크게 중요한 요소는 아닙니다.

이상으로 전체적인 2027학년도 대입 전형 시행 계획을 살펴보았고, 각각의 전형들의 특징에 대해서는 조금 더 깊이 있게 들여다보도록 하겠습니다.

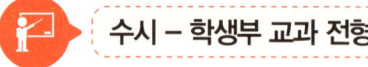

수시 – 학생부 교과 전형

수시 학생부 위주 전형의 학생부 교과 전형은 큰 틀에서는 2026학년도 대입 전형과 큰 차이점이 없는 편입니다. 학생부 교과 전형은 기본적으로 정량적 평가를 전제로 하기 때문에 고등학교의 내신 성적순으로 줄을 세우는 전형이지만, 선발 전형으로서의 학생부 교과 전형은 내신 성적의 평가 반영 비율이 50%를 넘기만 하면 됩니다. 즉, 내신 100% 반영으로 선발할 수도 있지만, 다른 평가 요소들을 반영할 수도 있습니다. 이전까지는 대체로 1단계에서 학생부 내신 성적 100% 선발하고, 2단계에서 1단계 성적 70% + 면접 30% 형태로 선발이 이루어졌습니다.

대체로 정량 평가를 하는 전형이기 때문에 전년도의 입시 결과가 매우 중요하고, 전년도 입시 결과를 토대로 예측 가능성이 매우 높은 전형이기도 합니다. 3년 정도의 입시 결과를 누적해서 살펴보면 대략 유사한 합격선이 형성이 되는 편입니다. 입결을 확인하기 위해서는 개별 대학의 입학처 홈페이지를 활용해도 좋고, 대입 정보 포털인 '어디가(www.adiga.kr)' 등을 활용해도 됩니다.

어떤 대학을 기준으로 삼느냐에 따라 다르긴 하겠지만, 대체로 학생부 교과 전형은 내신이 높은 학생들을 위한 전형입니다. 그러다보니 상대적으로 경쟁률이 높게 형성되지는 않습니다. 전국 고교에서 최상위권의 내신 성적은 어차피 한정이 되기 때문입니다. 다만, 최상위권 대학에서 내신 성적도, 경쟁률도 매우 높게 형성이 되는 가장 큰 이유는 학생부 교과 전형으로 선발하는 인원이 적기 때문입니다. 학생부 교과 전형의 경쟁률은 다소 낮은 편이기는 하지만, 충원률은 높은 전형이기도 합니다. 충원율은 모집 인원 대비 추가 합격 인원을 뜻하는 용어입니다. 쉽게 생각하면 10명 모집인 학과에서 충원율 100%라는 말은 모집 인원 만큼인 10명의 추가 합격 인원이 발생했다는 말입니다. 결국 이 학과에 합격한 학생은 20명이라는 말입니다. 그중 10명은 다른 모집 단위를 선택했다는 말이기도 합니다. 다소 이례적이긴 하지만, 2023학년도 입시에서 한양대 교육학과 지역균형발전 전형은 3명 모집에 충원 인원이 36명으로 충원율 1,200%를 기록하기도 했습니다. 이렇게 높은 충원율을 기록하는 이유는 단순합니다. 수시에 6장의 카드를 쓸 수 있고, 대체로 학생부 교과 전형을 쓰는 학생들이 높은 내신을 베이스로 하기 때문에 중복 합격이 많이 발생하게 됩니다. 예를 들어서 내신 성적 1점대의 지방 일반고 수진이의 경우는 6개 대학을 학생부 교과로 지원을 했고, 모두 첫 발표에 합격을 했습니다. 최초합 6개 대학 중 수진이는 하나의 대학만을 선택해야 하고, 나머지 5개의 대학들은 수진이의 빈자리에 추가 합격생을 선발해야 합니다. 결국 내신 성적을 비교해서 합불을 결정하는 학생부 교과 전형에는 추가 합격이 많이 생길 수밖에 없는 구조입니다. 실질적으로 처음 공개된 모집 인원보다 더 많은 인원을 선발하는 효과가 발생하기 때문입니다. 즉, 학생부 교과 전형에 대한 고민을 할 때는 전년도 입결에서 충원율도 충분히 고민해야 합니다.

2027학년도 대입 전형 시행 계획에 따르면, 전국 대학에서 학생부 교과 전형으로 선발하는 학생의 비율은 45.2%(156,403명)입니다. 구체적인 비율과 숫자만 보더라도 학생부의 내신 성적이 입시에서 매우 절대적으로 작용하는 것으로 보입니다. 학생부 교과 전형의 선발 비율은 특히 비수도권 대학에서 매우 높게 나타나는 편입니다.

9개 지방거점국립대학교 교과 전형 모집 인원
(강원대, 경북대, 경상국립대, 부산대, 전남대, 전북대, 제주대, 충남대, 충북대)

대학	교과
강원대	1,604
경북대	2,152
경상국립대	2,184
부산대	1,533
전남대	2,041
전북대	2,309
제주대	1,029
충남대	1,992
충북대	1,652
계	16,496

2027학년도 입시에서 지방거점국립대의 전체 모집 인원은 37,585명입니다. 그 중 학생부 교과 전형의 선발 비율이 43% 수준이니, 전국의 선발 비율과 유사하게 나타납니다. 비수도권 대학들은 대체로 학생부 교과 전형의 선발 비율이 높게 나타나는 편입니다. 문제

는 앞서 살펴본 바와 같이 서울의 상위 대학에서의 학생부 교과 전형 비율이 매우 낮다는 점입니다. 상위 14개 대학에서 학생부 교과 전형으로 선발하는 비율은 11.4%(5,224명) 수준 입니다. 매우 단순한 질문이 가능합니다. 왜 전국 대학과 서울 상위권 대학의 학생부 교과 전형 선발 비율은 이렇게 차이가 날까요?

서울 상위권 대학 등의 학생부 교과 전형은 전국에서 내신이 매우 우수한 학생들만 모이기 때문에 아주 높은 내신을 가진 학생들만 합격을 합니다. 문제는 내신 성적만을 가지고 변별하는 것이 한계가 있다는 점입니다. 전국에 2,000개가 넘는 고등학교에 내신 성적이 높은 학생들의 숫자는 생각보다 많습니다. 그래서 대학의 입장에서는 높은 내신을 가진 학생들의 변별 문제를 해결하기 위해 이전까지는 대체로 '수능 최저 학력 기준'을 적용하고, '면접'을 실시했습니다. 특히, 수능 최저 학력 기준이 설정되어 있는 대학의 경우에는 수능 최저 학력 기준이 아주 강력하게 작용하는 경우들이 많기 때문에 주의가 필요합니다. 대체로 학생부 교과 전형에서 수능 최저 학력 기준을 달성하지 못하는 학생의 비율이 30% 수준입니다. 생각보다는 훨씬 높은 비율이 수능 최저 학력 기준을 달성하지 못해서 탈락하는 셈이니, 수능 최저 학력 기준이 적용되는 대학이라면 수능 최저 학력 기준을 달성하기 위한 준비를 해야만 합니다.

학생부 교과 전형에서는 사실 매우 심각한 '오류'가 존재합니다. 전국의 2,300여개 고등학교의 내신 성적을 일괄적으로 동일하게 판단할 수 있느냐의 문제입니다. 개별 고등학교의 특색, 내신 문제의 수준, 지역적 특색, 그리고 매우 강력하게도 '고교학점제'라는 틀 안에서의 선택 과목에 따라 내신의 수준이 다르게 평가될 수 있다는 점입니다. 다른 성격의 내신 성적임에도 불구하고 '같은 점수'로 평가되고 있는 셈입니다. 그러니 전국 최상위권 내신을 가진 학생들이 극단적으로 몰리게 되는 서울의 주요 대학에서는 변별력 있게 선발할 수 있는 장치인 수능 최저 학력 기준과 면접과 같은 요소들이 필요합니다.

최근 서울의 주요 대학들은 학생부 교과 전형에 질적 평가를 의미하는 '정성 평가'를 적극적으로 반영하고 있는 추세입니다. 이런 선택은 내신 성적을 위주로 하는 학교장 추천 전형을 10% 이상 선발하도록 한 정부 정책에 대한 대응책으로 이해할 수 있습니다. 정부 정책 이전에 서울 주요 대학에서 학생부 교과로 선발하던 비율이 6% 내외였다는 점을 감안하면 논리적 설명이 가능해집니다. 더불어 서울의 주요 대학들이 이런 '정량 평가 + 정성 평가'를 2028학년도 대입 체제의 핵심으로 생각하고 준비하고 있기 때문에 전체적인 흐름이 변화하고 있기도 합니다. 대입 전형의 예측이 가능하도록 미리 변화의 방향을 제시하고 있는 셈입니다. 학생부 교과 전형에서 '서류' 혹은 '정성 평가'를 도입하는 것은 새로운 형태의 전형이 생긴 것으로 봐도 됩니다. 학생부 내신을 일종의 '자격 기준'으로 활용하고 있는 셈입니다. '학생부 내신을 정량적으로 반영하는 학생부 종합 전형이 확대'되고 있는 셈입니다. 학생부 교과 전형에 정성적 평가 요소를 반영한 대학들의 합격선은 이전의 학생부 교과 전형에 비해서는 확실히 낮은 성적을 보이고 있습니다. 정성적 평가가 어느 정도 힘을 발휘하는 것으로 볼 수 있습니다.

새롭게 생겼다고는 하지만, 실질적으로는 이전에 존재하던 서울대의 '지역 균형' 전형과 유사한 형태를 가지고 있는 셈입니다. 아시다시피, 서울대의 지역 균형 전형은 고교에서 2명을 추천받는 학생부 종합 전형입니다. 문제는 개별 고교에서 서울대에 학생을 추천할 때 사용하는 방법이 당연히 '내신 순'이라는 점입니다. 내신 성적으로 추천을 받고(지원 자격을 제한하고) 학생부로 정성적 평가를 한다는 측면에서 유사한 평가 방식이라고 볼 수 있기 때문에 완전히 새로운 전형은 아닌 것입니다. 이런 형태의 선발은 꾸준히 확대일로에 있습니다. 고려대와 동국대, 성대를 시작으로 건국대, 경희대, 경북대, 부산대, 한양대로 확대되고 있습니다.

학생부 교과 전형에서 유의해야 할 점 중의 하나는 '진로 선택 과목'의 반영 방법이 대학마다 다르기 때문에 수험생들에게 유불리 발생할 수 있다는 점입니다. 대체로 진로 선택 과목의 반영 방식은 '대학별 환산 등급', '환산 점수', '가산점 방식', '정성적 평가'로 구분할 수 있습니다. 진로 선택 과목의 반영 방식에 따라서 실제 평가에서는 합불에 영향을 미치기도 하므로 자신에게 유리한 방식을 반영하는 대학을 찾는 것도 중요합니다.

서울 주요 대학의 학생부 교과 전형

대학	선발 방식	최저	대학	선발 방식	최저
건국대	교과 70 + 교과정성 30	×	경희대	교과 70 (출/봉 20) + 서류 30	○
서울시립대	교과 80 + 교과정성 20	○	고려대	학추 90 + 서류 10	○
성균관대	교과정량 80 + 정성 20	○	한양대	내신 90 + 정성 10	○
동국대	학추 70 + 서류 30	×	숙명여대	학추 70 + 서류 30	×

건국대는 KU 지역 균형 전형으로 346명을 선발합니다. (2026학년도에는 477명 선발, 전년 대비 −131명) 학생부 교과 정량 평가로 70%, 학생부 교과 정성 평가로 30%를 수능 최저 학력 기준은 적용하지 않고, 일괄 합산으로 선발하게 됩니다. 학생부 교과 정성 평가는 학생부의 '교과 학습 발달 상황'에 대한 정성적 평가를 의미합니다. 즉, 학생부 서류 전체를 의미하는 것이 아니라, 학생부의 '교과 학습 발달 상황' 기록만을 평가 대상으로 한다는 말입니다. 평가 방식 자체는 학생부 종합 전형과 동일하게 다수 다단계 평가 절차가 사용이 됩니다. 건국대가 제시하는 평가 요소는 '학업 역량'과 '진로 역량'입니다. 건국대가 제시하는 학생부 종합 전형의 평가 요소가 학업 역량, 진로 역량, 공동체 역량임을 감안하면, 공동체 역량을 제외한 평가인 셈입니다. 결국 건국대 학생부 교과를 지원하려는 학생들은 학업 역량과 진로 역량에 대한 공부를 해야 하고, 자신의 학생부가 적합한지에 대한 고민을 가져야 합니다. 전년도와 크게 변화하지 않은 점을 고

려해서 2025학년도 학생부 교과 전형의 결과를 확인해보면 다음과 같습니다.

모집 단위		모집 인원	경쟁률	충원 합격 순위	최종등록자 교과 등급	
					50% cut	70% cut
경영학과	2025	15	13.7	73	1.72	1.87
	2024	17	9.06	87	1.85	2.04
행정학과	2025	5	7.8	20	2.0	2.0
	2024	9	14.56	44	1.92	2.03
전기전자 공학부	2025	11	12.3	18	1.60	1.65
	2024	29	11.14	80	1.80	1.89
기계공학부	2025	16	9.9	22	1.77	1.85
	2024	20	9.70	48	1.89	2.00

상위권 대학을 목표로 학생부 교과 전형을 준비 중이라면 교과 등급의 관리가 매우 중요하다는 점을 확실하게 보여주는 지표입니다. 서울 상위권 대학을 진학하기 위해서는 거의 1.X 대의 내신 성적을 유지하는 것이 중요합니다.

수능 최저 학력 기준을 적용하는 대학인 경희대를 분석해도 유사한 결과가 나옵니다. 2027학년도 대입 전형 시행 계획에 따르면, 경희대는 학생부 교과 – 지역 균형 전형으로 604명을 모집니다. 경희대는 2027학년도부터 기존의 인재상을 변경해서 적용을 합니다. 변경된 인재상은 "성장하는 지성인, 창조하는 미래인, 공존하는 세계인"입니다. 경희대는 학생부 교과 · 비교과(출결, 봉사) 성적 70% +

교과종합평가 30%로 평가합니다. 학생부 교과의 반영 비율은 80% 이고, 출결과 봉사가 각각 10%를 차지합니다. 경희대도 거의 동일하게 학생부의 교과학습발달사항의 '교과 성적, 세부 능력 및 특기 사항'을 평가하게 됩니다. 평가 요소로 제시한 것은 '학업 역량, 진로 역량'입니다.

이어서 자세하게 이야기를 하겠지만, 대학이 제시하는 학업 역량은 수험생, 학부모들이 일반적으로 생각하는 학업 역량과는 매우 다릅니다. 사실 대부분의 경우에 이 개념을 정확하게 공부하지 않아서 실패하게 되기도 합니다. 평가자가 제시하는 용어에 대한 정확한 이해는 전략을 위한 가장 기본적인 정보입니다. 이에 대한 명확한 공부를 해야만 합니다.

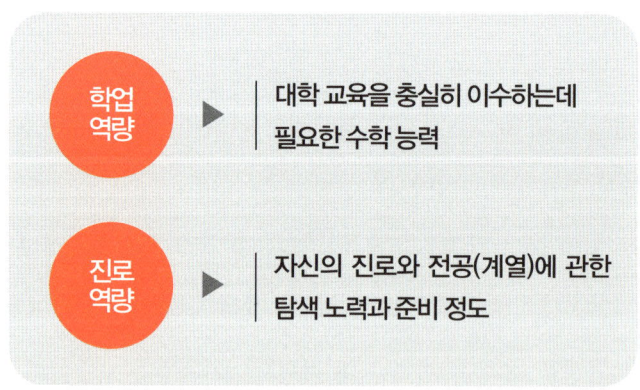

학업 역량 ▶ 대학 교육을 충실히 이수하는데 필요한 수학 능력

진로 역량 ▶ 자신의 진로와 전공(계열)에 관한 탐색 노력과 준비 정도

경희대가 적용하는 수능 최저 학력 기준

모집 단위	수능 최저 학력 기준
인문/자연, 자율/자유전공학부	국어, 수학, 영어, 사회 / 과학탐구(2과목) 중 2개 영역 등급의 합이 5 이내이고, 한국사 5등급 이내
의예 · 한의예 · 치의예 · 약학과	국어, 수학, 영어, 사회 / 과학탐구(2과목) 중 3개 영역 등급의 합이 4 이내이고, 한국사 5등급 이내

학생부 교과 − 지역 균형 전형의 2025학년도 입결 확인

모집 단위	모집 인원	경쟁률	충원 합격 순위	최종등록자 교과 등급		수능 최저학력기준 충족율	실질 경쟁률
				50% cut	70% cut		
자율전공학부	49	11.7	123	1.69	1.79	71.5%	8.4
자유전공학부	187	10.1	271	1.76	1.81	70.8%	7.2
경영학과	27	12.0	110	1.78	1.82	74.9%	9.0
융합바이오 · 신소재공학과	13	7.5	10	1.68	1.77	68.4%	5.2
생물학과	10	8.9	23	1.48	1.52	75.3	6.7

앞서 언급한 바와 같이 충원율이 높게 나타나는 경향을 확인할 수 있습니다. 더불어 아주 중요한 요소인 수능 최저 학력 기준을 달성하지 못하는 비율이 30% 수준이고, 이를 고려한 실질 경쟁률은 전체 경쟁률보다 낮게 형성된다는 점을 확인할 수 있습니다.

경희대의 경우와 건국대의 경우를 보면 서울의 상위권 대학을 학생부 교과 전형으로 진학하는 것이 생각보다 어렵다는 사실을 알 수 있을 것입니다. 비슷한 내신 성적대의 학생들이 지원한다는 점을 감안하면 '교과종합평가'의 영향력이 생각보다 높게 나타날 수 있다는 점을 고려하고 준비하는 것이 필요합니다. 아울러 한 가지 더 강조할 내용이 있습니다. 수능 최저 학력 기준이 설정된 대학들은 수능 최저 학력 기준에 대한 '보수적' 판단이 중요합니다.

수능 최저 학력 기준의 달성은 최대한 "보수적"으로 판단하자!

대부분의 수험생들은(특히, 2027학년도 입시를 고민하고 있는 고2) 자신의 성적이 상승할 것을 "예상"합니다. 모든 학생들은 매우 긍정적으로 자신의 성적과 노력을 평가하는 경향이 있습니다. 대부분의 경우에 자신이 노력한 것 '이상'의 결과를 예상하는 편입니다. 그러다보니 수능 최저 학력 기준의 달성을 생각보다 "쉽게" 판단하려는 경향이 다분합니다. 문제는 비슷한 내신 성적대의 학생들이, 그리고 비슷한 수능 성적을 받는 학생들 "모두"가 그 생각을 한다는 점입니다. 결국 생각보다 수능 최저 학력 기준을 맞춘다는 것이 그리 만만치 않다는 점을 거듭 말씀드립니다. 이런 이유로 보수적 판단이 필요하다는 말입니다.

2027학년도 학생부 교과 전형을 운영하는 서울 주요 14개 대학 중 추천 전형에서 면접을 운영하는 대학은 없습니다. 기존의 학생과 교과 전형이 대체로 단계형으로 구성되어 있었고, 2단계를 면접으로 구성했던 것을 생각하면 이례적이긴 하지만, 교과 성적과 정성 평가를 병행한다는 점을 감안하면 충분히 납득할 수 있는 부분이기도 합니다. 2027학년도 입시에서 학생부 교과 전형에 변화를 준 대학은 서울 시립대와 숙명여대입니다. 서울 시립대는 정성 평가의 비율을 기준

10%에서 20%로 확대했고, 숙명여대는 기존에 반영하지 않던 정성 평가를 30% 반영하기로 했습니다.

지방거점국립대인 부산대의 경우를 살펴봅시다. 2027학년도 학생부 교과 전형은 전년도와 동일하게 학생부 교과 전형, 지역 인재 전형, 농어촌 학생 전형으로 구분해서 모집을 합니다. 학생부 교과 전형과 지역 인재 전형은 각각 943명과 463명을 선발합니다. 평가요소로 활용되는 것은 전년도와 동일하게 '학생부 교과 성적 80% + 학업 역량 평가 20%'입니다. 부산대가 정의한 학업 역량은 "고등학교 교육 과정 이수 노력 및 모집 단위 학업 준비도"입니다. 이를 구체화하기 위해 '모집 단위별 핵심 권장 과목'을 평가에 활용한다고 명시하고 있습니다. 최근 모집 단위 관련 핵심 권장 과목을 제시하고 있는 대학이 많은 만큼 주의가 요구됩니다. 다만, 대부분의 대학이 제시하는 권장 과목은 고교에서 충실히 학업을 수행하고 있다면 당연히 선택해야 하는 과목들이 거의 대부분입니다. 예를 들어, 부산대 공과대학의 기계공학부는 핵심 권장 과목을 '미적분, 물리학Ⅰ'으로 제시하고 있고, 권장 과목을 '기하, 화학Ⅰ'으로 제시하고 있습니다. 고분자 공학과는 핵심 권장 과목을 '미적분, 물리학Ⅰ, 화학Ⅰ'으로, 권장 과목은 '기하, 물리Ⅱ, 화학Ⅱ'로 제시하고 있습니다. 결국 자신의 희망 진로와 관련된 과목을 선택하길 원하고 있고, 그 과정에서 자신이 선택할 수 있는 가장 어려운 과목을 요구하고 있는 셈입니다. 부산대는 학생부 교과 전형에 수능 최저 학력 기준을 적용하고 있습니다. 계열 혹은 학과별로 제시하고 있기 때문에 다소 복잡하게 제시하고 있지만, 대부분의 경우에는 '국/수/영/탐 중 상위 2개 영역의 등급 합 5이내'로 규정하고 있습니다.

결국 학생부 교과 전형을 준비하기 위해서는 꾸준한 내신 관리와 수능 최저 학력 기준의 충족이라는 점이 명확해 보입니다. 스스로의 한계를 규정 짓지 말고, 자신의 삶을 바꾸기 위한 '변화'를 선택하는 것이 전략의 첫걸음임을 다시 강조합니다.

공부 착각 말고, 진짜 공부를 하자!

수시 – 학생부 종합 전형

수시 학생부 위주 전형의 학생부 종합 전형은 다양한 입시 전형 중에서 '공부'가 가장 많이 필요한 전형입니다. 다른 전형의 경우에는 전형 자체에 대한 엄청난 공부를 요구하지 않는 편입니다. 학생부 교과 전형, 수능 위주의 정시 전형은 단순하게 객관식 능력을 측정하려는 목적이 선명하기 때문입니다. 반면, 학생부 종합 전형(이하 학종)은 기본적으로 양적인 평가가 아니라 '질적인' 평가입니다. 질적인 평가이고, 정성적 평가이며, 종합적 평가이기도 합니다. 그러니 제대로 된 공부를 해야 제대로 된 준비가 가능한 전형입니다. 전국에서 숱한 학생, 학부모, 교사를 만나지만 학종에 대해 깊은 공부를 하고 있는 사람은 많이 만나지 못하는 편입니다. 대체로 유튜브를 보고 들은 것, 혹은 지인을 통해 들은 정도의 수준입니다.

안됩니다!!!!

이 전형을 만들고 유지하고 있는 대학은 실제로 우수한 학생을 선발하기 위해 다양한 연구를 진행합니다. 다양한 가능성을 확인하고, 역량을 보다 디테일하게 증명해내기 위해 많은 시간을 "공부"합니다. 그런데 이 전형을 준비하는 수험생의 공부가 적다면 충분한 효과가 나올 수가 없습니다. 제대로 된 공부를 통해 대학의 요구를 제대로 수용한 학생부는 대체로 좋은 결과를 만들게 됩니다. 전형에 대한 이해도가 낮은 학생, 학부모는 자꾸 내신 성적을 이야기합니다. 학종은 내신 성적을 정량적으로 평가하는 전형이 아닙니다. 정성적 평가가 기본적인 틀입니다. 그러니 제대로 된 공부를 해야만 제대로 된 준비를 할 수 있습니다. 단순한 질문이면 해결될 일입니다.

쉬운 과목을 선택해서 높은 내신을 받은 학생
VS
어려운 과목을 선택해서 다소 낮은 내신을 받은 학생

학종에서는 어떤 학생을 선호할까요? 학생부 교과 전형에서는 당연히 높은 내신의 학생을 선호합니다. 선발 기준이 '내신 성적'이니까요. 하지만, 학종에서는 전혀 다른 이야기를 해야 합니다. 왜냐하면 어려운 과목을 선택한 이유가 무엇인지가 중요하기 때문입니다. 보다 쉽게 확률과 통계를 선택해서 2등급을 받은 학생과 미적분을 선택해서 3등급을 받은 학생을 비교해보면 쉽습니다. 대학은 어떤 학생을 선택할까요? 당연히 미적분을 선택한 3등급의 학생을 선호하게 됩니다. 과목의 수준과 공부량에서 엄청난 차이가 존재하기 때문입니다. 그런데 학생부 교과 전형에서는 확률과 통계를 선택해서 2등급을 받은 학생을 뽑을 수밖에 없습니다. 서울의 주요 상위권 대학에서 학생부 교과 전형의 선발 비율이 낮은 이유 중 하나입니다.

학종에 대한 공부가 필요한 또 다른 이유는 학종이 2027학년도 입시를 준비하는 학생들에게 가장 유리한 전형이며 재학생의 합격 비율이 압도적으로 높기 때문입니다. 서울 상위권 주요 대학을 기준으로 봤을 때, 정시에 이어 두 번째로 많은 학생을 모집하는 전형이기도 하고, 실제로 재학생들의 최종 합격 비율이 80% 이상입니다. 다소 높게 형성되는 대학들은 90% 수준이기도 하니 재학생들에게는 정말 중요한 전형입니다. 반면, 정시와 논술의 경우에는 재수생 등의 비율이 상대적으로 매우 높게 형성되는 편입니다.

학종에 대한 설명이 다소 길어질 수밖에 없는 이유는 다른 전형에 비해 아주 깊은 '오해'가 존재하기 때문입니다. 사실 이런 오해가 생기는 가장 중요한 이유가 앞서 언급한 바와 같이 학종에 대한 '제대로 된 공부'를 한 적이 없기 때문입니다. 제대로 된 공부라 함은 선발 주체인 대학이 어떤 방식으로 선발하는지를 의미합니다. 학원 입시 설명회 등에서 공부하는 것이 아니라, 평가자의 이야기를 제대로 듣고 공부하는 것이 필요하다는 말입니다. 놀랍게도 우리는 선발 주체인 대학의 이야기를 잘 들으려 하지 않습니다. 그 대신 학원의 이야기, 언론의 이야기, 주변 사람의 경험치를 더 신뢰합니다. 그 이유는 사실 여러 가지가 있지만, 가장 대표적으로는 '꼼수'를 찾으려하기 때문입니다. 대학에서 이야기하는 것보다 쉬운 길이 있을 거라고, 더 빠른 길이 있을 거라고 착각하고 있습니다. 아닙니다. 숱한 이야기들은 단지 제대로 된 공부를 안하는 사람들을 현혹할 뿐입니다. 이런 현혹이 통하는 또 다른 이유는 학종이 기성세대에서 선발하던 방식이 아닌 "낯선" 선발 방식이기 때문이기도 합니다. 낯설다는 말은 이해하고 제대로 활용하기 위해서는 사용 설명서를 반드시 읽어야 한다는 말입니다.

거의 모든 대학이 '학종 안내서'를 발간을 합니다. 학종에 그만큼의 공부가 필요하기 때문입니다. 그런데 대부분의 학생, 학부모는 그 안내서는 읽지 않습니다. 그냥 세탁기의 사용 설명서 정도로 생각하기 때문인 것 같습니다. 아닙니다. 이 전형은 생각보다 낯선 전형이기 때문에 꼼꼼히 설명서를 읽을 필요가 있습니다. 우리의 인식에는 여전히 객관식에 대한 환상이 남아 있습니다. 학종 강의를 하면 가장 많이 듣는 말은 바로 이 말입니다.

'그냥 수능으로 뽑으면 되지, 뭘 이리 복잡하게 하는지 몰라.'

우리 사회는 복잡해지고, 다원화되고 있는데, 입시만 제자리에 머물러 있습니다. 여전히 시대에 뒤떨어진 객관식에 함몰되어 있습니다. 객관식만이 공정하다는 세상이 팽배해 있습니다. 과연 객관식으로 치러지는 수능이 공정한가에 대한 의문은 아무리 제기해도 무시당합니다. 객관식으로 줄 세우는 것이 가장 쉽고, 공정하게 여겨지기 때문입니다.

수능이 매우 불공정한 전형이라는 점에서 출발해야 학종에 대한 선명한 이해가 진행될 수 있습니다. 수능의 불공정성은 '사회적 자본'의 개념을 이해해야 하고, '기울어진 운동장'에 대해서 동의를 해야 합니다. 수능이 공정하다고 주장하려면, 수능 성적이 지역별로 격차가 발생하지 않아야 합니다. 하지만, 현실 수능은 지역별로 엄청난 차이가 발생하고 있습니다. 수능 결과를 보면 지방의 학생들이 수능에 접근할 기회의 명백한 차이가 '사회적'으로 존재하고 있으며, 그것이 매우 불공정하게 나타난다는 사실은 부인할 수가 없습니다.

학종은 이런 인식에서 출발한 전형입니다. 객관식이 가진 한계를 넘어서, 실제 학생의 '우수함'을 평가하기 위해 다양한 시도를 하고 있습니다. 너무나 당연하게도, 개별 학생이 가진 다양한 우수함은 반드시 객관식만으로 표현될 수 없습니다. 객관식은 학생의 우수함을 평가하는 하나의 방식일 뿐입니다. 그런 의미에서 학종은 개별 학생에 대한 '종합적 평가'를 전제로 합니다. 종합적 평가가 무엇인지를 이해하는 것이 무엇보다 중요합니다. 첫 번째로 우선해야 할 것은 평가자를 이해하는 것입니다. 평가자의 평가 기준을 이해할 때 우리가 진짜 '학종 공부'를 시작할 수 있게 됩니다. 학종을 평가하는 주체인 대학에서 실질적으로 학종 서류를 보는 평가자의 유형은 크게 두 부류입니다. 첫 번째는 전임 입학사정관으로 평가 업무의 가장 큰 축입니다. 입학 전형과 관련된 업무를 처리하고, 학종을 평가하는 최전선에 있는 전문가들입니다. 두 번째는 해당 대학의 교수들 중 학종 평가 업무에 참여하는 교수들을 '위촉 입학사정관'이라고 부릅니다. 전임 입학사정관에 비해 숫자가 많이 구성됩니다. 서울대의 경우는 전임 입학사정관이 25명 수준이고, 위촉 입학사정관이 150명 수준입니다.

실제로 저는 서울대 등의 대학에 가서 전임 입학 사정관과 위촉 입학 사정관을 대상으로 하는 강의를 많이 진행하고 있습니다. 특히, 위촉 입학사정관인 교수님들 역시 입학 업무와 평가 업무에 대한 전문가가 아니기 때문에 다양한 연수를 통해서 업무를 배웁니다. 즉, 위촉 입학사정관인 교수도 학종 평가에 대한 "공부"를 하고 평가를 진행하는데, 그 대학에 가길 희망하는 수험생들이라면 마땅히 더 공부를 하고 구체적인 준비를 해야 하지 않을까요?

조금은 긴 이야기지만, 학종에 대해 나름 깊이 있는 이해를 토대로 전략을 구상해 봅시다. 어떤 학생이 2학년이라서 학종은 안된다고 말한다면 학종을 잘 모르고 있다는 반증입니다. 저와 일단 공부를 해보고 나면 지금이 왜 학종을 준비하기 위한 최적의 시간인지를 알게 될 것입니다.

학종의 본산인 서울대에서 학종을 정의한 내용은 다음과 같습니다.

> 학생들의 가능성과 자질은 사람들의 얼굴만큼이나 다양합니다. 따라서 하나의 정형화된 공식과 기계적인 수치는 학생의 다양한 능력을 모두 보여주지 못합니다. 학생이 속한 환경과 학업 동기, 학업에 대한 의지, 열정, 노력과 같은 요소들도 반영할 수 없습니다. 이러한 문제를 보완하기 위해 도입한 종합적인 평가 제도가 바로 학생부 종합 전형입니다. 학생부 종합 전형은 수치로 계산된 성적만을 반영하지 않고, 지원자가 제출한 서류를 바탕으로 학업 능력 뿐만 아니라 학업에 대한 노력, 의지, 열정, 적극성, 도전 정신, 발전 가능성 등을 종합적으로 평가하는 학교 교육 기반의 평가 방식입니다.

오랜 시간동안 저의 경험을 바탕으로, 수많은 학생들을 학종으로 대학을 보내면서 느끼는 점은 실제로 대학이 우수한 학생들을 잘 뽑는다는 점입니다. 자신만의 우수함을 증명한 학생들, 나름의 계획을 가지고 성장해가는 학생들을 잘 선택합니다. 더불어 대학이 요구하는 것이 완성되어진 인재라기보다는 성장 가능성을 증명한 인재라는 점도 명확합니다. 결국 우리가 해야 할 것은 학생부 종합 전형에 대한 대학의 선발 기준에 대한 이해입니다. 이 평가 기준을 이해하지 못하면 '금수저 전형'이라고 이야기하고, 각종 오해를 하게 됩니다. 이런 오해를 가지게 되면 재학생들이 대학을 진학하는 데 가장 유리한 전형을 포기하게 됩니다. 제대로 공부하면 제대로 보일 것이고, 제대로 준비할 수 있게 될 것입니다.

안타깝게도 개별 고등학교에서 내신이 정말 우수한 학생들이 실제 학생부 종합 전형에서 많이 떨어지는 편입니다. 불합격의 이유가 '지방'에 있기 때문이 아니라는 점을 꼭 알아주셨으면 합니다. 전형에 대한 제대로 된 "공부"를 하지 않았기 때문입니다. 학생부 종합 전형은 기본적으로는 학생의 역량을 다면적으로(종합적으로) 평가하기 위한 전형입니다. 학종을 바라보는 개인적인 평가는 다음과 같습니다.

객관식으로 보여줄 수 없는 역량을 증명하는 전형

물론 객관식 역량도 매우 중요합니다. 하지만, 개인이 가진 역량이라고 하는 것이 '반드시' 객관식 역량만으로 표현될 수는 없다는 점을 강조하는 것입니다. 단순하게 이야기하면, 창의력이 뛰어난 학생을 객관식으로 선발한다는 것은 현실적으로 힘든 부분이 분명히 있다는 말입니다. 학생을 입체적으로 관찰하고 분석하는 과정을 거치는 것이 학생부 종합 전형인 셈입니다. 예를 들어 근래 대학들이 숱하게 강조하는 '창의력'을 측정한다면, 객관식 시험인 내신이나 수능을 통해 측정할 수 있을까요? 대학이 창의력을 어떻게 측정할 수 있을까요?

'창의력'은 무엇일까요?

이런 질문을 강의 중에 가끔 합니다. 그럼 대체로 답이 비슷하게 나옵니다. 사실, 학부모에게 물어도 거의 초등 수준의 대답을 합니다. 왜냐하면, 창의력이 무엇인지에 대해서 실제 공부를 해 본 사람이 거의 없기 때문입니다. 그냥 막연하게 이런 것이라고 생각을 합니다. 창의력과 창의성에 대한 구분, 유창성과 독립성 등의 창의성 구성 요소 등에 대해서는 잘 알지 못합니다. 그러니 창의력을 학생부에 표현하기 힘듭니다. 그러나 문제는 평가자는 이에 대한 고민과 공부를 한다는 점입니다. 그러니 자신이 구현하고자 하는 역량, 강조하고 싶은 역량에 대한 공부가 필요합니다. 이러한 역량들은 대부분 "연습과 훈련을 통해 강화되는 능력"입니다. 창의성이 뛰어난 학생임을 강조하고 싶다면, 자신이 창의성을 연습하는 과정을 표현해야 합니다. 그 과정과 결과를 보고 학생의 우수함을 판단하겠다고 말하는 전형이 바로 학종입니다.

　물론 학생부 내신은 중요한 위치를 차지하기는 합니다. 다만, 일반적인 오해이자 정말 심각한 오류인 '내신 평균'을 보는 함정에 빠지지 말아야합니다. 2027학년도 입시를 준비하는 재학생들에게 "굳이" 학생부 종합 전형에 대해 이야기하는 이유이기도 합니다. 5학기의 내신을 평균으로 보게 되면, 평균의 함정에 빠지게 됩니다. 그럼에도 많은 교사들이, 학생들이, 학부모들이 교과 내신의 평균을 보는 이유는 그렇게 보는 것이 "편"하기 때문입니다. 하지만, 대학은 내신의 평균에 큰 의미를 부여하지 않습니다. 평균보다는 개별 학생의 내신에서 드러나는 특색이 개별 학생을 판단할 때 더 의미가 있습니다. 실제로 대학 입시를 고민하고 있는 우리들도 이 평균의 함정에서 벗어날 수 있어야 합니다. 서울의 주요 대학의 학생부 종합 전형에서 합격생들의 평균은 대략 2점대 중반 수준입니다.(대학마다 당연히 다릅니다.) 단순하게 생각해 보면, 각 학교의 1점 대 초반 성적 학생들이 있을 터이니, 평균이 2.X가 나오기 위해서는 당연히 3등급의 학생들이 합격을 해야 합니다. 그런데 우리는 평균만 보고 학종을 쉽사리 포기합니다. 그런 의미에서 진짜 학생부 종합 전형에 대한 공부가 절대적으로 필요합니다. 특히나 고교 학점제라는 타이틀이 적용되는 상황에서 개별 학생들의 선택이 다르게 나타난다는 점을 고려하면 단순한 내신 비교를 생각하는 것은 매우 심각한 오류가 나타날 수밖에 없습니다. 어떤 과목을 선택했느냐에 따라 내신의 결과는 다르게 나올 수 있

기 때문입니다. 가장 단순하게는 쉬운 과목을 선택해서 좋은 내신을
받는 것과 어려운 과목을 선택해서 다소 낮은 내신을 받는 것을 비교
할 수 있을 것입니다. 어려운 과목을 선택해서 다소 낮은 내신을 받는
것이 더 좋다는 말을 하는 것이 아니라, 그 학생의 선택 과목에 대한
고려가 될 때 개별 학생을 종합적으로 판단할 수 있다는 말입니다. 예
를 들어 가장 대표적인 것은 '성적 추이'가 되겠죠? 성적이 상승 곡선
을 그린다고 해서 반드시 '합격'이라는 의미가 아닙니다. 특정한 성
적 추이를 보이는 학생이 어떤 상황에서 어떤 선택을 했는지를 고려
할 때 그 성적의 "의미"를 제대로 이해할 수 있게 된다는 말입니다.

다음은 입시 설명회에서 자주 쓰는 그래프입니다.

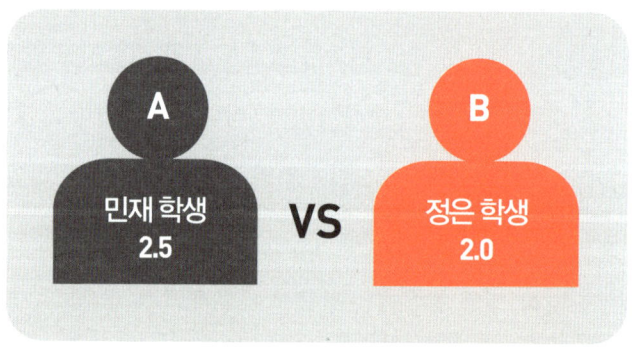

민재는 5학기 평균 내신이 2.5 등급입니다. 반면, 정은이는 5학기
평균 내신이 2.0 등급입니다. 어떤 학생이 더 우수해 보이나요? 아무
런 전제 없이 이 질문을 하면 100% 정은 학생이 우수하다고 이야기
를 합니다. 내신 성적이 우수하기 때문에 더 우수하다는 단순한 결론

입니다. 하지만, 이런 사고방식은 학생부 교과 전형에 해당하는 사고방식입니다. 내신의 우수함으로 줄을 세우는 방식이고, 앞서 언급한 평균의 함정에 빠진 것입니다.

실제 학생들의 내신 그래프를 보도록 하겠습니다. 이 학생들의 데이터는 실제 데이터입니다.

A. 민재 학생의 성적 데이터

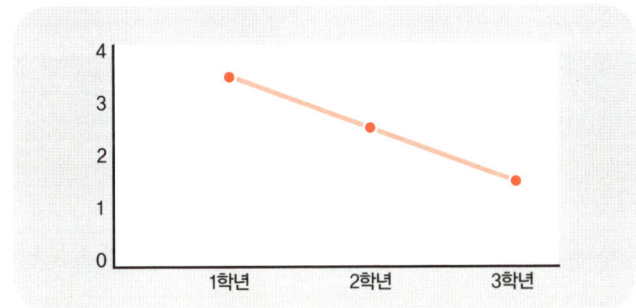

민재 학생의 성적을 살펴보면, 1학년 때 3.8 등급 정도의 내신을 가지고 있었고, 이후 성적이 꾸준히 상승해서(반드시 꾸준히 상승해야 하는 것은 아닙니다) 3학년 때는 1.5 등급 정도의 내신을 만들었습니다. 이 학생은 자신의 우수함을 내신 성적으로 증명하긴 했지만, 실제 이렇게 내신이 성장하는 과정의 배경에는 학교 활동을 통한 실질적인 지적 성장이 있었습니다.

B. 정은 학생의 성적 데이터

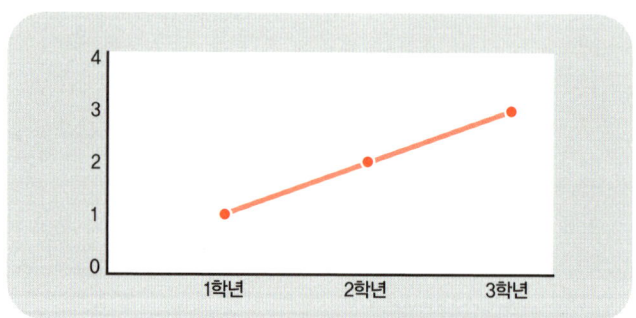

정은 학생은 1학년 때 1등급의 놀라운 성적을 보였고, 2학년 때는 2등급을, 3학년에는 3등급을 기록했습니다. 실제 정은 학생의 성적 그래프를 보면 무슨 생각이 드시나요? 1학년 때는 우수한 학생이었지만, 3학년 때는 그저 그런 학생으로 보이나요? 그럼 다시 질문을 해보겠습니다.

여러분이라면 어떤 학생을 더 의미 있게 평가하고,
선발하려고 할까요?

평균을 보면 당연히 정은 학생이지만, 대부분의 사람들은 나름의 방식으로 성장을 증명해 낸 민재 학생을 더 선호합니다. 성적을 올린다고 반드시 학종에서 의미 있는 결과를 만들지는 못하지만, 성적 상승 추세는 자신의 역량을 증명하는 중요한 수단인 것은 분명합니다. 결국 학종에서 보려고 하는 것은 객관식 성적에 담긴 "의미"입니다. 내신만을 보고 민재 학생과 정은 학생의 우수함은 비교할 수 없다는 관점이 바로 학생부 종합 전형의 관점입니다. 학생들의 성적 추이를 제대로 판단하기 위해서는 어떤 과목을 선택했는지, 그 과목의 이수자 수는 어떠했는지, 등급 컷은 어떻게 형성되는지, 심화 과목은 얼마나 이수했는지, 해당 과목을 선택한 이유는 무엇인지, 기타 과목의 등급은 어떤지, 내신 성적의 향상이 실제 학생의 성장에 어떤 영향을 주었는지 등 무수히 많은 자료들을 살펴봐야 합니다. 학생부의 내신을 포함한 다양한 자료들을 통해 지원자를 "종합적"으로 볼 수 있게 됩니다.

실제 민재 학생은 학생부 종합 전형을 지원한 모든 학교에 합격을 했습니다. 대학이 민재를 선발한 이유는 다양하겠지만, 확실한 것은 민재의 성적 상승 그래프를 보고 선발한 것은 아니라는 점입니다. 실제로 상승의 성적 그래프를 만들고 떨어지는 학생들도 존재합니다. 그러니 대학이 저 성적을 어떤 식으로 평가하는지를 이해해야 합니다. 당연히 내신 성적 상승은 유리한 점이 될 수 있습니다. 하지만, 반대로 내신 성적에 방점을 둔다면 내신 성적이 항상 우수했던 학생들만 선발이 되어야 하는데, 현실은 그렇지 않다는 점은 다들 알고 있습니다. 결국 민재가 어떤 의도를 가지고, 어떻게 공부했는지를 학생부를 통해 증명하는 것이 중요합니다.

평가 상황을 어느 정도 인지하셨다면, 다른 케이스도 한번 생각을 해볼 수 있습니다. 앞서 언급한 바와 같이 서울 주요 대학의 학종 합격한 학생들의 평균 혹은 70% 수준은 대체로 2.x입니다. 합격한 학생들의 하위 20~30%는 3등급 대의 학생들입니다. 그럼 이런 질문이 가능해집니다.

'일반고의 3등급 내신 성적으로 학종을 합격한 학생의 내신 성적 추이는 어떨까?'

대체로 민재 같은 성적 분포를 보이고 있을 것입니다. 혹은 1, 2학년의 내신 성적에 비해서 3학년의 내신 성적이 월등히 좋은 형태를 보입니다. 사실상 그런 학생들은 고교 생활의 일정 시점에서 '변화'를 선택한 학생들입니다. 대학의 입장에서는 개별 학생이 반드시 1학년 때부터 우수해야 한다고 생각하지 않습니다. 고교 생활의 어느 시점에서 터닝 포인트를 만들고 자신의 삶을 개척해가는 학생들을 무척 선호합니다.

'고교 활동을 통해 성장한 학생'

대학은 학생들이 학교에서 성장 발전한 그 어떤 것을 증명하는 자료를 요구합니다. 그러니 지금 고2라는 전제에서 출발해서 무조건 불가능을 말하기보다는 자신의 현 위치를 정확하게 이해하고, 성장을 만들 수 있는 고리를 준비하는 과정이 반드시 필요합니다. 이와 관련된 최고의 전략들은 다음 장에서 보다 자세히 다루도록 하겠습니다.

일반적으로 학종에 대한 가장 기본적인 착각 가운데 하나는 내신입니다. 서울대 등 상위권 대학에 진학하는 학생들의 내신이 워낙에 좋기 때문에 내신 좋은 학생들을 뽑는다는 편견이 만연합니다. 그러나 잘 생각해 보면 상위권 대학에서 내신 좋은 학생들을 뽑는 것이 아니라, 내신 좋은 모든 학생들이 대체로 상위권 대학을 지원하는 것입니다. 결국 상위권 대학을 지원하는 인력풀 자체가 내신이 좋다는 전제에서 출발하고 있는 셈입니다.

학종을 제대로 이해하기 위해서 반드시 공부해야 할 요소 중의 하나가 바로 학종의 "평가 요소"입니다. 학종 평가 요소는 실제 선발을 하는 대학이 제시하고 있습니다. 놀랍게도 대학이 제시하는 평가 요소들은 입학 사정관과 위촉 입학 사정관인 교수가 평가를 위해 반드시 공부해야 하는 내용입니다. 즉, 실제로 평가에 활용되는 지표입니다. 사실상 평가 지표를 제시하고 있고, 그 지표로 실제 평가가 이뤄지고 있다는 말입니다. 평가자들이 평가의 기준을 공개하고 있으니, 그 기준에 맞게 학생부를 구성하기만 하면 됩니다.

한때 엄청 유행했던 '흑백 요리사'라는 프로그램을 예로 말씀드려 보겠습니다. 요리 심사자들이 눈을 가리고 '오로지 맛으로만 평가합니다.' 라고 미리 선언을 했습니다. 그럼 평가 기준은 오로지 맛이 됩니다. 다른 기준은 중요하지 않습니다. 그럼에도 많은 요리사들이 '맛 이외의 다른 요소'에도 엄청 신경을 씁니다. 다른 이유들이 당연히 있겠지만, 심사의 기준은 오로지 맛이므로, 맛으로만 승부를 내야 합니다.

대학 입시도 결국 이런 평가의 과정입니다. 대학은 명확한 '선발 기준'을 제시하고 있고, 입시생들은 그 기준에 부합하는 행동에 집중을 하면 됩니다. '맛으로만 평가'하겠다고 말하는데, 굳이 예쁜 것에 집착하는 이유는 자기 생각과 습관을 버리지 못했기 때문입니다. 평가자가 원하는 것에 집중해야 합니다. 학종에서는 그 기준이 바로 '평가 요소'입니다.

단순하게 생각해 봅시다. 여러분이 기업의 사장이라면 어떤 직원을 뽑고 싶을까요? 예전에는 '용모 단정하고~' 이런 식으로 모집 공고를 내긴 했지만, 이제는 기업이 필요로 하는 인재상을 구체적으로 나열하고 있습니다. 그 기업이 원하고 선발하길 희망하는 직원이 제시되고 있다는 말입니다. 그 기업에 취직하고 싶다면, 그 기업이 요구하는 조건을 충족시키는 것이 당연히 필요합니다. 공인 영어 점수가 제시되어 있다면, 그 점수를 달성하기 위해 공부하고 시험을 쳐야 합니다. 기업들이 직원을 선발하기 위해 다양한 요소들을 제시하고 있지만, 결국 대부분의 경우에는 유사한 '역량'을 가진 사람을 선발한다는 점입니다.

대학도 마찬가지입니다. 학종을 운영하는 대학들은 대체로 대학에서 선발하기 원하는 인재상을 제시합니다. 여러분이 가길 원하는 그 대학에서 요구하는 '인재'의 모습을 증명하는 것이 필요합니다. 자격조건을 제시하고 있으니, 이제 그 준비를 제대로 하면 됩니다. 어떤 인재를 원하는지를 공부하고, 그런 인재가 가져야 할 역량을 준비하는 과정이 있으면 됩니다. 대학마다 평가 요소가 다르기 때문에 모든 대학을 다 준비한다는 것은 불가능해 보일 것입니다. 하지만, 이 부분도 걱정하지 않아도 되는 것은 대부분의 대학들이 다소 다른 평가 요소를 가지고 있지만, 고등학생이 보일 수 있는 역량에도 어느 정도 한계가 있기 때문에 대학의 평가 요소들이 대체로 중복된다는 점입니다. 결국 대학은 본질적인 '학생의 역량'에 집중하여 평가합니다. 개별 학생의 실질적인 '성장'이 핵심입니다. 많은 책을 읽고, 많은 특강을 듣고, 많은 활동을 하게 만들지만 본질은 개별 학생의 '성장'에 있습니다. 고등학교 생활에서 이러한 성장을 이루는 학생들은 좋은 평가를 받게 됩니다.

대학들의 평가 요소들은 다양하게 나타납니다. 서울대의 평가 기준은 '학업 능력, 학업 태도, 학업 외 소양'입니다. 각각을 대표하는 문장을 눈여겨보고 천천히 읽어 보시길 바랍니다. 중요한 의미를 가지고 있습니다.

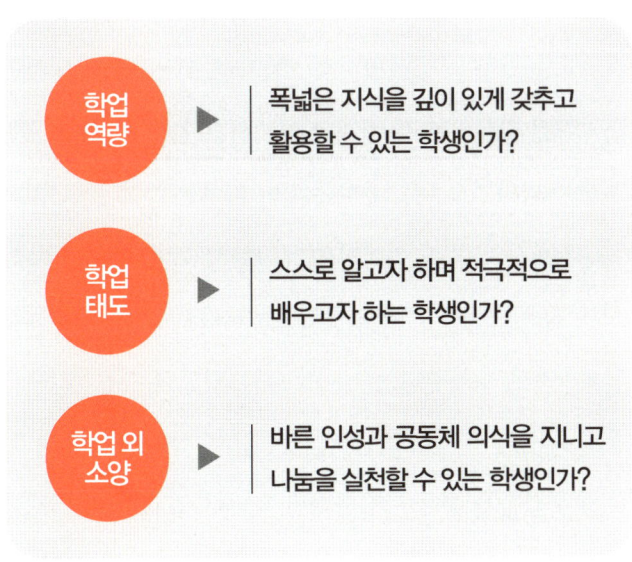

학업 역량 ▶ 폭넓은 지식을 깊이 있게 갖추고 활용할 수 있는 학생인가?

학업 태도 ▶ 스스로 알고자 하며 적극적으로 배우고자 하는 학생인가?

학업 외 소양 ▶ 바른 인성과 공동체 의식을 지니고 나눔을 실천할 수 있는 학생인가?

대학이 지향하는 바를 선명하게 보여주고 있습니다. 다만, 학생들과 학부모의 입장에서는 다소 추상적이고 포괄적인 내용으로 보일 수 있습니다. 여기서 제대로 된 공부가 필요합니다. 대학이 이 부분을 추상적이고, 포괄적으로 표현하는 이유는 '학업 능력'이라고 하는 것 자체가 매우 다양한 스펙트럼을 통해 형성되기 때문입니다. 일정한 통로가 있는 것이 아니기 때문에 폭넓고 추상적으로 제시하는 것입니다. 중요한 것은 그 문장에 대학이 요구하는 "본질"이 담겼다는 점입니다. **'학업 능력'의 경우에는 폭넓은 지식, 깊이 있는 지식, 활용할 줄 아는 능력,** 세 가지를 요구하고 있습니다. 결국 이런 학업 능력을 증명하기 위해서는 학생부에 이런 모습이 보여야만 합니다. 폭넓은 지식은 어떻게 학생부에서 확인되는지, 깊이 있는 지식을 확인할 수 있는 부분은 있는지, 자신이 가진 지식들을 활용하는 경험이 있는지가 매우 중요한 평가의 근거가 되는 셈입니다. **'학업 태도'로 스스로 알기 위한 노력, 적극적인 배움을 찾는 노력,** 두 가지를 제시하고 있습니다. 하나씩 질문을 해 가면 됩니다. '스스로' 한다는 말의 의미는 학교가 제시한 대로, 동아리에서 제시한 대로, 선생님이 제시한 대로 한다는 의미가 아닙니다. 학교 혹은 교사의 가이드가 있었을지라도 스스로 자신의 지식을 확장해가려고 노력한다는 의미입니다. 당연히 그런 활동이 학생부를 통해서 "증명"되어야 합니다. '배우고자' 한다는 말의 의미도 이런 맥락에서 질문을 통해 확장해가면 됩니다. 도대체 이 학생이 "무엇을" 배우려고 하고, 그것을 "왜" 배우려고 하는지, 그리고 그 배움의 결과는 어떤 모습으로 '증명' 되는지를 궁금해 하는 것입니다. 결국 대학이 제시하는 자료를 보고 다양한 질문을 통해 대학이 요구하는 학생의 모습을 파악할 수 있다는 말입니다. 궁극적으로는 학생이 스스로, 적극적으로 어떤 새로운 것을 배우려면 '지적 호기심'이 반드시 필요합니다. 무언가를 궁금해 하고, 그 궁금함을 해결하기 위해 공부하고, 공부의 결과로 더 큰 지적인 호기심이 생기는 학생을 서울대가 요구한다고 말하고 있습니다. 이러한 지적 호기심을 가지고 공부를 하는 학생이 바로 '학업 태도'를 갖춘 학생이기도 합니다.

대학이 제시하는 평가 요소 중에서 개인적으로 매우 중요하게 생각하는 것은 서울 주요 사립 5개 대학(연세대, 중앙대, 경희대, 한국외대, 건국대)이 공동으로 연구해서 발표한 자료입니다. 이 자료는 잘 만들어졌고, 대학의 요구를 정확하게 담아내고 있습니다. 책자를 읽으면서 연속적인 질문들을 만들어 내는 것이 무엇보다 중요합니다.

검색창에 "NEW 학생부종합전형 평가요소"라고 치면 대학이 발표한 자료를 확인할 수 있습니다. 이 자료를 다운 받아서 열심히 읽고, 반드시 "질문"하시길 부탁드립니다. 같은 책을 읽어도 읽는 사람에 따라서 전혀 다른 결과가 나온다는 점, 알고 있으시죠? 그러니 읽는 것만으로는 부족합니다. 반드시 자신만의 질문을 만들어주세요. 질문은 많을수록 좋습니다. 그리고 그 질문에 대한 답을 찾아가면 됩니다. 이 자료는 학종의 평가요소들에 대한 이해와 평가 항목에 대해 제시하고 있습니다. 이 자료를 충분히 검토하고, 질문을 하면 매우 의미 있는 방향성이 나오게 됩니다. 자신만의 방향성을 만들고, 충분히 증명한다면 여러분이 원하는 그 대학이 여러분이 진학하는 대학이 될 것입니다. 이렇게 공부를 시작하면 제대로 된 학종 공부를 하게 되는 것이고 좋은 결과를 기대할 수 있게 될 것입니다.

학종에 대한 가장 기본적인 이해를 바탕으로 2027학년도 대입 전형 시행 계획을 분석해 보도록 하겠습니다. 2027학년도에 학종으로 선발하는 인원은 전국 81,931명입니다. 전체 선발 인원인 345,717명의 약 23% 수준입니다. 지방거점국립대를 살펴보면 다음과 같이 나타납니다.

대학	학종	교과
강원대	981	1,604
경북대	1,630	2,152
경상국립대	1,514	2,184
부산대	1,235	1,533
전남대	912	2,041
전북대	878	2,309
제주대	628	1,029
충남대	1,143	1,992
충북대	1,064	1,652
계	9,985	16,496

지방거점국립대의 학종 선발 인원은 총 9,985명으로 전체 모집 인원 37,585명의 약 26% 수준입니다. 지방거점국립대의 전형들로 보면, 학생부 교과 전형에 이어 모집 인원이 두 번째로 큰 전형입니다.

지방거점국립대의 모집 전형을 인원 순으로 정리하면 다음과 같이 나타나게 됩니다.

학생부 교과 〉 학생부 종합 〉 정시 〉 논술

반면, 서울 상위 14개 대학의 학종 선발 인원은 총 16,015명으로, 전체 모집 인원 45,676명의 35% 수준입니다. 학생부 교과 전형에 비해 매우 선발 인원이 많다는 점을 확인할 수 있습니다.

대학	학종	교과
서울대	2,116	-
연세대	1,210	500
고려대	1,651	648
성균관대	1,307	429
서강대	686	178
한양대	1,026	336
중앙대	999	404
경희대	1,331	604
이화여대	1,298	377
서울시립대	668	241
한국외대	1,284	375
건국대	1,015	346
동국대	859	400
숙명여대	565	287
계	16,015	5,125

서울 상위 14개 대학의 모집 전형을 정리하면 다음과 같이 나타나게 됩니다.

정시 〉 학생부 종합 〉 교과 〉 논술

서울 주요 대학들은 이전에 비해 큰 변화가 발생하고 있지는 않습니다. 큰 틀에서는 기존의 흐름을 이어가고 있으면서 여전히 전형의 다양화가 지속되고 있는 모습을 보입니다. 학종 전형을 면접형과 서류형으로 분리하거나, 서강대의 경우처럼 일반Ⅰ, 일반Ⅱ로 분리해 선발하는 경우도 있습니다. 성균관대는 2026학년도 입시까지 서류형(융합형, 탐구형), 면접형(성균 인재, 과학 인재)으로 구분하여 선발을 했는데, 2027학년도부터는 서류형(융합 인재, 탐구 인재)과 면접형(성균 인재, 과학 인재)으로 선발하게 됩니다. 전형명을 단순화하면서 융합형 인재에 수능 최저 학력 기준을 적용한 것이 중요한 변화입니다. 한양대의 경우는 서류형을 축소(-103명)하고, 추천형(+94)을 확대하는 방향으로의 변화가 발생합니다. 추천형의 경우에는 수능 최저 학력 기준이 적용(3개 영역 합 7이내)되고, 면접이 없지만, 서류형의 경우에는 수능 최저 학력 기준과 면접이 없습니다. 개별 학생의 전략에 따라서 선택적 지원이 필요하다는 의미입니다. 중앙대의 학종인 CAU 융합형 인재, CAU 탐구형 인재가 융합형 인재와 탐구형 인재로 전형명이 변경되는 변화가 발생하고, '성장형 인재' 전형을 단계형으로 신설(108명)해서 수능 최저 학력 기준을 적용해서 선발합니다. 3개 영역 합 6이라는 다소 높은 수능 최저 학력 기준을 적용하는 점이 특이점이 될 듯합니다. 경희대는 다른 변화는 없지만, 대학의 인재상을 변경했다는 점에서 유의가 필요합니다. 2026학년도까지 경희대의 인재상은 '문화인, 세계인, 창조인'이었지만, 2027학년도부터는 변경된 인재상이 적용됩니다. 경희대가 제시한 인재상은 다음과 같습니다.

성찰하는 지성인 : 진취적 기상을 통해 지식의 가치를 성찰적으로 탐구하는 인재로 성장할 잠재력을 갖춘 학생

창조하는 미래인 : 창의적 노력을 통해 전환의 미래 시대를 선도하는 도전적 인재로 성장할 잠재력을 갖춘 학생

공존하는 세계인 : 건설적 협동을 통해 차이의 공존을 실현하는 사회가치 추구 인재로 성장할 잠재력을 갖춘 학생

인재상의 변화에 따라 대학이 요구하는 핵심 역량도 변화합니다. 경희대가 제시한 핵심 역량은 인문학적 통찰력, 복합적 문제 해결 능력, 지식 융합 능력, 실천적 리더십, 세계평화·시민의식, 사회문제 공감 능력입니다. 2027학년도 입시에서 적용되는 만큼 경희대의 요구에 합당한 학생부를 만들기 위한 '설계'가 어느 정도 필요합니다. 경희대 학종인 네오르네상스 전형은 단계형으로 구성이 됩니다. 1단계에서 서류 평가 100%로 3배수를 선발하고, 2단계에서는 1단계 서

류 평가 점수 70%와 면접 30%를 합산해서 최종 선발하게 됩니다. (의학 계열 및 약학 계열에는 수능 최저 학력 기준을 적용하고 있습니다.) 평가 요소와 항목은 달라진 점이 없습니다.

구분	학업 역량(40%)	진로 역량(40%)	공동체 역량(20%)
평가 내용	학업 성취도 학업 태도 탐구력	전공(계열) 관련 교과 이수 노력 전공(계열) 관련 교과 성취도 전공 탐색 활동과 경험	협업과 소통 능력 나눔과 배려 성실성과 규칙 준수 리더십

다만, 자율·자유전공 학부에서는 진로 역량을 '자기 주도 역량'으로 교체해서 적용합니다.

자기 주도 역량 (40%) : 자기 주도 교과 이수 노력
자기 주도 관련 교과 성취도
자기 주도 진로 탐색 활동과 경험

2단계 면접에서는 10분 내외의 면접 시간을 통해 공통 질문과 서류 확인 면접으로 진행이 됩니다. 면접의 평가 요소와 평가 항목은 다음과 같습니다.

평가 요소	평가항목
인성(50%)	가치관 및 태도
	의사소통 능력
전공적합성(50%)	전공 기초 소양
	논리적 사고력

사실 엄청 큰 변화가 아닌 것처럼 느껴지겠지만, 인재상의 변화는 대학에서 선발하려는 학생의 큰 방향의 변화를 의미합니다. 그러니 준비하는 학생들의 입장에서는 매우 큰 변화로 느껴져야 합니다. 실제 선발되는 학생들에도 변화가 생길 것입니다.

경희대의 학종 입시 결과는 다음과 같이 나타납니다.

모집 단위	모집 인원	경쟁률	충원합격 순위	최종등록자 교과 등급		합격자 학생부 등급 평균
				50% cut	70% cut	
경영학과	51	13.6	33	2.20	2.37	2.48
기계공학부	21	28.7	11	2.02	2.21	2.25
자율전공학부	18	32.8	19	1.85	1.89	2.03
미래정보 디스플레이학부	34	11.0	12	1.94	2.02	1.96
물리학과	13	19.3	11	2.13	3.33	2.56

전체적으로 보면 충원 합격이 학생부 교과 전형보다 현저히 낮다는 점을 확인할 수 있습니다. 학과별로 차이가 크긴 하지만 학종에서는 충원율이 높게 나타나지는 않는 편입니다. 최종 등록자의 교과 등급을 보면 50% cut와 70% cut이 역시 학과에 따라 조금씩 다르긴 하지만, 크게 차이 나지 않는 것을 확인할 수 있습니다. 더불어 확인해야 할 부분은 평균 등급과 70% cut이 유사하게 나타나는 경향이 있다는 점입니다. 50% cut에 비해 평균이 낮다는 말은 내신 성적이 높은 학생보다 낮은 학생의 많다는 의미이기도 합니다. 대부분의 학종 선발에서 70% cut 이하의 30%는 일반적인 생각보다는 내신 성적이 낮

게 나타나는 경향을 보입니다. 특목고, 자사고 등의 영향이기도 하지만, 일반고만 따로 분리를 해도 유사한 형태로 나타나기도 합니다. 다만, 전년도 입결을 통해 추론하기 어려운 부분은 2025학년도 입시에서는 의대 증원 이슈가 있었기 때문에 2025학년도 입결로 2027학년도 입결을 가늠하기는 어렵다는 점을 다시 강조합니다. 그런 의미에서 2026학년도 입결이 매우 중요한 자료가 됩니다.

건국대의 2027학년도 전형은 2026학년도 전형과 큰 차이가 없습니다. 건대의 학종인 'KU자기 추천'은 총 893명을 선발합니다. 전형 방법은 단계형 전형의 전형적인 형태로 1단계 서류 100%로 3배수를 선발하고, 2단계에서는 1단계 성적 70% + 면접 30%로 최종 선발합니다. 수능 최저 학력 기준은 적용하지 않습니다.

다음은 건국대가 제시하는 학생부 위주 전형의 인재상입니다.

- 3년 간 고교 생활을 주도적으로 성실하게 보낸 학생
- 고교 생활의 충실성을 바탕으로 건국대학교에 입학하여 잠재력을 발현할 학생
- 진로를 적극적으로 탐색하고 관련 활동과 경험을 통해 성장한 학생

앞서 학종을 설명하면서 언급한 내용과 크게 다르지 않은 것을 느낄 수 있습니다. 학종에서는 학생의 성장을 매우 중요하게 다루고 있습니다. 다만, 그 성장은 "증명된 것"이어야 합니다. 특히, 대부분의 대학이 '잠재력'을 매우 중요하게 언급합니다. 왜일까요? 여기에도

중요한 이슈가 있긴 합니다. 어떤 학생이 잠재력이 있는 학생으로 평가될까요? 학생부에서 선생님들이 잠재력이 있는 학생이라고 언급하면 잠재력이 있는 학생이 되는 걸까요?

당연히 아닙니다!!!

잠재력은 증명해야 하는 역량입니다. 어떤 행동이 잠재력을 증명할 수 있는 행동인지를 고민하면 나름의 답이 나오게 됩니다. 이런 고민의 과정을 통해 새로운 길을 모색할 수 있고, 또 다른 성장을 만들어낼 수 있게 됩니다. 구체적으로 잠재력을 증명하는 과정은 곧 사례를 통해 전략적으로 설명하도록 하겠습니다.

건국대의 학종의 평가 요소는 앞에서 익숙하게 다뤘던 '학업 역량, 진로 역량, 공동체 역량'입니다. 다만, KU자유전공학부는 조금 다르게 사용합니다. 당연하게도 자유전공학부에서는 진로 역량을 평가하지 않습니다. 대신 "성장 역량"이라는 평가 요소를 사용하게 됩니다. 건국대가 제시하는 성장 역량은 '자기 주도성, 창의적 문제 해결력, 경험의 다양성'입니다.

건국대가 면접 평가 요소로 제시하는 바는 다음과 같습니다.

구분	평가 요소	평가 항목
KU자기추천	학업 역량	탐구력
	진로 역량	전공(계열) 관련 교과 이수 노력 진로 탐색 활동과 경험
	공동체 역량	협업과 소통 능력, 나눔과 배려

KU자기추천 (자유전공학부)	학업 역량	학업 성취도, 학업 태도
	성장 역량	자기 주도성, 창의적 문제 해결력, 경험의 다양성
	공동체 역량	협업과 소통 능력, 나눔과 배려

건국대의 2025학년도 입결은 다음과 같이 형성되었습니다.

모집 단위	모집 인원	경쟁률	충원 합격 순위	최종 등록자 교과 등급	
				50% cut	70% cut
영어영문학과	29	14.4	22	2.44	2.57
사회환경공학부	35	20.5	26	2.50	2.71
KU자유전공학부	179	26.0	75	2.75	3.76
컴퓨터 공학부	31	23.0	23	2.04	2.25
경영학과	47	14.0	35	2.50	3.50

경북대의 학생부 종합 일반 학생 전형은 서류 평가 100%, 일괄 합산으로 총 907명을 선발합니다. 학생부 종합 지역 인재 전형은 총 395명을 선발합니다. 단계형 전형이고, 1단계에서 서류 평가 100%로 4배수를 선발합니다. 2단계에서는 1단계 서류 70% + 면접 30%로 최종 선발합니다. 두 전형 모두 모집 단위에 따라서 다양한 수능 최저 학력 기준이 제시되고 있습니다. 경북대가 제시하고 있는 서류 평가 지표는 '학업 역량, 진로 역량, 공동체 역량' 입니다. 다만, 서류 평가 지표에 특정 비율을 제시하고 있습니다.

학생부 종합전형 일반 학생 평가요소
(의예과, 치의예과, 수의예과, 자율학부 제외)

평가 요소	세부 항목
학업 역량 30%	자기 주도적 학업 노력 30%
진로 역량 50%	전공(계열) 관련 교과 이수 정도 15%
	진로 탐색 활동 및 노력 35%
공동체 역량 20%	바람직한 공동체 의식과 실천 20%

경북대 학종의 자율학부의 평가 요소는 학업 역량, 진로 역량, 공동체 역량으로 구성됩니다.

평가 요소	세부 항목
학업 역량 45%	자기 주도적 학업 노력 30%
진로 역량 30%	전공(계열) 관련 교과 이수 정도 15%
	진로 탐색 활동 및 노력 35%
공동체 역량 20%	바람직한 공동체 의식과 실천 20%

많은 학생, 학부모들과 상담을 하다보면 자율 학부의 학종에 대한 다양한 의문을 가지고 있습니다. 실제 학종의 평가 요소 중 '진로 역량'을 평가하기 어렵다는 점이 있기 때문인 것 같습니다. 하지만, 대학들은 나름의 방법으로 평가를 진행하고 있다는 점을 이해하면 크게 문제될 것은 없을 듯합니다. 경희대의 '자기 주도 역량', 건국대의 '성장 역량' 등을 통해 확인할 수 있고, 경북대의 경우처럼 '진로 역량'을 사용하기도 합니다. 다만, 자율학부의 특성상 특정 학과와 관련된 내

용을 보는 것이 아니라, 그것이 어떤 진로이든 그 진로에 대한 탐색을 제대로 했는지를 보겠다는 의미입니다. 제대로 탐색을 한 학생이라면 대학에 와서도 제대로 된 탐색을 하면서 성장할 수 있을 것이라고 믿기 때문입니다.

경북대의 학종 입결을 일반 학생 전형과 지역 인재 전형을 비교해서 살펴보겠습니다.

모집 단위		모집 인원	경쟁률	충원합격 순위	최종등록자 교과 등급			평균
					50% cut	70% cut	85% cut	
생명 공학부	일반	22	22.5	6	3.19	3.46	3.98	3.38
	지역인재	18	10.6	5	2.78	2.97	3.25	2.86
전자 공학부	일반	50	10.2	10	3.12	3.72	4.41	3.36
	지역인재	30	6.8	12	2.74	2.95	3.25	2.77
사회복지 학부	일반	10	21.1	0	3.91	4.39	4.58	4.01
	지역인재	8	14.0	3	3.86	4.09	4.48	3.9

경북대는 입결 발표에서 85% cut을 공개하고 있습니다. 전체 평균과 85% cut가 대체로 어느 정도 간격이 있다는 점을 확인할 수 있습니다. 다양한 해석이 가능하지만, 다소 민감한 주제이긴 해서 굳이 언급하지 않아도 될 듯합니다. 다만, 대체로 지방거점국립대들이 이런 성적 분포와 경향을 보인다는 점은 이해할 필요가 있습니다. 대체로 지역 인재 전형의 내신 등급이 높게 형성된다는 점도 특이할 만한 점이긴 합니다.

학종은 다양한 스펙트럼을 가진 학생을 선발하는 전형이라는 점이 어느 정도 이해가 되었을 것으로 봅니다. 이어지는 학종 전략을 통해 자신만의 구체적인 전략을 세팅하고, 충분히 준비한다면 더 의미 있는 결과를 만들 수 있을 것입니다. 꼭 기억합시다. 제대로 된 학종 전략을 짜기 위해서는 반드시 기억해야 할 문장입니다.

성장을 통해 자신의 역량 증명하기

수시 – 논술 전형

2027학년도 논술 전형은 기존의 틀에서 크게 벗어나지는 않고 있지만 큼직한 변화가 있긴 합니다. 전체적인 흐름 속에서 2027학년도 논술을 생각해 보면 대학의 이런 변화를 2028학년도 입시를 염두에 둔 변화로 해석이 될 수 있을 듯합니다.

2027학년도 논술 전형으로 학생을 선발하는 대학은 42개 대학이고, 전체 모집 인원은 전년도보다 152명 증가한 12,711명을 선발합니다. 전체 모집 인원 345,717명의 3.6% 수준입니다. 다만, 논술 전형을 실시하는 대학이 주로 수도권 대학들이고, 수도권 대학에서의 논술 비율은 상대적으로 더 높게 나타납니다.

대학	논술	학종	교과
서울대	-	2,116	-
연세대	285	1,210	500
고려대	349	1,651	648
성균관대	381	1,307	429
서강대	171	686	178
한양대	232	1,026	336
중앙대	429	999	404
경희대	471	1,331	604
이화여대	297	1,298	377
서울시립대	80	668	241
한국외대	452	1,284	375
건국대	325	1,015	346

동국대	280	859	400
숙명여대	214	565	287
계	3,966	16,015	5,125

서울 주요 14개 대학에서는 논술로 3,966명을 선발합니다. 전체 모집 인원 대비 8.6% 수준입니다. 논술로 선발하는 인원 전체에서 31% 수준을 서울 14개 대학에서 선발하는 셈이니, 상당한 비중을 차지하고 있다는 점을 알 수 있습니다.

2027학년도 논술 전형에서 가장 큰 변화를 보인 대학은 중앙대입니다. 중앙대는 전국 처음으로 수시 논술 전형을 2회 실시합니다. 기존에 중앙대가 운영하던 논술(일반형)은 수능 이후 그대로 유지하면서 390명을 선발합니다. 수능 이전에 치르는 '논술(창의형)'을 신설하고 86명을 수능 최저 학력 기준을 적용하지 않고 선발합니다. 특이하게도 수능 이전의 '창의형' 논술 전형은 고3 재학생만 지원이 가능합니다. 졸업생들과 경쟁하지 않아도 된다는 점에서는 매우 매력적인 선택지가 될 수 있을 것 같습니다. 두 논술 전형 모두 논술 70%, 교과 20%, 비교과(출결) 10%를 합산하여 선발합니다. 전형 간 중복 지원이 가능하다는 점도 독특한 점입니다.

2027학년도 논술 전형에서 큰 변화를 준 두 번째 대학은 연세대입니다. 연세대는 자연·통합계열 논술에 '과학 서논술형'을 도입합니다. 과학 논술의 도입 배경을 '기초적인 과학 소양과 논리적 사고력을 측정'하기 위함으로 제시하고 있고, 과학 관련 제시문을 통한 논술이 이뤄질 것을 예고했으며, 1학년 공통 과목인 통합 과학 전체를 출제 범위로 제시했습니다. 이후 논술 실시 대학들을 중심으로 통합 과학을 범위로 하는 과학 논술이 증가할 가능성이 매우 높을 것으로 생각이 됩니다.

논술 전형은 대체로 논술의 반영 비율이 높은 편이지만, 모집 단위에 따라서 교과 성적 혹은 출결 등을 반영하기도 합니다.

논술 반영 비율	대학
100%	가천대, 가톨릭대, 건국대, 경희대, 고려대, 고려대(세), 국민대, 덕성여대, 동덕여대, 삼육대, 서강대, 서경대, 성균관대, 성신여대, 연세대, 이화여대, 한국기술교대, 한국외대, 한국항공대, 한양대
90%	경기대, 단국대(죽), 상명대, 숙명여대, 숭실대, 신한대, 연세대(미), 홍익대, 홍익대(세)
80%	강남대, 광운대, 부산대, 서울시립대, 서울여대, 세종대, 수원대, 아주대, 을지대, 인하대, 한국공학대, 한신대
70%	경북대, 동국대, 서울과학기술대, 중앙대, 중앙대(다)

교과 성적이 반영되고, 비율이 다소 높게 나타난다고 하더라도 논술 역량이 가장 중요한 우위에 있습니다. 내신 성적은 대부분의 대학에서 1~4등급 간에는 점수 차이가 크게 나지 않습니다. 결국 5등급 이하부터 내신 등급에 따른 점수 격차가 크게 벌어지는 구조를 가지고 있는 편입니다. 그러니 논술 전형을 준비할 때 가장 중요한 것은 논술 실력이고, 두 번째는 당연히 수능 최저 학력 기준입니다. 논술 전형은 수능 최저 학력 기준을 적용하는 대학이 있고, 적용하지 않는 대학이 있습니다. 일부 모집 단위에서만 수능 최저 학력 기준을 적용하

는 대학도 있습니다. 당연히 수능 최저 학력 기준을 적용하지 않는 대학의 경쟁률이 높게 형성됩니다.

구분	대학
수능 최저 학력 기준 적용 대학	가천대, 가천대(의), 건국대, 경북대, 경희대, 고려대, 고려대(세), 국민대, 덕성여대, 동국대, 동덕여대, 부산대, 삼육대, 서강대, 서울여대, 성균관대, 성신여대, 세종대, 숙명여대, 숭실대, 아주대(의), 이화여대, 인하대(의), 중앙대, 중앙대(다), 한국외대, 한국공학대, 한양대, 홍익대, 홍익대(세)
수능 최저 학력 기준 미적용 대학	강남대, 경기대, 광운대, 단국대(죽), 상명대, 서경대, 서울과학기술대, 서울시립대, 수원대, 신한대, 연세대, 연세대(미), 을지대, 한국공학대, 한국기술교대, 한신대

* (의)는 의예과 혹은 의학계열 등 일부 모집 단위에 적용

전체적으로 수능 최저 학력 기준이 적용되는 대학이 많습니다. 수능 최저 학력 기준은 다양한 형태로 제시되어 있지만, 대부분의 대학에서 수능 최저 달성 비율이 높게 형성되지는 않는 편입니다. 수능 최저 학력 기준을 충족한 이후의 경쟁률을 의미하는 '실질 경쟁률'은 최초의 경쟁률보다 절반 이하로 낮아지는 것이 일반적인 현상입니다. 그만큼 수능 최저 학력 기준의 달성이 어렵다는 이야기이기도 하고, 반대로 이야기하면 논술 전형을 지원하는 수험생들이 상향 지원을 많이 한다는 의미이기도 합니다.

논술 전형은 크게 인문계열 논술 전형과 자연계열 논술 전형으로 구분할 수 있습니다. 인문계열 논술은 다양한 형태로 구분되어서 출제가 되며 대체로 다음과 같이 구분할 수 있습니다. 가장 많은 유형은 대체로 언어 논술과 언어 논술 + 도표, 그래프 분석이 포함된 논술입니다.

구분	유형 구분
논제 유형	언어 논술 언어 논술 + 도표, 그래프 언어 + 수리 논술 수리 논술 교과 논술 (국어 +사회 / 국어 + 수학)

자연 계열 논술의 논제 유형은 '수리 논술'로 굳어지고 있는 추세입니다.

구분	유형 구분
논제 유형	수리 논술 수리 논술 + 과학 선택 수리 논술 + 과학 지정 과학 통합 논술 교과형 논술 약술형 논술 언어 논술 및 인문 논술

논술 전형은 대학마다 평가 기준과 출제 방식이 다르고, 전형 요소도 다르게 나타납니다. 논술 100% 반영 대학에서부터 논술 60% 반영 대학까지 있습니다. 대체로 다른 반영 요소는 교과 성적이지만, 출결과 종합 평가를 반영하기도 합니다. 논술 전형을 고려하고 있다면, 매우 높은 경쟁률을 심각하게 생각해야 하고, 두 번째는 수능 최저 학력 기준에 대한 고민을 해야 합니다. 대체로 수험생들의 60% 이상이 수능 최저 학력 기준을 달성하지 못하는 편입니다. 그래서 대부분의 대학에서 실질 경쟁률은 최초 경쟁률의 절반 이하 수준입니다. 그러

니 수능 최저 학력 기준이 있는 대학의 논술을 준비하기 위해서는 수능 최저 학력 기준을 달성하는 것이 매우 중요하기 때문에 수능 준비에도 소홀함이 없어야 합니다.

2027학년도 입시에서 논술의 경쟁률은 2026학년도와 유사한 수준으로 형성될 가능성이 높습니다. 2026학년도는 '황금 돼지' 띠 학생들로, 그 수가 2025학년도 입시보다 대략 3만 명 정도가 더 많고 게다가 재수생 등의 숫자도 증가했습니다. 2025학년도까지 논술의 경쟁률이 상승하고 있는 추세이고 2026학년도까지 상승하겠지만, 2027학년도에는 더 크게 증가할 요소는 거의 없기 때문에 2026학년도 논술 경쟁률과 유사하게 형성될 것입니다. 다만, 2026학년도 논술 경쟁률이 낮지 않다는 점을 꼭 기억해야 합니다.

〈2025학년도 논술 전형 전체 경쟁률〉

연도	경쟁률
2023	39.14
2024	41.92
2025	42.54

2025학년도 논술 전형은 총 12,210명을 모집했는데, 지원자는 519,364명이 지원을 했습니다. 논술 경쟁률과 지원자들이 꾸준히 상승하고 있습니다. 수시 6개 전형을 모두 논술로 쓰는 이른바 '6논' 학생들을 전제로 하면 약 8만 명 이상이 논술을 쓰고 있는 셈입니다. 실

제로는 논술 전형을 1개 쓰는 학생부터 존재하니 더 많은 인원이 논술 전형에 지원하고 있음을 알 수 있습니다.

전체 경쟁률이 높아지는 만큼 모집 단위별 경쟁률도 대체로 상승 추세를 유지하고 있습니다. 논술 경쟁률이 가장 높게 나타나는 것은 대체로 의예과, 약대 등 의학계열이 초강세를 유지하고 있습니다.

순번	대학	학과	모집인원	지원 인원	경쟁률
1	아주대	약학	5	4,413	882.6
2	성균관대	약학	5	2,377	475.4
3	숙명여대	약학	4	1,837	459.2
4	경희대	한의예(인)	5	2,174	434.8
5	이화여대	약학	5	2,121	424.2
6	성균관대	의예	10	4,125	412.5
7	한양대	미디어 커뮤니케이션	5	1,459	291.8

논술 전형에서 가장 큰 이변은 이전까지 최고의 경쟁률이었던 2024학년도 인하대 의대 논술(660 : 1)의 기록이 깨졌다는 점입니다. 다양한 이유가 있긴 하지만, 전반적으로 약학 모집 단위의 경쟁률이 매우 높았음을 알 수 있습니다. 의학계열 이외의 모집 단위 중 1위는 한양대 미디어 커뮤니케이션 학과인데, 꾸준히 최상위 권을 유지하고 있습니다. 수치로 나온 경쟁률이라서 기록은 되지만, 사실 882:1의 경쟁률은 상상조차 쉽지 않은 경쟁률이긴 합니다. 5명 선발에 4천명이 넘는 인원이 지원을 했다는 점에서 논술 전형이 정말 쉽지 않다

는 점을 다시 한 번 확인할 수 있습니다.

100:1의 경쟁률을 넘긴 모집 단위는 2025학년도 논술 전형에서 83개입니다. 2024학년도 입시보다 12개 증가한 수치로 높은 경쟁률과 더불어 학과별 쏠림 현상도 심화되고 있음을 확인할 수 있습니다. 무려 200:1의 경쟁률을 넘긴 모집 단위도 20개입니다. 20개의 모집 단위 중 한양대 인문 계열의 모집 단위가 무려 8개(미디어 커뮤니케이션, 정외, 사회, 관광, 국문, 사학, 철학, 연극영화-영화)입니다. 8개 이외는 모두 의학계열 모집 단위입니다.

대학별로 보면 가장 높은 경쟁률을 기록한 대학은 한양대입니다. 한양대는 3년 연속 최고 경쟁률을 기록 중이고, 여전히 경쟁률이 상승 중입니다.

순번	대학	모집인원	지원 인원	경쟁률
1	한양대	224	28,020	125.0
2	성대	391	41,617	106.4
3	아주대	178	16,358	91.9
4	서강대	173	15,689	90.6
5	중대	478	3,6668	76.7

논술 반영 비율의 확대와 수능 최저의 완화 등의 이유로 재수 부담이 감소한 이유가 크게 작용한 것으로 보입니다. 게다가 논술 전형에서의 졸업생 등의 합격 비율이 높은 점도 매우 크게 작용하는 요소입니다. 당연히 이런 추세는 2026학년도와 2027학년도에도 지속될 가

능성이 높습니다. 주의해야 할 점은 2026학년도부터 한양대가 논술 전형에 수능 최저 학력 기준을 적용하기 때문에 큰 변수가 발생할 가능성이 높습니다. 이제까지 한양대가 논술 전형에서 높은 경쟁률을 기록한 가장 큰 이유는 수능 최저 학력 기준이 없었기 때문입니다. 2026학년도부터 수능 최저 학력 기준이 적용되기 때문에 2027학년도를 준비하는 학생들은 입시 결과를 보고 판단할 수 있는 여지는 있습니다. 전체적인 흐름은 수능 최저 학력 기준의 설정(국수영탐 3합 7)으로 인해 경쟁률은 하락하게 될 전망입니다. 문제는 한양대 논술을 고민하던 수험생들이 어느 대학으로 지원하느냐에 따라 경쟁률이 요동칠 가능성이 높습니다. 한양대가 설정한 수능 최저 학력 기준이 엄청 높은 것은 아니지만, 쉽게 달성하기에는 다소 어려운 수준임에는 분명합니다. 한양대도 이를 인식해서 탐구 과목을 1과목으로 설정하긴 했지만, 3합 7 수준의 수능 최저 학력 기준을 생각하면 실질 경쟁률이 생각보다 낮을 가능성도 있습니다. 그럼에도 이 부분은 2026학년도 한양대 논술 입결을 보고 전략을 세워야 합니다.

성대와 아주대의 전체 경쟁률은 약학과의 영향이 크게 작용한 것으로 보입니다. 2024학년도 경쟁률과 비교해도 상당한 상승을 확인할 수 있습니다. 8년 만에 논술 전형을 다시 시작한 고려대는 361명 모집에 23,421명이 지원해서 64.88:1의 경쟁률을 기록하며 대학 경쟁률로는 8위를 기록했습니다.

자연계열에서는 의학 계열 모집 단위의 경쟁률이 압도적으로 높게 나타납니다. 최고 경쟁률을 기록한 아주대 약학과에서부터 경쟁률 12위(동국대 약학 188.2:1) 까지가 모두 의학 계열 모집 단위입니다. 의학 계열 모집 단위를 제외한 일반 학과 최고 경쟁률은 다음과 같이 정리됩니다.

순번	대학	학과	모집 인원	경쟁률
1	한국외대	Language & AI융합	7	174.1
2	한양대	인터칼리지(자)	35	164.3
3	한양대	컴퓨터 소프트웨어	10	138.2
4	서울과기대	컴퓨터 공학	1	135
5	한양대	반도체 공학	4	127.7

2025학년도 논술 인문 계열에서는 경희대 한의예(인)이 최고 경쟁률을 기록하고, 이후 8개의 모집 단위가 한양대입니다. 경쟁률 순으로 보면 9위(한양대 연극영화-영화 209.7:1)까지가 200:1 이상의 경쟁률을 기록했습니다.

순번	대학	학과	모집인원	경쟁률
1	경희대	한의예(인)	5	434.8
2	한양대	미디어 커뮤니케이션	5	291.8
3	한양대	정치 외교	4	288.7
4	한양대	사회	4	249.2
5	한양대	관광	4	235.2

한양대 이외의 인문 계열 논술 경쟁률 상위 학과들은 다음과 같이 나타납니다.

순번	대학	학과	모집인원	경쟁률
10	건국대	미디어 커뮤니케이션	6	166
11	건국대	문과대학 자유전공	14	163
12	경희대	철학과	7	155.2
14	경희대	응용영어통번역	5	139.2
15	경희대	사학	4	136.7

2027학년도 논술 전형에서는 의학 논술 전형이 축소됩니다. 연세대(미)와 단국대가 의대 논술을 폐지하면서 2026학년도 13개교 212명이었던 의대 논술이 11개교 188명으로 줄어들게 되고, 그만큼 경쟁률이 가파르게 상승할 가능성이 높습니다. 치대는 4개교 31명에서 연세대와 단국대의 논술 폐지로 2개교 16명으로 감소합니다. 수의대는 경북대의 정원 감축으로 12명에서 9명으로 감소합니다. 반면, 약대 논술은 13개 교 100명에서 경북대가 약대 논술을 폐지하고, 가천대, 삼육대가 약대 논술을 신설하면서 14개교 111명으로 다소 증가하고, 한의대는 가천대가 논술을 신설하면서 2개교 26명에서 3개교 32명으로 소폭 상승합니다.

논술 전형의 전략에 대한 논의는 다음 장에서 진행하겠지만, 논술 전형에 대한 고민을 하는 예비 수험생들에게 매우 중요한 내용을 알려 드려야겠습니다. 논술 전형은 여러분들이 생각하는 것 이상으로 준비가 어려운 전형이 될 가능성이 높습니다. 앞서 강조한 바와 같이 경쟁률이 지나치게 높다는 점과 자연 계열 논술의 경우는 수학 논술이 핵심이기 때문에 고교 수학을 폭넓게 공부해야만 합니다. 결국 수능 수학 실력과 큰 차이가 나는 편이 아니고, 경쟁률뿐만 아니라, 재수생의 합격률이 높다는 점도 고려해야 합니다.

대체로 인문 계열 학생들에게서 나타나는 편이지만 논술 전형으로 '대박'을 친 학생들이 드물게 있기는 합니다. 인문 논술의 경우에는 객관식에서 확인하기 어려운 논리력과 창의력, 추론력 등을 검증할 수 있는 여러 장치들이 있으니, 이 점을 꼭 인지하고 잘 준비해서 전형에 도전해야 합니다.

정시 전형

2027학년도 수능 위주의 정시 전형의 모집 인원은 2026학년도 대비 다소 감소하였고, 비율도 줄어들었습니다. 2026학년도 전형에서 정시는 69,331명(20.1%)를 선발했지만, 2027학년도 정시 전형에서는 68,134명(19.7%)을 선발하면서 모집 인원은 1,197명이 감소했습니다.

수도권 대학과 비수도권 대학의 정시 모집 인원의 온도 차는 매우 크게 나타나고 있습니다. 정시 전체 선발 인원 68,134명 중 수도권 대학은 46,031명(67.6%)을 선발하고 있고, 비수도권 대학은 22,103명(32.4%)을 선발하고 있습니다. 수시 모집에서 비수도권 대학의 모집 인원이 압도적으로 높기 때문에 발생하는 상황입니다.

수능 위주의 정시 전형은 추이의 변화가 어느 정도 존재하긴 하지만, 대체로 정량적 평가를 기본으로 하고 있습니다. 객관식 시험인 수능 성적을 기준으로 선발을 한다는 점에서 재수생 등의 졸업생이 압도적으로 유리하고, 지역 편차도 매우 크게 나타나는 전형이기도 합니다.

서울의 상위 대학들의 정시 데이터를 확인해보면 정시 전형으로 합격한 학생들 중 재수생 등의 비율은 70%를 거의 대부분 넘고 있습니다. 사실상, 정시 전형은 재수생에게 압도적으로 유리한 전형입니다. 재수생의 유리함이 어느 정도 전제가 되고 있기 때문에, 더욱 재수생 증가에 기여하고 있는 측면도 강합니다. 실제 정시 선발의 확대는 사교육비의 확대로 이어지는 효과가 발생합니다.

개인적인 표현으로는 '재수 권하는 사회'라고 생각합니다.

우리 사회 전반적인 분위기가 재수에 대해 매우 허용적입니다. 물론 개별 학생이 자신의 성장을 위해 재수를 선택하는 상황 자체를 문제 삼는 것은 아닙니다. 하지만, '재수 권하는 사회'는 기본적인 전제로 경쟁을 통해 남보다 나은 자리를 차지해야 한다는 '사회적 신념'의 결과물로 볼 수 있다는 점에서 매우 심각한 사회적 문제로 판단됩니다. 동시에 정시 확대와 맞물리면서 '자퇴를 권하는 사회'가 되어가고 있다는 점 역시 심각하게 받아 들여야 합니다.

수능 성적을 잘 받기 위해서는 당연히 수능을 잘 봐야 합니다. 하지만, 현실적으로 2027학년도 수능을 준비하는 예비 수험생들에게는 조금 힘들게 느껴질 수 있는 이유는 당연히 재수생 등의 비율과 관련된 문제입니다. 수능에서 성적 올리는 것을 너무 쉽게 생각하기 때문에 오류가 발생합니다. 이른바 '현역'인 예비 고3 학생들은 3학년을 지내는 동안 상당수의 학생이 모의고사 성적 하락을 경험하게 되는 편입니다.

2024학년도 모의 평가와 수능의 응시 인원 비교

구분	6월 모평			9월 모평			2025 대수능		
	고3	졸업 등	합계	고3	졸업 등	합계	고3	졸업 등	합계
2025	318,906	73,877	**392,783**	395,071	91,581	**386,652**	302,589	160,897	**463,486**
2024	306,203	75,470	**381,673**	284,526	90,381	**374,907**	287,502	157,368	**444,870**

2025학년도 6월 모평에서의 재수생 비율은 18.81%였고, 9월 모평에서는 23.69%였습니다. 실제 수능에서는 34.7%를 기록했습니다. 전체적인 흐름을 보면 재학생의 숫자는 크게 변동이 없지만, 졸업생 등의 경우는 6월 모평의 거의 2배에 가까운 인원이 실제 수능에 응시한다는 점을 확인할 수 있습니다. 여기서 예비 수험생들이 확실히 알아야 할 부분이 있습니다. 접수 인원과 응시 인원이 다르다는 점입니다. 전년도 수능인 2025학년도 수능을 기준으로 하면 수능을 접수한 학생은 518,497명이고, 이중 10.07%인 52,210명이 결시생입니다. 결국 2025학년도 수능 응시생은 46만 명 수준이었습니다. 재수생 등의 숫자와 비율과 관련해서는 과도하게 부풀려지는 부분이 있음을 알고 있어야 합니다.

실제 2026학년도 6월 모평 접수 결과가 발표되면서 언론은 늘 그래왔듯이 '큰일났다'는 점을 강조합니다. 6월 모평을 접수한 재수생 등의 숫자가 거의 9만 명(89,887명)이라는 점을 강조하면서 재수생 등으로 인한 정시에 대한 불안감을 조성하고 있습니다. 하지만, 2025학년도 6월 모평에서 원서를 접수한 재수생 등은 88,698명이었습니다. 실제 6월 모평 접수자는 1,189명 증가했다는 말입니다. 전년도에 비해서 엄청난 재수생이 증가한 것은 아니라는 말입니다. 재수생 등에서 6월 모평에 실제 응시하는 수험생은 많게 잡아도 7만 6천 명 수준이고, 실제로는 7만 5천 명 수준이 될 것입니다. 2025학년도와 큰 차이가 나지 않는다는 말입니다.

다만, 앞서 언급한 바와 같이 '황금 돼지' 해라는 점을 감안하면 재학생 응시자는 3만 명 수준으로 증가하게 됩니다. 그러니 실제 2026학년도 수능 응시자는 49만 명 수준이 될 것입니다. 문제는 재수생이든 재학생이든 수험생의 증가가 어느 정도 이뤄졌다는 점입니다. 2026학년도 수험생의 증가는 2027학년도 재수생의 증가로 이어지게 될 가능성이 높습니다. 그러니 2027학년도 6월 모평에서는 재수생 등의 접수 비율은 10만 명 수준이 될 것이고, 실제 응시 비율은 8만 5천 명 수준이 될 것으로 예상할 수 있습니다. 따라서 2027학년도 정시 전형은 경쟁률이라는 측면에서 다소 어려움을 겪게 될 가능성이 높습니다. 게다가 2028학년도 입시 전형은 고교학점제와 맞물리면서 대형 변화가 발생하게 되고, 서울 상위 대학을 중심으로 정시 전형에 정성적인 평가를 반영하는 등의 변화가 예고된 상태입니다. 즉, 현체제의 입시 마지막이라는 점에서 재수생 비율이 더 증가할 여지가 있으므로 현 정시 전형의 이러한 변화에 발맞춰서 예비 수험생으로서의 정말 처절한 공부 노력이 필요합니다.

2024학년도 대수능 성적 분석 (한국교육과정평가원 자료)

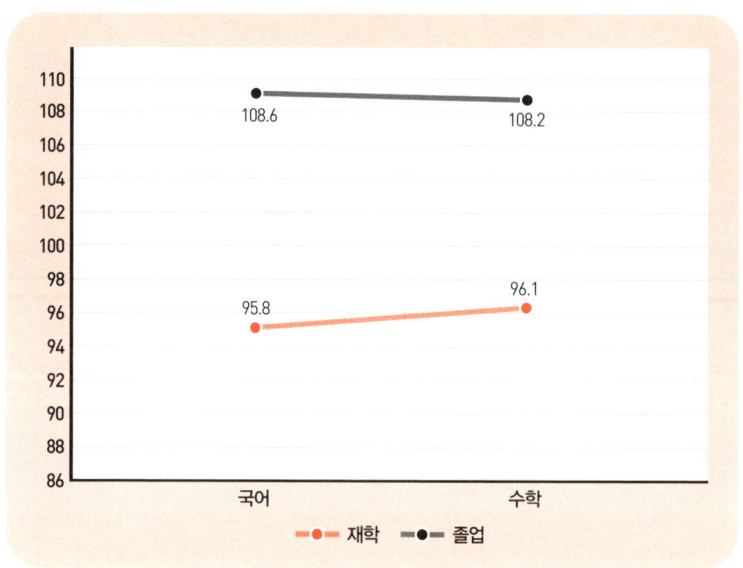

2024학년도 대수능을 재학생과 졸업생으로 구분해보면 확연한 차이를 확인할 수 있습니다. 국어 영역에서 졸업생과 재학생의 표준 점수 차이는 12.8점이고, 수학에서의 차이는 12.1점입니다. 두 영역을 합치면 재학생과 졸업생의 표준 점수 차이는 24.9점입니다. 이런 차이는 매년 유사하게 나타나는 경향을 보이고 있습니다. 재학생과 졸업생의 수능 성적 차이가 집단별로 확실하게 나타난다는 점을 확인할 수 있는 지표이기도 합니다.

(재학생은 28만 명, 재수생은 14만 명입니다.)

위 그래프를 재학생과 졸업생의 등급별 비율로 비교해보면 보다 선명한 내용을 알 수 있게 됩니다.

국어 과목 등급별 비율 (재학, 재수)

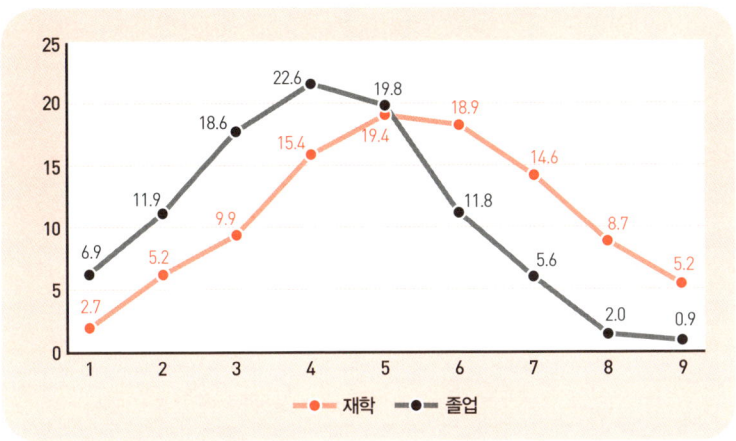

1~3등급까지는 졸업생의 비율이 확연히 높고, 6~9등급까지는 졸업생의 비율이 확연히 낮은 것을 확인할 수 있습니다. 14만 명의 재수생과 28만 명의 재학생을 고려하면 2024학년도 국어 1등급 중 재수생의 비율은 대략 55% 수준인데, 2023학년도 수능에서 국어 1등급 재수생의 비율이 52% 수준이었던 것을 볼 때 상승 중이라는 점을 확인할 수 있습니다.

수학 영역으로 가면 재학생과 재수생의 격차는 조금 더 심각한 모습으로 나타나게 됩니다.

수학 역시 1~3등급에서 재학생과 재수생의 차이는 확연하게 나타납니다. 국어의 경우보다 조금 더 심각한 양상을 보입니다. 수학 1등급에서 재수생의 비율은 대략 63% 수준입니다. 2023학년도 수능에서 56% 수준이었던 것을 감안하면 매우 급격하게 상승하고 있다는 점을 확인할 수 있습니다. 비율상으로 보면 수학 1등급은 재학생 비율(2.3%)에 비해 재수생의 비율(8.1%)은 3.5배 수준입니다. 재수생 집단의 수준이 높다는 점을 유추할 수 있습니다.

수학 과목 등급별 비율 (재학, 재수)

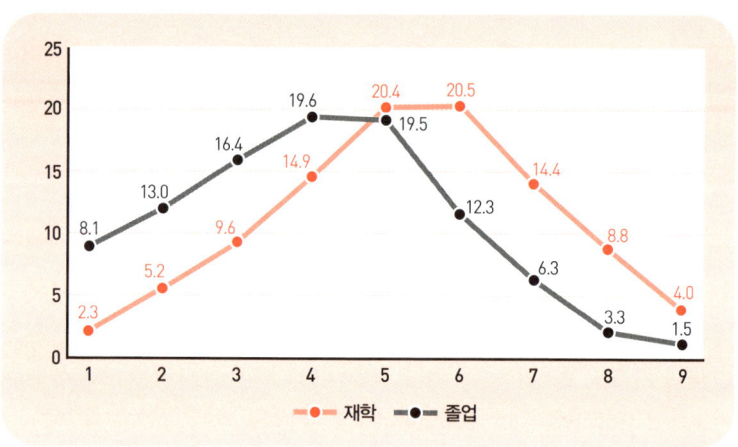

수능 성적에서의 이런 차이는 실제 지원에도 영향을 끼칩니다. 서울의 상위권 대학을 정시로 합격한 학생들 중 재수생의 비율은 거의 70% 수준입니다.

정시 수능 위주 전형은 객관식 성적의 서열화라는 점에서 학생부 교과 내신과 유사한 점이 있습니다. 그런 점 때문에 학생부 교과 전형에 서류가 반영되는 것과 같은 현상이 나타나고 있습니다. 정시 수능 위주의 전형에서도 서류 혹은 학생부를 반영하는 대학들이 서서히 증가하고 있습니다. 결국 정량적인 평가 전형에 정성적인 평가를 결부시키는 형태입니다.

정량 평가 + 정성 평가

이런 흐름은 2028학년도에서 입시에서는 매우 본격적으로 등장합니다. 서울 주요 대학 대부분에서 이렇게 전형을 설계하고 있습니다. 따라서 2027학년도 입시에서도 이런 흐름은 지속적으로 확대될 것입니다. 이런 변화의 배경은 매우 급속도로 변화 발전되는 다양한 사회적 현상들로, AI가 고도로 발달하고 있는 시대라는 점입니다. 이에 발맞추어 상위권 대학에서 학교생활에 대한 가이드라인을 제시하면서, 고등학교 생활에 대한 평가 없이 수능 성적만으로 평가하는 수능 위주의 전형이 한계가 있음을 인정하고 있습니다. 일부 사교육에서는 고등학교 자퇴를 부추기는 등의 부작용이 있기도 합니다. 재수생의 정시 독식 문제, 검정고시 출신 학생들의 약진, 공교육 체제의 수호, 수능의 불공정성 등의 다양한 이유로 정시에 교과 평가를 처음 반영한 대학은 서울대였습니다.

2023학년도 입학 전형에서 처음 정시 평가를 도입한 서울대의 정시 교과 평가의 핵심은 정시 전형에서 '교과 평가'라는 정성적 평가를 도입하겠다는 것이었습니다. 당시에는 엄청난 이슈가 되었지만, 어느 정도 성공을 한 전형으로 자리 잡고 있습니다. 뒤이어 고려대가 조금 다른 형태로 합류했고, 2026학년도 입시에서는 연세대, 한양대, 성균관대 등이 합류하고, 2027학년도 입시에서는 중앙대와 동국대(서울 상위 대학 중 정시 학생부 반영 대학 7개교)가 합류하게 됩니다.

　서울대의 교과 평가는 수능 성적만으로 1단계에서 2배수를 선발한 뒤 2단계에서 교과 평가 20%를 반영합니다. 현재의 수능 성적을 고려하면 2배수 선발이라고 하더라도 수능 문항 2문항 이내의 차이일 것입니다. 결국 수능 성적 차이가 크긴 하지만, 어느 정도 역전이 가능하다는 결론이 나옵니다. 이론상으로는 수능 만점자도 교과 평가가 매우 부실하다면 불합격할 수도 있기 때문입니다. 서울대의 '교과 평가'는 학생부에서 3개의 영역을 바탕으로 정성 평가를 진행합니다. 과목 이수 내용, 교과 성취도, 교과 학업 수행 내용이 그것입니다. 교과 학업 수행 내용은 '과목별 세부 능력 및 특기 사항'으로 평가한다는 점을 고려하면 학생부 종합 전형의 평가 방식을 간략화한 형태로 볼 수 있습니다. 특히, 2027학년도 입시에서 수능으로 서울대를 노리고 있다면 교과 평가에서 '과목 수준'이라는 점을 염두에 둬야 합니다. 학생부 종합 전형에서도 해당되는 이야기이지만, 내신의 성취도 평가가 다소 정량적 평가의 성격을 가진다면, 과목 수준을 고려해서 평가한다는 점은 정성적 평가에 해당합니다. 확률과 통계를 선택해서 1등급을 받은 학생과 미적분을 선택해서 2등급을 받은 학생을 비교한다는 의미로 이해하면 쉬울 듯합니다. 대학의 정성적 평가는 미적분 2등급에 방점을 찍을 가능성이 현저히 높다는 의미입니다.

　정시에 학생부를 반영하는 모든 대학이 정성 평가를 하는 것은 아닙니다. 고려대 등의 경우처럼 학생부 내신을 반영하기도 하고, 연세대 등의 대학처럼 출결과 봉사를 반영하기도 합니다. 그럼에도 의미 있는 이유는 학생부 반영을 통해 고교 생활에 대한 중요성을 강조하고 있다는 점이 될 것입니다.

최상위권 대학에서 이런 흐름을 보이는 이유는 수능 위주의 정시 전형이 가진 불평등성이 존재하기 때문입니다. 일반 다수 국민들의 인식과 다르게 수능 위주의 정시 전형은 매우 불평등한 전형입니다. 숱한 지방 강의를 다니면서 가장 가슴이 아픈 부분이기도 합니다. '사회적 자본'으로서의 토대의 차이가 지나치게 많이 나고 있고, 공부의 필요성이나, 중요성에 대한 인식이 너무 다르기도 합니다. 그러다보니 공부에 투자하는 시간에도 매우 심각한 차이가 날 수밖에 없습니다. 개인을 둘러싸고 있는 사회적 환경으로 인해 객관식 성적이 매우 크게 차이가 나는 불평등한 구조가 확산되고 있는 셈입니다. 이러한 통계 자료를 실제로 가지고 있는 상위권 대학에서는 객관식 전형이 가지는 한계에 대해서 이의를 제기할 수밖에 없습니다. 그런 의미에서 다른 전형에 대한 고민이 갈수록 더해지는 것이기도 합니다. 돌이켜 보면 학종의 출발선이 객관식 전형으로 학생들을 줄 세우는 사회에 대한 문제 제기에서 시작되었다는 점을 상기할 수 있을 것입니다.

수능을 친 학생들에 대한 전수 조사 자료는 매해 수능이 끝난 1년 후에 발표가 됩니다. 가장 최신 자료인 2025학년도 수능 데이터를 확인해보면 이 문제를 보다 객관적으로 확인할 수 있습니다.

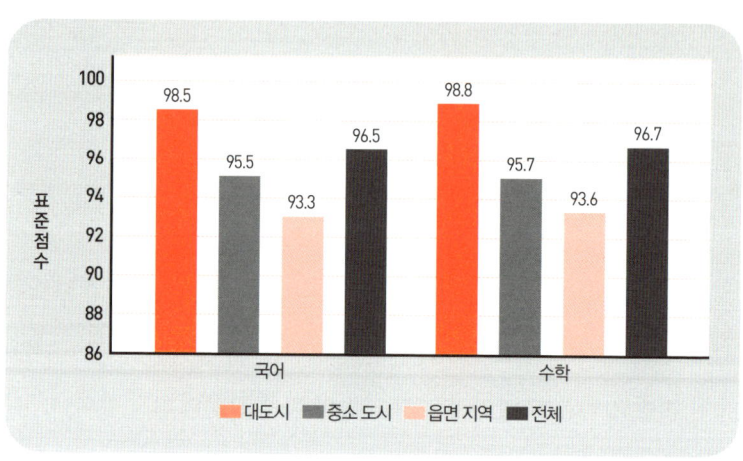

국어, 수학의 지역별 표준 점수 평균이 많이 차이나는 상황을 확인할 수 있습니다. 수능이라는 시험이 특정 지역의 학생들에게 유리함이 존재한다면, 평가 도구로서의 타당성에 문제를 제기해야 합니다. 이런 자료를 제시하면 학원의 유무 혹은 밀집도 등을 이야기를 많이 하는 편입니다. 인강이 이렇게 발달한 나라에서 오프라인 학원의 유무가 그렇게 중요한 요소일 수는 없습니다. 문제 제기의 핵심은 '사회적 자본' 혹은 '환경적 자본'에 대한 고민입니다. 학생을 둘러싼 환경의 차이에서 발생하게 되는 '공부 의지'가 심각한 출발선의 차이를 만들고 있다는 점이 반영되어야 합니다.

방금 살펴본 자료를 시도별로 살펴보면 다음과 같은 자료가 나옵니다.

시도별 표준점수 평균

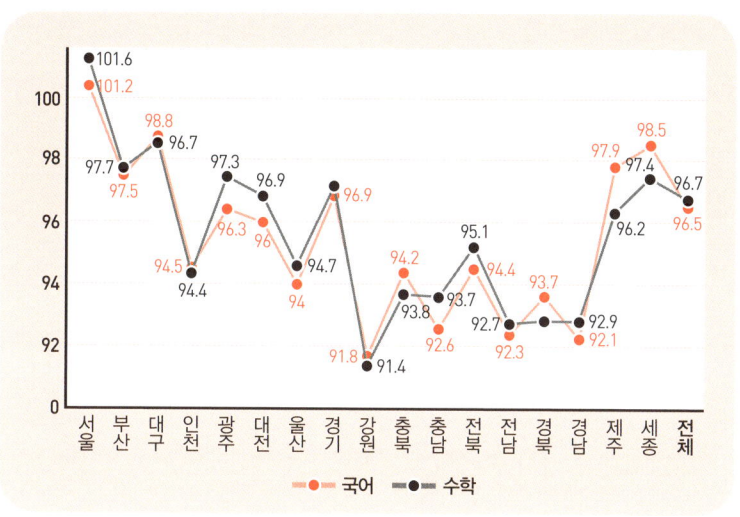

수학의 표준 점수 최고 지역은 서울 101.6 이고, 최저 지역은 강원 91.4입니다. 지역 간 표준 점수의 최대 차이가 10.2점입니다. 앞서 살펴본 재학생과 재수생의 수학 표준 점수 차이가 12.1점이라는 점을 생각하면 아주 심각한 차이임을 확인할 수 있습니다. 2023학년도 수능에서 서울과 강원의 표준 점수 차이가 9.5점이었다는 점을 생각하면, 정시 확대 이후 지역별 수능 점수 차이가 더 심각해지고 있다는 점을 알 수 있습니다.

사실상 가장 극명한 차이는 의대 입시에서 나타납니다. 최상위 대학인 서울대의 2025학년도 정시 최초합격자 중 서울 출신은 무려 45% 수준으로 확인되고 있습니다. 뿐만 아니라, 2025학년도 전체 의대 정시 합격자 중 현역의 비율은 18% 수준이고, 재수 이상의 졸업생은 80% 수준으로 확인됩니다.

자료들로 확인할 수 있는 수능의 불공정함에도 불구하고 지금 당장 2027학년도 입시를 준비해야 하는 예비 수험생들은 객관식 능력이 매우 중요함을 다시 한 번 강조합니다. 수능 역량을 강화하기 위한 노력은 입시를 위해서 반드시 선행되어야만 합니다. 2027학년도 정시 전형은 다양한 변수들이 존재하고 개별 변수들의 영향력이 크다는 점에서 정확하게 이해하고 준비하려는 노력이 반드시 필요합니다. 정시 전형을 위한 전략은 뒤이어서 설명 드리겠습니다.

2027학년도 정시 전형은 기본적인 틀이 2026학년도 정시 전형과 유사합니다. 정시 전형에서 가장 큰 변수를 준 대학은 앞서 언급한 중앙대와 동국대입니다. 중앙대는 정시에서 출결 10%를 반영하기로 했고, 동국대는 학생부 정성 평가 10%를 반영합니다. 연세대와 성균관대 등에서도 미세 조정이 있긴 하지만, 큰 틀에서는 전형 유지에 더 방점을 둘 수 있습니다. 더불어 서울 상위권 대학에서 선택 과목을 지정하는 대학은 거의 없어지고 있지만, 대체로 '가산점'을 활용하고 있다는 점을 감안한 선택 과목 전략이 반드시 필요합니다. 자연계열에서는 대체로 과탐 가산점을 3~6% 부여하고, 인문계열은 일부 대학에서 사탐 가산점을 부여하기도 합니다. 이 부분은 트렌드에서 정확하게 짚어 드리도록 하겠습니다.

Chapter **2**

합격을 위한
맞춤형 입시 전략
세우기

1. 전형별 입시 전략 수립하기

2. 사례별 탁월한 학종 전략

1. 전형별 입시 전략 수립하기

2027학년도 수능은 2026년 11월 19일(목)입니다. 어느 정도의 시간이 남았는지, 그리고 남은 시간에 대해 어느 정도의 부담을 가지고 있는지는 매우 중요한 '척도'가 됩니다. 누구에게나 동일한 시간이고, 누구에게나 동일한 기회임은 분명합니다.(물론 개인적으로는 그 기회와 시간조차도 동일하다거나 혹은 공정하다고 생각하지 않습니다. 그럼에도 모든 조건에 대한 이야기보다는 보통의 조건에 대한 이야기를 하는 것이 필요한 상황이라는 점을 고려해서) 오랜 교사 생활, 그리고 남다른 진로 상담의 과정을 통해 나름의 확신을 가지게 된 점은 앞서 언급한 바와 같습니다.

공부를 못하는 학생은 없다.

그렇다면, 남은 시간을 어떻게 효율적으로 사용하는지가 전략의 관건인데, 주어진 조건이 동일하다면, 주어진 자원을 가장 효율적으로 사용해야 전략적 승리가 가능합니다. 효율, 즉 공부 효율은 어떻게 만들어질 수 있을까요? 내신 성적을 올리고, 수능 성적을 올리는 학생들의 공통점 중 중요한 한 가지는 '자기 자신에 대한 신뢰'입니다.

물론 이 문제의 본질은 '자존감'이긴 합니다. 하지만, 여기서는 자기 자신에 대한 신뢰에 관한 이야기를 먼저 해보겠습니다. 상당수의 학생들은 자신의 한계를 명확하게 정해두는 경향이 있습니다. '남다른' 노력이면 충분히 가능한 일을 '자신의 한계'로 규정짓습니다.

건강이 안 좋아요.
원래 약골이었어요.
잠이 많아요.
늦은 밤에 공부가 더 잘되는 것 같아요.

개인적으로 가장 힘든 상담은 이렇게 자신의 한계를 명확하게 둔 학생들입니다. 더불어 부모도 자녀의 한계를 규정짓고 상담을 하는 경우들이 많으니, 현실적인 부분을 고려하면 자신의 한계를 인지하는 일이 그만큼 힘든 일인 것 같습니다. 전략의 출발선은 자신의 한계를 명확하게 인지하는 것입니다. 그래야 무엇을 준비할 수 있는지 혹은 어떻게 해야 하는지를 확정할 수 있습니다.

잠이 많은 학생이라고 스스로를 규정해두면, 자신이 자는 모든 행동을 정당화할 수 있게 되고 따라서 변화를 만들 수가 없습니다. 성적을 올리고, 삶을 바꾸기 위해서는 수험생의 변화가 전제 되어야 합니다. 행동의 변화가 일어나지 않았는데 결과가 바뀔 수는 없습니다. 내신 성적이 문제라고 생각되면 그 문제를 해결하기 위해 자신이 바꿔야 할 부분을 고민해야 하고 고쳐야 합니다. 잠이 많다고 스스로를 규정하면 그 변화의 폭이 좁을 수밖에 없습니다.

뇌 과학자의 논문을 살펴보면, 인간은 기본적으로 신경망을 평생에 걸쳐 고치고 변화시킵니다. 단순하게 말하면 잠이 많은 학생은 그 학생이 잠을 '선택'했기 때문에 잠이 많다고 인지하는 것입니다. 스트레스 상황을 이겨내기 보다는 잠을 자는 선택을 하는 것으로 도망을 가는 선택을 반복적으로 한 것이고, 뇌가 이것을 하나의 패턴으로 인지한 것입니다. 스트레스에 대한 대응을 수면으로 했으니, 스트레스 상황만 되면 잠을 자야 됩니다. 신경망의 작용의 결과인 셈입니다. 최근에 쉽게 들리는 말로 표현해 보겠습니다.

우리의 뇌는 우리가 원하는 대로 만들어진다.

수면은 인간의 가장 강력한 욕구 중의 하나입니다. 원래부터 잠이 많은 사람이 있고, 잠이 적은 사람이 있는 것이 아니라 훈련을 통해 충분히 조절이 가능한 욕구입니다. 대개 아침형 인간, 올빼미형 인간 등으로 구분을 하려는 경향이 있는데, 저는 개인적인 경험을 바탕으로 이 의견에 동의하지 않습니다. 올빼미형으로 사는 남학생들이 군대를 가면 철저하게 아침형 인간으로 바뀝니다. 특정 유전자의 문제라기보다는 반복된 삶의 습관의 문제이고, 충분히 조절 가능한 뇌의 패턴의 문제입니다. 즉 우리의 뇌는 기본적으로 세팅된 형태가 아니라 반복적인 습관으로 '패턴'화 됩니다.

우리나라에서 치러지는 시험은 거의 오전 시간에 시작합니다. 내신 시험, 수능도 그렇습니다. 개별 학생이 아침형인지에 대한 고민은 전혀 의미가 없습니다. 시험이 이뤄지는 시간을 기준으로 개별 학생의 패턴을 만들어야 합니다. 우리 뇌는 잠에서 깬 지 대략 2시간 이후부터 100% 활용이 가능하다고 알려져 있습니다. 그러니 수능 시작 시간인 8시 40분을 기준으로 하면 모든 수험생의 기상 시간은 반드시 6시 40분 이전이어야 합니다.

올빼미형 학생이 하루아침에 아침형 학생이 되려면 불편하고 힘든 것이 너무 당연합니다. 새로운 습관과 패턴을 만드는 작업이니 당연히 힘들 수밖에 없습니다. 하지만, 이 변화를 도전하고, 쉼 없이 이어가면 훨씬 더 의미 있는 결과가 반드시 나옵니다.

2027학년도 대입에서 원하는 결과를 만들고, 남다른 결과를 만들기 위해서는 그에 합당한 변화와 행동이 있어야만 합니다. 이런 변화와 행동이 없이 '전략'을 논하는 것은 의미가 없습니다. 탁월한 전략이 만들어지기 위해서는 그 전략을 수행할 '기본기'가 준비된 학생이어야만 합니다.

수시 학생부 교과 전형 전략

수시 학생부 위주 – 학생부 교과 전형은 기본적으로 정량적 평가를 하는 전형입니다. 단순하게는 내신 성적을 기준으로 줄을 세우는 전형입니다. 그러니 고교에서의 내신 관리가 철저히 이뤄져야 한다는 점이 가장 중요합니다. 내신 관리라는 측면에서 생각해 보면 학생부 교과 전형을 2학년부터 준비하기에는 다소 어려움이 있긴 하지만, 지원하고자 하는 대학에 따라 어느 정도 가능할 수도 있습니다.

현재의 전형을 기준으로 지방거점국립대는 학생부 교과 전형의 비중이 매우 높습니다. 반면, 서울 상위권 대학에서의 학생부 교과 전형의 비율은 매우 낮은 편입니다. 지방거점국립대는 모집 인원이 많은 만큼 최종 선발되는 학생의 학생부 성적이 다소 낮은 편입니다. 즉, 2학년부터 준비해도 어느 정도의 가능성이 있다는 말이기도 합니다. 반면, 서울 상위 대학을 고민한다면 매우 높은 수준의 내신 성적을 준비해야만 한다는 점에서 2학년부터의 준비의 한계가 다소 명확하게 나타납니다.

학생부 교과 전형에 영향을 미치는 요소들은 대학별로 다르게 나타나긴 하지만, 기본적인 베이스는 당연히 교과 내신이고, 단계형으로 설정해서 면접을 두기도 하고, 또 수능 최저 학력 기준이 적용되기도 합니다. 최근에는 학생부 정성 평가가 적용되는 대학들이 늘어나는 만큼 이에 대한 대비도 필요합니다. 학생부 교과 전형에 다소 복잡한 전형 요소들이 반영되는 이유는 현재 고교 내신이 매우 다양하게 해석이 될 수 있기 때문입니다. 특히, 고교 학점제가 일부 적용되는 상황이라는 점(선택 과목이 어느 정도 다양하게 나타나고 있다는 점)을 감안하면 다양한 전형 요소를 통해 고교 내신을 분석하는 것이 필요하다는 대학의 판단은 당연해 보입니다.

2027학년도 학생부 교과 전형에서 서울 소재의 상위권 대학은 대체로 수능 최저 학력 기준을 적용하는 편입니다. 학생부 교과 전형의 비율이 10% 수준으로 고정되면서 해당 대학들이 수능 최저 학력 기준을 서서히 적용하기 시작했고, 2027학년도 입시에서는 대부분의 서울 상위 대학 학생부 교과 전형에 수능 최저 학력 기준이 적용되고 있습니다. 서울 주요 대학의 학생부 교과 전형 입결은 대체로 1.X 대의 내신 성적을 보이고 있습니다. 앞서 살펴본 바와 같이 건국대 수준의 대학에서 2.0의 성적이 어느 정도 나옵니다. 그 말은 건국대보다 높은 수준의 대학들은 당연히 1.X 대의 내신 성적을 보인다는 말이기도 합니다. 대학이 발표하는 자료는 대체로 최종 등록자의 70% cut입니다. 그러니 대학이 발표한 자료에 비해 하위 30%가 존재한다는 말입니다. 다만, 정량적인 평가를 베이스로 하기 때문에 전국에서 내신 좋은 학생들이 지원한다는 점을 감안하면 하위 30%라고 하더라도 내신 성적의 차이가 엄청 많이 나기는 어렵습니다. 앞서 살펴봤던 건국대 등의 성적을 떠올려보면 이 부분이 쉽게 이해가 됩니다. 50% cut와 70% cut가 크게 차이 나지 않았습니다. 결국, 내신 성적 상위권 학생들이 생각보다 촘촘하게 지원을 했다는 점을 확인할 수 있습니다.

학생부 교과 전형을 위한 내신 관리와 수능 최저 학력 기준을 위해서 가장 중요한 것은 '공부 착각'이라는 단어를 이해하는 것입니다. 특히나 요즘 학생들은 '진짜 공부와 가짜 공부'가 뭔지도 모르고 그냥 공부를 열심히 합니다. 앞서 언급한 '듣고 보는 공부'는 가짜 공부에 해당합니다. 그런 공부로는 고등학교에서 충분히 좋은 성적을 만드는 것이 불가능합니다. 문제는 대부분의 학생들이 학원에서 시간을 보내면서 자신이 공부를 하고 있다고 "착각"한다는 점입니다. 거의 대부분의 학생들이 학원을 다니고 있다는 점을 고려하면 매우 단순한 결론이 나오게 됩니다. 학원을 다니는 행동이 좋은 성적을 만드는 것과는 상관없다는 점입니다. 이 부분을 정확하게 이해하지 못하면 계속 성적을 올리지 못하는 행동만 반복하게 됩니다. 학원에서 공부를 하지 말라는 말이 아니고, 학교에서든 학원에서든 제대로 공부해야 한다는 말입니다.

누군가에게는 학교가, 또 다른 누군가에게는 학원이 공부에 큰 도움이 될 수 있습니다. 문제는 '맹신'입니다. 꼭 학원을 가야만 성적이 오를 것이라고 생각을 하면 성적은 오를 수가 없습니다. 심각한 공부 착각입니다. 개인적으로는 공부 착각이 매우 심각한 문제라고 생각합니다. 스스로 공부를 하고 있다고, 혹은 매우 열심히 공부하고 있다고 "믿는" 학생들이 많습니다. 이 부분이 매우 중요합니다. 실제로 학생들은 자신이 열심히 하고 있다고 '믿고' 있습니다. 상담을 진행했던 상당수의 학생들은 자신이 '최선을 다하고 있다'는 말을 자주 합니다. 나름의 최선이긴 하겠지만, 학생부 교과 전형에서는 객관적으로 증명 가능한 열심이어야 한다는 점이 중요합니다.

열심히 공부하는데 성적이 잘 나오지 않는다고 이야기하는 학생들의 상당수는 자신만의 '열심'인 경우가 많습니다. 대부분의 경우에 학원에 대한 이야기를 합니다. 학원을 열심히 다니고 있고, 실제로 공부 시간의 거의 대부분을 학원과 인강으로 채웁니다. 그렇게 공부하는 것이 편하기 때문입니다. 학원에서 보낸 시간을 공부 시간으로 생각하기 때문에 나머지 시간은 쉬어야 합니다. 배운 내용을 자신의 것으로 만들지 않기 때문에 공부 효과는 반감될 수밖에 없습니다. 결국 수능 최저 학력 기준을 달성하지 못하게 됩니다. 저는 이 부분을 거듭 강조할 수밖에 없습니다. 학생들의 입장에서 '학원 수업과 인강'은 쉬운 공부입니다. 야간에 자율 학습실을 올라가면 인강을 보는 학생들이 상당수 존재합니다. 그냥 인강을 '보는' 학생들이 많다는 말입니다. 인강을 보고 '공부'를 하는 학생보다 인강을 '보는' 학생이 더 많습니다. 안타깝게도 많은 시간을 투자하고 실패하는 학생들입니다.

진짜 공부는 어렵습니다.

쉬운 선택을 해서는 성적을 올릴 수가 없습니다. 진짜 공부는 시간도 많이 소비해야 하고, 때로 매우 비효율적으로 보입니다. 인강을

'보는' 학생들은 매우 빠른 속도로 진도를 나갈 수 있습니다. 하지만, 인강을 보고 '공부를 하는' 학생은 진도가 늦습니다. 공부가 어렵고 힘듭니다. 그래서 성적을 올리는 결과를 만들어 내는 것입니다. 남들보다 현저히 늦은 공부의 과정을 버텨내는 것이 필요합니다. 고등학교의 공부는 본다고 알 수 있고, 듣는다고 이해할 수 있는 수준의 공부가 아니기 때문입니다. 자신이 직접 풀 수 있어야 하고, 설명할 수 있어야 합니다. 그러니 당연히 시간이 걸릴 수밖에 없습니다. 해결되지 않는 수학 문제를 두고, 몇 시간을 고민을 해봐야 합니다. 그래야만 한계를 극복할 수 있습니다. 풀리지 않는 문제를 학원 강사에게 실시간으로 질문해서 "쉽게" 해결할 수 있고, 해설지를 보고 쉽게 해결할 수 있다면 그 문제는 자신의 것이 될 수 없습니다.

고민의 시간, 생각의 시간, 해결되지 않는 문제를 두고
힘들어 하는 그 답답함까지가 '진짜 공부'의 과정입니다.

근래의 교육 서비스는 이 답답함을 가질 시간이 없도록 만듭니다. 뭐든 쉽게 해결할 수 있는 세상이고, 즉문즉답(卽問卽答)의 세상입니다. 공부의 속도 역시 빨라지고 있지만, 안타깝게도 진짜 공부는 갈수록 요원하기만 합니다. 우리의 신경망은 빨리 만들어지고, 즉시 만들어지지 않습니다. 그런 의미에서 학생부 교과 전형을 준비하기 위한 전략의 핵심은 결국 '혼자 공부하는 시간'을 통한 학습량의 절대적인 증가입니다. 일반적으로 학습이라는 말은 '학'과 '습'으로 구성됩니다. 앞서 언급한 바와 같이 실질적인 학생의 역량은 '습(習)'에 의해

결정됩니다. '습(習)'에 해당하는 한자는 어원상 새가 날갯짓을 익히는 모습을 형상화한 단어입니다. 즉, '습(習)'이라고 하는 것은 배운 내용을 자신이 익혀서 자신의 것으로 만든다는 말입니다. 배움의 심화이고, 완성인 셈입니다. 그러나 문제는 상당수의 학생들, 특히 자신이 원하는 성적이 나오지 않는 학생들은 어릴 때부터 '듣는 공부'에 익숙해져 있습니다. 듣는 것이 공부라고 착각을 하고 있고 들으면 안다고 매우 자연스럽게 생각합니다. 하지만, 우리 뇌는 듣는 것으로는 거의 학습을 하지 못합니다. 익히고 자신의 것으로 재해석하는 과정이 있어야만 아는 것이고, 자신의 지식이 된다는 점은 명확합니다. 듣는 것이 공부라는 일반적인 착각을 가지고 있기 때문에 많은 학생들이 실패를 경험합니다.

> 그렇게 생각하고, 믿고 있는 학생들에게 공부는
> '재능'의 영역으로 인식됩니다.

자신은 수학에 재능이 없고, 공부에 재능이 없다고 말합니다. 하지만, 실질적으로는 공부에 대한 접근 방식 자체가 틀렸기 때문에 그런 착각을 하게 되는 것입니다. 오랜 시간 동안 고등학생들을 가르치면서 알게 된 매우 중요한 점은 고등학교까지의 공부는 '재능'의 영역으로 보기 어렵다는 점입니다. 재능 혹은 유전적인 영역이라기보다는 노력과 습관의 영역이 훨씬 더 강력합니다. 자신이 공부를 못한다고, 싫어한다고 '착각'하는 이유는 그것이 가장 '편하기' 때문입니다. 공부에는 재능이 없다고 말하면 자신이 하기 싫은 그 일에 시간과 노력을 투자하지 않아도 되는 구실이 생기는 것입니다.

수현이는 1학년 때 4번의 내신 시험에서 국어와 영어를 모두 만점을 받았습니다. 공부를 아주~~ 잘하는 학생이라고 생각하겠지만, 문제는 수학에 있었습니다. 수학은 1학년 때 가장 잘 본 내신 성적이 3등급이었고, 대부분이 4등급이었습니다. 2학년 때 담임을 맡게 되었고, 수현이와의 상담이 시작되었습니다. 한참을 상담을 하다 보니 뭔가 이상했습니다. 국어와 영어에 대한 놀라운 자신감, 그와 대비되는 수학에 대한 압도적인 패배감. 한참을 이야기하다가 각 과목의 공부 시간을 물어보곤 경악을 했습니다. 공부 시간의 거의 대부분을 국어와 영어에만 쓰고 있었습니다. 자신을 수포자로 이야기하고, 수학적 재능은 아예 없다고 강력하게 말했던 수현이는 수학 공부를 하루에 1시간도 하지 않고 있었습니다. 아무리 공부해도 성적이 안 오르니 재미가 없고, 재미가 없으니 공부도 하기 싫고, 공부를 안 하니 성적이 안 오르고……. 어떻게 해결하면 될까요? 특히, 내신의 경우라면 아주 간단한 해결 방법이 있습니다. 수현이와 딜을 합니다. 모든 설득과 협박(??!!)을 동원합니다. 학교에서의 모든 공부 시간에는 오로지 수학만 공부하는 것으로 결론을 냈습니다.(물론 책에서는 언급할 수 없는 다양한 장치들이 있었습니다.) 수현이는 2학년 2학기 기말고사에서 처음으로 수학 1등급을 만들었습니다.(물론 중간고사와 합한 최종 학기말 성적은 2등급이었지만)

사실 학교 현장에서는 수현이와 처지가 비슷한 학생들이 생각보다 많습니다. 수현이의 케이스에서 우리가 고민해야 할 부분은 수현이가 '모든 공부 시간을 수학 공부로 치환'하는 것을 받아들였다는 점입니다. 무엇보다 수현이가 수학을 못하는 것이 아니라는 점을 명확하게 이해시키는 과정이 중요합니다. 당연히 구체적이고 실질적인 플랜도 필요합니다. 수학을 잘하기 위한 가장 중요하고 필수적인 방법 중의 하나는 자신이 틀린 문제를 다른 사람에게 '설명'하는 것입니다. 이 과정을 통해 수현이는 자신이 수학에서 아는 것과 모르는 것을 구분할 수 있게 되었습니다. 수학 공부의 과정에서 메타 인지가 생기면서 그 이후부터는 공부의 속도가 빨라졌습니다. 많은 경우에 공부는 지속성에서 결정됩니다. 얼마나 오랜 시간을 수학공부에 '지속적으로 투자'했는지가 중요합니다.

물론 모든 학생의 결말이 다 좋은 것은 아닙니다. 특히나 현재의 고등학생은 잘하지 못하는 것은 아예 시도를 하지 않으려고 하는 경향이 갈수록 심해지고 있습니다. 어릴 때부터 잘하는 것에 대한, 결과에 대한 칭찬에 익숙해져 있기 때문입니다. 자신이 칭찬 받을 수 있는 것에 집중하고, 나머지는 과감하게(!) 포기합니다. 수학에 대한 재능, 공부에 대한 잠재적 재능은 누구에게나 있으며, 학문의 깊이가 더할수록 그 재능은 더욱 강력해집니다. 사람은 누구나 다른 사람들과는 구별되는 어떤 재능을 갖고 있습니다. 다만, 재능이 온전히 발현되기 위해서는 엄청난 노력과 인고의 시간이 반드시 필요합니다. 개인적으로는 고등학교에서의 시간이 바로 그런 노력과 시간의 영역이라고 생각합니다. 그러니 더 이상 재능이 없다는 말로 멈추지 말기를 바랍니다.

시간과 노력으로 자신의 재능을 만들면 됩니다.

숱한 제자들이 수학 공부에 좌절을 경험하기도 하지만, 반대로 수학 공부의 과정에서 엄청난 성장이 이뤄집니다. 수학에, 공부에 재능이 없다던 그 학생들이 놀랍도록 성장하고 발전을 해가는 모습을 보면서 이런 이야기를 할 수 있는 것입니다.

전국의 여러 고등학교를 다니면서 컨설팅 할 기회가 제법 있는 편이라서 많은 학생들을 상담하게 됩니다. 자신이 공부를 못한다고 착각하는 만큼이나 쉽게 만날 수 있는 사례가 '타협'하는 학생입니다. 놀랍게도 많은 학생들은 '공부 타협'을 선언합니다. 현재의 자신의 생활 패턴이 마음에 들기 때문에 굳이 그 패턴을 바꿀 필요성을 느끼지 못하는 것입니다. 내신을 위한 적당한 공부와 적당한 숏츠, 적당한 SNS 등으로 자신이 인정할 수 있는 수준의 타협을 하고, 적당한 내신을 받게 되고, 그 적당한 내신에 속으로는 만족하면서도 겉으로는 아쉬움을 표현합니다. 자신은 최선을 다해서 공부했다고 스스로에게 적당히 자기 위안을 하기도 합니다.

사실 우리의 삶의 많은 부분은 이런 타협으로 이뤄집니다. 실패한 다이어트, 무너진 새해의 계획들, 정리되지 않고 있는 내 방 등은 우리의 숱한 타협의 산물입니다. 원하는 바를 이루기 위해서는 타협하

166

면 안된다고 생각은 하고 있지만, 유혹은 항상 우리의 의지보다 강력하기 마련입니다. 그 결과가 '적당한 타협'이고, 학생들은 공부에서 그 타협을 하고 있습니다.

얼마 전 컨설팅을 했던 민석이는 전형적으로 그런 감정을 표현하는 학생이었습니다. 경기도의 일반계 고등학교에서 제법 공부를 잘하고 있는 민석이는 놀랍게도 자기 통제가 제법 이뤄지는 학생이었습니다.(시험 기간이 아닌 기간 동안에는 하루 딱 2시간만 공부를 하고 있었습니다.) 적당히 우수한 내신에 만족하고 있었고, 공부와 노는 것 사이의 선을 자신이 생각하기에 적당히 잘 지키고 있었습니다. 문제는 모의고사 성적이 아주 안 좋았습니다. 상담이 진행되는 동안 민석이가 타협한 지점에 대한 이야기가 계속 나올 수밖에 없었고, 불편한 감정을 계속 드러내던 민석이는 결국 중간에 상담을 포기하고 나가버렸습니다. 적당한 타협을 통해서 만들어낸 결과물임을 자신도 알고 있었던 겁니다. 민석이가 많이 했던 말입니다.

좋은 대학을 가고 싶지만, 공부를 더 하기는 싫어요.

사실, 가장 충격적인 말은 교실을 나가면서 했던 말입니다. 민석이의 이런 말들이 입시 강의를 하는 저에게는 항상 도전이 되고, 아픔이 됩니다.

저는 최선을 다하고 있어요. 여기서 더 어떻게 해요.

안타깝게도 내신을 베이스로 하는 학생부 교과 전형을 위해서는, 특히 2027학년도 입시를 준비하는 학생들에 해당하는 전략은 일단 "공부를 하는 것"입니다. 성적을 올리고 싶다는 생각, 세상이 자신의 공부를 방해한다는 생각, 공부에 재능이 없다는 생각 등등의 생각들은 내려놓고, 그냥 공부를 하는 것이 정답입니다. 어제 공부하지 않았던 시간, 어제 집중하지 않았던 시간에 대해 분석하고, 그 시간을 조정해서 공부를 해내는 "변화"가 있어야 내신 성적에도 변화가 발생하게 됩니다. 항상 비슷한 내신 성적이 나오는 이유는 항상 비슷하게 공부를 했기 때문입니다. 공부는 '패턴'이고, '태도'입니다. 더 많은 공부 패턴을 만들어야 성적이 상승하게 됩니다. 내신 성적에 변화를 줘서, 상승하는 내신 성적을 만드는 것은 학생부 교과 전형에서도, 학생부 종합 전형에서도 아주 유리하게 작용합니다.

학생부 교과 전형은 일반적으로는 공통 과목, 일반 선택 과목에 이수 단위를 적용한 석차 등급을 등급별 반영 점수로 환산한 점수를 반영합니다. 전 과목을 반영하기도 하고, 계열별 과목을 반영하기도 하는 등 대학마다 다소 다른 적용 방식을 선택하지만, 기본적으로 내신 성적 자체의 우수함이 필요합니다. 다만, 진로 선택 과목에 대해서는 대학 자체 기준에 따라 환산 등급, 환산 점수, 가산점으로 반영하거나 정성적인 평가를 반영하기도 하는데, 어떤 기준을 적용하느냐에 따라 유불리가 나타나게 됩니다. 사실, 조금 디테일하게 들어가면 매우 복잡한 공식들이 있고, 적용 방식이 있긴 하지만 현재로서는 학습량과 학습 시간을 늘려서 내신 성적 자체를 향상시키는 것에 목적을 두는 것이 더 의미가 있습니다.

학생부 교과 전형에서는 진로 선택 과목의 적용 방식에 대한 이슈가 있긴 합니다. 전체 진로 선택 과목을 반영하는 대학이 있기도 하고, 3개 이하의 과목을 반영하는 대학도 있고, 진로 선택 과목을 반영하지 않는 대학도 있습니다. 하지만 실질적인 영향력이 엄청 강력하다고 말하기는 다소 어렵습니다. 세부적이고 디테일한 내용은 고3 때 대학을 지원하면서 살펴보면 되고, 실제 지원 프로그램에서 대부분 유불리를 적용해서 추천해주기 때문에 굳이 지금 계산을 해보거나 적용을 해보는 노력이 크게 의미가 있진 않습니다. 단순하게 생각하면 지금 내신 성적을 올리는 것이 지원할 수 있는 대학을 결정하기 때문에 성적을 올리는 것이 최고의 전략인 셈입니다.

학생부 교과 전형의 또 다른 중요한 문턱은 앞서 언급한 바와 같이 수능 최저 학력 기준입니다. 사실 대부분의 대학이 학생부 교과 전형에 수능 최저 학력 기준을 적용하고 있기 때문에 다양한 분석이 가능하지만, 본질적으로는 수능 최저 학력 기준을 달성하기 위해 수능 공부에 많은 시간을 쏟아야 한다는 점입니다. 실제 일반고에서 대학을 진학하는 가장 의미 있는 수단 가운데 하나는 '높은 내신을 바탕으로 수능 최저 학력 기준을 달성'하는 것입니다. 그런 의미에서 2027학년도에는 더욱 수능 최저 학력 기준의 중요성이 높아질 것으로 생각합니다.

사실 수능 최저 학력 기준을 대학이 어떤 식으로 설정하느냐에 따라 전형의 경쟁률이 큰 편차를 보입니다. 당연히 수능 최저 학력 기준이 낮을수록 경쟁률이 높아지는 현상이 일반적으로 나타납니다. 수능 최저 학력 기준을 충족한 학생들의 경쟁률을 실질 경쟁률이라고 보면 되는데, 학생부 교과 전형을 포함한 거의 모든 전형에서 실질 경쟁률은 (매우) 낮게 형성되는 편입니다. 수능 최저 학력 기준을 충족하지 못하는 학생의 비율은 당연히 대학마다 다르게 나타나고, 설정된 수능 최저 학력 기준의 수준에 따라 다르게 나타나지만, 학생부 교과 전형에서는 대체로 30% 수준으로 파악되고 있습니다. 생각보다 높은 비율입니다. 다양한 이유가 있지만, 전략적으로 생각하면 수능 최저 학력 기준을 쉽게 충족할 수 있다고 생각하는 수험생의 비율이 생각보다 높다는 의미이기도 합니다. 2027학년도 수시 전형을 지원할 때는 2026년 9월입니다. 6월 모의 평가의 성적과 9월 모의 평가의 성적을 기반으로 최종 결정을 하게 되는데, 대체로 수험생들이 자신의 현재 기준보다 높은 수능 최저 학력 기준을 선택합니다. 남은 기간 동안 수능 성적을 올릴 수 있다는 나름의 "확신" 때문입니다. 원서 접수 이후 2개월 정도 지나고 수능이 진행되는데, 그 2개월 동안 수능 성적으로 2개 등급 올릴 수 있다고 생각합니다. 문제는 수시 원서를 쓴 거의 대부분의 학생들이 그렇게 생각한다는 점입니다. 체감상 2개월 동안 수능 성적을 1등급 이상 올리는 수험생은 9% 이하이고, 2개 등급을 올리는 학생은 2% 수준이 채 안됩니다.(실제 다양한 통계 자료들을 확인하면 이보다 낮게 나타납니다.) 현실적으로 수능 등급을 올린다는 것이 쉽지 않습니다. 앞서 살펴본 바와 같이 9월 모평 이후에 수능으로 유입되는 졸업생의 숫자는 대체로 5만 명 수준으로 생각하면 됩니다. 그 5만 명의 졸업생 중 성적 상위권이 10% 수준이라고 생각해도 5천 명이고, 이는 충분히 등급 구분의 변수가 됩니다. 이런 상황을 전제로 하면 수시 지원을 할 때 수능 최저 학력 기준은 최대한 "보수적"으로 판단하는 것이 필요합니다. 보수적이라는 표현은 현재 자신의 모의고사 성적을 기준으로(대체로 6월 모의 평가를 기준으로) 충족할 수 있는 수능 최저 학력 기준에 해당하는 대학을 3개 정도는 써야 한다는 말입니다. 나머지 3개는 조금 더 도전적으로 써도 됩니다. 현재 2학년인 여러분이 선택할 수 있는 최대한은 수능 최저 학력 기준의 충족 기준점을 높이는 것입니다. 이를 위한 수능 공부는 계속 되어야 합니다. 학생들에게 현실적인 이야기를 하면 대부분의 학생들은 받아들이지 않습니다.(고2의 경우는 더더욱 높은 확률로 인정하지 않습니다.) 대부분의 사람들은 자신의 노력과 그 노력에 대한 결과를 과하게 긍정적으로 판단하는 경향이 강하기 때문입니다. 고등학교 3년 간 내신 성적이 상승하는 비율이 다소 낮아서 10% 안쪽이라고 이야기를 하면,

"제가 바로 그 10%에 속하도록 만들 겁니다."

라고 이야기를 합니다. 문제는 거의 모든 학생들이 그렇게 대답한다

는 점입니다. 모든 학생들이 강력하게 성적이 상승하길 희망한다는 점을 다시 강조합니다. 그 강력한 염원 중에서 10% 내의 학생들만이 성적을 올릴 수 있는 이유는 남다른 '선택'을 했기 때문입니다. 자신의 행동 패턴에 변화를 주고, 그 변화를 지속하는 남다른 선택입니다. 성적 변화는 대부분의 학생, 학부모들의 생각과는 다르게 '생활 패턴'을 바꾼 결과물에 불과합니다. 삶의 태도를 바꾸지 않은 상태에서 성적이 오르지 않는다는 말입니다. 성적을 바꾸기 위한 노력을 하지 않았는데, 어느 날 갑자기 성적이 오르지는 않습니다. 그러니 지금 당장 스스로에게 물어야 할 질문입니다.

성적을 올리기 위해 어떤 '변화'를 선택했나요?

학생부 교과 전형은 정성적인 평가 요소와 면접 등의 요소들이 다분히 있지만, 그럼에도 정량적인 평가를 기본으로 합니다. 개인적으로는 내신 성적을 '자격 기준'으로 표현합니다. 개별 대학의 내신 합격선을 확인하면 그 대학에 학생부 교과 전형으로 지원을 할 수 있는 자격을 주는 셈입니다. 일단은 자격을 가져야만 원서를 쓸 수 있다는 말입니다. 특히나, 다양한 평가 요소를 가진 학생부 교과 전형의 성격을 생각하면 자격 기준으로서의 역할은 점점 더 강화되는 셈입니다.

정량적인 평가를 기본으로 한다는 말은 어느 정도 예측 가능성이 있다는 의미입니다. 일반적으로 3년 정도의 입결을 확인하면 어느 정도의 예측이 가능합니다. 다만, 2027학년도 입시를 준비할 때 유의해야 할 부분은 2025학년도 입결에 대한 분석입니다. 의대 증원과 관련된 이슈가 존재했던 2025학년도 입결은 2026학년도 입결과는 다른 모습을 가지고 있습니다. 그러니 입결 분석을 위해서는 2026학년도 입결을 기준으로 파악해야 합니다. 당연히 참고해야 할 입결은 2025학년도 입결이 아니라, 2024학년도 입결입니다.

예측 가능성이 높다는 말은 안정적 지원이 가능하다는 말이고, 그 결과는 중복 합격으로 나타나게 됩니다. 단순하게 생각하면 6번의 수시 지원 기회를 가진 상위 내신의 학생은 여러 대학에 합격한다는 말이기도 합니다. 중복 합격은 충원 합격률의 상승으로 이어지기 때문에 학생부 교과 전형은 대체로 충원 합격률이 높게 나타납니다. 결국 학생부 교과 지원 전략에서 중요한 부분은 충원률에 근거한 지원 전략을 짜는 것입니다. '최초합'이 가장 안심되는 전략인 것은 분명하지만, 입시 전략이라는 입장에서 생각하면 최고의 전략은 아닙니다. 개인적으로는 수능 위주의 정시 전략에서도 동일하지만, 최고의 입시 전략은 '추추추~합'입니다. 그중에서도 최고는 당연히 그 모집 전형의 문을 닫는 학생입니다. 하지만 현실적으로 학생부 교과 전형에서는 문을 닫는 지원 전략은 불가능합니다. 그럼에도 '최종합'을 위한 전략을 위해서는 충원율에 대한 어느 정도의 분석이 필요합니다. 대학의 입결을 확인하기 위해서는 개별 대학의 입학처 홈페이지를 확인하는 방법이 있지만, 개별 대학에 따라 홈페이지에 입결을 올리지 않는 대학도 있습니다. 일반적인 경우는 대입 정보 포털인 '어디가

(www.adiga.kr)'에서 확인합니다. 거의 모든 대학들의 입결이 등록되기 때문에 활용하시면 됩니다.

학생부 교과 전형은 학생부 교과를 100% 활용하는 대학들이 존재합니다. 기본적으로는 고교 내신을 100% 활용하는 전형이지만, 앞서 언급한 바와 같이 공통 과목, 일반 선택 과목, 진로 선택 과목에 대한 적용과 비율 등의 변수가 있습니다. 학생부 교과 전형에서 면접을 활용하는 경우도 일부 있긴 하지만, 최근의 흐름은 일괄형으로 선발하는 방식입니다. 특히, 서울의 주요 대학들은 학생부 교과 전형에 정성적인 평가를 도입하면서 일괄로 선발하는 경우들이 대부분입니다. 이 경우 앞서 강조한 바와 같이 내신 성적이 일종의 '자격 기준'으로 작용하게 됩니다.

면접이 있는 전형을 지원하기 위해서는 기본적으로 면접에 대한 준비가 필요합니다. 사실, 특별한 준비라기보다는 기본적인 발표 연습이 가장 우선적으로 필요합니다. 면접에서 가장 중요한 요소 중 하나는 기본적인 의사 전달 역량이긴 합니다. 학생부 교과 전형에서 실시하는 면접은 학생부 기반 면접보다는 제시문 기반 면접으로 실시되기도 하고 사전 질문지를 활용하는 방식이 활용되기도 합니다. 대체로 학생부 교과 전형의 면접은 학과와 관련된 전공 관련 역량, 인성 등을 평가하는 편입니다. 면접 시간은 대체로 5~10분 내외이고, 면접 반영 비율은 20%~50% 수준이긴 하지만 대체로 30% 수준 내외입니다. 단계형 면접에 대한 이야기를 하다보면 항상 궁금해 하는 부분이

2단계 면접에서 뒤집는 비율에 대한 궁금증입니다. 단계형인 경우에 1단계에서 내신 100%로 3배수를 선발하고, 2단계에서 1단계 내신 성적 70%, 면접 30%로 선발하는 것이 일반적이긴 합니다. 그렇다면 1단계에서 내신 성적으로 3배수 끝자락에 위치한 학생의 합격은 가능한지 또는 그 가능성은 어느 정도인지 궁금해서 질문을 하시는 분들이 많습니다. 내신 100% 선발이라고 할 때 3배수까지의 내신 성적 차이가 그리 크지 않다는 점을 생각하면 면접에서 뒤집을 수 있는 가능성도 어느 정도 있는 셈입니다.

개인적인 경험을 토대로 생각하면 대체로 30% 내외 수준입니다. 그러니 내신이 70% 합격선보다 다소 낮은 학생이라도 1단계를 통과하면 어느 정도의 가능성을 예상할 수 있고, 면접을 잘하는 것으로 어느 정도까지는 회복이 될 수 있다는 말입니다. 다만, 오해하면 안되는 지점은 면접을 단순히 말 잘하는 것으로 생각하면 안됩니다. 주변에서 흔히 듣는 이야기 중의 하나는 말을 엄청 잘하는데 면접에서 불합격했다고 뭔가 이상하다고 하소연하는 말입니다. 면접을 지나치게 단순화하면 이런 오해가 발생하게 됩니다. 대학이 면접을 통해 보려고 하는 것은 말을 잘하는 학생이 아니라는 점을 꼭 기억해야 합니다. 대학이 면접을 진행하는 이유는 다양하겠지만, 학교 내신 성적에는 다양한 변수가 포함되어 있습니다. 단순하게 이야기를 하면, 다른 학교와의 내신 성적을 비교하는 것이 현실적으로는 매우 위험하고, 어렵습니다. 학생들의 선택 과목을 적용하면 이 어려움은 더욱 가중됩니다. 다른 선택 과목을 선택한 학생들 간의 내신을 단순 비교한다는 것에는 많은 함정이 존재하기 마련입니다. 대학은 면접을 통해서 이 문제를 해결하려고 합니다. 따라서 면접은 단순히 말을 잘하는 것이 중요한 것이 아니라, 그 말의 내용을 통해 자신을 '증명'하는 과정인 셈입니다.

최근의 학생부 교과 전형은 앞서 살펴본 바와 같이 정성적인 요소들이 어느 정도 반영되고 있는 편입니다. 2027학년도 고려대 서류 평가의 경우는 기본적으로 학생부 종합 전형의 평가 요소와 유사합니다. 교과 충실도 70%와 공동체 역량 30%를 반영합니다. 정성 평가의 요소가 아주 강한 셈입니다. 다만, 고려대는 2026학년도에 기존 20%였던 서류 평가의 비중을 10%로 낮췄습니다. 2027학년도에는 2026학년도에 설정한 10% 비율을 유지하게 됩니다. 겉으로 보기에는 20%에서 10%로 변화한 것이 엄청난 변화로 보여서 학생부 교과 성적의 영향력이 커진 것처럼 보이지만 실제로는 큰 차이가 없을 것으로 보입니다. 그 이외 대학들의 경우에는 정성 평가를 반영할 때 대체로 '교과 학습 발달 상황'을 중심으로 합니다.

교과 학습 발달 상황 : 교과 이수 현황, 교과 성취도,
세부 능력 및 특기 사항

이 항목을 통해 경희대는 학업 역량과 진로 역량을, 성균관대는 학업 수월성과 학업 충실성을, 서울시립대는 학업 역량(학업 성취도,

진로 및 전공 분야 탐구에 적합한 교과 이수 및 학습 등)을 평가합니다. 대학별로 다소 다른 평가 요소들을 사용하고 있긴 하지만, 세부적인 내용을 살펴보면 대체로 유사한 수준에서 평가가 이뤄집니다. 결국 정성적 평가 요소가 들어가는 학생부 교과 전형을 준비하기 위해서는 자격 기준으로서의 내신 성적을 만들어야 하고, 학생부를 통해 자신의 우수함을 '증명'해야 합니다. 증명의 방법은 학생부 종합 전형에서의 증명 방법과 차이가 거의 없는 편이니, 학생부 종합 전형의 증명 방법으로 설명하도록 하겠습니다.

학생부 교과 전형의 일반적인 전략에 대한 이야기를 마무리 하면, 결국 학생부 교과 전형의 본질은 고교 내신의 우수함을 검증하려는 과정이라는 점을 생각하면 됩니다. 최고의 전략은 철저한 내신 성적의 관리 그리고 공부 시간과 공부량의 증가입니다. 정량적 평가여서 내신 이외의 다른 요소들이 크게 작용을 하지 않을 것이라는 생각할 수 있으나, 다소 복잡한 변수들이 대학마다 다르게 적용된다는 점에서 어려움이 있을 수 있음을 알아둘 필요가 있습니다. 모든 전형이 그러하듯 전형의 구성 요소를 제대로 이해하는 과정은 매우 중요합니다. 개인적으로 내신을 자격 기준이라고 매우 강조하는 이유는 학생부 교과 전형은 결국 내신이라는 자격 기준을 갖춘 학생들끼리의 경쟁인 셈입니다. 그러니 면접, 정성 평가, 수능 최저 학력 기준 등 나머지 요소들의 중요성이 더욱 커질 수밖에 없다는 점을 유의하고 준비하면 됩니다.

수시 학생부 종합 전형 전략

　앞서의 논의를 통해 학종에 대한 기본적인 이해는 어느 정도 이뤄진 것으로 생각을 하고 본격적인 전략에 대한 이야기를 진행하고자 합니다. 다양한 성공 사례에 대한 이야기, 그 성공 사례를 만들기 위해 노력했던 교사와 학생들의 이야기들이 주를 이루게 될 것입니다. 이런 이야기를 하면서 항상 걱정하는 것은 '그들만의 성공 이야기'로 끝나는 것입니다. 선배들과 졸업생들의 이야기를 단순하게 그 선배니까 가능했지 라는 식의 결론이 아니었으면 합니다.

　성공의 시나리오를 만든 개별 학생들은 숱한 도전과 지속적인 노력의 결과입니다. 개별 학생들의 사례에 등장하는 많은 학생들은 자신이 처한 개인적 환경에서 최고의 결과를 만들기 위해 무던히도 노력했던 '평범한' 학생들이었습니다. 탁월하고 특별한 능력을 가지고 있는 것이 아니라, 자신의 관심 분야에 대한 치열한 공부를 통해 그런 능력들을 서서히 만들어 갔던 학생들입니다. 그 말은 이 책을 읽고 있는 수험생도 충분히 가능하다는 말입니다. 이런 환경 때문에, 저런 상황 때문에 안된다고 말하기 전에, 자신의 목표를 성취한 성공한 선배들의 '노력과 수고'를 인정하고, 그들보다 더한 노력과 수고를 기어이 해내고야 마는 평범한 수험생이 되길 바라는 마음을 담았다는 점을 꼭 기억하고, 자신의 고교 생활의 멋진 '터닝 포인트'를 만들어 내길 진심으로 바랍니다.

평범한 여러분의 탁월한 전략을 기다립니다.

학종을 준비하기 위해서는 다양한 전략들이 존재합니다. 전략의 출발점은 항상 제대로 된 정보입니다. 선발은 대학이 하고, 대학은 자신들이 선발하기 원하는 학생들을 제시하고 있습니다. 그러니 일단은 대학이 제시하는 인재상에 대한 이해를 하는 것이 중요합니다. 인재상을 이해한다는 말은 대학이 제시하고 있는 인재상에 대해 공부를 한다는 말이기도 합니다.

많은 사람들이 학생부 종합 전형을 이야기할 때 '깜깜이' 전형이라고 이야기를 합니다. 어떤 학생이 선발되는지 도통 알 수가 없다는 의미입니다. 언론에서는 이런 점을 부풀려서 불안을 조성하며, 학종은 객관적이지 못하다고 이야기를 합니다. 공정하지 않다는 것과 객관적이지 않다는 말이 서로 다른 말임을 이해하지 못하고 연결지어서 말하고 있습니다. 학종은 객관성을 지향하는 전형이 아닙니다. 학종의 출발은 '점수로 표현되는 성적'에 중점을 둔 선발 방식이 아닙니다. 종합적 평가이고, 정성적 평가이며, 질적 평가를 추구합니다. 그러니 객관성을 지향하는 것이 아니라, '상호 주관성'을 지향하게 됩니다. 즉 평가하려는 목표와 방법이 충분히 상호 주관적이다 라는 뜻입니다. 학종을 제대로 이해하려면 공부를 해야 합니다. 공부하지 않은 분야를 어떻게 알 수 있을까요? 공부하지 않았는데 미적분을 풀 수 있을까요? 당연히 못 풉니다. 미적분이라는 전문적인 분야는 반드시 공부해야만 알 수 있습니다. 그런데 학종은 학생들이, 교사들이, 언론이, 학부모들이 공부를 하지 않았는데도 알 수 있다고 이야기를 합니다. 정말 놀라운 이야기입니다. 공부를 하지 않았는데, 알고 있다고 말하는 것은 '아는 문제를 틀렸다'고 주장하는 학생과 별반 차이가 없습니다.

최근 미주의 입시 지도를 하면서 '장내 미생물'에 대해서 공부를 했습니다.(참고로 제 전공은 '일반 사회'입니다.) 미주의 관심 분야가 장내 미생물이 뇌 세포에 미치는 영향에 대한 것이었습니다. 미주의 심화 공부를 위해서는 끊임없는 질문이 이어져야 하는데, 이 분야는 너무 생소한 분야라서 질문조차 할 수가 없었습니다. 개념들과 용어와 수식이 지나치게 '깜깜'했습니다. 분명히 한글인데, 눈뜬장님처럼 왜 그리도 깜깜할까요? 당연히 그 분야를 공부하지 않았으니 모를 수밖에요. 저 역시 열심히 공부한 후 미주에게 예리한 질문을 쏟아냈고, 미주는 그 질문에 답하기 위한 또한 나름의 공부를 열심히 해야만 했습니다. 공부하다가 생긴 질문은 당연히 생명 선생님께 도움을 받아 해결하도록 했습니다.(학생들에게 질문하기 위해 책을 읽는 것이 제 주된 일 중의 하나이긴 합니다.)

모르는 분야는 공부를 해야 알 수 있듯이, 학생부 종합 전형에 대해서도 마찬가지입니다. 평가 기준을 모르는데 어떻게 준비할 수 있을까요? 그냥 '열심히' 준비하면 모든 것이 해결될까요? 당연히 아닙니다. 공부해야 대비가 됩니다. 학생부 종합 전형의 평가는 무려 교수와 입학 사정관이 진행하는 전문적인 분야입니다. 그런 전문 분야를 공부를 하지 않고 바라보니 당연히 깜깜할 수밖에요. 2027학년도 학생부 종합 전형을 준비하는 고2 학생이라면 지금 당연히 학생부 종합 전형을 공부해야 합니다. 반드시!!!!

전국을 돌며 숱한 고2들을 만나고 상담을 진행하는데, 가장 많이 듣는 이야기는 거의 동일합니다.

1학년 내신이 망했어요.
이번 중간고사도 망한 것 같아요.
학생부 교과는 이미 불가능하고
내신 때문에 도저히 학생부 종합은 안 될 것 같아요.
그러니 오늘부터 정시 파이터를 하려고요.

심지어 제가 근무하는 학교에서도 이런 학생들이 생깁니다. 제대로 된 정보를 토대로 한 결정이 아니기 때문에 아쉬움이 크지만, 대체로 이런 결정을 하는 학생, 학부모는 이미 마음에 결정을 한 이후여서 그 입장을 바꾸지 않는 편입니다. 교사로서 우려되는 점은 그분들이 편향된 정보를 바탕으로 잘못된 선택을 한 것은 아닌지 입니다. 이런 사고의 흐름이 결정되기까지 얼마의 시간이 걸릴까요? 실제 사고의 흐름을 따라가 보면 엄청 짧은 시간에 결정했다는 것을 알 수 있습니다. 사고의 흐름에 '특정한 정보'가 들어간 여지가 별로 없어 보입니다. 매우 단순한 판단에서 출발했습니다. 내신이 망했으니 정시로 가야한다. 정시 전형에 대한 정보가 반영될 시간도 없이 순식간에 결정이 이뤄진 것입니다. 아쉽게도 말입니다.

제 경험을 토대로 솔직히 말씀 드리면, 많은 경우에 정시 파이터들은 실패로 끝이 나는 편입니다. 정시 파이터를 하겠다고 선언을 했으면, 학습량이 어마어마하게 증가해야 하는데, 대부분의 학생들은 공부하기 보다는 휴대폰을 아주 열심히 바라보고 있습니다. 고3이 되어서도 크게 달라지지 않습니다. 1학기에 자습이 이뤄지는 고3 교실에서 열정적으로 공부하는 학생들은 거의 대부분 학종을 준비하는 학생들입니다. 정시를 준비하겠다고 선언한 학생들은 대체로 자신이 공부하는 패드 화면에 두 개의 프로그램을 실행합니다. 하나는 인강이고, 다른 하나는 아쉽게도 유튜브 방송입니다. 두 화면을 놀랍게도 '동시에' 보고 있습니다. 공부가 될 리가 없음에도 불구하고, 굳이 이렇게 합니다. 인강을 켜두는 행위가 많은 고3들에게 '자기 위안'이 되기 때문입니다.

평범한 학생들이 탁월한 학종 전략을 만들기 위해서는 학종에 대한 이해도가 높아야 합니다. 학종은 앞서 언급한 바와 같이 '평가 요소'를 가지고 있습니다. 가장 통상적으로 널리 사용되는 평가 요소는 다음과 같습니다.

'학업 역량, 진로 역량, 공동체 역량'

'학업 역량, 진로 역량, 공동체 역량'(이하 '학진공')입니다. 대학의 입학 사정관과 교수들이 긴 시간을 통해 연구하고 협의한 내용들입니다. 문제는 이 평가 요소를 본 학생, 학부모, 교사들이 자신이 생각하고 있는 대로 받아들인다는 점입니다. 대학의 요구라는 점을 분명하게 해두고 싶습니다. 대학은 이 연구 과정을 통해 평가 요소와 항목을 정교하게 만들어갑니다. 그러니 대학을 보내길 원하는 사람들은 이 부분을 그냥 '읽고' 끝내면 안 됩니다. 어떤 의미가 있는지, 왜 이런 내용의 말을 하는지에 대한 고민의 과정이 있어야만 합니다.

대학이 말하는 학업 역량은 대부분이 생각하는 학업 성적의 개념과는 다른 개념입니다. 평가 요소로서 제시된 학업 역량은 **'학업 성취도, 학업 태도, 탐구력'**이라는 평가 항목을 가집니다. 즉, 대학은 평가 요소로서의 학업 역량을 측정하기 위해 학업 성취도와 학업 태도, 탐구력을 확인하겠다는 의미입니다. 평가 요소로서의 학업 역량은,

'대학 교육을 충실히 이수하는 데 필요한 수학 능력'

으로 규정하고 있습니다. 대학의 입장에서 학업 역량이라는 것은 결국 고등학교의 수준을 제대로 소화할 수 있는 수준의 학생이어야 대학에서도 자신만의 학업을 이어갈 수 있다는 점을 반영하고 있습니다. 대부분의 대학에서 학업 역량을 매우 중요한 평가 요소로 사용하고 있는 이유도 이것 때문입니다. 본질적으로 대학은 우수한 학생들을 선발하려 하는데, 그 우수함이라는 것은 대학에서 자신의 역량을 마음껏 표현할 수 있는 학생이어야 한다는 말입니다. 이런 의미를 가진 학업 역량이기 때문에 평가를 위해서 학업 성취도, 학업 태도, 탐구력을 확인하려는 것입니다. 여기서 학업 성취도는 대부분의 학생,

학부모, 교사가 생각하는 정량적 평가의 대상인 내신 성적의 어떠함에 해당된다고 볼 수 있습니다. 정량적인 평가가 가능한 영역이지만, 내신 자체를 정량적으로 평가하는 것이 아니라는 점도 중요합니다. 그런 의미에서 대학도 학업 성취도에 대해 '고교 교육 과정에서 이수한 교과의 성취 수준이나 학업 발전의 정도'로 규정하면서, 종합적 학업 능력, 추세적 발전 정도, 희망 전공과의 연계 등을 기본으로 한다고 밝히고 있습니다.

첫 번째로 학업 성취도에 대한 세부 평가 내용을 살펴보면 대학의 요구 사항이 선명하게 보이는 부분이 있습니다.

- 대학 수학에 필요한 기본 교과목(예: 국어, 수학, 영어, 사회/과학 등)의 교과 성적은 적절한가? 그 이외 교과목 (예: 예술 · 체육, 기술 · 가정/정보, 제2외국어/한문, 교양 등)의 교과 성적은 어느 정도인가?
- 유난히 소홀한 과목이 있는가?
- 학기별/학년별 성적의 추이는 어떠한가?

앞서 매우 강조했던 바와 같이 학생들의 선호가 높은 대학은 당연히 우수한 학생들을 선발하려 할 것이고, 이 우수함은 반드시 내신 성적의 우수함을 의미하는 것은 아니라는 점을 생각하고 다시 한 번 세부 평가 내용을 보면 조금 달리 보이는 지점이 있을 것입니다. 대학은 지원자의 고교 학업 성취도를 통해 지원자가 가진 여러 특성들을 종합적으로 평가하려 한다는 점을 기억해야 합니다. 그러니 상당수의 상위권 대학에서 **학업 성취도 자체가 가장 중요한 평가 요소가 되기는 어렵습니다.**

더불어 학교별로 선택 과목이 다르다는 점, 고3 선택 과목들이 진로 선택 과목이라서 내신 중심의 평가가 현실적으로는 매우 제한적이라는 점도 고려되어야 합니다. 또 선택 과목으로 학생들이 나뉘면서 소수 학생들이 선택하는 과목이 많다는 점도 고려되어야 합니다. 결국 내신 성적은 중요한 지표임에는 틀림없지만, 매우 제한적인 지표일 수밖에 없습니다. 학생부 종합 전형이 평가하려는 것은 내신 성적의 무결성이 아닙니다. 실수로 인해 등급이 달라지는 것도 충분히 고려의 대상이 됩니다. 또한 등급을 마치 성적의 모든 것으로 평가하고, 인식하는 것도 매우 심각한 오해입니다. 우리가 보는 성적 자료가 그런 특성을 보여주는 자료가 아니기 때문입니다. 예를 들어 2등급의 마지막 학생과 3등급의 첫 학생의 실력 차가 엄청나다고 생각하는 것은 성적에 대한 과도한 환상이 존재하기 때문에 발생하는 오해일 뿐입니다.

A 학생과 B 학생의 성적을 비교해봅시다.

구분	국어	수학	영어
A	2	1	2
B	1	2	1

두 학생을 비교하면 어떤 학생이 우수할까요? 평가하는 사람에 따라서 다르게 나타날 수는 있겠지만, 평균 등급을 중요하게 생각하는

사람이라면 대체로 B 학생을 더 뛰어난 학생이라고 이야기합니다. 학생부 종합 전형에서 중요한 평가 수단 중의 하나인 동(同) 고교임을 전제로 해서 원점수는 다음과 같이 나타날 수도 있습니다. (실제 이런 극단적인 사례는 아니더라도 유사한 사례들은 매우 많이 존재합니다.)

구분	국어		수학		영어	
	등급	점수	등급	점수	등급	점수
A	2	86	1	100	2	88
B	1	87	2	75	1	90

자, 다시 질문을 해볼까요? 어떤 학생이 더 우수해 보이세요? 등급이라고 하는 것이 명확한 한계를 가진 평가 도구라서 등급을 구분한다는 점 때문에 어쩔 수 없이 한계가 존재합니다. 그 와중에 등급 평균을 생각하면, 학생의 우수함이라고 하는 것은 부분적으로 보일 수밖에 없습니다. 그런 측면들이 학업 성취도의 영역에서도 충분히 고려된다는 점입니다.

학업 역량을 측정하기 두 번째 평가 항목은 '학업 태도'입니다. 대학은 학업 태도를 '학업을 수행하고 학습해 나가려는 의지와 노력'으로 정의하고 있습니다. 사실, 이 학업 태도라는 평가 항목은 정확하게는 '자기 주도 학습' 역량을 측정하기 위한 항목으로 보입니다. 실제로도 학생부 종합 전형을 준비하는 과정에서 학습 태도는 거의 대부분 자기 주도 학습을 실현하도록 이끄는 편입니다. 학업 태도를 평가하기 위한 세부 내용은 다음과 같습니다.

> • 성취동기와 목표의식을 가지고 자발적으로 학습하려는 의지가 있는가?
> • 새로운 지식을 획득하기 위해 자기 주도적으로 노력하고 있는가?
> • 교과 수업에 적극적으로 참여해 수업 내용을 이해하려는 태도와 열정이 있는가?

가장 중요하게 사용되고 있는 표현이 "자발적, 자기 주도적, 적극적"입니다. 세부 평가 문장들을 잘 읽어보면 우리가 준비해야 할 것들이 보이게 됩니다. 실제 대학 교수들과 입학 사정관들의 평가가 이런 문장으로 구성 되었다면 학생부를 준비하는 입장에서도 이런 역량을 보여줄 수 있도록 구성을 하는 것이 중요합니다. 개인적으로 학업 태도에서 가장 중요하다고 생각하는 문장은 두 번째 문장입니다.

> • 새로운 지식을 획득하기 위해 자기 주도적으로 노력하고 있는가?

이 문장을 통해 실질적으로는 두 가지를 보여주어야 합니다. 학생부에 '새로운 지식'이 등장해야 하고, 이 새로운 지식을 획득하기 위한 '자기 주도적 과정'이 있어야 합니다. 즉, 학교에서, 동아리에서 의무적으로 한 활동이 아니라, 스스로의 "궁금증"을 가지고, 교과서에서 언급되지 않은 혹은 심화된 내용을 스스로 찾아가는 과정이 학생부에 있어야 평가자들이 '학업 태도'가 뛰어나다는 점을 평가할 수 있다는 말입니다. 그런 의미에서 독서의 중요성은 이루 말할 수가 없습니다. 새로운 지식을 습득하는 과정에서, 교과서를 바탕으로 자신의 지식을 확장하기 위한 가장 보편적인 '학생'의 방법은 당연히 독서일 수밖에 없습니다. 학생부의 기록에서 독서 목록이 빠지면서 전국 고등학교에서 독서가 줄고 있는 현실이 교사로서 참 안타깝습니다. 학생의 본질은 배움에 있습니다. 객관식 문제 푸는 기계가 학생의 본질일 수는 없습니다. 결국 학생의 본질이 배움에 있다면, 배움을 위한 최선의 도구는 당연히 독서입니다. 책을 읽는 행위의 중요함이 아니라, 자신이 수업 중에 배운 것, 교과서에서 배운 것을 스스로 확장해가려면 책을 읽고 생각을 해야만 가능하다는 의미입니다.

최근 지방 학교에서 교사 대상 입시 강의를 진행하면서 선생님들이 학생부에 자주 사용하는 '심화 학습'에 대한 질문을 한 적이 있습니다.

도대체 '심화 학습'은 뭘까요?

대부분의 사람들은 질문을 받게 되면 자신이 아는 지식에서 답을 찾으려고 합니다. 그런데 심화 학습이 무엇인지는 공부한 경험이 대부분 없습니다. 단순한 느낌으로 인지하고 있는 경우들이 대부분입니다. 심지어 학생들은 더 추상적으로 이해하고 있습니다. 선생님들의 대답은 그나마 비슷하게 공부한 흔적이 있습니다. 심화 학습이 무엇인지를 알기 위해서는 구체적인 공부의 과정이 필요합니다. 단순하게 한 분야를 '깊게' 공부하는 것으로 생각하기에는 너무나 추상적입니다. 도대체 '깊게'는 어느 정도가 깊게 일까요? 라고 물으면 대답할 말이 없어집니다. 심화 학습은 여러 형태로 규정될 수 있고, 실제 대학들이 생각하는 심화 학습도 종류가 몇 개 있습니다. 대학이 정의한 심화 학습의 개념을 하나만 소개하겠습니다.

수업과 병행하여 독립적으로 학업을 수행

심화 학습의 구체적 행동 지침이 제시되었으니, 학생부에 심화 학습을 넣고 싶다면 구체적 행동을 하면 됩니다. 가장 먼저는 **'수업과 병행하여'** 입니다. 학교 수업에서 알게 된 사실, 지식, 개념 등이 심화 학습의 출발점입니다. 중요한 것은 **"독립적"**으로입니다. 수업에서 알게 된 내용을 학생이 '혼자' 찾아서 공부를 해야 한다는 말입니다. 이 부분에서 탐구라고 하는 것이 시작됩니다. 더불어 이 탐구가 제대로 진행되고 있음을 보여주는 것이 바로 '독서'인 셈입니다. 결국 대학이 평가할 때의 심화 학습은 수업에서 생긴 질문을 해결하기 위해 관련된 자료와 독서를 진행해 가는 것을 의미합니다. 그런 의미에서 독서의 수준이 매우 중요한 것입니다.

학생들은 학업을 수행하고 학습해 나가기 위한 의지와 노력이 있음을 "증명"해야 합니다. 진짜로 "증명"해야 합니다. 그 다음 질문은 당연히 "어떻게" 증명할 것이냐의 문제입니다. 의지와 노력을 증명하기 위해서 필요한 것이 무엇인지에 대해서 질문하면 어떤 방법을 사용해야 할지에 대한 방향이 나올 것입니다. 사실, 이 부분은 정답을 알려줄 수도 있지만 스스로 정답을 찾아가는 것이 훨씬 중요해서 앞으로 전개될 사례를 통해서 아이디어를 얻기를 바랍니다. 선배들이 어떤 전략으로 이 부분을 해결했는지를 살펴 보면서 실제적인 사례를 통해 여러분 자신만의 전략을 만들어 낼 수 있기를 바랍니다.

학업 역량을 측정하기 위한 평가 항목의 세 번째는 **"탐구력"**입니다. 개인적으로는 탐구력이야말로 대학이 학업 역량에서 보려고 하는 최종적인 강조점이라고 생각하는 편입니다. 그러니 학생부 종합 전형을 준비하는 학생들에게는 항상 탐구력을 어떻게 강조할 것인지를 묻습니다. 그 물음에 제대로 된 대답이 나온다면 멋진 결과물로서의 학생부가 완성될 것입니다. 특히, 탐구력에 대한 학생, 학부모의 오해가 많은 편입니다. 그래서 New 버전에서는 이 부분을 명확하게 이야기를 하고 있습니다. 이전 버전에서는 '탐구 활동'이었습니다. 대학이 굳이 탐구 활동이라고 명시했던 부분을 '탐구력'으로 수정한 이유에 대해서 깊이 고민해보는 과정이 필요합니다. 결국 수정을 했다는 것은 대학이 요구하는 것이 일반적인 인식과는 다르다는 말이기 때문입니다. 이전 버전에서 탐구 활동은 '어떤 대상에 대해 지적 호기심을 가지고 깊고 폭넓게 탐구할 수 있는 능력'이라고 규정을 했습니다. 여기서 이상한 지점이 보이시나요? 탐구 활동이라고 용어를 사용했지만, 대학이 규정한 개념은 '능력'입니다. 즉, 대학은 탐구 활동을 이야기하면서도 활동의 중요성에 대해서 말하지 않았습니다. 많은 학생과 학부모(특히, 학원 등에서)들이 학생부 종합 전형에 대해 이야기를 하면 항상 '어떤 활동'을 해야 하는지를 묻습니다. 심각한 오해입니다. 대학이 요구하는 것은 본질적으로는 '역량'입니다. 즉, 어떤 활동을 했는지 안했는지가 중요한 것이 아닙니다.

활동을 통해 어떤 역량을 증명했는지가 중요!

단순하게 생각해 봅시다. 저는 매년 학생들을 인솔해서 다양한 캠프를 진행합니다. 연간 6개 이상의 캠프를 진행하다보니 연간 참여 학생은 최소 500명 수준입니다.(전교생이 1,000명이 조금 넘는 학교입니다.) 각각의 캠프는 매우 중요한 의미를 가지고 있고, 수준이 낮지 않습니다. 캠프에 참여한 학생들은 모두 우수한 학생일까요? 당연히 아닙니다.(그럼 500명이 우수하다는 말인데, 뭔가 좀 이상하죠?) 핵심과 본질을 이해하지 못하기 때문에 활동에 방점을 찍는 것입니다. 대학이 평가할 때의 방점은 활동이 아니라, 그 활동을 통한 '성장'에 있습니다. 절대로 캠프를 참여하고 다양한 활동을 했다고 해서 우수하다고 하지 않습니다.

최근 학생들과 세계의 여러 연구소들을 방문하기 위한 프로젝트를 진행하고 있습니다. 첫 해에는 프랑스 등을 방문하게 되는데, 개인적으로 가장 중심에 두고 있는 곳이 바로 '유럽 입자 물리 연구소(CERN)'입니다. 이 연구소는 인류 역사상 가장 거대한 실험실로 알려진, 세계 최대의 입자 가속기인 '거대 강입자 충돌기(LHC, Large Hadron Collider)'를 가지고 있습니다. LHC는 지하 100m에 길이

27km의 가속 터널이 있는데, 이 실험실을 방문하기 위해 학생들과 기본적인 입자 물리학에 대한 탐구를 진행하고 있습니다. 이 프로젝트에 참여하는 학생이 모두 우수할 수는 없습니다. 초빙된 입자 물리학 교수의 강의를 열심히 듣고, 자신만의 궁금증을 만들어 가는 학생이 있는 반면, 강의를 제대로 따라오지 못하는 학생도 있고, 여행가는 것에만 관심을 가진 학생도 보이긴 합니다.

'같은 활동'을 하고 있지만, 완전히 '서로 다른 결과'

대학이 고등학교의 모든 활동들을 볼 때 같은 시선으로 보고, 평가하게 됩니다. 그러니 대학 수준의 보고서, 논문 등이 중요한 것이 아니라 그 활동을 제대로 소화하고, 자신의 것으로 만든 학생을 우수한 학생으로 평가합니다. 결국 New 버전에서 활동을 버리고, '탐구력'이 학업 역량을 평가하는 평가 항목이 되었습니다. 대학이 정의하는 탐구력이란 **'어떤 대상에 대해 호기심을 가지고 깊게 꾸준히 연구할 수 있는 역량'** 입니다. 탐구력은 고차원적인 학업 역량을 보여주는 매우 중요한 요소입니다. 탐구력의 핵심적인 단어는 '깊게 꾸준히'로, 결국 어떻게 '깊게 꾸준히'를 보여주고 증명할 것이냐에 방점이 찍히게 됩니다.

탐구력을 증명하기 위해서는 학교 활동을 토대로 하는 것이 당연합니다. 학교 활동을 통해 자신의 궁금증을 해결하려는 자발적인 의지가 있는지, 그리고 그 탐구 활동을 통해 이룬 "성과"가 무엇인지를 확인합니다. 성과를 확인한다는 말에 대해서 잘 이해해야 합니다. 탐구의 결과를 보는 것은 맞지만, 그 결과가 반드시 성공일 수는 없습니다. 다양한 실패를 통해 성장하는 결과를 보여주는 것도 아주 중요한 전략이 될 수 있습니다. 결국 대학이 보려는 것은 탐구 활동을 통한 학생의 성장입니다. 깊게 그리고 꾸준히 탐구한다는 것은 다양한 실패를 경험한다는 말과 다르지 않기 때문입니다. 그 모든 과정을 통한 "학생의 성장"을 확인할 수 있으면 좋은 평가를 하게 됩니다.

당연히 탐구의 기본은 '수업'에 있습니다. 사실 학교 활동의 가장 기본이 수업이기 때문에 수업에서 모든 것이 출발한다고 생각해야 합니다. 학생부 종합 전형은 결국 학생의 학교생활을 통해 학생을 '종합적'으로 평가하려는 전형입니다. 학생들은 수업을 통해 이전에 알지 못했던 지식을 알게 됩니다. 이전에 경험하지 못했던 '새로운 세상'을 경험하게 될 것이고, 이는 "지적 호기심"으로 이어지게 될 것이고, 지적 호기심은 다양한 형태로 발현됩니다. 수업 내용에 연계한 질문이 될 수도 있고, 새로운 문제 해결 방법이 될 수도 있고, 수업에서 생긴 호기심을 확장하기 위한 다양한 학교 프로그램이 될 수도 있습니다.

이런 연장선상에서 대학의 탐구력에 대한 질문은 다음과 같이 구성이 됩니다.

- 교과와 각종 탐구 활동 등을 통해 **지식을 확장**하려 노력하고 있는가?
- 교과와 각종 탐구 활동에서 **구체적인 성과**를 보이고 있는가?
- 교내 활동에서 학문에 대한 열의와 **지적 관심**이 드러나고 있는가?

탐구력과 관련된 질문들은 모두 매우 중요합니다. 다만, 저 문장들을 보면서 구체적인 질문을 만들어 내는 것 또한 중요합니다. 개별 학생의 역량은 반드시 구체성에 있고, 탐구 역량 또한 매우 구체적이어야 합니다. 그러니 '구체적 성과'에 대한 고민을 깊게 해야만 제대로 된 탐구가 된다는 점을 꼭 기억합시다. 어떤 방식으로 열정과, 지적 관심, 지식의 확장 등을 증명할 것인지에 대해서는 이어지는 사례를 통해 확인할 수 있습니다.

개별 학생의 역량을 측정하기 위한 두 번째 요소는 '**진로 역량**'입니다. New 버전에서의 가장 큰 변화가 바로 '전공 적합성'을 '진로 역량'으로 바꾼 점입니다. '학인전발'이라고 정리했던 이전 버전에서 개인적으로 가장 불편했던 용어이기도 합니다. 심각한 오해를 불러오는 단어이기 때문입니다. 전공 적합성에 대한 거부감을 가지는 가장 중요한 이유는 고등학교의 교육이 무엇을 위한 것인가에 대한 고민의 연장선상에 있습니다. 고등학교 교육은 '전문가'를 양성하기 위한 교육이 아닙니다. 즉, 좁고 깊게 보다는 '넓고 얕게' 지식을 습득하도록 배웁니다. 가능한 다양한 학문의 영역을 접해보고, 그 다양성에 대한 "이해"할 수 있는 학생을 만드는 것이 필요합니다. 따라서 고등학교에서는 '전공'에 대한 고민보다는 '역량' 자체에 대한 고민이 중요합니다. 그런 고민이 담긴 용어가 바로 '진로 역량'인 셈입니다.

진로 역량 : 전공(계열) 관련 교과 이수 노력,
전공(계열) 관련 교과 성취도, 진로 탐색 활동과 경험

진로 역량을 구성하는 평가 항목을 자세하게 이해할 필요가 있습니다. 전공(계열)과 관련된 교과를 이수하려는 노력과 교과 성취도는 당연한 것이고, 진로와 관련된 (전공과 관련된 것이 아닙니다!!!!!) 활동과 경험이 평가 항목입니다.

입시를 준비하는 관점, 혹은 입시에 성공한 학생들의 학생부를 분석하면, 합격한 학생들의 학생부는 이른바 '전공 적합성'이 있는 것처럼 보입니다. 여기서 심각한 오해가 생깁니다. 일종의 '성급한 일반화의 오류'인 셈입니다. 몇몇 자료들로 그럴 것이라고 생각하게 됩니다. 전형적으로 공부하지 않는 사람들의 인식 패턴입니다. 실제 합격한 학생들은 전공 적합성에 대한 고민을 가졌다기보다는 자신이 관심 있는 분야에 대한 공부의 결과물입니다. 특정 분야에 대한 관심을 가지게 되었고, 그 관심은 관련 분야에 대한 활동의 즐거움으로 이어지게 될 것이고, 그 즐거움이 그 분야에 대한 깊이 있는 탐구로 이어지게 만듭니다. 결과적으로 보면 그 학생이 전공과 관련된 활동만 한 것처럼 보이게 됩니다. 실제로 학생은 고등학교 생활을 통해서 쉼 없이 '성장에 대한 도전'을 한 학생들입니다. 전공에 대한 도전이 아니라, 성장에 대한 도전을 이어간 학생들입니다. 그래서 합격한 학생들의 다수 자료들을 보면 전공 적합성이 잘 드러나지 않는 학생들도 많습니다.(냉정하게 생각해 보면, 학생들의 선호가 높지 않은 학과들의 경우에는 더 심합니다.) 개인적인 경험을 바탕으로 정확하게는 특정 계열에 대한 우수함으로 평가하는 것이 타당할 것 같습니다. 결국, 전공 적합성이라기보다는 계열 적합성이 보다 의미 있는 표현입니다.

전공 적합성이 아니라는 점을 다시 강조하면서, 대학이 '전공'을 보는 것이 아니어서 우리는 보다 폭넓게 준비할 수 있습니다. 사회가 '융합'으로 가고 있고, 융합적 역량을 가진 학생들이 우대받고 있는데, 전공을 강조하는 것은 매우 이상한 일입니다. 최근 대학이 무전공 전형이라고 부르는 전형을 확대하고 있는 이유 중 하나이기도 합니다. 다양한 융합적 인재를 기르기 위해서는 보다 폭넓은 시야를 가진 학생이 필요하다는 의미이기도 합니다. 전공 적합성에 거부감을 가지는 또 다른 이유 중의 하나는 세상의 많은 전공 분야에 대한 지식이 거의 없는 고등학생이 무엇을 안다고 전공을 정할 수 있을까 라는 생각에서 시작된 것이기도 합니다. 어떤 직업이 있는지도 잘 모르는데, 자꾸 전공을 정하라고 하는 것은 학생들에게 또 다른 의미에서 폭력입니다. 특히, 고교학점제의 취지를 생각해 보면 당연히 다양한 진로 활동을 통해 '경험의 다양성'을 축적하고, 그 축적된 데이터를 기반으로 자신의 진로를 결정하는 것이 중요합니다.

개인적으로는 경험의 다양성을 매우 중요하게 생각합니다. 다양한 경험을 통해 성장하는 학생들을 정말 많이 봤기 때문입니다. 그래서 진로가 3년 동안 계속 바뀌는 학생도 매우 좋아하는 편입니다. 사실 이게 가장 자연스러운 것이기도 합니다. 진로는 공부할수록 새로운 것이 보일 수밖에 없습니다. 새로운 것에 대한 관심을 가지고 탐구하다보면 자연스레 자신의 진로가 바뀌게 될 수도 있습니다. 전공을 정하고 대학에 가서도 진로를 바꾸는 일이 허다한데, 고등학생이 진로를 바꾸면 안 된다고 생각하는 것은 매우 심각한 오류일 수밖에 없습니다. 대학이 보는 것은 '전공'이 아니라, 자신이 정했다고 주장하는 전공에 대한 개인의 노력과 경험, 그리고 그로 인한 "성장"입니다. 그것을 대학에서는 "역량"이라는 단어로 씁니다. '능력'과는 다른 단어입니다.

진로 역량을 측정하기 위한 평가 항목의 첫 번째는 **'전공(계열) 관련 교과 이수 노력'**입니다. 2027학년도 입시를 준비하고 있는 학생들은 2015개정교육과정이 적용되는 학년입니다. 2015개정교육과정에서 학생들에게 중요한 포인트 중의 하나는 전공(계열)과 관련된 과목을 선택할 기회입니다. 선택할 기회가 있는데, 선택하지 않은 학생은 불이익을 받게 될 것이고, 학교에서 관련 과목을 선택할 기회가 없는데, 온라인 교육 과정이나 공동 교육 과정 등을 통해 이수했다면, 나름의 긍정 평가를 받게 됩니다. 다만, 온라인 교육 과정이나 공동 교육 과정을 이수했다는 것 자체로 긍정 평가를 받는 것이 아니라는 점을 강조합니다. 앞서 언급한 바와 같이 '활동'에 대한 긍정 평가보다는 활동으로 인한 '성장'에 대한 긍정 평가가 훨씬 더 강력합니다. 그러니 공동 교육 과정을 이수했다는 것 자체만으로는 큰 의미가 없습니다. (실제 상당수의 학생들이 공동 교육 과정을 이수하고 있다는 것을 생각해 보면 쉽게 이해가 될 것입니다.) 전공(계열)과 관련해서 학생들이 필수적으로 이수해야 할 과목들에 대해서 대학에서는 넓게 해석되고 평가됩니다. 학생들에게 과목 선택의 폭이 어느 정도 있기는 하지만, 현실적으로 고등학교에서 그 많은 다양한 과목을 선택할 수 있는 상황이 아니라는 점을 대학도 알고 있습니다. 좀 더 명확하게 이야기하자면, 어떤 과목을 이수했다는 것은 그 학생의 우수함을 담보할 수는 없습니다. 그러니 중요한 것은 왜 그 과목을 선택했고, 그 과목을 통해서 어떤 성장을 이루었는지를 증명하는 것입니다. 전공(계열) 관련 교과이수 노력에서 개인적으로 중요하게 생각하는 포인트는 "노력"입니다. 학교별로 다양한 상황이 있고, 학생들의 상황은 더 다양합니다. 그속에서 대학이 보고자 하는 것은 **자기 주도적 노력**입니다. 전공(계열)과 관련된 자신만의 궁금증이 있고, 그 궁금증을 해결하기 위해서는 당연히 그 분야를 공부할 수밖에 없습니다. 그런 전공(계열) 관련 교과의 이수를 위한 노력은 학생의 진로 역량과 동시에 학업 역량도 보여줄 수 있는 부분인 셈입니다. 대학도 그런 측면에서 이수 노력이라는 점을 강조하고 있습니다. 진로 관련 선택 과목을 선택할 수 있는 상황이 여의치 않을 때 개개인의 노력이 더 강력한 빛을 발할 수 있을 거라고 생각합니다.

일반적으로는 그 진로 역량의 끝은 심화 과목이나 전문 교과가 됩니다. 공부를 하다보면 당연히 심화 혹은 전문 교과에 대한 관심이 갈수밖에 없기 때문입니다. 하지만, 반드시 심화 과목일 필요가 없다는 점을 이해해야 합니다. 전문 교과나 심화 과목을 개설하지 않는 학교도 많은 상황에서 전문 교과나 심화 교과의 이수 여부가 평가의 대상이 될 수는 없습니다. 보통 교과에 대한 이해도가 높지 않은 학생이 전문 교과 혹은 심화 교과를 이수하는 것은 크게 의미가 없고 다만 학생의 성장 단계에 맞는 교과 선택이 의미가 있습니다.

진로 역량을 확인하기 위한 두 번째 평가 항목은 **'전공(계열) 관련 교과 성취도'**입니다. 교과 성취도를 평가한다는 측면에서 학업 역량의 학업 성취도 평가와 유사점이 있는 것은 분명합니다. 하지만, 가장 큰 차이점은 진로와 관련된 과목에 있습니다. 대학은 전공(계열) 관련 교과 성취도를 '고교 교육과정에서 전공(계열)에 필요한 과목을 수강하고 취득한 학업 성취 수준'으로 정의합니다. 평가의 방식 등은 학업 역량 평가와 크게 다를 바가 없습니다. 석차 등급/성취도, 원점수, 평균, 표준편차, 이수 단위, 수강자 수, 성취도별 분포 비율 등을 평가 대상으로 합니다. 객관식으로 서열화 되는 것이 아니기 때문에 학생부 교과 전형에서 나타나고 있는 '교과 정성 평가'와 유사한 형태로 이해해도 됩니다. 특히, 3학년 과목에 대한 고민은 반드시 필요해 보입니다. 3학년 때 학생들은 학습 부담을 줄이기 위해 석차 등급이 나오는 일반 선택 과목을 기피하고, 진로 선택 과목이나 교양 과목의 선택을 늘리려고 합니다. 대학의 입장에서는 좋은 평가를 할 수 없는 과목 선택이 됩니다. 다양한 어려움에도 불구하고 전공(계열)에 합당한 과목을 이수하는 것이 훨씬 더 좋은 평가로 이어지게 됩니다. 평가자의 입장에서 생각해 보면, 너무도 당연한 선택입니다. 쉬운 과목을 선택해서 좋은 내신을 받는 것과 내신 불이익을 감수하고 어려운 과목을 선택하는 것 중에서 어떤 것이 더 의미 있게 평가될지를 생각해 보면 답은 쉽게 나오게 됩니다.

진로 역량을 확인하기 위한 세 번째 평가 항목은 '진로 탐색 활동과 경험'입니다. 개인적으로 진로 역량을 확인하기 위해 가장 중요한 평가 항목이라고 생각합니다. 실제 상위권 대학 진학을 고려하고 있는 학생들은 거의 대부분 앞의 두 평가 항목 요소들을 갖추게 됩니다. 그러니 결정적인 차이는 대체로 **진로 탐색 활동과 경험**에서 극명하게 나타나게 될 것입니다. 대학은 진로 탐색 활동과 경험을 '자신의 진로를 탐색하는 과정에서 이루어진 활동이나 경험 및 노력의 정도'로 정의하고 있습니다. 이전에 전공 탐색에서 진로 탐색으로 개념을 확장하면서 보다 선명한 내용이 제시되고 있다고 생각합니다. 중요한 지점은 '진로를 탐색하는 과정'에 있습니다. 진로를 탐색하는 과정을 어떤 식으로 보여줄 것인가는 매우 중요한 주제일 수밖에 없습니다. 고등학교에서의 생활을 통해 자신이 진로를 탐색하는 과정을 보여줄 수 있는 숱한 방법이 있습니다. 그 과정들을 하나로 꿰어서 보여줄 수 있는지가 관건이 됩니다. 구슬이 서 말이라도 꿰어야 하니까요.

진로 역량, 그중에서도 진로 탐색 활동과 경험을 이야기할 때 선글라스 이야기가 매우 현실적인 사례입니다. 어떤 선글라스를 착용하느냐에 따라 서로 다른 세상을 보게 됩니다. 진로 탐색 활동은 개인적으로는 선글라스를 쓰는 것과 같다고 생각합니다. 자신의 진로라는 선글라스로 세상을 보고, 공부하고, 평가하는 과정이기 때문입니다. 개

개인의 선글라스에 따라서 세상은 다르게 보일 수밖에 없고, 그것이 어떻게 보이는지에 대해 자신의 경험을 말하는 것이 학생부입니다. 결국 평가자인 해당 학과의 교수는 그런 분야의 최종 버전 선글라스를 쓰고 있는 사람입니다. 같은 선글라스를 쓰고 있는데, 다른 이야기를 한다면 합격은 다소 어려운 이야기가 될 것입니다.

뇌과학에 관심을 가지고, 질문을 가지고 있는 수빈이는 온 세상이 뇌과학과 관련된 것으로 보이기 마련입니다. 그러니 다양한 경험들이 최종적으로 뇌과학으로 귀결이 됩니다. 수빈이의 학교 활동과 독서 활동은 다양하게 펼쳐지지만 놀랍게도 자신의 관심사를 중심으로 재해석되어지고, 새롭게 적용되어집니다. 진로와 관련된 활동들을 통해서 성장을 경험하게 되는 것입니다.

저자는 사회 교사입니다. 사회학, 정치학, 법학 등의 과목을 수업합니다. 사회학자라는 선글라스를 쓰고 있으니, 세상 모든 현상이 법학으로, 사회학으로, 경제학으로 이해됩니다. 당연히 아는 만큼 보이게 됩니다. 더불어 '입시 전문가'이기도 합니다. 그러니 새로운 현상을 경험하게 되면, 그것과 입시를 자연스럽게 "연결"시킵니다. 입시라는 선글라스로 세상을 보고 있기 때문에 너무도 당연한 현상입니다.

여기서 이런 질문이 가능합니다. 공부하기도 바쁜데, 대학은 왜 다양한 경험을 강조할까요? 여러 답이 존재할 수 있지만, 가장 중요한 이유 중의 하나는 우리 뇌의 작동 방식과 관련이 있습니다. 우리 뇌는 새로운 경험을 통해 '지적 자극'을 받습니다. 즉, 다양한 경험을 가진 학생은 더 다양한 뇌의 자극을 받게 될 것이고, 이는 성장으로 연결될 수 있기 때문입니다.(물론 다양한 경험을 한 모든 학생이 다 성장을 하는 것은 아닙니다.) 실제로 진로와 관련하여 다양한 경험을 한 학생들은 다양한 관점으로 자신의 진로를 진단할 수 있게 되고, 그 결과 보다 심층적인 결론을 이끌어낼 수 있습니다. 그런데 현실적으로 과연 고등학생이 다양한 경험을 어떻게 할 수 있을까요? 언제 시간을 내서 다양한 경험을 할 수 있을까요? 여기에 대한 답은 합격한 학생들의 학생부를 충분히 검토하면 찾을 수 있습니다. 합격한 학생들의 학생부에서는 실제로 다양한 경험들이 나옵니다. 정확하게는 다양한 '간접' 경험들입니다. 다양하게 무궁무진한 간접 경험을 할 수 있는 것이 바로 '독서'입니다. 즉, 상위권 대학들은 학생의 다양한 간접 경험의 수준을 통해 진로에 대한 노력의 수준을 가늠합니다. 당연히 직접적인 경험에 해당하는 자율 활동, 동아리 활동, 봉사 활동, 진로 활동, 각종 주제 탐구, 과제 연구 등도 중요하지만, 심층적인 진로 활동은 결국 독서를 통해 확장되기 마련입니다.

진로와 관련된 활동과 경험을 쌓아가다 보면 반드시 궁금한 것이 생기게 됩니다. 그 궁금함을 '해결'하려는 과정이 '노력'하는 과정이 되는 것입니다. '어떤 노력을 할 수 있을까요?' 교사에게 질문하는 것도 노력의 일환이 될 것이고, 수업 시간에 배운 내용을 깊이 있게 공부하기 위해 독서를 하는 것도 노력이 됩니다. 자신이 배운 내용을 토대로 실험을 계획하거나, 실천을 계획하는 것도 노력이 됩니다. 여기서 조금 더 깊이 고민해야 할 것은 심층성입니다. 자신의 노력이 보다 수준 높은 노력이 되어야 한다는 말입니다. 그러기 위해서는 독서를 통해 수준을 올리는 것이 필요합니다. 진로 탐색 활동과 경험을 측정하기 위한 문장은 다음과 같습니다.

- 자신의 관심 분야나 흥미와 관련한 다양한 활동에 참여하여 노력한 경험이 있는가?
- 교과 활동이나 창의적 체험 활동에서 전공(계열)에 대한 관심을 가지고 탐색한 경험이 있는가?

앞서 언급한 내용과 대동소이합니다. 노력한 경험과 탐색한 경험을 강화하고 심화하기 위해서는 그에 합당한 공부의 과정이 필요하고 지적 호기심을 확산시키는 과정이 필요합니다. 그 과정은 대체로 독서를 통해 증명할 수 있습니다. 다만, 여전히 조심스러운 것은 어떤 책을 읽었는지는 중요하지 않습니다. 그 책을 통해 무엇을 배웠는지가 중요합니다. 배움 자체는 활동의 수준으로 이해할 수 있기 때문입니다. 같은 책을 읽었다고 하더라도 전혀 다른 이야기를 할 수 있기 때문입니다. 자주 쓰는 표현으로 하자면, "아는 만큼 보이는" 것이 정상입니다. 특히, 이 말은 진로 역량에서는 매우 중요합니다.

학생부 종합 전형의 세 번째 평가 요소는 공동체 역량입니다. 공동체 역량을 대학에서는 '공동체의 일원으로서 갖춰야 할 바람직한 사고와 행동'으로 정의하고 있습니다.

공동체 역량 : 협업과 소통 능력, 나눔과 배려, 성실성과 규칙 준수, 리더십

공동체 역량은 대부분의 대학에서 다소 낮은 비중을 차지하는 편입니다. 현실적으로 공동체 역량은 학생부를 통해 파악하기에는 어려움이 있기 때문입니다. 공동체 역량에 대해서는 대부분의 학생부가 대학이 요구하는 수준의 이야기를 추상적으로 진술하고 있기 때문입니다. 굳이 이야기하자면, 보통의 학생부에는 나눔과 배려가 뛰어난 학생으로 기술되어져 있고, 성실성을 갖춘 학생들이 학생부 종합 전형을 쓰는 편입니다. 리더십은 상당수의 학생들의 학생부에서 뛰어나다고 기술 되어져 있습니다. 결국 거의 모든 학생이 공동체 역량이 뛰어난 것으로 기술되어져 있는 셈입니다.

이렇게 우수함이 **"과잉"**으로 기록된 학생부에서 사실(fact)을 찾는 작업을 대학이 해야 합니다. 그래서 지속적으로 '증명'이라는 단어를 사용하는 것입니다. 증명이 되는 공동체 역량에 대한 고민이 이어지면 긍정적인 평가를 받은 학생부가 되는 것입니다. 협업과 소통 능력, 나눔과 배려, 성실성과 규칙 준수, 리더십은 반드시 구체적인 내용으로 구성해야 합니다. 예를 들어 상담을 진행했던 상당수의 학생들은 리더십에 대해서 오해를 하고 있었습니다. 대학이 규정하는 리더십은 '공동체의 목표 달성을 위해 구성원들의 상호작용을 이끌어가는 능력'입니다. 이 능력은 도대체 어떻게 증명할 수 있을까요? 오해의 첫 번째는 뭐니 뭐니 해도 역시나 활동에 방점을 찍습니다. 리더십을 증명하기 위해 '학생회장'을 했다는 식입니다. 하지만, 학생회장을 했다는 사실은 리더십을 증명하지 못합니다.

학생회장 역할을 잘한 회장도 있을 테고,
못한 회장도 있을 테니까요.

학생회장이라는 역할이 우수함의 근거가 될 수 없고, 리더십의 근거도 될 수 없습니다. 구체적인 공동체의 목적이 무엇인지, 그 목적을 달성하기 위해 어떤 활동을 했는지, 그 활동에서는 어떤 어려움이 있었는지를 보여주는 것이 필요합니다. 그 과정에서 실질적인 리더십의 향상을 증명할 수 있게 됩니다. 당연히 회장이 아니어도, 간부가 아니어도 충분히 리더십을 발휘할 수 있습니다. 대학이 보는 것은 회장이라는 직함이 아니라 '리더십'입니다. 누가 상호작용을 통해 다른 학생들을 이끌어 갔는지를 본다는 말입니다. 역량 중심의 평가입니다.

- 공동체의 목표를 달성하기 위해 계획하고 실행을 주도한 경험이 있는가?
- 구성원들의 인정과 신뢰를 바탕으로 참여를 이끌어 내고 조율한 경험이 있는가?

그래서 평가 항목으로서의 리더십을 확인하기 위한 문장이 이렇게 구성이 되는 것입니다. 계획하고 실행한 과정과 경험을 통해 무엇을 배웠는지, 참여를 이끌어 내기 위해 구체적으로 어떤 조율을 했는지를 보여주는 것으로 개별 학생의 리더십을 확인할 수 있게 됩니다. 결국 공동체 역량이라고 말할 때는 다른 역량들과 동일하게 구체적으로 증명된 행동을 근거로 삼습니다. 역량이라는 말 자체가 구체적 수행의 과정을 포함하고 있습니다. 개별 학생의 구체적 행동과 그 행동을 통한 성장이 증명의 과정이라고 생각할 수 있습니다.

참 놀랍게도 현재의 학생부 기록에 대한 전반적인 패턴을 기반으로 하면 거의 모든 학생들이 우수하고, 뛰어나고, 성실합니다. 인성적으로도 문제가 없고, 모두 공동체를 위한 헌신을 가지고, 타인을 배려하는 협력적 리더들입니다. 학생부만 보면 그렇습니다. 그러나 현실은 어떻습니까? 당연히 아닙니다. 그러니 공동체 역량의 다양한 요소들을 확인한다는 것이 쉽지 않다는 말입니다. 그래서 대학이 중요하게 평가하는 것은 구체적 행동일 수밖에 없습니다. 상투적이고, 관용적인 표현이 아니라 개별 학생들에게만 해당 되는 이야기가 필요하고, 그 이야기를 통해서 개별 학생을 증명하는 것입니다.

이렇게 학종의 기본적인 평가요소에 대한 분석을 어느 정도 마무리했습니다. 중요한 것은 대학이 제시하고 있는 이 평가요소를 어떻게 개별 학생부에 녹일 수 있느냐의 문제입니다. 개별 학생부에 이 평가요소를 제대로 표현하기 위해서는 당연히 **'전략'**과 **'설계'**가 필요합니다. 문제는 전략과 설계를 다른 사람이 해주는 것이 크게 의미가 없다는 점입니다. 전략과 설계의 핵심은 그것을 수행하는 개별 학생의 역량에 있습니다. 전략과 설계라는 말이 다소 어색하게 들릴 수 있습니다만, 모든 우수함은 철저한 설계를 통해서 만들어집니다. 실제 대학이 우수하다고 평가하는 요소에도 포함됩니다. 왜냐하면 심화 학습은 당연히 '설계'의 과정을 통해 만들어지는 능력이기 때문입니다. 자신의 역량을 증명하기 위해 자신의 지식이 확장되는 과정에 대한 '설계'가 있어야 합니다.

설계의 핵심은 "지적 호기심"입니다.

대학은 개별 학생의 성장이 이뤄지는 과정을 '설계를 실행하는 과정'으로 이해합니다. 자신의 지적 호기심을 해결하고, 확장하기 위해서는 자신이 아는 것과 모르는 것을 정확하게 구분해야 하고, 모르는 것을 알기 위한 설계가 필요합니다. 그 설계를 토대로 지식을 확장하기 위한 행동이 이뤄지게 됩니다. 거듭 강조하지만, 지적 호기심을 풀어내는 과정이 필요하다는 점입니다.

단순한 호기심이 아니라, "지적" 호기심입니다.

둘의 차이를 이해해야만 심화 학습이라는 개념을 이해하게 됩니다. 2027학년도 입시를 준비하는 수험생들이 멋진 "지적 호기심"을 가지고, 자신의 학교생활을 점검할 수 있으면 좋겠습니다. 개별 학생의 인생 변곡점이 어느 시기가 될지 알 수 있는 사람은 없습니다. 부모와 교사는 최대한 그 변곡점이 일찍 만들어지길 원하지만, 쉽지 않은 일입니다. 어느 순간 깨달음이 오고, 고교 생활에 큰 변화를 만든 학생들을 대학은 매우 긍정적으로 평가합니다. 그 변곡점의 근거를 학생부에 명확하게 제시하기만 하면 됩니다. 그러니 "도전"을 해봅시다.

오랜 기간 동안 이런 학생들을 지도하고, 가르치고, 성공시키면서 알게 된 가장 핵심적인 학종 표현을 소개하려 합니다.

배우고
탐구하고
연결하기

학생들에게는 "배탐연"으로 이야기를 합니다. 철저히 세뇌(!!!)를 시키는 편입니다. 학종의 준비 과정 전체를 표현한 말이기도 합니다. '배탐연'이 학생들의 개별 학생부에서 자신의 성장을 증명할 수 있는 멋진 단어가 될 것입니다.

수업 시간에 배우고,
배운 내용에 대해 독립적으로 탐구하고
탐구한 내용을 자신이 아는 지식, 생활과 연결하기

'배탐연'은 학생의 최종 보스 상태를 의미합니다. 수업 시간에 만난 '새로운 세상'에 대한 의문점을 가지고, 그 의문점을 해결하기 위해 다양한 자료를 찾고, 더 깊이 있는 공부를 위해 다양한 자료들을 '읽고', 읽은 내용을 토대로 자신이 가진 경험과 지식, 생활과의 연결 고리를 만들게 되면 새롭게 배운 지식은 그 학생의 것이 됩니다. 비로소 온전한 지식, 확장된 지식을 자신의 것으로 만들게 된다는 말입니다. 자신의 지식이니 당연히 여러 곳, 여러 상황에 "적용"하고, "활용"할 수 있게 됩니다. 대학이 요구하는 최적 상태의 학생이 되는 셈입니다.

이러한 '배탐연'을 활용하여 성공한 학생들을 소개하려 합니다. 학종 최고의 전략이기도 하지만, 더 중요한 "행동"으로 자신이 목표한 대학보다 더 높은 대학을 진학한 찬희의 이야기로 학종 전략에 대한 이야기를 시작하려 합니다. 다시 강조합니다. 학종 전략의 핵심은 '우수한 전략'도 필요하지만, 더 중요한 것은 '배탐연'을 베이스로 한 '구체적 행동'입니다.

찬희의 1학년의 학생부는 내신 성적과 비교과 영역 모두 사실 별로 의미 있는 것이 없었습니다. 내신 성적이 국수영 각각 4등급의 학생이었습니다. 단지, 경제에 대한 관심을 가진 학생이었고, 학생부의 내용은 대체로 매우 추상적인 우수함에 대한 언급이었습니다. 추상적인 우수함에 대해서는 매우 심각하게 학생부 전략에서 고민해야 할 지점입니다. 내신 4등급 이하의 학생들의 학생부에도 '우수한' 학생이라는 표현이 매우 많습니다.

"매우 많습니다!!!!"

내신 4등급의 학생이 우수하지 않다는 말이 아니라, 내신 4등급의 학생이 우수한 무언가를 가지고 있다면, 그것을 구체적으로 증명해야 한다는 말입니다. 입학 사정관과 교수의 입장에서 개별 학생은 자신이 평가하는 많은 학생들 중의 하나일 뿐이고, 심지어 개별 학생을 직접 보는 것이 아니라 학생부라는 '글'로 만납니다. 그러니 4등급의 학생이 우수하다면 그 학생의 우수함을 구체적으로 설명해야 그 학생의 우수함에 대해서 알 수 있게 됩니다. 실제로 그 우수함이 인정되면 2단계 면접을 통해서 그 우수함을 실제로 확인하려고 합니다. 하지만, 그런 기록이 없다면, 학생부 종합 전형을 쓰는 모든 학생이 사실상 우수하다는 표현이 기록되어 있으니 구별한다는 것은 불가능한 일입니다. 사실 많은 경우의 학생부는 여기에서 실패를 합니다. 학생부는 개별 학생의 학생부여야 좋은 평가를 받게 됩니다. 우리의 학생부가 아니라, 찬희의 학생부여야 한다는 말입니다.

구체성이야말로 학생부 설계의 가장 중요한 기초입니다.

찬희의 1학년 학생부도 아무 증명이 없는 평범한 학생부였습니다. 비교과의 내용도 그렇고, 교과 세특의 내용도 특별히 주목할 만한 이야기가 있진 않았습니다. 4등급의 내신에도 불구하고 다소 특이한 지점은 경제를 무척이나 좋아한다는 정도였습니다. 2학년 경제 수업 시간과 비교과 활동에서 처음 만난 찬희는 나름의 우수함을 장착한 학생이었습니다. 내신 성적이 다소 부족하긴 하지만, 몰입의 정도와 나름의 추진력이 돋보이는 학생이었습니다. 다만, 내신이 4등급이라는 사실에 주눅이 들어 있었습니다. 2학년 초에 교내 인문계열 대표 프로그램인 '지식인의 서재' 활동을 시작했는데, 찬희의 터닝 포인트 중의 한 곳이었습니다. 지식인의 서재라는 프로그램은 연간 8명의 각 분야 최고의 지식인을 초빙해서 특강을 진행합니다. 각 분야의 최고 전문가들로 우리의 서재를 채우겠다는 야심찬 포부를 가지고 시작한 프로그램이었는데, 아주 놀라울 만큼 잘 진행되고 있는 프로그램이었습니다. 개별 고등학교에서 만나기 힘든 어마어마한 지식인들이 초빙되는데, 학생 주도의 초빙 프로젝트를 진행하기 위해 다양한 기획 방법을 운영하고 있습니다. 찬희는 경제 세미나 팀에 소속되어 활동을 시작하면서 지식인의 서재 세계관을 만드는 프로젝트를 함께 시작했습니다. '지식인의 서재 유니버스 창조'라는 목적을 가지고, 지식인의 서재 전용 화폐를 만들고, 지식인의 서재 생태계를 구축하는 작업을 함께 했습니다. 특히, 화폐 발행을 위한 화폐 시스템을 제안하는 등 지식인의 서재 세계관의 경제 파트를 담당하게 되었습니다. 이 과정에서 경제에 대한 지식이 매우 구체적으로 그리고 매우 깊이 있게 성장하고 발전하기 시작하면서 경제 공부를 중심으로 학습량이 폭발적으로 증가하기 시작했습니다. 찬희의 학생부 2학년 자율 활동 내용 중 일부입니다.

> '지식인의 서재'에 참여하여 '경제' 특강을 통해 배운
> 경제학 지식을 적용해 보고자 프로그램 내 화폐 시스템 운용을
> 제안함. 기획 과정에서 '자본주의 사용 설명서'를 읽고
> 시장 플랫폼 및 구성 요소 설계에 대한 아이디어를 제시하였으며,
> 통화량 관리와 소득 재분배 역할을 담당하여 시스템 운영.

실제 찬희의 활동들로 기록되어 있고, 연이어 심화 활동들이 이어지는데 여기서 찬희 학생부의 가장 본질적인 장점이 등장합니다.

'궁금해 하고, 읽고, 물어보기'

찬희의 학생부에는 이 단어들이 지속적으로 등장합니다. 화폐 시스템을 운영하면서 총수요의 부족으로 인한 문제가 발생했을 때, 관련 문제를 해결하기 위해 '돈이란 무엇인가'를 시청하고, 시청한 내용을 토대로 문제의 본질에 대한 토론거리를 제공하는 활동을 통해 실시간으로 똑똑해지는 모습을 보여주었습니다. 화폐 시스템의 실제 구현 과정을 통해 경제학 이론이 현장에서 어떤 식으로 변화될 수 있는지를 배워갔습니다. 당연히 이 내용을 교과 세특을 통해 "증명"했습니다. 여기서 학생부 종합 전형을 위한 최고의 전략을 하나 제시하자면, 증명의 방법 가운데 가장 중요한 것은 '교차 검증'입니다. 교과와 비교과의 연계를 통한 자신의 역량 증명이 핵심입니다. 단순하게 생각하면, 많은 학생, 학부모, 교사들이 학생부의 영역을 교과와 비교과로 구분합니다. 학생부 종합 전형에 대한 이해가 부족하기 때문입니다. 두 영역은 굳이 분리해야 할 필요가 없습니다. 교과에서 드러난 역량은 비교과에서도 당연히 드러나게 됩니다.

교과든 비교과든 '학교생활'이라는
공통점 속에서 출발합니다.

즉, 교과와 비교과는 모두 개별 학생의 고등학교 생활을 보여준다는 점에서는 차이가 없습니다. 그러니 굳이 둘을 구분할 필요가 없습니다. 실제 앞서 언급했던 'NEW 학생부 종합 전형 평가 요소' 책자에서 학업 역량 평가 요소 중의 하나인 탐구력을 평가하는 문장은 다음과 같습니다.

- **교과와 각종 탐구 활동** 등을 통해 지식을 확장하려고 노력하는가?
- **교과와 각종 탐구 활동**에서 구체적인 성과를 보이고 있는가?

대학의 입장에서 평가하려는 본질은 탐구력입니다. 그 탐구력이 교과에는 있고, 비교과에는 없다는 것은 상식적으로 말이 안됩니다. 그래서 대학의 표현은 '교과와 각종 탐구 활동'입니다. 그것이 교과든 비교과든 '지식을 확장'하고 '구체적인 성과'를 보이는 것이 중요하다는 말입니다. 결국 본질은 지식의 확장과 구체적 성과에 있는 셈입니다. 대학이 학종 평가에서 가장 많이 사용하는 단어 중 하나가 바로 '역량'이라는 단어입니다. 이 역량이라는 단어의 핵심적인 요소가 바로 "지식의 확장과 구체적 성장"이 맞닿아 있습니다. 대학이 학업 역량에 대해 가지는 개념을 굳이 형상화 하자면 다음과 같은 형태로 나타나게 될 것입니다.

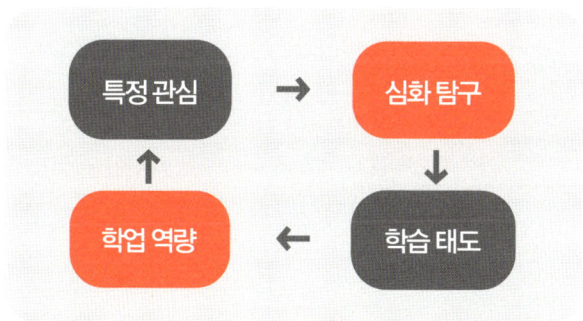

특정 분야에 대한 관심은 대부분의 학생들이 가지고 있는 특징입니다. 중요한 것은 관심이 아니라, 관심을 깊이 있는 분야로 끌고 가는 능력입니다. 그 분야를 깊이 알고 싶다는 생각이 실제의 행동으로 이어지는 것이 중요합니다. 안타깝게도 현대 사회의 많은 고등학생들은 자신을 둘러싼 세상에 대한 궁금증을 깊게 끌고 가지는 못합니다. 왜냐하면 지금 당장 처리해야 할 정보들이 너무 많기 때문에 오래 생각할 시간이 없기 때문입니다. 학생부 종합 전형의 전략을 위해서는 이 부분이 해결되어야 합니다. 특정 관심을 심화 탐구로 이어지기 위해서 질문하고, 생각하는 시간이 반드시 필요합니다. 사실 특정 분야에 대한 질문을 학생이 스스로 만들어내는 것도 힘들어 할 수 있습니다. 그 부분이 교사와 학부모가 엄청난 도움을 줄 수 있는 부분입니다. 질문을 해주고, 그 질문에 대한 답을 찾아가도록 인도할 수 있다면 최상의 전략이 될 것입니다. 그런 사고의 깊이가 있는 학생이 그리 많지 않기 때문에 학생부 종합 전형에서는 대학이 궁금증을 가지고 깊이 있는 탐구를 하는 학생들을 선택할 것입니다. 즉 상위권 대학들이 학종에서 매우 선호하는 유형이 '지적 호기심'을 가진 학생입니다. 이런 지적 호기심을 우리가 학생부에서 어떤 식으로 표현될지를 고민하면 찬희와 같은 선택이 나오게 됩니다.

**수업 시간에 배우고,
궁금해서 읽고, 자신의 지식과 연결하기**

이런 측면에서 찬희는 고교 생활을 겪으면서 성장할 수 있는 무한한 가능성을 보여준 학생입니다. 실제 경제 분야에 대한 관심을 아주 수준 높은 분야로 끌고 들어갔고, 그 과정에서 숱한 질문과 의문을 해결해 나갔습니다. 그러다보니 자연스럽게 학습 태도가 좋아졌습니다. 그 결과 찬희는 매우 심화된 내용들을 읽고 그 내용을 이해할 수 있게 되었습니다. 그것도 단기간에 말입니다. 다시 한 번 강조해볼까요. "아주 단기간"에 말입니다. 2학년을 지내는 동안 찬희의 성장은 정말 눈부셨습니다. 실제 그런 내용이 학생부에도 충분히 담겨 있습니다.

의문점이 해결될 때까지 질문하고
수업 중 다루지 않은 사잇소리 현상에 대한 궁금증을 가지고
공식 도출 원리를 교사에게 질문하는 등
게임 이론을 접한 후 팃포탯의 수열화 가능성에
호기심을 가져, '협력의 진화'를 읽고
순차 게임에 흥미를 가지고 '미시 경제학'을 읽고,
시장 진입 게임을 가정하고 수업 내용 중 다른 단원과의
연계성에 관한 부분을 늘 고민함.
관련 서적을 찾아 학습 내용을 확장시키려는 열의가 높고
국민 소득 계정 항등식을 이변수함수로 해석하는 과정에서
어려움을 겪고 교사와 다양한 소통을 하는 과정에서 ～

찬희의 학생부 내용에서 무수히 반복되는 이야기입니다. 수업을 듣고, 그 수업에서 궁금한 부분을 찾고, 그 궁금함을 해결하기 위해

'읽고', 읽은 내용을 토대로 질문하고, 질문에 대한 답을 가지고 새로운 시도를 하는 반복의 과정에서 성장한 것입니다. 2학년 한 해 동안의 성장에 방점을 찍은 것은 연말에 학교에서 진행한 'FTA 데이터를 활용한 계량 경제학 아카데미'였습니다. 찬희는 이 아카데미를 통해 계량 경제학의 개념을 이해하고, 이를 숱한 내용으로 확장해갔습니다. 아카데미 내에서 진행한 프로젝트를 잘 수행하기 위해 계량 경제학에 대한 공부를 엄청 열심히 했습니다. 프로젝트 발표 때에는 계량 경제학 교수로부터 회귀 분석에 관한 탁월한 역량을 보여주었다는 극찬을 받기도 했습니다. 이 모든 과정에서 찬희 학생의 태도는 갈수록 탁월해졌고, 성적은 당연히 수직 상승을 했습니다. 공부하는 과정 전체를 정말 즐기는 학생으로 변화되었습니다. 대학의 기준으로 보면 학업 역량이 압도적으로 우수해졌습니다. 3학년이 되기 전 마지막 선택 과목에 대한 고민을 하던 중에, 제가 찬희에게 '미적분'을 선택할 것을 요구했습니다. 인문계열 학생에게 미적분을 요구한 초유(!!!)의 사태였습니다. 한동안 고민을 하던 찬희는 목표 대학 수정에 대한 요구를 받아들이며 미적분을 선택했습니다. 어떤 선택 과목을 선택해야 하는지에 대한 고민을 여기서 아주 잘 보여준 것입니다. 선택과목을 선택하는 기준에 대해서는 뒷부분에서 따로 말씀 드리겠습니다. 3학년이 된 찬희는 2학년의 성장을 계속 이어갔습니다. 자신의 실패와 실수에 대해 돌아보며 성장하려는 모습을 지속적으로 보여주었고, 학업 역량을 키웠습니다.

'내가 배우고 싶었던 미시경제'를 읽고
'지식인의 서재-경제' 특강에 참여하였고, 정보 비대칭으로 인해
사회 전체의 효율이 저하되는 사례를 바탕으로
해당 문제를 해결하기 위해 '매칭'를 읽고 ~

평소 주변의 문제를 경제학적 관점에서 해결책을 찾고자 했으며,
특히 최근 학급 문제와 관련하여 '게임 이론'을 읽고
도미넌트 균형과 내쉬 균형 이론의 현실 적용 방안을 고민하면서
학급 내 스탠딩 책상이 부족한 상황에 적용하여 ~

거시경제변수를 설명하기 위해 미분방정식에 대한
이해가 필요하다고 판단하여 '미분방정식 입문'을 학습하고

찬희는 3학년 1학기 내신 성적을 국어 1등급, 미적분 1등급, 확률과 통계 1등급을 받았습니다!!!!!! 정말 놀랍지 않은가요? 2학년 12월에 미적분을 선택하고, 숱한 이과생들과의 경쟁에서 당당히 1등급을 만들어 낸 것도 놀랍고, 1학년 4등급의 학생이 3학년 1등급의 학생이 되었다는 사실도 놀랍습니다. 찬희는 자신의 역량을 훌륭하게 증명했고 당당히 서울대학교 경제학과에 수시로 합격을 했습니다.

여러분들께 질문을 해 보겠습니다. 만약 여러분이 평가자라면 찬희의 1학년 때의 4등급이 의미가 있다고 생각하십니까? 당연히 아닐 것입니다. 찬희는 과거의 자신을 이겨내고 지금도 열심히 성장 중입니다. 앞으로도 찬희는 더 성장할 것으로 기대되는 학생입니다. 내신

이 상승 곡선을 만든다고 우수함을 인정받는 것이 아닙니다. 실질적인 성장을 증명하는 것이 반드시 필요합니다.

학생부 종합 전형에 대한 평가를 진행할 때 가장 쉬운 방법이 있습니다. 바로 내신 평균으로 이야기하는 것입니다. 실제로 지금까지 만난 거의 대부분의 학생, 학부모, 교사들은 대체로 내신 평균으로 이야기를 합니다. 왜냐하면 그게 가장 편하기 때문입니다. 그러나 편하게만 생각하면 우리의 뇌는 성장과 발전을 선택하지 않습니다. 그러니 조금 더 깊게 고민하고 질문하는 연습을 해야 합니다. 그래야 우리의 뇌가 보다 의미 있는 잠재력을 찾아내고 연마합니다. 저는 학생들에게 쉬운 선택과 어려운 선택 중에서 늘 어려운 선택을 하는 것을 "연습"하라고 말합니다. 왜냐하면 공부를 한다는 것은 어려운 선택을 하는 것이고, 공부를 잘 하려면 어려운 선택을 계속해야하기 때문입니다. 어려운 선택을 하는 것을 평소에 연습하지 않으면 공부를 선택하지 않게 됩니다. 쉬운 선택이 있는데, 굳이 어려운 선택을 할 이유가 없기 때문입니다. 내신 평균을 바라보는 것은 편리하고 쉬운 선택이지만, 찬희와 같은 학생들을 찾을 수는 없습니다. 찬희의 잠재력과 역량은 실수와 실패를 통해, 철저한 연습의 과정을 통해 만들어진 것입니다. 제대로 되지 않는 것들에 대해 쉼 없이 도전해 보고, 그 결과 잘하기 시작한 것입니다. 그러니 다시 한 번 강조하고자 합니다. 내신 평균을 보는 것이 아니라, 개별 학생의 성장에 진심으로 집중해야 합니다. 학생부 종합 전형을 통해 어떤 성장의 루트를 보여 주었는지는 매우 중요합니다. 성장의 루트를 따라가는 것만으로도 학생의 성장을 어느 정도 예측할 수 있습니다. 특히나 개인적으로는 학생부 종합 전형을 준비시키면서 가장 중요하게 생각하는 것은 단연코 독서입니다. 독서에 대한 개인적인 지론이 있습니다.

독서 목록은 그 사람의 지적 역량을 정확하게 보여준다.

실제로 오랜 시간 동안 숱한 학생들을 지도하면서 느낀 본질적인 문장입니다. 학생들은 딱 자신의 수준에 맞는 책을 읽습니다. 반대로 이야기하면 자신의 수준에 맞는 책을 통해 즐거움을 느끼게 된다는 말이기도 합니다. 초등학교 학생이 이해하기 힘든 책을 읽는(??) 놀라운 영재는 실제 영재일 수도 있지만, 상당 부분은 그냥 읽기만 하는 것입니다. 이해하는 것이 아니더라도 책은 읽을 수는 있으니까요. 하지만, 고등학교에서는 읽는 책의 수준이 높아질 수밖에 없고, 이해하지 못하면 안타깝게도 학생부의 내용이 수준 높게 나올 수가 없습니다.

많은 학생부를 보면서 느끼는 불편함 중의 하나입니다. 고등학생이 읽기 어려운 책을 읽었다고 학생부에 기록되어 있는데, 독서 내용 앞뒤의 내용이 수준이 너무 낮으면 독서를 한 것으로 보기 어렵습니다. 대학의 입장에서는 어떤 책을 읽었다고 중요한 것이 아니고, 그 책을 어떻게 읽었는지가 훨씬 중요합니다. 어려운 책을 폼으로 읽고, 이해하지 못했다면 무슨 소용이 있겠습니까. 독서의 본질은 이해에 있고, 그 이해의 수준은 독서가의 지적 역량에 달려 있습니다. 그런 의미에서 개별 학생의 독서 역량을 극대화시켜주는 방법이 바로 제가 학교에서 학생들에게 끊임없이 시도하는 "질문하기"입니다. 그 질문을 위해서 같이 책을 읽습니다. 온갖 책들을 읽고, 독서한 내용을 학생들에게 말하도록 합니다. 그리고 질문합니다. 그 질문이 학생의 성장을 돕는 마스터키입니다. 질문에 대한 답하기 위해서는 그 내용을 이해하고 있어야하기 때문입니다.

찬희도 그런 독서의 과정을 거치면서 똑똑해진 학생입니다. 책을 읽고, 궁금해 하고, 함께 질문을 만들고, 만든 질문을 공유하고, 그 질문의 답을 찾아가는 활동을 반복합니다. 그 과정을 반복하면서 지식을 받아들이면 뇌의 학습 신경망이 정교해지고, 발전하게 됩니다. 그렇게 되면 다른 공부들을 쉽게 받아들이게 됩니다. 인문계열 학생이 선행 학습 없이 미적분을 1등급 받게 된 이유입니다. 진짜 공부란 어떤 것인지에 대해 고민을 던져주는 지점이라고 생각합니다.

이 글을 읽고 있는 2학년 학생들에게도 도전이 되었으면 합니다. 찬희는 엄청 특별한 학생이 아니라, 계획을 "실천"했던 학생이라는 점을 다시 한 번 강조합니다. 평범한 4등급의 학생이 성장과 발전을 누적해서 서울대를 진학하는 것은 누가 생각하더라도 쉽지 않은 일입니다. 중요한 것은 자신의 성장을 위해 버티고 또 버텨내는 의지입니다. 공부를 해야 한다고, 성적을 올려야 한다고 생각만 하지 말고, 그 속에서 자신만의 '실천'을 만들어 갑시다. 최고의 학생부 종합 전형 전략은 실천에 있습니다.

학생부 종합 전형의 다양한 전략은 앞서 언급한 바와 같이 숱한 형태로 나타날 수 있습니다만 본질적으로는 '개인의 우수함에 대한 증명'입니다. 이 본질에 대한 고민을 하지 않으면 좋은 내신을 가지고도 탈락을 하게 됩니다. 때로 우수함의 본질에 대한 내용을 '인재상'이라는 형태로 밝히기도 합니다. 대학의 인재상과 학과별 인재상 등이 존재하기도 합니다. 대학이 제시하는 인재상은 대부분의 경우에 매우 추상적으로 나타납니다. 글로벌 역량을 가진 학생이라든지, 질문할 줄 아는 학생이라든지, 문화인 등의 형태로 표현됩니다. 엄청 추상적이고 매우 포괄적인 의미를 담고 있는 단어를 사용하는 편입니다. 읽다 보면 과연 저런 학생이 있긴 할까라는 생각이 들기도 합니다. 하지만, 대학이 최대한 인재상을 추상적으로 표현하는 이유는 유사한 역량을 가진 다양한 학생들을 선발하기 위함입니다. 구체적으로 제시하게 되면 그에 해당하는 정해진 학생들만 선발해야하기 때문입니다. 예를 들면, 거의 대부분의 대학들이 '창의성이 뛰어난 인재'를 선발하길 원합니다. 대학이 창의성이 뛰어난 인재의 구체적인 유형을 제시했다고 생각해 보면, 좀 문제가 생깁니다. 창의성이란 결국 생각의 틀을 뛰어넘는다는 의미인데, 구체적 제시는 틀에 가두는 작업이니 창의적 인재는 선발할 수가 없게 됩니다. 그래서 대학은 매우 추상적인 단어들로 인재상을 제시합니다. 입학을 원하는 우리가 해야 할 일은 그 추상적인 단어로 표현된 인재상을 보여줄 수 있는 구체성입니다. 어떻게 그런 모습을 구체적으로 보여줄 수 있느냐가 또 다시 증명의 영역인 입니다.

고려대 입학처 홈페이지에 있는 학교 안내 코너에는 전공 안내라는 영역이 있습니다. 고려대의 다양한 전공을 안내해주는 곳입니다. 개인적으로 가장 관심 있어 하는 학문 영역인 심리학이 고려대에는 심리학부로 존재합니다. 고려대 심리학부에서는 고려대 심리학부에 딱 어울리는 학생을 다음과 같이 제시합니다.

- 나는 인간에 열정적 호기심, 인간을 이해하는 차가운 이성 그리고 인간을 사랑하는 뜨거운 가슴을 가지고 있다.
- 나는 문과 과목과 이과 과목 모두 좋아한다.
- 나는 다른 사람의 이야기를 잘 들어주고 그들의 어려움에 공감하는 방법을 알고 있으며 이에 관해 앞으로 더 배우고 싶다.

개인적으로는 첫 번째를 매우 좋아합니다. 제가 던지는 질문은 다음과 같습니다.

열정적인 호기심, 차가운 이성,
뜨거운 가슴은 어떻게 해야 교수들이 알 수 있을까?

그 부분에 대해 학생들에게 동일하게 질문을 합니다. 질문을 받았으니 그에 대한 답은 고려대 심리학부를 가고 싶은 학생들이 찾아와야 합니다. 구체성은 너무 당연한 이야기겠죠? 다시 한 번 강조할까요. **평가자들은 '학생부에 적힌 글로 수험생을 "읽"습니다.'**

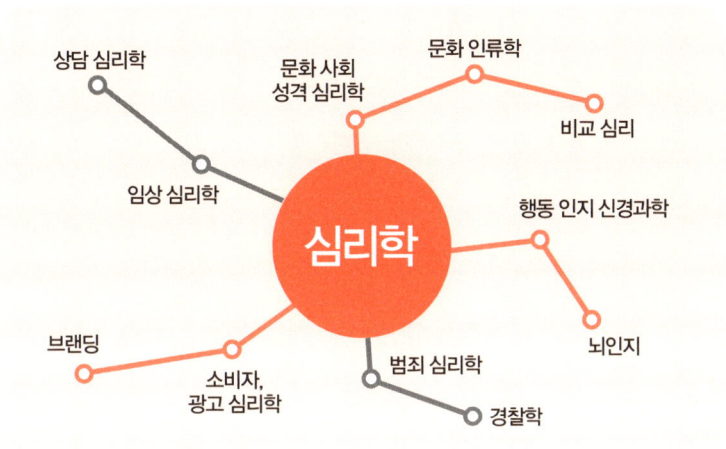

　최근의 심리학은 학문의 경계가 급속히 확장되고 있습니다. 이러한 흐름으로 인해 심리학과에서는 문과와 이과 과목을 모두 좋아하는 학생을 선호합니다. 일반적으로 심리학을 생각할 때 떠오르는 이미지가 고려대가 제시하는 세 번째 유형입니다. 대개 상담 심리에 적합한 역량이라고 알고 있지만 최근 심리학의 영역은 위의 그림(확장의 일부분을 개인적으로 정리한 것)과 같이 확장되어 가고 있습니다. 이렇게 심리학의 영역을 구분해 가는 것도 학생들의 진로 역량에 포함이 될 테고, 그 중 자신이 관심이 가는 분야를 집중적으로 탐구하는 것은 더욱 강력한 진로 역량이 될 수 있습니다. 최근 심리학은 AI의 급속한 발달과 맞물리면서 성장하는 학문 영역입니다. 인간은 어떻게 사물을 인지하고, 지식을 습득하는가에 대한 관심을 가지는 이유는 그런 방식으로 AI를 교육시키기 위함이기도 하고, AI와는 다른 인간 본연의 모습을 더욱 견고하게 만들기 위함이기도 합니다.

이 부분을 굳이 길게 설명한 이유는 당연히 진로 역량에 대한 고민 때문입니다. 자신이 무언가에 관심이 있다는 것은 다른 사람이 모르는 무언가를 알게 된다는 의미입니다. 그럼 자연스럽게 질문이 생기고, 탐구가 이뤄집니다. 그 과정을 거치면서 학생은 '똑똑'해집니다. 앞에서 강조한 "배탐연"이 돋보이는 지점이기도 합니다. 학생들의 학생부를 보면 아주 단순하게 심리학 연구원이라고 기록이 됩니다. 지향점이 선명하지도 않고, 공부하고자 하는 영역도 불분명합니다. 그러니 학생부의 방향성이 안 잡힙니다. 무엇을 해야 할지 어떤 것을 공부해야 할지에 대한 고민이 시작됩니다. 학년이 달라져도 계속 시작 단계에만 머무르고 심화된 진로 역량을 키우지 못합니다. 필요한 탐구의 과정을 거치지 않고 있으니까요. 특정 분야에 대한 관심이 있다면 그 관심을 증폭시키고 심화시키는 과정은 반드시 필요합니다.

고등학생은 이 지식의 톱니바퀴를 통해 자신의 지식을 확산하고 똑똑해집니다. 물론 반드시 이 방법을 거치는 것은 아니지만, 가장 범용성이 있는 형태이긴 합니다. 이 지식의 톱니바퀴를 가장 잘 굴러가게 만드는 방법이 개인적으로 "배탐연"이라고 생각을 합니다. 수업 시간에 배우고, 그 배움의 과정에서는 당연히 지적 호기심이 생길 수밖에 없습니다.

그러니 지적 호기심이야말로 모든 성장의 출발점이 됩니다.

어떤 분야를 궁금해 하고, 그 분야에 대한 궁금증은 어떻게 해결할 것인지에 대한 마스터 플랜이 있어야만 합니다. 그 계획이 없으면, 궁금함은 그냥 묻히게 됩니다. 그런 학생이 열정적 호기심, 차가운 이성, 뜨거운 가슴을 가질 수는 없습니다. 심리학에 관심을 가지고 있다면, 심리학에 대한 공부를 하게 될 것이고, 이를 통해 심리학의 여러 분야를 알게 됩니다. 심리학에서 배운 여러 개념들과 용어들로 세상이 새롭게 보이기 시작합니다. 당연히 그런 변화가 학생부에 기록될 수 있도록 노력해야 합니다. 배우고, 탐구하고, 그리고 마지막으로 가장 중요한 것은 '연결'하는 것입니다. 당연히 연결은 '실천'을 전제로 합니다.

학생들이 '실천하게 만드는 방법'에 대한 고민은 학생부 종합 전형을 통해 학생들과 함께 성장하려는 숱한 교사들이 매우 중요하게 생각하는 방법이기도 합니다. 학생부를 통해 실천의 사례를 만드는 것은 학생과 교사 모두에게 매우 좋은 방법임에는 틀림없습니다. 다만, 이 부분에 대해 항상 가지고 있는 가장 큰 고민은 실천과 활동의 구분이 모호하다는 점입니다. 대부분의 고교에서 이뤄지는 이른바 비교과라고 불리는 활동들은 실천의 범주라기보다는 대다수 활동의 범주에서 끝이 납니다. 그리고 학생부에 그 내용이 입력된다고 하더라도 딱히 의미 있는 것으로 보이기가 어렵습니다. 왜냐하면 대학은 활동을 보는 것이 아니라, 그 활동을 통한 학생의 성장을 보기 때문입니다. 개인적으로는 '성장이 드러나는 활동'을 실천이라는 단어로 사용합니다. 그러니 학생의 실천은 그 실천이 이뤄지기까지의 놀라운 공부와 계획과 설계가 있어야만 실천의 의미가 있습니다.

다른 측면으로 이야기하자면 활동은 무수히 많지만, 그 활동을 통해 성장을 어떤 방식으로 증명할 것인가가 핵심입니다. 얼마 전 지방으로 강의를 가던 중 교복을 입은 고등학생들이 쓰레기를 줍는 봉사 활동을 하고 있는 장면을 봤습니다.(교사라는 직업 때문인지 어디를 가든 학생들이 제일 먼저 눈에 들어옵니다. 심각한 직업병? 입니다.) 걸어서 지나가던 터라 그들의 대화를 들을 수 있었습니다. 대화의 내용은 짐작하다시피, 원하지 않는 쓰레기 줍는 동아리 봉사 활동에 대한 불만이었고, 투덜거리던 학생들은 쓰레기를 줍는 척을 한동안 하더니 거의 빈 봉투를 들고 학교로 들어갔습니다. 그 학생들의 학생부에는 동아리 봉사 활동의 일환으로 쓰레기 줍는 활동이 기록될 것입니다. 여기서 질문, 학생부의 그 봉사 활동은 어떻게 평가될까요? 그런 태도로 봉사 활동을 하던 학생들이 공동체 문제에 대한 고민을 학생부에 담지는 않을 듯합니다. 그럼 학생부의 대체적인 내용과 봉사 활동이 서로를 증명하지 못하게 됩니다. 학생의 고민의 지점과 활동이 전혀 다르게 나타난다는 말입니다. 그런 류의 봉사 활동이 필요 없다는 말이 아닙니다. 다만, 중요한 점은 활동 자체가 우수하다는 평가를 받지는 못한다는 말입니다. 핵심은 그 활동에 참여한 학생들의 의도와 진심입니다. 당연히 진심을 가지고 참여한 학생들은 그 활동을 통해 적절한 수준의 성장을 만들 수 있게 됩니다.

학생부 종합 전형 전략이라는 측면에서 고민하면 학업 태도에서 핵심적으로 보여주고 증명해야 할 것은 바로 "연결성"입니다. 학업 태도라고 하는 것은 개별 학생의 '태도'에 의미를 두는 것입니다. 개별 학생의 태도가 한 과목에서만 발현되기 보다는 다양한 과목과 학교 활동 속에서 연관 관계를 가질 수밖에 없습니다. 즉, 전략의 핵심은 학생부의 여러 영역과의 연결성 속에서 자신의 '태도'를 증명하면 된다는 말입니다. 실질적인 전략에서도 이런 연결성은 당연히 중요합니다. 단순하게 생각해 봐도 "지적" 호기심이 많은 학생은 다양한 영역에서 자신의 호기심을 구현하기 위해 노력을 하게 될 것입니다. 그러니 학생부의 이런 연결성은 너무 당연한 것입니다. 이 연결성을 통해 개별 지원자들의 학업 역량과 학업 태도를 확인할 수 있습니다. 학생부 종합 전형을 준비하기 위한 중요한 전략 가운데 하나는 결국 이런 연결성을 학생부에서 어떤 방식으로 구현할 것인가에 있는 셈입니다. (왜냐하면, 평가하는 교수들은 대체로 이런 태도를 가지고 공부를 한 사람들이기 때문입니다!!!!!)

방금 살펴봤던 동아리 봉사 활동에 대한 이야기를 접목해보자면,

그 동아리 봉사 활동을 했던 학생들 중에서 어느 누군가는 매우 그 활동을 중요하게 생각했을 것이고 의미를 부여했을 것입니다. 그리고 자신이 중요하다고 생각하는 그 일을 학생부의 다른 영역에서도 발현했을 것입니다. 공동체 안에서의 봉사와 희생이라는 측면에서 그 학생이 학생부를 통해서 자신을 증명한다면 좋은 평가를 받을 수 있습니다. 결국 특정 행동과 활동의 문제가 아니라, 그 활동을 통해서 어떤 역량을 증명할 수 있느냐의 문제이고, 이 문제는 결국 학생부의 여러 항목이 교차 검증을 통해서 증명될 수 있음을 보여줍니다.

앞서 찬희에 대한 이야기로 설명을 한다면, 찬희는 경제 파트 특히, 계량 경제학에 깊은 호기심과 관심을 가지고 있는 학생이었습니다. 그 학생의 학생부는 자신이 배운 모든 학문들이 경제로 연결되어지는 지점을 찾아냅니다. 왜냐하면 **'계량 경제학'**이라는 선글라스를 쓰고 보는 세상이 다 경제학으로 연결 되어 보이기 때문입니다. 어떤 영역을 배우게 되더라도 그 영역과 자신이 호기심을 가지는 영역의 교집합이 보일 수밖에 없습니다. 이 지점과 바로 지식과 개념의 외연이 확장되는 통섭적 사고의 출발점이 됩니다. 교수들이 환호할 수밖에 없는 부분입니다.

여기서 중요한 지점을 하나 짚고 갑니다. 최근 고교에서 급속하게 확산되고 있는 이른바 '진로 세특'은 이런 의미에서 볼 때 좋은 평가를 받기는 어렵습니다. 실질적인 학생의 성장과 발전이 아니라 진로와 관련된 활동에 대한 언급이 대부분이기 때문입니다. 단순하게 생각해

봅시다. 예를 들어 의사를 진로로 생각하는 것은 우수한가요? 당연히 아닙니다. 진로와 관련된 활동에 대한 오해가 진로와 관련된 세부 능력 및 특기 사항으로 이어지는데 매우 1차원적인 사고입니다. 모든 세특을 진로와 관련된 내용으로 채운다는 것은 그만큼 치열한 지적 호기심과 지적 고민이 없다는 반증이 되기도 합니다. 영어에서 갑자기 의사가 되기 위해 공부한 내용이 나옵니다. 아무 개연성 없이 튀어나온 내용은 평가자를 당황시킬 수밖에 없습니다. 개인적으로 숱한 학생부를 보고 평가해주지만, 아직도 여전히 당황하고 있습니다. 다시 강조합니다.

대학 교수는 학생부에 적힌 "글"로 학생을 만납니다.

실천에 대한 이야기의 끝판왕은 개인적으로 자기소개서에 있습니다. 지금은 거의 대부분의 전형에서 없어졌습니다만, 한참 자기소개서가 입시에서 활용될 때, 학생들의 실천을 유도하는 강력한 방법으로 활용을 했었습니다. 개인적으로는 학생부 종합 전형이 학생들이 가진 역량을 드러내기 매우 좋은 전형이라고 생각하고 있고, 자기소개서는 자신에 대해 진지하게 생각해보지 않은 청소년들에게 자신을 돌아볼 수 있는 매우 중요한 기회를 준다고 생각합니다. 자기소개서를 쓰는 과정을 통해 자신의 역량을 매우 강력하게 각성하는 학생들이 엄청 많았습니다. 힘들지만, 그 힘듦이 학생들의 '자아 형성'에 지대한 영향을 주고, 엄청난 성장을 이뤄낼 수 있게 했습니다.

개인적으로 만나서 상담을 해주는 많은 고등학생의 문제점 중의 하나는 자신의 눈부신 장점을 잘 모른다는 점이었습니다. 놀라운 보석을 가지고 있다는 점을 만나서 잠시 이야기해보면 알 수 있는데, 놀랍게도 본인은 모릅니다. 사실 그럴 수 있습니다. 개인에게는 그런 행동을 하는 것이 당연하고 습관적으로 보일 것이고, 그것이 항상 그렇게 행동하던 것들이라 엄청난 장점이 된다고 생각해보지도 않았을 겁니다. 자신이 지금까지 살아오면서 경험하고 생각한 모든 것들이 쌓이고 쌓여서 행동으로 습관으로 만들어지게 됩니다. 개인적으로 성경에서 가장 좋아하는 구절 중의 하나입니다.

모든 것이 합력하여 선을 이루느니라 (롬8:28)

이 말씀이 여러 의미로 해석될 수 있겠지만, 개인적으로는 고교 생활 동안 자신이 쌓아왔던 것들이 다음 선택으로 이어지게 된다는 의미로 해석을 합니다. 지금까지 살아오면서 쌓았던 경험과 생각들이 보다 나은 선택을 할 수 있도록 이끌어줄 수 있다는 말입니다. 물론 그런 선택을 자신이 실제 '선택'으로 만들어가야 합니다. 본인이 옳은 선택을 한 결과들이 쌓여야 결국 성공의 길로 갈 수 있게 됩니다. 마찬가지로 학생들이 학교에서 하는 행동들은 대부분 그런 조그마한 선택들을 쌓은 결과물입니다. 때로는 매우 섬세한 학생도, 때로는 매우 추진력 강한 학생도 있습니다. 개별 학생이 가진 장점들은 반드시 자신이 가진 또 다른 장점과 시너지를 내게 됩니다. 그런데 대부분의 학생들은 그 시너지를 잘 파악하지 못합니다. 실제로 느껴지기에는 학생부의 연결성의 문제가 아니라, 개별 학생의 인생의 연결성 문제인 것 같기도 합니다. 아마도 청소년기라는 인생의 공사 기간을 지나는 중이라서 그런 단절이 생기는 것 같습니다. 여하튼 그 개인의 경험과 생각의 단절을 연결시킬 수 있는 기회로 자기소개서를 매우 의미 있게 활용할 수 있었습니다. 결국 자기소개서는 '개인의 성장'에 포인트가 맞춰져 있기 때문입니다. 고등학교에서의 성장, 인생에서의 성장 등 자신의 성장에 대한 분석이 핵심 입니다. 그래서 학생들에게 3학년이 되면 꼭 자기소개서를 쓰도록 지도했습니다. 그 과정을 통해 '자신'을 보다 선명하게 바라볼 수 있도록 요구합니다. 자기소개서를 써보면 자신의 학생부의 장점과 단점이 선명하게 보이게 됩니다. 그리고 '배탐연'이라는 주제에 맞게 자신이 배운 것, 자신이 탐구한 것들을 자신의 실제 생활과 연결시키는 과정을 통해 성장을 만들어 내고, 자신의 장점을 극대화시킬 수 있게 됩니다. 보다 명확하게 '연결하기'는 실천의 가장 중요한 부분이기도 합니다. 그러니 실천에 대한 고민을 하고, 실천을 선택한 지점부터 수험생 여러분의 의미 있는 변곡점을 만들어주는 학생부가 될 것입니다.

희찬이의 성장은 당연하지 않습니다. 사실, 모든 고교생의 성장은 당연하지 않습니다. 성장은 그 성장을 위한 선택을 한 학생들에게 주어지는 결과물입니다. 당연히 성장하는 것은 없습니다. 어떤 성장을 목표로 하고 있는지, 그 성장을 위해 무엇이 필요한지, 그리고 그 필요를 충족하기 위해 얼마나 많은 노력을 해야 하는지를 점검해야 합니다. 이렇게 학생들을 지도하다보니, 알게 된 사실이 있습니다. 모든 학생들의 성장에는 합당한 대가가 있어야 한다는 점입니다. 수험생들, 학부모들이 생각하는 것처럼 쉬운 성장, 빠른 성적의 상승은 없습니다. 그런 성장은 쉬운 것을 배우는 어릴 때만 가능합니다. 성장은 가능성을 발현시키는 과정입니다. 가능성의 발현을 위해서는 고통이 전제되어야 합니다. 쉽게 되지 않습니다. 찬희도, 승주도, 희준이도 모든 학생들이 자신의 가능성을 '구현'하기 위해 매우 힘든 과정을 거쳤고, 그 힘든 과정을 위한 '선택'들을 했습니다. 그러니 2027학년도 수시 학종을 준비하려 하는 모든 학생들이 반드시 알아야 할 절대적인 원칙이 있습니다. 숱한 시간을 들여 여러분의 성장을 응원하겠지만, 문제의 본질은 그 응원과는 상관없이 여러분이 힘들지만 어려운 선택을 해야만 한다는 점입니다. 여러분의 가능성을 발현할 최고의 입시 전략이 될 것입니다.

우리의 성장은 반드시 고통을 전제로 합니다.

수시 논술 전형 전략

수시 논술 전형은 앞서 살펴 본 바와 같이 갈수록 선발이 증가하는 추세에 있고, 경쟁률도 같이 상승하고 있습니다. 논술은 경쟁률이 높다는 점을 쉽게 생각하는 것이 가장 큰 난제인 듯합니다. 이른바 '6논'(수시 6장의 카드를 논술 전형에 모두 사용하는 것)이 실제로 존재하고 있고, 많은 학생이 논술을 마지막 기회로 보는 것도 사실입니다. 2027학년도 입시를 준비하는 입장에서 논술이 어느 정도 필요한 것이 사실이기도 하지만 전략을 위해서는 현실적인 판단이 매우 중요하다는 점을 강조하고 싶습니다. 현실적으로 논술 전형은 정시 전형에 이어서 '재수생 초강세'를 보이고 있습니다. 재수생 초강세가 가능한 이유는 실제 논술 문제가 자연 계열의 경우에 '수학적 역량'이 베이스가 된다는 점에서 더욱 그러합니다. 수능 수학 성적과 크게 차이나지 않는다는 점에서 더욱 재수생이 강력하다는 점을 보여줍니다.

논술 전형이 대체로 수도권의 주요 대학에 몰려있다는 점이 경쟁률 상승의 주요 원인이기도 하고, 학생부 교과 전형이나 학생부 종합 전형처럼 미리 입시를 준비하지 못한 학생들 중 뒤늦게 입시 경쟁에 뛰어든 학생들에게는 나름 대안이 없이 선택하게 되는 전형의 성격이 다분합니다. 하지만, 절대 쉬운 과정이 아니라는 점을 알고 도전하길 바랍니다. 많은 학생들이 큰 고민 없이 도전하고 있기 때문에 전년도와 같은 과도한 경쟁률이 나오는 것이기도 합니다.

2027학년도 논술 전형에서 가장 큰 변화를 보인 대학은 연세대와 중앙대입니다. 연세대는 자연 · 통합 계열 논술에 '과학 서논술형' 평가를 도입합니다. 2025학년도와 2026학년도에 과학 논술을 실시하지 않았으니 3년 만의 과학 논술 부활인 셈입니다. 당연히 2028학년도 논술 전형의 확대 혹은 통합 과학 적용을 전제로 한 부활입니다. 중앙대는 '창의형 논술 전형'을 신설합니다. 기존 논술과는 '수능 최저 학력 기준 미적용'이라는 차이점이 존재합니다. 다만, 여타의 논술 전형 운영 대학들에도 변화의 요소들은 다소 있습니다. 한양대는 2026학년도 입시에서부터 논술에 수능 최저 학력 기준을 적용하고 있고, 2027학년도에서는 기존에 존재하던 학생부 10%의 반영을 없애고, 논술 100%로 선발합니다. 한양대 2027학년도 논술 전형을 생각하는 학생들에게는 다소 의미 있는 것은 2026학년도 수능 최저 학력 기준의 입결 데이터가 있다는 점이 될 것입니다. 2025학년도 입시까지의 입결 데이터는 수능 최저 학력 기준이 없는 상태였기 때문에 2026학년도 한양대 논술 전형의 입결은 다소 예측 불허의 상태이긴 합니다. 다만, 경쟁률은 여타의 수능 최저 학력 기준 적용 대학의 수준으로 떨어지게 될 것이고, 비슷한 수준의 대학들의 경쟁률이 상승하는 효과가 있을 것입니다.

2027학년도 논술 전형에 대해 가장 중요한 지점을 한번 짚어보도록 합시다. 논술 전형을 준비할 때 가장 중요한 것은 **"논술 역량과 수능**

최저 학력 기준"입니다. 학생부의 반영 비율이 대학별로 존재하기는 하지만, 내신의 반영은 6등급 이하의 경우에 크게 작용하는 것으로 봐도 무방합니다. 대부분의 대학들이 내신 등급 간 점수 차이를 6등급 수준에서 높게 책정하는 경향이 있기 때문입니다. 논술 역량과 수능 최저 학력 기준이 논술 전형의 벽을 넘을 수 있는 도구라면 당연히 어느 정도의 시간이 필요한지에 대한 계산이 필요합니다. 대학별로 다양한 수능 최저 학력 기준이 있고, 어느 대학을 목표로 하느냐에 따라 다르겠지만, 대부분의 대학들이 수능 최저 학력 기준의 충족률이 낮게 형성이 됩니다. 모집 단위별로 다르지만 대체로 수능 최저 학력 기준의 충족률은 30% 수준입니다. 즉, 70%의 학생이 수능 최저 학력 기준을 달성하지 못한다는 의미입니다. 그러니 논술 역량은 둘째 치고, 수능 최저 학력 기준을 달성하기 위한 공부의 수준을 가늠해봅시다. 수능에서 '2합 5'(혹은 개별 수험생이 목표로 하는 대학의 수능 최저 학력 기준)를 달성한다는 것은 수능의 공부량이 매우 많아야 함을 전제로 합니다. 전국 단위의 시험에서 최소 한 과목이 10% 수준에 도달해야 한다는 말입니다. 쉬울 리가 없습니다. 그러니 11%의 목표를 달성하기 위해 어느 정도 공부를 해야 하는지를 생각하면 됩니다.

개인적으로 이 목표를 달성하기 위한 최소 공부 시간을 주말(토, 일) 기준으로 '20시간'을 제시하는 편입니다. 수능 최저 학력 기준을 위한 시간이 20시간이고, 논술 역량을 강화하기 위한 시간도 필요합니다. 그럼 어느 정도의 시간이 더 필요한지 추론 가능할 것으로 생각됩니다. 그럼 다른 질문이 가능합니다. 2027학년도 입시를 준비하는 예비 고3 학생들이 그 시간을 '내신' 공부에 쏟아 부으면 그 결과는 어떻게 될까요? 앞서 언급한 바와 같이 내신 성적의 상승 곡선을 만들고, 학생부를 전략적으로 준비한다면, 결과를 바꿀 수 있지 않을까요? 대학은 결국 '성장하는 학생'을 원합니다. 발전 가능성이 있고, 성장 가능성이 있는 학생을 필요로 합니다. 즉, 한계 상황을 극복하려고 노력하는 학생을 선호한다는 말입니다. 전략적인 판단을 위해서는 이런 사고의 과정이 반드시 필요합니다. 무턱대고 논술이 가장 가능성이 있을 것이라고 판단하는 것은 제대로 된 정보를 투영하지 않았기 때문일 가능성이 높습니다. 그럼에도 논술 전략을 위해서는 수능 최저 학력 기준에 대한 매우 "보수적인 판단"이 필요합니다. 논술에서 수능 최저 학력 기준이 다소 감소 추세를 보이고 있기는 하지만 그럼에도 여전히 강력한 영향력을 행사하고 있다는 점을 꼭 기억해야 합니다.

고3이 되면 공부만 할 것 같고, 모든 시간을 바쳐서 공부에 집중할 것 같겠지만, 현실은 그렇지 않습니다. 가장 가까이에 있는 여러분의 학교 고3 교실을 살펴보면 됩니다. 생각보다 공부를 하는 학생들이 그렇게 많지 않을 것입니다. 앞서 언급한 바와 같이 학생들은 상황에 상관없이 자신의 행동 패턴을 바꾸지 않는 편입니다. 행동 패턴, 공부 패턴을 바꾸지 않는 가장 중요한 이유는 대부분의 경우에 한 가지입니다.

지금의 삶이 좋기 때문입니다.

현직 교사로 25년 넘게 학생들을 만나면서 알게 된 놀라운 진실입니다. 사실 학생들만의 문제는 아니고, 대부분의 사람들은 이런 선택을 합니다. 지금의 상태가 '편하기' 때문입니다. 지금의 성적이 마음에 들지 않고, 이런저런 불평을 말하지만, 변화를 선택할 만큼의 불편함은 없기 때문에 현재를 유지하려 합니다. 예비 고3인 여러분은 이 함정에서 벗어나야 여러분이 원하는 결과를 손에 쥘 수 있게 됩니다. 성적이 마음에 들지 않는다면, 그 성적을 바꾸기 위해서 변화를 시도해야 하고, 그 변화를 지속해야 합니다. 유튜브와 릴스를 보는 시간을 극단적으로 줄여야 하고(개인적으로는 보면 안된다고 생각을 합니다), 그 시간을 공부로 치환을 해야 합니다. 하지만, 대부분의 학생들은 마음으로 원하지만 행동으로 실천하지 못합니다.

성적을 올리고 싶지만,
성적을 올리기 위해
유튜브와 릴스를 포기할 만큼은 아닙니다.

그러니 1,2학년 때 수업 시간에 자던 학생들은 고3이 되어서도 계속 잡니다. 유튜브와 웹툰에 인생을 맡겼던 학생은 고3이 되어도 여전히 그런 선택을 합니다. 변화를 시도하기 위해서 자신이 감당해야할 고통을 감내할 생각이 없으니 자꾸 그 자리에 머물러 있게 됩니다. 안타깝게도 이런 경우에는 '전략'이라는 것이 크게 의미가 없습니다.

백약이 무효인 경우입니다. 물론 고3이 되는 3월에는 조금 더 공부를 합니다. 하지만, 고3이라는 긴장감과 부담감이 그리 오래가지 못합니다. 자신의 패턴이 아니기 때문에 쉽게 지치게 되고, 쉽게 피곤해 합니다.(고3들이 항상 피곤하다는 말을 입에 달고 사는 이유이기도 합니다.) 결국, 대부분의 고3들은 고3 때의 성적이 고등학교에서 가장 낮습니다. 내신은 제외하고, 모의고사와 학력 평가를 보면 그렇게 나타납니다. 이렇게 말하면 대부분의 고2 학생들은 항상 이렇게 말합니다.

쌤, 지금보다 성적이 더 떨어지는 건 불가능해요.

안타깝고, 놀랍게도 대부분의 고3들은 그 불가능한 것을 무척 잘 해냅니다. 3월 학력 평가에서 많은 학생들은 대체로 고2 때보다 낮은 학력 평가 성적을 받는 편입니다. 2학년 11월 학력 평가는 전국의 모든 2학년이 다 보는 것이 아니기 때문입니다. 대체로 3학년 3월 학력 평가에는 해당 학년의 거의 모든 고3 학생들이 시험을 치는 편입니다. 그러니 성적이 다소 하락합니다. 그 폭이 크진 않습니다. 문제는 6월 모의 평가입니다. 6월 모의 평가에는 최소 7만 명의 재수생들이 합류합니다. 당연히 성적 상위권의 재수생들이 일정 부분 존재하기 때문에 재학생들의 1년 간 성적 하락 폭은 6월 모의 평가에서 가장 크게 나타나는 편입니다. 9월 모의 평가에서는 재수생이 연간 2만 명 이상 "추가"됩니다. 대체로 대학을 다니던 이른바 '반수생'의 합류입니다.

이때는 수능 성적 상위권 학생의 비율이 다소 높게 나타나는 편입니다. 그러니 재학생의 성적은 대체로 하락하게 됩니다. 9월 모의 평가에서 9만 명 수준의 졸업생 등이 있었다면, 실제 수능에서는 2026학년도 수능을 기준으로 약 17만 명의 졸업생 등이 참여합니다. 재학생의 성적이 떨어지지 않는 것이 오히려 이상할 것입니다. 그러니 상당수의 재학생들은 3월 학력 평가 성적이 최고의 성적일 가능성이 높습니다. 그런데도 재학생들은 자신이 수능 성적을 올릴 수 있다는 판단을 전제로 수능 최저 학력 기준을 정합니다. 그렇기 때문에 실패를 많이 하게 되는 것입니다. 수능 최저 학력 기준의 보수적 판단이 중요한 이유입니다.

고3들의 수시 원서 접수를 할 때쯤 교무실은 선생님과 학생들 사이의 신경전으로 냉랭해 집니다. 수험생은 열심히 공부해서 수능 성적을 올릴 수 있으니, 수능 최저 학력 기준을 높여서 원서를 쓰겠다는 말을 하고, 담임교사는 경쟁률과 성적 추이를 보면 어려우니 하향 조정을 해서 원서를 쓰라고 말합니다. 실제로 논술 관련 수시 원서 상담을 진행하는 거의 대부분의 학생은

자신의 노력을 과잉 진단합니다.

남은 기간을 생각하면 수능에서 1, 2등급쯤은 쉽게 올릴 수 있다고 합니다. 하지만, 그런 생각을 본인만 하는 것이 아니라 모든 수험생이 다 하고 있다는 점을 간과해서는 안 됩니다. 인생에 있어서 중대한 결

정 중의 하나입니다. 그러니 제대로 된 데이터를 가지고 판단하는 것이 중요합니다. 데이터 없이 감으로 원서를 쓴다면 결과가 좋을 수가 없습니다. 수능 성적을 올릴 수 없다는 이야기를 하는 것이 아닙니다. 자신의 노력에 대한 과잉 진단을 하지 말라는 의미입니다.

**공부할 것으로 '기대'하지 말고 실제 공부를
수행할 수 있는 상태를 진단하는 것이 필요합니다.**

전략적인 고민을 해보자면, 수시 6개의 카드 중 '6논'을 도전하는 학생의 비율이 엄청 높은 것은 아니지만, 3등급 후반 정도의 학생들 중에서는 매우 높은 비율로 나타납니다. 앞서 언급한 바와 같이 뒤늦게 입시 경쟁에 뛰어든 학생들의 내신 성적이 다소 낮기 때문에 나타나는 현상입니다.

**6월 모의 평가를 기준으로 수능 최저 학력 기준을
달성할 수 있는 대학을 가늠해야 합니다.**

수시 원서 지원의 작성 기준이 대체로 '2 상향, 2 적정, 2 안정'입니다. 6장의 논술을 쓴다고 생각하면, 2개 정도의 원서는 6월 모의 평가를 기준으로 수능 최저 학력 달성이 가능한 대학을, 2개 정도는 1~2등급 수능 최저 학력 기준을 높인 대학을, 나머지 2개는 1~2 등급 수능 최저 학력 기준을 낮춘 대학을 쓰는 것이 정석이라고 생각하면 됩니다.

논술과 관련된 전략에 대한 이야기를 할 때 가장 많이 듣는 이야기가 학원과 관련된 이야기입니다. 사교육에 대한 이야기는 여기서 다룰 이야기는 아니라서 일단 넘어가겠습니다. 다만, 입시든, 공부든 본질을 이야기한다면 선발권을 가진 쪽의 이야기를 우선적으로 듣는 것이 중요합니다. 누가 어떤 의도를 가지고 선발하느냐를 알아야 제대로 된 대비가 될 것입니다. 그것이 회사든, 대학 입시든 본질은 동일합니다. 그러니 사교육에 대한 고민 이전에 대학은 논술에 대해서 어떤 이야기를 하고 있는지를 먼저 확인할 것을 권해드립니다.

사실 반드시 그렇게 해야 합니다.

논술을 시험하는 대학은 대체로 논술 전형에 대한 자세한 안내를 합니다. 모의 논술도 진행하고, 예상 답안도 제시합니다. 출제진들의 해설 강의도 많은 대학들이 제시합니다. 즉, 자료라는 측면에서 생각해 보면 충분히 다양한 자료들이 제공됩니다. 더불어 논술이 선행 학습을 포함하느냐를 확인하기 위해 매년 '선행 학습 영향 평가 보고서'를 제출하도록 되어 있습니다. 그 자료를 한번 보면 대체로 논술에 대한 기본적인 개념들이 생기게 됩니다. 나름의 출제 원칙과 출제 의도를 제시합니다. 대학의 논술 유형이 거의 변화하지 않는다는 점을 감안하면 거의 정답의 가이드 같은 존재입니다. 또, '논술 가이드북'을 발간하는 대학들도 있습니다. 혹시 지원하려는 대학이 논술 가이드북을 출간하지 않는다면 유사한 유형의 대학의 논술 가이드북이라도 반드시 참고해야 합니다. 이렇게 중요한 자료임에도 불구하고, 많은 학생들은 대학의 자료를 참고하지 않는 편입니다. 대학의 자료를 "스스로" 분석하는 과정은 매우 중요한 과정입니다. 논술이라는 것은 결국 '사고의 과정'을 측정하는 시험이기 때문입니다. 자신의 사고 과정이 대학이 요구하는 사고의 과정과 유사하도록 맞춰가는 연습이 필요한데, 이 부분은 다른 사람이 해줄 수가 없습니다.

인문 계열의 논술을 채점하다 보면 놀랍도록 유사한 답지들이 발견이 됩니다. 논술을 시작하는 문두가 거의 유사한 경우들도 많습니다. 다양한 이유가 있겠지만, 확인을 해보면 대체로 '같은 학원' 출신인 경우들이 많습니다. 이런 답안들은 대체로 창의적인 생각을 요구하는 논술 문제에서 완전 이상한 답안을 제시하는 편입니다. 논술을 문제 풀이 스킬로 연습한 학생들이 많다는 것의 반증이기도 합니다. 특히, 논술 전형을 유지하고 있는 대학들은 대체로 모의 논술을 진행합니다. 대학에 따라 다르기는 하지만, 근래 대학들은 대체로 '모범답안'을 제시합니다. 모범 답안 혹은 우수 답안을 통해 자신의 사고의 과정과 대학이 요구하는 사고의 과정을 비교하는 것이 가장 좋은 논술 연습 방법이긴 합니다. 이 과정에서 다른 학생이 쓴 논술 답안을 채점해 보는 것도 매우 좋은 연습 방법이 됩니다. 평가자의 입장에서 평가하는 연습을 해보면 자신이 쓴 답안이 보다 객관적으로 보이기 때문입니다.

이공 계열은 대학에 따라 수리 과목이 달라집니다. 연세대와 고려대 등 상위권 대학들은 수학 전 과목(수학, 수학1, 수학2, 미적분, 확률과 통계, 기하)을 포함합니다. 숙명여대와 숭실대 등의 대학은 '수학, 수학1, 수학2, 미적분'을 포함합니다. 단순하게 생각해도 상위권 대학의 자연 계열 논술을 생각하고 있다면, 실제 학습량이 엄청나게 증가한다는 의미입니다. 문제 자체도 상당히 수준 높게 나오기 때문에 철저한 공부가 필요합니다. 논술이라고 공부량도 적고, 쉽게 갈 수 있을 것이라고 생각한다면 큰 오산입니다. 다만, 선행 학습 영역을 출제할 수 없다는 조건이 명확하기 때문에 고등학교에서의 수학을 제대로 공부하면 됩니다. 실제 수능 점수와의 상관관계도 매우 높게 나타납니다.

논술 전형은 대학별로 어느 정도의 유형이 정해져 있고, 비슷한 유형의 대학들이 존재하기 때문에 실제로 논술 전형을 지원할 때는 논술 문제가 유사한 대학을 지원하는 것이 일반적인 전략입니다. 그래서 유형별 적합도가 어느 정도 있다는 점에 착안해서 자신이 어떤 유형이 조금 더 편안하게 받아들일 수 있는지 확인하는 과정이 있으면 좋습니다. 출제 유형이 완전히 고정된 것은 아니지만, 수험생들의 안정적인 준비를 위해서 대체로 유사한 형태를 유지하는 편입니다.

개인적으로는 3학년 3월 학력 평가 이후에 유형 적합도를 판단하기 위한 논술 시험을 진행합니다. 가장 좋은 건 4년 전 기출 문제입니다. 최근 3년간의 기출 문제는 반복적으로 풀어봐야 하기 때문에 4년 전 기출을 선호하는 편입니다. 여러 대학의 다양한 문제유형을 풀어보고 접근을 하는 것이 더 의미 있는 선택이 될 것입니다. 미리 논술을 준비하려고 생각한다면, EBSi 논술 지원 서비스를 활용하는 것도 아주 좋은 방법이 될 것입니다.

EBSi 〉 입시 정보 〉 1:1 논술 첨삭

EBSi 사이트를 찾아가면 실제 온라인으로 진행되는 계열별 논제와 1:1 첨삭을 받을 수 있습니다. 공교육의 현장에서 실제 논술을 지도하고 계시는 선생님들의 1:1 첨삭이라는 점에서 매우 메리트 있는 서비스입니다.(당연히 무료입니다.)

마지막으로 이전 적성 검사의 후속으로 여러 대학에서 진행되는 '약술형 논술'에 대해서 고민을 해봐야 합니다.

2027학년도 약술형 논술 전형

구분	대학
약술형 논술 대학 (15교, 4,001명)	가천대, 강남대, 고려대(세), 국민대, 삼육대, 상명대, 서경대, 수원대, 신한대, 을지대, 한국공학대, 한국기술교육대, 한국외대(글), 한신대, 홍익대(세)
수능 최저 적용 대학 (6교)	가천대, 고려대(세), 국민대, 삼육대, 한국외대(글), 홍익대(세)
수능 최저 미적용 대학 (9교)	강남대, 상명대, 서경대, 수원대, 신한대, 을지대, 한국공학대, 한국기술교육대, 한신대
학생부 적용 (9교)	가천대, 고려대(세), 상명대, 수원대, 신한대, 을지대, 한국공학대, 한신대, 홍익대(세)
수능 최저 미적용 & 학생부 미반영 (2교)	서경대, 한국기술교육대

약술형 논술은 일반 논술에 비해 쉽게 출제됩니다. 실제 대부분의 약술형 논술 문제는 대체로 EBS 연계 교재에서 직접 연계의 형태로 출제가 됩니다. 실제 출제되는 문항들의 숫자도 일반 논술보다 많은 편이고 시간도 대체로 짧은 편입니다. 그러니 연계 교재의 문제를 매

우 본격적으로 풀어가는 과정이 필요합니다. 당연히 논술, 수능을 동시에 준비할 수 있는 장점이 있습니다. 다만, 앞서 강조한 바와 같이 2027학년도 입시를 준비하는 학생들이 미리 준비하기에는 다소 아쉬움이 있는 전형인 것은 사실입니다. 보다 높은 목표를 설정하고, 자신의 생활 패턴을 바꾸며 자신의 역량을 키워가는 것이 더 의미가 있을 것입니다. 실제로 약술형 논술 준비는 고3 때 많이 이뤄지는 편입니다.

논술은 지원자가 워낙에 많다는 점에서는 분명히 많은 수험생들이 관심을 가질 수밖에 없는 전형입니다. 하지만, 앞서 살펴본 바와 같이 한계도 명확한 전형이기도 합니다. 여느 전형과 마찬가지로 준비해야 할 것이 선명한 전형이기도 합니다. 다만, 다른 전형과의 가장 본질적인 차이가 '경쟁률'이라는 점을 다시 한 번 강조합니다. 2026학년도 논술 경쟁률은 이전까지의 추세로 볼 때 상승할 가능성이 높습니다. 재학생의 증가와 더불어 일정 부분 졸업생 등의 증가가 이뤄지고 있기 때문입니다. 반면에 2027학년도 논술 전형은 2026학년도에 비해 경쟁률이 하락하겠지만, 그럼에도 여전히 높은 경쟁률을 유지할 것이라는 점을 꼭 감안하길 바랍니다. 앞서 살펴본 2025학년도 논술 최고 경쟁률을 잘 확인해 보고, 자문해 봐야 합니다. 대학 전형은 기본적으로 '경쟁'을 베이스로 합니다.

나는 저 경쟁률을 뚫을 수 있을 만큼 열심히 하고 있는가?

마지막으로 한 가지만 더 이야기를 하자면, 논술 전략을 세울 때 가장 중요한 부분이기도 합니다. 경쟁률의 의미를 이해해야 합니다. 예를 들어 한양대 논술을 쓴다고 생각하면, 지원하는 학생들의 범주는 매우 넓을 것입니다. 하지만, 실질적인 경쟁은 '유사한 수준'의 학생들끼리 이뤄진다는 점입니다. 한양대가 설정한 수능 최저 학력 기준에 근접해 있는 학생들이 지원을 하게 된다는 말입니다. 유사한 성적 수준이라는 점을 감안한다면 이러한 경쟁률이 얼마나 치열하고 힘든 것인지를 이해하게 될 것입니다.

논술 전형은 특히 '대박'을 꿈꾸며 지원하는 학생들이 많습니다. 안타깝지만 논술의 평가 방식을 이해하지 못하는 행동일 뿐입니다. 100:1의 경쟁률은 결국 1%의 학생을 선발한다는 의미입니다. 절대 쉽지 않고, 요행으로 이뤄지지 않습니다. 대부분의 생각과는 다르게 인문 계열의 논술도 평가 기준은 매우 선명하게 제시되어 있고, 사실상 '상호 주관성'에 근거해 평가가 이뤄집니다. '대박'이 존재하기 어렵다는 말입니다. 논술을 단순하게 '글을 잘 쓰면' 된다는 생각에 '대박'을 많이 기대하는 것 같습니다. 면접을 단순하게 '말을 잘하면' 합격한다고 생각하는 것만큼이나 무식한 이야기입니다. '우연히' 합격하기에는 경쟁률이 너무 높다는 점을 꼭 감안해야 합니다. 논술 전형에 합격하고 싶다면 아주 높은 경쟁률을 극복할 수 있는 자신만의 준비가 반드시 필요합니다.

정시 수능 위주 전형 전략

정시 수능 위주의 전형은 객관식 역량을 측정한다는 점에서는 학생부 교과 전형의 전략과 차이가 나지 않습니다. 다만, 개별 학교의 200~300명에 대한 고민과 49만 명의 수험생을 같은 선상에 놓고 이야기하는 것은 어려움이 있습니다. 개인적으로 재학생들이 선택할 수 있는 '대학 가는 길' 중에서 가장 어려운 길이라고 생각을 합니다. 2027학년도 정시를 고민하는 예비 고3 학생들에게 같은 이야기가 적용이 됩니다. 가장 큰 문제는 재수생을 필두로 한 졸업생 등의 초강세가 수능에서는 항상 큰 이슈이기 때문입니다. 특히나 근래 수능 위주의 정시 입시 상황에서는 삼수생 이상의 비율이 조금씩이지만 늘어가고 있는 추세이기도 합니다. 2026학년도 수능에서 재수생 등의 숫자는 대략 17만 명 수준입니다. 2025학년도 수능 응시생이 16만 명 수준이었던 것을 생각하면 다소 늘어날 것으로 예측이 되긴 합니다. 2027학년도의 재수생은 의대 증원이 원복하면서 다소 줄어들 것으로 보이지만, 15만 명 선으로 예상할 수 있습니다. 여전히 많은 숫자이고, 여전히 상위권 N수생의 비율이 유지될 것이라는 점도 생각을 해야 합니다.

정시에서 성공하기 위해서 어느 정도의 학습량이 필요한가에 대해서는 여러 이야기를 할 수 있겠지만 개인적으로는 필요한 만큼 하면 된다고 생각합니다. 자신이 지원하길 희망하는 대학의 수준에 맞게 공부량을 조절하면 됩니다. 최상위권 대학을 생각한다면, 그에 맞는 공부량을 채우면 됩니다.

개인적으로는 하루 15시간의 공부량을
상위권 대학의 기준으로 봅니다.

정시로 상위 15개 대학까지의 2026학년도 모집 인원은 의학 계열을 포함하면 대략 24,000명 수준입니다. 수능 응시생을 48만 명 수준으로 예상하면 5% 수준입니다. 즉, 정시로 15개 대학에 진학하기 위해서는 수능 성적으로 상위 5% 수준이어야 합니다. 상위 5%가 되기 위한 공부량이 어느 정도일지를 고민해 보면 15시간이라는 현실적인 공부 시간이 나옵니다. 실제 재수 종합반을 다니는 졸업생들의 공부 시간을 보면 8시 등원 - 22시 하원입니다. 수능과 같은 객관식 전형에 엄청난 전략 같은 것은 존재하지 않습니다. 객관식에서 틀리지 않기 위해서는 남다른 공부 시간이 필요할 뿐입니다. 다만, 공부를 잘하기 위한 노력을 꾸준히 한 학생과 이제 꾸준히 할 것으로 '생각'하고 있는 수험생 사이에는 현저한 갭이 존재할 뿐입니다.

어떤 학원을 다니고, 어떤 강사에게 수업을 듣는다는 것은 공부의 외형일 뿐입니다. 대치동의 유명 학원에서 성공의 스토리들이 쏟아진다고 해도 공부의 본질은 달라지지 않습니다. 대치동 학원의 숱한 성공 스토리 뒤에는 더 많은 실패의 이야기들이 있기 마련입니다.

그 실패들은 '광고'되지 않을 뿐입니다.

실제 현장에서 만나는 학생들 중에는 상위권 대학을 진학하고도 아쉬움이 남아서 재수 혹은 반수를 선택하는 학생들이 많습니다. 객관식 시험이 가지는 한계이기도 합니다. 수능 날의 컨디션에 따라서 결과가 많이 달라지기도 합니다. 많은 재수 및 반수생들은 다시 자신이 휴학했던 학교로 돌아갑니다. 대치동의 그 유명한 학원을 다니던 학생들도 그렇습니다. 결국 공부는 "자신과의 싸움"입니다. 재수생이 조금 더 많이 공부하고, 재학생보다 조금 더 '간절함'이 있기 때문에 더 공부에 집중하기 쉽습니다. 재수라는 환경 자체가 고도의 스트레스 상황으로 작용하기 때문에, 자연스럽게 '자신과의 싸움'에 내몰리게 됩니다. 이 싸움을 받아들이고, 설득하면 재수는 성공을 하게 됩니다.

작년에 우연히 박지성 선수의 영상을 잠시 본 적이 있습니다. 한국 축구 선수들끼리 이야기를 나누는 장면이었는데, 정말 핵심적인 이야기를 했습니다. 그대로 옮겨 볼게요.

> " 대부분의 한국 선수들이 다 그래.
> 내가 고등학교에 가서도 '유럽 가고 싶은 사람?' 하면
> 90% 이상을 손을 들어.
> 그중에 '영어 공부하는 사람?' 아무도 안 들어!
> 유럽은 가고 싶은데 영어 공부는 안 한대
> 어떡하라는 거야?
> 유럽에서 뛰는 선수들이 많으니까 유럽에 갈 수 있다는
> 생각을 하잖아 그러니까 꿈을 꾸는 거고
> 그러면 미리 준비를 해야지 "

어찌 이리 제가 하고픈 말을 하는지. 깜짝 놀랐습니다. 결국 성공의 원리는 어느 분야든 똑같습니다. 충격적이지 않습니까? 유럽은 가고 싶은데 영어 공부를 안 하면 그런 기회가 왔을 때 놓칠 수밖에 없습니다. 박지성 선수는 유럽으로 가는 선수가 되기 위해 노는 것과 영어 공부를 하는 것 중에 선택을 한 것입니다. 박지성 선수는 정말 좋아하는 축구를 위해 자신이 싫어하는 보양식, 재미없는 기본기 반복 훈련, 소통하기 위한 영어 공부 등을 해냈습니다. 비단 박지성 선수만의 이야기는 아닙니다. 수능도 똑같습니다. 수능을 잘보고 싶고, 좋은 대학은 가고 싶은데, 공부는 하기 싫다는 심리는 성공하기 힘듭니다. 지금 우리 모두에게는 그 선택지가 동일하게 주어졌고, 미리 준비를 하는 사람은 성공을 향한 선택, 꿈만 가진 사람은 실패하는 선택을 합니다. 성공을 위해서는 힘든 선택을 해야 합니다. 수능으로 성공하고 싶다면 그에 합당한 선택을 해야 합니다. 일찍 일어나는 선택을 해야 하고, 각종 영상을 보는 선택을 하지 말아야 합니다. 그런 선택을 하지 않는데, 자신이 원하는 목표를 달성할 수는 없습니다.

**수능을 준비하길 원하는
"선수"들에게 묻고 싶은 이야기입니다.
무엇을 포기할 수 있나요?**

수능 고득점 전략에 대해서는 숱한 학원들이, 강사들이, 앱들이 이야기를 하고 있지만 공부의 본질은 앞서 이야기를 한 것처럼 학(學)에 있는 것이 아니라, 습(習)에 있습니다. 그러니 학교 수업이든, 학원 수업이든, 인강이든지 배우는 모든 내용을 자신의 것을 만드는 과정을 최대한 많이 확보하는 것이 관건입니다. 통상적으로 많이 보고 들으면 익숙해집니다. 여기서 학습의 심각한 함정이 하나 생깁니다. 사람들은 보고 들어서 익숙해진 것을 자신이 안다고 착각합니다. 실제로는 알지 못하는데, 안다고 "생각"하게 된다는 말입니다.

심리학 용어 중에 '유창성 착각'이라는 용어가 있습니다. 오늘날 '보고, 듣는 공부'에 익숙한 학생들이 빠지는 착각입니다.

'어려운 일을 쉽게 해내는 사람들을 보면
그 일이 별것 아닌 것처럼 느껴지는 인지 오류'

우리가 흔히 범하는 실수이기도 합니다. 스포츠 경기를 보면서 선수들이 쉽게 축구공을 차고, 쉽게 야구공을 던지는 것들을 보면서 실제로 쉽게 느끼는 현상을 말합니다. 누구나 할 수 있다고 쉽게 생각하기 때문에 '국가 대표면서 그것도 못하나'라는 말을 쉽게 할 수 있게 되는 것입니다. 흑백요리사의 요리를 보면서 거기에 나온 요리사들이 요리하는 것을 보면 쉽게 따라할 수 있을 것 같이 느끼는 것이 바로 유창성 착각입니다.

2027학년도 수능을 준비하고 있는 예비 수험생들에게 유창성 착각은 매우 심각한 문제입니다. 인터넷 강사들은 모든 문제를 '유창'하게 해결합니다. 어려운 수학 문제고, 지난한 국어 문제도 너무도 쉽게 해결을 합니다. 그래서 그 강의를 듣고 보는 학생들은 그 문제가 아무 것도 아닌 것처럼 느껴집니다. 해설을 들으면서 모두 안다고 생각하고, 문제를 이해했다고 생각하게 됩니다. 문제는 학생들이 그 문제를 풀 때 발생합니다. 유창성 착각에 빠진 학생들은 그 문제를 쉬운 것으로 '이해'했기 때문에 더 공부할 이유를 찾지 못하게 됩니다. 쉽게 이해했으니, 다음으로 '쉽게' 넘어가게 됩니다. 어려운 개념과 문제를 '쉽게, 쉽게' 넘어갔으니 공부를 못할 수밖에 없습니다. 자신이 공부한 것이 아니라, 인강 강사 공부를 시켜 준 것 뿐입니다. 고등학생이 배우는 고교 교육 과정, 혹은 수능에서 요구하는 문제의 수준은 결코 낮지 않습니다. 고난도의 사고 과정을 가지고 있어야 하는데, 너무 쉽게 공부를 하려다보니 실패를 합니다. 이해하기 쉬운 인강을 찾지만, 이해하기 쉬운 인강은 그만큼 잊어버리기도 쉽습니다. 공부는 모르는 것을 배우는 과정이기 때문에 힘든 것이 정상이고 이해되지 않아야 합니다. 그것을 이해하기 위해 노력하는 과정 또한 공부입니다. 수능에서 좋은 성적을 만들기 위해서는 당연히 이런 유창성 착각으로부터 자유로워야 합니다. 쉽게 될 거라는 생각을 하지 말고, 앞서 언급한 것처럼 혼자 공부하는 시간을 최대로 확보해야 합니다. 혼자 공부하는 시간을 더 많이 확보할수록 수능 성적은 빠르게 오르기 시작합니다. 실제 상위권 대학을 진학한 학생들의 '혼자 공부' 시간은 일반 학생들에 비해서 월등히 많습니다. '듣고 보는 것'은 공부의 절반에 불과합니다. 더 중요한 것은 그것을 자신의 것으로 만드는 것이고, 다른 사람에게 '설명'할 수 있을 때 자신의 것이 됩니다.

춤을 잘 추는 사람의 영상을 많이 본다고 춤을 잘 출 수는 없습니다.

춤을 잘 추기 위해서는 실제 몸을 움직여야 하고, 그 동작을 하기 위한 수많은 실패의 과정을 겪어야 하고, 근육을 만들어야만 합니다. 요즘 사회는 이런 모든 과정을 생략하고, 보는 것으로 만족하려 합니다. 그러니 오랜 시간을 공부했다고 말하면서 실패를 하게 됩니다. 이해했다고 말하고, 알고 있다고 말하지만, 설명하라고 하면 제대로 이야기를 못합니다. 다른 사람의 지식을 '듣고 보는 것'으로는 제대로 된 공부를 할 수가 업습니다.

오늘을 살고 있는 우리는 인류 문명의 최대의 황금기에 살고 있습니다. 생성형 AI에게 물으면 모든 답을 찾아주고, 유튜브를 검색하면 신기할 만큼 거의 모든 지식을 다 찾을 수 있습니다. 하지만, 그 지식이 여러분의 것일까요? 우리 모두 깊이 고민해 봐야 할 문제입니다. 그런 의미에서 수능을 한번 생각해 보겠습니다. 우리가 일반적으로 이야기하는 '수능'은 '대학 수학 능력 시험'을 줄인 말입니다. 즉, 수능은 여러분의 '수학(修學)' 능력을 보겠다는 의미입니다. 스스로 학문을 닦을 수 있는 능력이 있는지를 측정하려 합니다. 어느 정도의 사고력을 갖췄는지를 확인하겠다는 의미이기도 합니다.

보는 능력, 듣는 능력이 아닙니다.

실제 수능에서 재학생과 졸업생 등의 차이는 확인을 했습니다. 2027학년도 수능을 준비하려고 한다면, 경쟁자들의 상태가 어떠한지를 아는 것이 중요하기 때문에 많은 이야기를 했습니다. 여러분의 경쟁자들은 매우 앞서 간 상태이고, 여러분은 뒤처진 상태입니다. 앞서 간 사람들을 따라잡기 위해서는 그들보다 더 많이 노력해야 합니다. 그래야 그 '간격'을 줄일 수 있습니다. 많은 예비 수험생들과의 상담에서 제가 항상 묻는 질문입니다.

그 간격을 줄이기 위해 어떤 노력을 하고 있나요?

이렇게 강조하는 이유는 실제 수능 성적은 여러분이 어떤 '태도'를 가지고 공부에 임하느냐에 의해 결정되기 때문입니다. 실제 공부는 노력의 문제라기보다는 "태도(attitude)"의 문제입니다. 예비 고3이 '정시 파이터'가 된다고 말하는 것은 개인적으로 매우 좋아하지 않습니다. 하지만, 경우에 따라서는 정시 파이터로 전향을 하는 것이 타당할 수도 있습니다. 개인적인 경험이기는 하지만 예비 고3 학생이 정시 파이터를 주장하고 공부를 하는 경우를 거의 목격하질 못했습니다. 대체로 자신의 운명을 '연기(delay)'하려는 선택이 대부분입니다. 그러니 정시 파이터를 하겠다는 결심이 섰다면 '남다른 공부'를 보여줘야 합니다. 공부를 안하던 학생이 공부를 시작하면 가장 큰 걸림돌은 '친구'라고 생각했던 존재들입니다. 같이 놀던 '친구'라고 생각했던 존재들이 여러분의 '변화'를 가장 먼저 공격하기 시작합니다. 그 모든 것을 감수할 수 있을 때 진짜 변화가 시작이 됩니다.

인생은 마라톤이고, 고등학교의 공부도 마라톤이야.

이 비유는 한편으로는 맞는 이야기입니다. 짧은 시간에 몰아서 공부하기 보다는 긴 시간을 보고 지속적으로 공부해야 한다는 뜻입니다. 한 번에 모든 힘을 사용하지 말고, 무리하지 말고 공부하라는 의미입니다. 그러나 이 문장에는 심각한 오류가 있습니다. 마라톤이라 함은 42.195km를 달려야 합니다. 현재 세계 기록은 2시간 35초이고, 마라톤 대회에 참여하는 일반 남성 평균은 대체로 4시간 20분 정도의 수준입니다. 사람들의 단순하고, 쉽게 말하는 것과는 다르게,

세계 기록은 100m를 17초 수준으로
일반 동호회의 남성들은 100m를 37초 수준으로

달린다는 말입니다. 결국은 2시간, 혹은 4시간을 유사한 수준으로 달려야 한다는 말입니다. 마라톤이라는 말이 단순히 '천천히'라는 말로 읽혀서는 안 됩니다. 매 순간 최선을 다해서 죽을 것 같은 상황들을 이겨내야 한다는 말입니다. 자신의 기록을 갱신하기 위해, 완주하기 위해 모든 순간을 최선을 다해서 뛰어야 한다는 말입니다. 실제로 수능 성적 상위권 학생들은 그런 상태를 오래도록 지속하면서 자신과의 싸움을 합니다. 그러니 앞서 언급했던 이야기를 꼭 기억했으면 합니다.

자신이 지원하길 희망하는 대학의
수준에 맞게 공부량 조절하기

오랜 시간 입시 강사로 활동하고, 전국을 누비는 강의를 자처하고, 숱한 상담들을 소화하는 이유 중 하나는 '가능성 있는 학생'을 발견

하고 돕기 위해서입니다. 자신의 꿈을 확고하게 가지고, 그 목표를 위해 '헌신'할 각오가 된 학생들을 만나는 것이 저의 큰 기쁨입니다. 한계에 도달할 때 안 된다고 말하는 모든 상황과 사람들과 싸워서 오롯이 자신의 목표를 성취해 나가는 학생들을 보는 것이 교사의 가장 큰 행복이자, 자랑입니다. 그러니 가능한 높은 목표를 설정하고, 매 순간 한계를 넘기 위해 노력을 합시다. 우리가 입시에 실패하는 이유는 지방에 있기 때문도 아니고, 학원이 없기 때문도 아닙니다. 우리가 우리 스스로의 목표를 접을 때만 우리의 입시는 실패합니다. 목표는 여러분이 세우기 나름입니다. 사실 그 누구도 그 목표를 여러분에게 강요할 수 없습니다. 결국 여러분의 인생이고, 여러분의 선택이니까요. 다만, 목표를 정했다면 뒤돌아보지 않았으면 합니다.

목표에 합당한 삶을 살기

개인적으로 인생의 좌우명이기도 합니다. 입시를 위한 여러분의 선택이 꼭 이 길이었으면 합니다. 힘들고 어렵지만, 자신이 세운 목표에 부끄럽지 않은 삶. 그 목표를 위해 많은 것을 포기하고 집중할 수 있는 삶. 기어이 성장을 이뤄내는 삶. 여러분 모두 기꺼이 이러한 삶을 살아내기를 바랍니다. 다른 사람이 보기에는 무모해 보일 수도 있지만, 끝없는 도전과 연습이라면 충분히 해낼 수 있습니다.

우리는 모든 가능성을 가진 존재입니다.

 2. 사례별 탁월한 학종 전략

2027학년도 입시를 준비하는 학생들에게 항상 하는 이야기는 지금이라도 학생부 종합 전형을 준비하라는 말입니다.

어떤 경우라고 하더라도 학종은 재학생을 위한
최고의 전략이 될 수 있습니다.

다른 전형과의 차이에 대해서는 확실하게 차별화된다는 점을 앞서 이야기를 했습니다. 재학생의 유리함에 대해서는 언급할 필요도 없어 보입니다. 특히, 서울의 상위권 대학에서 학종의 선발 비율은 재학생이 압도적으로 높게 형성되고 있습니다. 2027학년도 입시를 준비하는 지금에서 가장 중요한 것은 결국 어떤 역량을 보여줄 것이냐의 문제입니다. 무엇을 할 수 있는지에 집중하는 것이 아니라, 무엇을 잘하는지에 대한 증명이 필요합니다. 자신의 역량을 철저하게 증명하기 위해서는 제대로 된 '공부'가 필요합니다. 공부하는 척, 읽은 척, 이해한 척 등등은 자신의 역량을 온전히 증명하지 못하게 됩니다.

가장 확실한 것은 지금 당장 최고의 노력을 하겠다는 자신만의 다짐을 실행할 때만 가능합니다. 냉정하게 이야기하자면 열정적인 노력이 없다면 어떤 전형도 실패할 수밖에 없습니다. 앞서 언급한 바와 같이 결국 상위권을 진학하는 학생들의 비율은 정해진 상황이고, 개별 수험생이 그 수준이 되느냐 되지 못하느냐의 문제입니다.

학생부 종합 전형의 사례별 성공 전략을 통해 우리는 보다 나은 전략에 대한 고민을 공유할 것입니다. 이 사례를 소개하면서 가장 하고 싶은 이야기는 결국 "가능"하다는 말입니다. 자신이 원하는 대학을 진학하기 위한 제대로 된 공부를 해낸다면 결국은 가능하게 될 것이라는 사실을 믿고 시작해야 합니다. 많은 학생들을 상담을 하면서 느끼는 불편함은 그것이 '가능'할 것이라는 생각을 하지 않고 노력만 하는 학생들이 많았다는 사실입니다. 가능할 것이라고 믿어야 우리의 뇌가 그에 합당한 사고의 과정을 만들어갑니다. 의구심을 가질 때 뇌는 제대로 작동하지 못합니다. 우리에게 닥친 이 난처한 상황들을 해결하기 위해서는 항상 그렇듯 '본질'에 충실한 것이 중요합니다. 대학입시의 본질은 무엇일까요? 바로 학생의 '우수함'입니다.

예비 고3 학생들이 가장 고민하는 부분이 수시, 정시 선택에 관한 것입니다. 오늘도 지나가던 2학년 학생이 복도에서 큰 소리로 저에게 정시로 대학을 가겠다고 '선언'을 했습니다. 수시로 진학할 가능성이 없으니, 정시 준비를 하겠다고 보란 듯이 폭탄선언을 한 것입니다. 안타깝게도 앞선 선배들이 그렇게 이야기하고 대학 진학에 대부분 실패했음에도 말입니다. 2027학년도 입시를 준비하는 모든 학생들과 학부모들에게 꼭 이야기하고 싶은 것은 수시와 정시는 취사선택의 문제가 아니라는 말입니다.

정확하게는 "수시 & 정시"입니다.

수시와 정시는 별개의 문제가 아닙니다. 입시와 관련된 언론 등에서 수시와 정시를 자꾸 양자택일의 문제로 몰고 가는 경향이 다분하지만 실제로는 그렇지 않다는 것을 확실하게 알아야 합니다. 정시를 선택한다는 말은 마치 수시 6번의 기회를 포기해야 한다는 식의 표현이 많습니다. 여기서 하나의 질문이 가능합니다.

"굳이?"

주어진 기회를 포기하고, 정시 3번의 기회에 모든 것을 걸겠다고 하는 것은 다소 왜곡된 정보로 인해 발생하는 문제입니다. 그러니 앞서 언급한 바와 같이 사고의 흐름에 어떤 문제가 있는지, 혹은 판단의 근거가 된 정보가 무엇인지 조금 더 면밀하게 살펴볼 필요가 있습니다. 입시에 관련된 다양한 이야기를 할 때 가장 기본이 되는 이야기가 있습니다.

정시에서의 꿈의 대학이 수시에서는 적정 대학이다.

수시 전형에 대한 이해가 선행되면 저 문장이 쉽게 이해가 됩니다. 입시 전략의 가장 기본 중의 기본은 정시로 갈 수 있는 대학은 수시로 쓰지 않는다는 것입니다. 수능 성적으로 지원할 수 있는 대학은 굳이 수시에서 지원할 필요가 없습니다. 그러니 거의 모든 학생들이 수시 지원에서는 상향 지원을 베이스로 합니다. 자신의 수능 성적으로 갈 수 없는 대학을 지원한다는 의미이기도 합니다. 수시를 포기한다고 이야기하는 모든 학생, 학부모들의 공통점은 내신 성적 때문입니다. 하지만, 앞서 열심히 살펴 본 것처럼 내신이라고 하는 것에 대해 편향된 정보를 가지고 판단하게 되면 모든 가능성이 차단될 수밖에 없습니다. 학생부 종합 전형에 합격하는 학생들의 상당수는 3학년 1학기 때 내신 성적을 올린 학생들입니다. 내신이 상승세를 보인다고 모두 합격하는 것은 아니지만,

3학년 1학기 내신 성적을 올린 학생들이
유리한 것은 사실입니다.

그러니 지금 당장 내신 성적에 대한 고민을 시작해 봅시다. 1학년 내신을 망친 것에 대한 후회를 할 때가 아니라, 2학년 2학기의 성적 향상을 고민하고, 3학년 1학기의 내신 성적을 '최고'로 만드는 것에 대한 고민을 해야 할 때입니다. 대학의 입학 사정관들 혹은 위촉 입학 사정관(교수)들이 평균을 보는 것이 아니라는 것을 다시 한 번 강력하게 강조합니다.

학생부 종합 전형의 사례별 전략을 읽기 전에 스스로에 대한 확실한 믿음을 가지고 시작했으면 합니다. 이 사례들은 개인적으로는 매우 강한 '애정'을 가지고 학생들과 함께 만들었습니다. 그러니 이 사례를 그냥 '그럴 수 있겠구나'라고 생각하지 않았으면 합니다. 개별 학생이 가진 가능성과 능력을 개발하는 과정, 그 속에 담긴 성장을 향

한 열망 등이 제대로 전달될 수 있었으면 합니다. 대학 입시는 매우 중요한 교육의 과정이며, 이러한 교육의 과정을 통해 학생은 12년간의 학생 생활을 성공적으로 완성할 수 있다고 믿고 있습니다. 이 사례와 전략을 통해 자신에게 딱 맞는 멋진 자신만의 전략을 완성할 수 있길, 그리고 더 바라기는 이 과정들을 통해 더 놀라운 성장을 경험하길 바랍니다.

대학마다 다르긴 하지만, 대체로 학생부 종합 전형에서 재학생의 합격 비율이 아주 높게 형성됩니다. 서울에 있는 상위 대학 중 하나인 A 대학의 경우에는 학생부 종합 전형의 **지원자 중에 N수생의 비율은 30% 수준**입니다. 반수와 재수에 대한 사회적 낙인이 없어지고, 오히려 보다 높은 대학을 위해서는 당연한 과정이라고 생각하는 사회적 분위기 속에 반수와 재수가 확실히 증가하게 되었고, 학생부 종합 전형에서 자기소개서가 없어지면서 부담감이 줄어든 졸업생들의 지원이 늘어난 것이 주요한 원인들입니다. 졸업생의 지원은 증가하고 있는 중이지만, 최종 합격생의 비율은 크게 늘지 않습니다. A 대학의 경우, **학생부 종합 전형 최종 합격자 중 졸업생의 비율은 10%**입니다.

반대로 이야기하면 재학생의 합격 비율이 매우 높게 나타난다는 말입니다. 바로 이런 이유로 재학생들이 학생부 종합 전형을 매우 적극적으로 준비해야 합니다. 대학 입시 전형 중 재학생들에게 가장 유리한 전형입니다. 유리한 전형을 두고, 굳이 불리한 전형에서 결과를 만들겠다고 생각할 이유는 없습니다.

앞서 학생부 종합 전형을 제대로 이해하기 위해서 학생부 종합 전형에 대한 '진짜' 공부가 필요함을 강조했습니다. 제대로 공부를 하면 안보이던 것이 보이게 된다는 평범한 진리가 대학 입시에서는 더 중요하게 작동합니다. 안다고 착각하지 말고, 이해했다는 착각을 하지 말고, 직접 말해보고, 설명해 보는 과정이 반드시 필요합니다. 대학 입시에서 실패하는 사람들은 대체로 추상적인 목표를 가지고, 추상적으로 공부한 사람들입니다. 추상성에 기반을 두었으니 무언가를 바꿀 수가 없습니다. 모든 변화의 출발점은 **"구체성"**과 **"개별성"**에 있습니다. 학생부 종합 전형에 대한 구체적인 공부, 자녀에 대한 개별적인 분석 등 구체성과 개별성을 가진 정보들이 모일 때, 우리가 원하는 결과물을 만들 수 있게 됩니다.

학생들과의 숱한 상담의 과정을 거치면서 전국의 수많은 학교의 학생부를 보고 있습니다. 나름의 강점이 있는 학교들이 있고, 아쉬움이 있는 학교들도 있지만, 학생부의 본질은 "학생의 활동"에 있다고 생각합니다. 어떤 상황에서도 학생이 자신만의 결과를 만들기 위해 노력한 과정이 기록되기만 하면 좋은 평가를 받게 됩니다. 현재 학생부에서 가장 중요한 요소이면서 동시에 거의 대부분의 분량을 차지하는 것이 '교과 세부 능력 및 특기 사항' 기록입니다. 학생부의 다른 요소들이 제한되면서 남아 있는 학생부의 항목의 중요성이 더 높아지고 있는 상황임을 감안하면 이른바 '교과 세특'의 중요성은 말할 수 없이 높습니다. 문제는 교과 세특의 구성에 대한 고민이 없는 학생부가 많다는 점입니다. 기본적으로 학생부는 개별 학생을 위한 기록이어야 합니다. 개별 학교의 학생부, 혹은 동아리 학생부는 크게 의미가 없습니다. 대학이 평가 대상으로 생각하고 있는 것은 고등학교도 아니고, 동아리는 더더군다나 아닙니다. 대학이 학생부 종합 전형에서 평가하고자 하는 것은 그 고등학교에서, 그 동아리에서 활동을 하고 있는 개별 학생입니다. 그러니 학생부의 기록은 당연히 개별 학생의 이야기로 구성되어야 하고, 좋은 평가를 받는 학생부는 기본적으로 개별 학생의 구체적 행동이 담긴 학생부가 될 수밖에 없습니다. 학생부 종합 전형에 대한 앞선 공부를 배경으로 더 궁극적이고, 더 본질적인 내용을 공부하면 당연히 다른 학생과는 다른 '구체적 행동'을 하게 될 것이고, 그 기록이 우수함의 기본이 됩니다. 대학의 입장에서 이야기해 보자면, 평가할 내용이 있는 학생부가 되는 것입니다.

자신의 역량을 증명하기 위해 무엇을 하고 있나요?

대학이 여러분 모두에게 묻는 질문이고, 여러분이 학생부를 구성할 때 가장 중요하게 생각해야 할 원칙입니다. 어떤 역량을 어떻게 증명할 것인지, 그 역량이 자신에게 어떤 의미를 가지는지를 고민하면 됩니다. 그리고 그런 고민들은 당연히 학생의 실질적인 성장으로 이어지게 됩니다. 개인적으로 운동을 좋아하는 편인데, 특히 배드민턴을 엄청 좋아합니다. 단순하게 생각해 봅시다. 배드민턴을 치기 시작하고, 여러 스킬들을 배우게 됩니다. '열심히' 배드민턴을 칠 수 있겠지만, 실제 배드민턴 실력은 엄청나게 성장하지는 못합니다. 자신에게 부족한 부분을 확인하고, 어떤 스킬을 배워야 하는지를 알 때 실력이 크게 상승합니다. 보다 더 강력한 스매싱을 하고 싶다면, 스매싱 역량을 키우기 위한 훈련이 필요합니다. 대체로 이런 경우에 레슨(!)이 필요합니다. 여기서 중요한 부분이 있습니다. 스매싱 역량을 키우기 위해 레슨을 받다보면 안 쓰던 근육을 쓰게 되기 때문에 엄청 "고통"스럽습니다. 그 고통을 버티고 연습을 하게 되면 더 강력한 스매싱을 할 수 있게 됩니다. 사실상 모든 일의 성공 과정은 유사하게 나타납니다. 역량을 키우기 위한 '준비'의 과정이 필요하고, 그 과정을 '반복'할 때 성공을 위한 신경망 혹은 근육이 완성되어지는 것입니다. 모든 성장에는 이런 과정이 동반됩니다. 학생부 종합 전형을 준비하는 과정도 이와 다르지 않습니다. 역량을 증명하기 위해서는 자신에게 필요한 것이 무엇인지를 알아야 합니다. 요즘의 이야기로 하면 '메타인지'인 셈입니다. 자신이 무엇을 알고 있고, 무엇을 모르고 있는지를 구분할 때 공부를 잘 할 수 있게 됩니다. 아는 것처럼 느끼고, 이해했다고 생각하는 것이 오늘날 고등학생이 공부에서 실패를 경험하게 되는 중요한 이유 중 하나입니다.

학생부 종합 전형을 준비하는 과정은
실제 학생이 "똑똑"해지는 과정과 다를 바가 없습니다.

지식의 확산 과정을 증명하는 것이 핵심이기 때문입니다. 지식의 확산 과정을 거친 학생들은 똑똑해집니다. 객관식 한 문제를 더 맞혀서 더 높은 내신을 받는 것과는 다른 문제이기도 합니다. 똑똑해진 학생들은 대체로 내신 성적이 상승하면서 자신의 역량의 다른 측면을 '자기 주도 학습'으로 증명합니다. 학생부 종합 전형에 대한 제대로 된 공부를 하겠다는 생각이 들었다면, 이제 본격적인 사례를 통해 자신만의 전략을 만들어 봅시다.

이 글을 쓰고 있는 와중에 지방의 일반고 학생이 문자를 보냈습니다.

> 시험 끝났겠네. 긴~ 시간 고생이 많았어.
> 오늘은 푹 쉬고, 내일부터 또 열심히 달려보자.
> 오늘 중으로 설계도 만들어서 보내줘~~~~

> 시험이 끝이 났습니다. 시험 이후에 고민이
> 많이 생기고 있습니다. 지금 대부분의 과목이
> 2등급 초반 정도에 있는데, 2학기 내내
> 1정대 초반을 받는다고 해도, 최종 합산으로는
> 1정대 후반대가 나오는데요, 제가 생각할
> 때는 더 이상 수시 준비, 내신을 챙기는 의미가
> 있는지가 궁금합니다...

엄청 자주 받는 질문이기도 합니다. 아마 지금 상당수의 예비 수험생이 하고 있는 질문이기도 할 것 같습니다. 하지만, 앞서 무척이나 강조한 내용들을 곰곰이 생각해 봅시다. 그리고 다음 사례들을 보면서 같이 고민을 해 봅시다. 어떤 길은 너무도 힘들지만 의미가 있고, 어떤 길은 너무도 편안하고 쉬워 보입니다. 어떤 이유에서건 우리는 선택을 해야 하고, 그 선택에는 마땅한 결과가 따르기 마련입니다.

> 훗날 훗날에 나는 어디선가
> 한숨을 쉬며 이야기할 것입니다.
> 숲 속에 두 갈래 길이 있었다고,
> 나는 사람이 적게 간 길을 택하였다고
> 그리고 그것 때문에 모든 것이 달라졌다고.
>
> - 가지 않은 길 The Road Not Taken (Rober Frost)

학종 사례 – 나만의 호기심, 나만의 실험

이제 소개할 학생은 서울 강북의 한 남고 학생의 이야기입니다. 민혁이의 학생부는 조금 많이 독특하긴 합니다. 지도하신 선생님이 워낙에 열정적인 교사이기도 합니다. 다소 낮은 내신에도 불구하고 상위권 대학을 진학하게 된 가장 결정적인 계기를 여러분들이 찾을 수 있길 바랍니다. 사례로 소개하는 학생들의 그 과정들을 최대한 충실하고, 면밀하게 보여드리긴 하겠지만, 그럼에도 아는 만큼 보일 수밖에 없다는 점을 감안하고, 조금 더 알고, 조금 더 깊이 이해하기 위한 노력을 하신다면 더 많은 것이 보일 것이라 확신합니다. 민혁이의 학생부를 읽으면서, 어떤 학과를 지원했을지에 대한 예측을 해보는 것도 매우 의미 있으리라 생각을 합니다.

장애 이해 교육을 들으며 우리 사회에서
장애인의 편의를 돕기 위해 설치 된 시설에 대해 생각하고,
직접 손으로 휠체어를 밀며 휠체어 램프를 오르는 분을 보고
뒤에서 밀어준 경험을 바탕으로
휠체어 램프의 경사로에 관심을 갖게 됨.

먼저 학교 인근 지역의 건물들을 방문하여 경사로
설치 유무를 확인한 결과 약 40%의 건물이 경사로 설치가
되어있지 않은 것을 확인함. 이후 휠체어 램프 설치와

관련한 법률을 찾아보고, 접근로의 기울기가
12:1의 비율이어야 함을 확인하였으나,
법률에 맞게 설치된 곳이 거의 없다는 문제를 파악함.

마찰계수 및 마찰력, 굴림 힘 등에 대해 학습함.
평균 몸무게 58kg인 여성이 18kg의 휠체어를 이용 할 때를
역학을 사용해 계산하여 41.3N의 힘이 필요함을 계산하였고 ~

화재로 인해 발생 하는 인명 피해 뉴스를 보며
개인 창작 로봇으로 '화재 알림 로봇'을 제작함.
CNN(합성곱 신경망)을 화재 감지에 적용하였고,
인간의 시각 처리 방식을 모방하여 이미지를 탐색하고
그 특징을 파악하도록 함.

카메라를 통해 화재를 인식하면, 아두이노로 값을
전송해서 아두이노 내에서 불빛과 소리로 알람을 주고,
블루투스 모듈을 이용해서 핸드폰으로도 화재를 알리도록
알고리즘을 구성하고 코딩을 하였으며,
아두이노와 핸드폰을 연결하기 위해 앱인벤터를 사용해 ~
성공적으로 시연하였음. (동아리)

진로와 직업 교과 시간에 제작한 '자세 교정 장치'의
완성도를 높이고자 지속적으로 시연하며 문제점을 찾고,
개선하고자 노력함.

'자세 교정 장치'가 적외선 센서를 부착한 곳으로부터 ∼
정작 사용자가 자신의 자세를 직접 눈으로 확인하지 못해,
이를 '티처블 머신' 인공지능 프로그램을 적용하여
개선을 시도함. ∼ 실험을 통해 자세 분석 기능이 카메라로
한계가 있음을 인지하고,
이를 보완하기 위해 감지 의자를 제작하였고, ∼

만약 일정 각도 이상 과도하게 굽어지게 될 경우
사용기기에 경고가 띄워지도록 제작하고 실험을 진행함.
실험을 통해 의자 내부에 도선을 내장시켜 제작하면
상용화도 가능하다는 결론을 도출하여 ∼ (진로활동)

흔히 비교과라고 부르는 자율 활동 등의 학생부 내용을 토대로 생각해 보면 1학년 학생부 임에도 불구하고 선명한 방향성이 어느 정도 보이기는 합니다. 학종에서 가장 중요한 것은 결국 개인의 지적 호기심이고, 그 지적 호기심이 어느 방향으로 발현이 되는지를 학교생활을 통해 검증하는 것입니다. 민혁이는 자신이 배우고, 접하고, 경험했던 것을 소홀히 넘기지 않고, 자신이 관심 있는 분야로 차분히 연결시키는 것을 자연스레 학교 활동을 통해서 "배웠"습니다. 이 부분을 잘 이해해야 합니다. 원래 그랬던 학생이 아니라, 학교 활동을 통해 배웠고, 그 배움을 제대로 "실천"했다는 의미입니다.

개인적으로 민혁이가 가진 가장 강력한 장점은 궁금함을 그냥 끝

내지 않는다는 점입니다. 많은 학생들은 자신의 궁금함을 파고들지 않고 간단하게 AI에게 혹은 유튜브에서 검색하는 것으로 끝을 냅니다. 하지만, 대학은 그런 인재를 좋아하지 않습니다. 오래 걸리고, 지루한 과정이지만, 제대로 성장해 나가기 위해 노력을 하는 일련의 과정들을 소중하게 생각합니다. 그러니 저런 학생부를 만들기 위한 민혁이의 노력도 엄청 존중을 받게 됩니다. 민혁이의 1학년 내신은 수학 3등급, 통합 과학 3등급으로 형성되었습니다. 민혁이가 가진 '탐구력'에 비해서는 객관식 성적이 다소 낮게 형성되기는 했지만, 고등학교의 특성이 어느 정도 작용함을 감안해야 할 것 같습니다. 1학년 교과 세특에서 특이한 점은 수학 등 몇 개의 과목에서 공통적으로 과제 집착력과 문제 해결력에 대한 언급이 구체적으로 되어 있다는 점입니다. 비교과 활동을 살펴보면 충분히 가능한 수준입니다.

> 역학적 시스템 단원을 학습하고 심화된 문제에 대해
> 접근해 보고자 등속운동과 등가속도 운동을 모두 포함하는
> 비스듬히 던지는 물체의 운동을 조사함.
> 수평으로 던진 물체의 운동을 학습한 내용을 확장해 ~
> 물체의 연직방향은 비행시간과 최고점 높이를 찾을 수 있고,
> 수평방향은 수평도달거리를 계산할 수 있다는 점을
> 이해하였고, 야구공을 가장 멀리 보낼 수 있는 이론적인
> 발사각은 45도이지만 공기저항과 마찰로 인해 통계적으로
> 42도가 가장 멀리 날아감을 ~ (통합 과학)

신문기사를 통해 100여명의 사상자가 발생한
의정부 아파트 화재를 확인하고 늦은 신고와 유독가스에 의해
피해가 가중된 점 등을 확인하며
이러한 화재 사건을 예방해 보고자 탐구 활동을
화재의 원인을 조사하고 한국 소방 안전 협회의 자료를 토대로
전기성 화재가 35%로 가장 큰 비중을 차지하고 있는 점을
전선 피복의 균열이 전기성 화재의 주된 요인이 된다는 점을
확인하고, 이를 해결해보고자 PVA와 멜라민을 활용한
자가 치유 캡슐을 제작하고 이를 빨대를 활용해
전선을 만들어 전기 전도성과 유연성, 손상 이후 회복하는
정도를 실험 과정을 통해 확인하여 충분히 활용가치가
있음을 입증하는 ~ (과학탐구실험)

자신과 비슷한 경험을 한 친구들이 있는지
확인하고자 인근 4개 학교의 600명 학생들을 대상으로
설문조사를 실시하였고, 하루 전자기기 사용 시간과
전자기기 사용으로 인한 눈, 손목, 목, 허리 등의 불편함을 확인함.
이를 해결하기 위해 '자세 교정 장치'를 설계하였음.

전자기기와의 거리가 50cm 이내로 들어오면
적외선 센서가 감지하여 부저를 울리도록 설계하였음.
적외선 센서의 ~ 출력된 전압 값을 거리로
다시 변환하는 과정에서 직접 전압과 거리 사이의 관계식을
세워 코딩함. 추가로 전자기기와 사용자 사이의
눈높이를 맞추기 위해 ~ (진로와 직업)

합성곱 신경망(CNN)을 이용한 프로젝트를 진행하며,
머신러닝에 대해 관심을 가짐. 머신러닝의 종류인 지도학습,
비지도학습, 강화학습에 대한 실험을 진행하여 ∼
지도학습은 40문항에 대해 18초가량 걸린 반면,
비지도학습은 40문항에 대해 33초가량 걸리는 모습을
확인하였고, 정답률 또한 지도학습이 정답률 99.928%가
도출된 것과 달리, 비지도학습의 정답률은 99.142%를
기록하는 등 유의미한 차이를 확인할 수 있었고 ∼

민혁이는 자신이 배우고, 경험하는 많은 상황들에 대해 다양한 방식으로 검증을 해보려는 시도를 합니다. 주어진 지식을 그대로 받아들이기 보다는 여러 측면에서 모형을 만들고, 실험을 해보는 등의 다양한 접근 방식이 인상적인 학생입니다. 이런 도전적인 실험과 탐구의 과정들을 통해 무척 빠르게 성장한 면도 있긴 하지만, 교과 성적의 우수함을 제대로 확보하지 못하는 어려움도 분명히 존재합니다. 이 많은 실험과 탐구를 "제대로" 진행하기 위해서는 당연히 숱한 시간이 필요하기 때문입니다. 1학년 내도록 유사한 내신 성적을 유지한 민혁이는 2학년이 되어서도 크게 행동 패턴을 바꾸지는 않았습니다. 다만, 실험과 탐구의 깊이가 훨씬 더 체계적이 되고, 수준이 높아졌다는 점을 확인할 수 있습니다. 객관식 역량으로는 보여줄 수 없는 창의성과 도전 정신, 추진력이 눈부시게 빛나는 2학년이 된 셈입니다. 민혁이가 대학으로부터 좋은 평가를 받게 된 가장 큰 이유들은 당연히

2학년의 활동이 메인이라고 생각합니다. 물론 심층성이나 깊이를 생각하면 3학년 학생부의 어떠함이 더 중요하긴 하지만, 성장을 위한 발판을 만들고 탄탄한 토대를 만들었다는 측면에서 민혁이의 2학년 학생부는 매우 중요한 역할을 담당하게 됩니다.

> 평소 와이파이를 사용할 때, 벽을 여러 개 거치는
> 방 내부에서는 연결이 원활하지 않은 것에 대해
> 불편함을 느끼고, 보유하고 있는 라즈베리 파이를 사용하여
> 무선 공유기를 제작하려고 시도함.
> 라우터 개발 환경을 구축하기 위해 OpenWRT라는
> 오픈소스 라우터 개발 환경을 찾고 ~
>
> 부팅이 되지 않아 어려움을 겪었고, 해결책으로 UART 핀을
> 연결하여 부팅 여부를 확인하는 등 ~
> 무선 공유기 제작을 성공함. 이를 통해 무선과 유선 통신,
> 임베디드 소프트웨어에 대한 이해도를 높일 수 있었음. (자율)
>
> 창작 로봇 동아리장으로서 ~ 창작 로봇 제작 과정에서
> 공부의 능률을 떨어뜨리는 학업 스트레스에 도움을
> 줄 수 있는 로봇에 대해 고민을 시작하고,
> '대학생의 게임 이용 행동 군집분류: 스트레스와 기본심리욕구
> 만족 및 균형을 중심으로'의 전문 자료를 학습한 후,
> 게임을 통해 학업 스트레스에 도움을 주고자
> 직접 '인공지능 게임'을 제작하는 활동을 진행함.

Raspberry Pi에 레트로파이를 설치하였고 ∼
Window와 Ubuntu의 연결을 위해서 ip주소를 파일탐색기에
입력하여 AI를 설정하였고∼ (동아리)

에너지를 조사하던 중 에너지의 변환 과정에서 많은 손실이
발생한다는 사실을 알게 됨. 자연채광은 ∼
집광부, 광이송부, 산광부의 적당한 형태를 찾기 위해 ∼
연구의 이론적 증명을 해결할 탐구를 진행함.
첫째로 페르마의 원리를 증명하기 위해 좌표평면 위에
점 A(0,a)에서 빛이 P(x,0)를 지나 굴절되어 B(x+d,b)점에
도달한다고 가정하고, 입사각을 θ, 굴절각을 ϕ 라고 하고 ∼
함수의 극솟값이 최소가 되는 함수임을 알아내어 페르마의
원리를 증명함. 빛의 손실은 충돌 횟수와 비례하여
각 형태의 충돌 횟수를 구하여 실험 중 측정값과 근삿값이
나오는 것을 확인함 (진로)

사실, 이 정도의 학생부는 누가 보더라도 우수하다고 여길 수밖에 없고, 과정의 충실함도 이루 말할 수가 없습니다. 얼마 전 서울대 등의 대학에서 입학사정관 연수를 진행하면서도 많이 이야기했던 부분이긴 한데, 학종은 결국 '상호 주관성(intersubjectivity)'이라는 시스템에 근거한 평가방식입니다. 정성적 평가의 가장 중요한 요소 중의 하나이기도 합니다.

상호 주관성에 대해서는 당연히 다양한 해석이 가능하지만, 가장

대표적인 것이 바로 '함께 공유하고 있는 정의에 대한 사람들의 동의'를 의미합니다. 입시라는 관점에서 이야기를 하자면, "우수함"에 대한 (위촉)입학사정관들의 동의가 전제가 된다는 말입니다. 그런 동의를 위해서 실제로 여러 대학들을 다니면서 (위촉)입학사정관 연수를 진행하는 것이고, 실제 대학에서도 그런 동의를 연수를 통해서 확보하려고 합니다. 결국 다수의 (위촉)입학사정관들이 동일한 잣대를 가지고 학생부를 평가한다는 의미로 이해하면 쉬울 듯합니다. 서울대의 경우는 위촉입학사정관인 교수를 포함하면 평가 위원이 거의 150명에 달합니다. 그들이 각자 다른 시선을 가지고 있다고 하더라도, 학생부의 평가에서는 '동일한 시선'을 갖기 위해 많은 시간을 연수에 투자한다는 말입니다. 그러니 학생부는 그런 평가자들이 봤을 때 우수해 보일 수 있어야 합니다. 대학마다 우수함의 기준이 다를 터이니 '학종 평가 요소'가 중요하다고 누차 강조하는 것입니다. 여하튼 민혁이의 학생부는 상호 주관성에 근거할 때 우수한 학생임은 분명합니다. 다만, 이를 증명하기 위해서는 학생부의 다른 영역(교과 세특)이 우수함을 받쳐줘야만 합니다.

> 진자운동과 원운동에 관련된 식에 삼각함수가
> 쓰임을 보고 궁금증을 가져 탐구함.
> 원운동에서 속도의 방향을 원의 접선 방향이라고 가정하고,
> 방향이 지속적으로 바뀌는 운동이기 때문에

가속도가 생김을 확인하고, 구심력을 수식으로 표현함.

이를 확장시켜 구심력을 F=ma=mvw로 유도해냄.

이후 원운동을 투영시켜 단진동을 관찰하고,

sin함수의 그래프와 비슷한 형태임을 확인함. 이동 거리를

x성분으로 투영하여 x=rsinwt으로 표현함.

또한 단진동을 관찰하고, 중심에서 멀어질수록 느려지는 것을

힘이 운동 방향의 반대로 작용한다고 해석하여 ~

진자운동에는 장력과 중력이 작용하여 구심력을 구성하며,

그 구심력을 이용하여 에너지 보전 법칙과 최고,

최저높이에서의 에너지 차이를 이용해

최대속력을 직접 계산하고, 물리를 수학적 도구를

활용하여 해석하고 ~ (수학 I)

학습 중 무한에 대해 궁금증이 생겨 '수학의

위대한 순간들'을 읽고~ 항의 개수가 계속해서 커지는 상태를

어떤 특정 함수로 표현한다는 것이 이해되지 않아서 ~

변수 x의 거듭제곱과 계수가 ai인 a0+ a1(x–a)+ a2(x–a)^2+ ...

+a(n–1)(x–a)^n–1 +... 꼴의 무한급수를 (x–a)에 관한

거듭제곱 급수로 정의~ 반대로 함수를 거듭제곱급수로

변환을 시도하여~ 이 방식으로 함수를 다항함수의

합으로 나타냄. 위와 같은 방법으로 삼각함수를 분해하여

sinx = x– x^3/3! + x^5/5! – x^7/7!+...로 표현함 ~ (수학II)

전기장 단원을 학습하고 부피나 면적을 갖지 않는
점전하에 대한 문제들만 있는 것이 궁금해 전하가
분포되어있는 다양한 형태에 대해 ~
폐곡면을 지나는 전기력선속 E를 면적분하여 구면 위의
모든 위치에서의 전기력선속을 해석하여 가우스법칙을
증명하는 과정을 거침. 또한 중력장 역시 전기장과
같은 원리로 작용하지 않을까 하여
중력장과의 관계 역시 공부하였고 ~
임의의 곡면에 작용하는 중력장의 총합이 곡면 안 총질량
M에 비례한다는 가설을 세움.
이를 지구에 적용시켜 식을 전개했으나 지구 바깥에서와
지구 내부에서의 퍼텐셜 에너지를 구하는 식이
서로 다른 것을 알고 이 둘을 유도해냄 ~ (물리학Ⅰ)

수학 시간에 탐구한 무한급수와 함수의 관계에서
더 나아가, 푸리에 급수에 대해서 탐구함. '어떤 폐구간 위에서
정의된 임의의 함수는 사인 함수와 코사인 함수의 합으로
표현할 수 있다' 는 계수를 구하기 위해 수학 탐구에서
했던 것처럼 미분하여 증명하려 시도했지만,
항들이 사라지지 않아 계수를 구할 수 없었음.
삼각함수의 항들을 제거하기 위해 삼각함수의 직교성을 이용함.
삼각함수는 서로 같은 주기를 갖지 않는다면
서로 직교하기 때문에, $\cos(nwx)\sin(mwx)$를 $-L$부터 L까지 x에
대해 적분하면 0임을 이용해 항들을 제거함 ~

이후 통신에서 푸리에 급수를 이용한 푸리에 변환이
사용된다는 것을 알고 그에 대해 추가적으로 조사함.
푸리에 변환에 대한 완벽한 수식적 이해는 아직 힘들었지만,
신호처리, 음성, 통신 등 분야에서 임의의 입력 신호를
다양한 주파수를 가지는 주기함수들의 합으로
분해하여 표현한다는 사실을 ～

물리에서의 일, 화학에서의 쌍극자모멘트에 벡터가 적용되는
방법에 대해 탐구함. 특히 벡터의 내적을 계산하는 코딩에서
발생한 문제를 해결하기 위해 cos의 역을 취하였고, 스스로
문제를 해결하여 정확한 theta값을 찾았음을 정리하여 ～ (기하)

반도체 기반의 전자 소자는 초소형화를 겪으며
급속한 기술 진보를 이뤄왔지만 최근에는 기술적 한계에
부딪혀 기술 발전 속도가 저하되고 있음을 알게 됨. 발열 등의
문제를 잡고 다시 크게 발전을 이루어 낼 수 있는 방법은 ～
현재 전자 소자 개발에서 가장 필요한 기술은 레이저의
세기를 증강시키는 것으로 레이저의 세기를 증강시킬 수 있는
방법이 없을지 알아보는 연구를 ～ 레이저가 빛이라는
성질을 이용해 문제를 해결 할 수 있을 것이라 생각하고,
빛은 파동의 성질을 가지고 있어 간섭 중 보강간섭을 통해
빛의 세기가 세질 수 있고 이를 레이저에 활용하여
기존의 레이저로 더 강한 세기의
레이저를 다룰 수 있을 것이라 판단하여 ～

이미 알려진 공식들을 구체적 사례를 통해 증명하고, 유도해 보는 활동을 통해 깊이 있는 수준의 지적 탐구를 진행했음을 확인할 수 있습니다. 더불어 그 증명과 유도의 과정이 '심화 학습을 했다'는 정도의 수준을 끝나지 않고, 탐구의 과정과 유도의 과정을 제시함으로서 민혁이는 스스로의 우수성을 조금씩 증명해 갔고, 그 증명을 누적해 갔다는 점이 중요합니다. 당연히 모르는 부분을 공부하는 것이고, 어려운 내용을 이해하는 과정이기 때문에 실패는 당연한 것이고, 그 실패를 당연한 것으로 받아들이고, 나름의 답을 찾기 위해 노력하는 과정에서 민혁이는 엄청난 성장을 했습니다. 이런 학생을 선발할 수 있다는 점에서 개인적으로는 학종 전형의 우수함이 있다고 생각합니다.

2학년의 이론적 토대와 탐구를 계기로 급성장한 민혁이는 3학년에서는 또 다른 도전을 시작합니다. '입시'가 코앞이기는 하지만, 성장을 위한 선택이기도 하고, 그 선택이 교과 성적의 향상으로 일반적으로 연결이 됩니다. 무언가를 잘해내는 학생들은 다른 것들도 잘해내기 위해 노력하게 됩니다. 자신의 현 상태를 '높은' 상태로 간주하기 시작하면 다양한 행동이 달라지기 때문입니다.

대학이 요구하는 인재상의 핵심 중의 하나는 '진로의 심층성'이기도 합니다. 언론에 나오는 전공 적합성 같은 수준 낮은 이야기가 아니라, 자신이 관심이 있는 분야에 대한 공부를 토대로 하는 진로의 심층성은 학생의 우수함을 보여주는 가장 큰 축 중의 하나입니다. 어느 정도까지 공부하고 있는지, 그래도 "자신이 궁금한 것을 제대로 공부"하고 있는지는 대학이 학생의 우수함을 판단하는 데 엄청 중요한 요소입니다. 그런 면에서 3학년 민혁이의 학생부는 유심히 살펴볼 필요가 있습니다.

자연채광에 대해 이론적인 연구를 진행했던 탐구를 토대로 어떤 형태가 가장 효율적인지에 대해 탐구활동을 진행함. 지하주차장에 자연채광을 접목시켰을 때의 상황으로 실험을 진행함. 조도계를 이용해 실외 조도와 지하주차장 내부를 측정하고 지하주차장의 깊이, 면적, 광덕트의 길이 모두 동일한 비율인 20 : 1로 축소하여 지하주차장 모형을 제작한 후, 모형 내부의 조도를 측정함.

실험 결과 전등 연직 하부의 경우 지하주차장 내부 14lx, 모형 내부 22lx로 더 나은 효율을 보여주었고, 전등 주변에서는 11lx에서 18lx, 벽면에서는 9lx에서 13lx로 세 가지 위치에서 실제 지하주차장보다 뛰어난 효율을 보였을뿐더러~ 등기구의 비용 절감과 등기구를 교체 할 때의 인건비 두 가지 요소로 나누어 계산한 결과, 연간 약 410만 원의 금액을 절약할 수 있다고 연구 결과를 ~ (진로)

장마철 하천의 범람으로 터널에 물이 급속도로 유입되어 발생한 사고에 안타까운 마음을 표하며, 이런 사고가 또 발생했을 때 피해를 줄일 수 있는 로봇 제작을 궁리함.

차량을 하부에서 바퀴를 들어 올려서 운반하는 로봇을
생각한 후, 베르누이 방정식을 이용하여 범람한 하천의 물이
좁은 터널에 유입되었을 때의 유속에 대해서 계산하였으나 ～
문제를 해결하기 위해 터널 천장에 로봇 팔을 설치하여
차량을 들어 올려서 운반하는 ～ 하천의 유량을 실시간으로
측정하여 범람 위험이 있을 때 경보를 울리고
로봇 팔이 차량 가까이 미리 이동할 수 있도록 코딩함. ～
실생활에서 발생하는 문제를 해결하는 로봇을 ～ (동아리)

최근 발생한 홍수 피해를 보며, 자연재해는 예측과 선제적
대처가 중요함을 인지하여 홍수예측모델을 만들어보기로 함.
기상청의 홍수 예측모델을 살펴보니, 도심에서 발생하는
홍수 예측이 어렵다고 판단함. 차별화를 위하여 ～
하수도의 너비 기준인 30cm로 하수도 모형을 제작하여,
수압 센서와 아두이노를 연결하고 아두이노와 라즈베리파이를
연결함. 이후 베르누이 방정식과 토리첼리 정리를 이용해
압력 센서값을 수량과 유속으로 변환하는 코드를 ～
하지만 하수도에 설치했을 때 오차가 발생하였는데, 원인은
대기압이 같다는 가정에 오류가 있었기 때문이라고 판단함.
도심지역 강수량 정보를 기상청에서 받아온 후 변환함.
코랩에서 가동할 ARIMA 모델의 라이브러리를 ～

센서 값의 경우 끊임없이 노이즈가 발생하는 등 시행착오를 겪음.
노이즈는 가우시안 노이즈를 이용한 필터를 사용하였고 ～
실용성을 검증하기 위해 그간 발생했던 주요 도심 내 홍수

시기에서 시뮬레이션을 진행하였고, 총 20개의 사례를
적용시켰을 때, 14번 예측에 성공하며 ~ (진로)

대기오염 문제의 심각성을 인지하고, 대기환경 문제 영상을
시청 후 ~ 관련 자료를 데이터화 및 활용 계획을 세움.
'R을 활용한 기초 환경자료 분석 및 시각화'를 읽고,
이에 'R'을 이용한 대기오염을 시각화하여 우리나라
전체 대기오염 양상을 파악하는 프로젝트를 ~
각각 미세먼지 농도의 구간별 풍향 빈도수와, 풍향 풍속에
따른 오염 물질의 평균 농도를 시각화하고 ~
직관적인 대기오염과의 영향 관계를 파악하기 힘들어,
추가 조사 후 미세먼지의 날짜별 농도 양상을 알 수 있는
Calendar plot 기능을 찾아내어 ~
분석 결과, 연초에 미세먼지의 농도가 다른 시기에 비해
확연히 높음을 시각적으로 확인할 수 있었고 ~ (환경)

허블법칙의 그래프에서 데이터 값을 종합하여 최적의
데이터 값을 만들어 직선으로 나타내는 과정에 대해 탐구함.
먼저 데이터의 개수가 적을 때는 문제가 없음을 파악함.
점의 개수가 너무 많아져서 무한에 가까운 개수의 데이터가
쌓이는 상황 ~ 수학적으로 해석하며 접근함.
점과 직선 사이의 거리를 어떤 방식으로 특정해야 할 지 고민 ~
직선의 기울기와 y절편을 a, b라는 변수로 놓고, 각 데이터
값을 k번째 좌표로 놓아, 시그마를 이용한 계산식으로 표현함 ~.
이 결과가 선형회귀와 유사하다는 교사의 조언을 듣고

추가 조사한 결과, 단순 선형회귀에서 회귀계수와
절편을 나타내는 식과 매우 유사함을 알게 되었지만,
결론과 달라서 원인에 대해 탐구하는 과정에서 ~
spss를 활용하여 선형회귀를 구현 함.

수업 시간에 돌림힘을 배우면서 1학년 때
진행했던 경사로 기울기에 대한 탐구의 미흡했었던
부분을 개선할 수 있음을 깨닫고 ~ 기어의 크기 비에 따른
돌림힘의 차이를 이용하면 경사로를 작은 힘으로도
올라갈 수 있는 역학 구조를 만들 수 있다고 가설을 세운 후 ~
기어를 이용하여 일반 휠체어 바퀴에 부착하는
보조 장치를 제작함으로써 ~ 60kg의 성인이 휠체어를
탔을 때 안정적으로 보조하기 위해서는
약 100Nm의 돌림힘과 12,000RPM의 회전속도가
필요하다는 결론을 도출하였고 ~ (물리학II)

연잎쌈을 먹었을 때, 시간이 지나서 연잎쌈 안에 있던
내용물은 부패되지 않았던 경험을 바탕으로
식물 부패의 영향을 알아보는 실험을 설계하고 진행함.
연잎으로 싼 밥과 일반 밥으로 하여, 실험1은
하나의 실험군과 2개의 대조군으로 설정하여 관찰함.
시각적 부패 관찰 시기와 곰팡이 확산 속도를 비교하여 ~
실험2에서는 연잎 추출액을 바른 경우와 아닌 경우를
비교 관찰함. 결과의 심화 이해를 위해 추가 조사 후
폴리페놀이 산화 방지 역할을 하는 것으로 확인함 ~ (화학II)

이차곡선이 통신 분야에서 어떻게 응용되는지 탐구함.
rf bandpass filter를 알게 되었고, 이를 구현하기 위하여
LC회로를 제작함. 주요 재료인 선케이블과
세라믹 커페시터, 저항과 다이오드를 이용하여 보드 상에
회로를 구상함. 이후 오실로스코프를 이용해 회로가
주파수 특성에 맞는지 확인하였고, 이차곡선이
실제 적용되는 장치를 구현한 점이 돋보였음.

이렇게 민혁이의 학생부를 토대로 민혁이가 지원한 학과에 대한 답을 해봅시다. 다양한 힌트를 준만큼 어렵지 않게 찾았을 것이라 생각하지만, 여전히 전공 적합성과 같은 오해를 하고 있다면 찾기가 매우 어려웠을 것입니다. 민혁이의 가장 본질적인 질문, 그리고 배움의 과정에서 유독 관심을 가지고 깊게 공부한 영역을 생각해 보면 답을 쉽게 찾을 수 있을 것입니다. 일단, "공과 대학"인 것은 확실하게 보입니다.

민혁이가 지금 다니는 학과는
"고려대학교 전기전자공학"입니다.

고려대 전기전자공학의 주요 학과목은 '반도체 및 나노', '집적 회로', '신호 처리 및 멀티미디어', '제어, 로봇, 시스템', '전기 에너지', '컴퓨터 공학', '통신 및 네트워크' 등입니다. 전체적으로 생각해 보면 민혁이가 만든 학생부의 내용과 숱하게 겹쳐지는 부분이 보일 것입니다. 물론 처음부터 고려대를 목표로 준비한 것이 아닙니다. 자신

이 궁금한 부분을 지속적으로 파고 들면 당연히 보이게 되는 영역입니다. 고려대 전기전자공학에서 요구하는 학생은 다음과 같습니다.

수학, 물리, 컴퓨터 등의 과목이 지루하지 않다.
호기심이 왕성하고, 원인과 결과를 분석하여
상관관계를 찾는데 재능이 있다.
집중력이 뛰어나며, 어느 한 분야에 치우치지 않는
사고를 지녔다. 게임을 하다가도
'어떻게 만들었을까'를 생각한다.

민혁이의 학생부와 겹쳐지는 부분들이 보이시나요? 실제 민혁이는 자신이 고등학교에서 공부한 내용을 심화해가면서 매우 행복한 대학 생활을 하고 있습니다. 제가 전국의 많은 지자체와 협업하면서 진행하는 '진로 진학 캠프'에 멘토로 항상 참여하고 있는데, 여전히 열정적이고, 다양한 호기심을 가지고 세상을 "탐구"하고 있습니다.

학종에 대한 다양한 생각들이 존재할 수 있고, 예비 수험생이라면 더 많은 한계를 느끼는 것이 당연할 수 있습니다. 하지만, 학종을 성공하는 학생들은 대체로 자신만의 역량을 '강화'해가는 과정을 증명하고 있다는 점을 고민해볼 필요가 있습니다. 다소 낮은 내신일 수 있고, 지금 당장은 매우 부족해 보일 수 있습니다. 하지만, 정말 중요한 사실은 '지금의 여러분 상황과 역량'으로 대학을 가는 것이 아니라는 점입니다. 우리는 올해, 그리고 내년에 성장을 해서 2027학년도 입시를 맞이하게 됩니다. 성장을 해서 말입니다. 그러니 현재의 우리 역량이 멈춰 있을 것이라고 가정하지 말고, 그 역량을 키우기 위한 노력

chapter 2 | 합격을 위한 맞춤형 입시 전략 세우기

2. 사례별 탁월한 학종 전략   285

을 하면 됩니다. 그래서 다음과 같은 질문들이 너무나도 중요한 것입니다.

어떤 역량을, 어떻게 증명할 생각인가요?

학종 사례 - 실패를 통한 성장

앞서 살펴 본 민혁이와는 다소 결이 다른 학생이긴 하지만, 이제 살펴볼 은정 학생도 매우 의미 있는 학종 사례가 될 것입니다. 매우 다른 의미에서는 불가능을 가능하게 만드는 류의 학생이라는 점에서도 큰 의미가 있습니다.

공부하다를 의미하는 영단어 study의 어원은 라틴어 'studeo (studere)'입니다. 대체로 '헌신하다, 성실하다'의 의미를 가지고 있습니다. 이제부터 이야기할 학생은 정말 공부에 '헌신'한 학생의 이야기입니다.

은정이가 고1 겨울방학 직전에 자신의 인생에서 무엇이 중요하고, 필요한지에 대한 상담을 받는 과정에서 알게 되었습니다. '성장을 위한 도전'이라는 세상에서 가장 멋진 선택을 하겠노라고 다짐하고, 공부에 '헌신'했습니다. 목표에 대한 헌신이 있을 때 사람은 성장하게 됩니다. 은정이의 사례를 통해 여러분의 목표에 대한 헌신의 중요성을 이해 할 수 있길 바랍니다.

여타의 학생들과 유사하게 은정이의 1학년 학생부, 내신 성적은 그리 뛰어난 학생이 아니었습니다. 중학생에서 고등학생이 되자마자 월등해지고, 우수해지고, 목표를 가지고 어른처럼 행동하는 그런 '전설 속의 학생'은 없습니다. 다들 비슷한 고민과 아픔을 가지고 있습니다. 다만, 차이점이 있다면 고민을 가지고 있어서 공부를 멈추느냐 아니면 고민에도 불구하고 공부를 '계속'하고 있느냐의 차이입니다. 앞서 언급한 바와 같이 공부는 사실상 '태도'의 문제이기 때문입니다.

초긍정, 초발랄 은정이의 고1 생활은 그냥 즐거움 그 자체였습니다. 학교는 늘 은정이에게 즐거운 놀이터(?)였고, 학교의 다양한 프로그램은 학교에서의 즐거움을 더 증폭시켜 주는 도구였습니다. 교사들과의 원만한 관계를 베이스로 교무실을 마치 제 집처럼 드나드는 학생이었습니다. 학교에서 진행하는 수학 캠프, 과학 캠프 등을 참여하고, 자기 주도 학습 프로그램인 전공 기초 아카데미에 참여하여 학교에 있는 시간을 극대화(!)한 학생입니다. 1학년 진로는 약학 분야라는 다소 어정쩡한 포지션을 잡고 있었지만, 다양한 비교과 활동에서 '화학'과 관련된 독서와 활동들을 조금씩 하고 있었습니다. 전공별 과학 아카데미 등의 활동을 통해 다양한 과학적 견해를 접해보고, 문제점과 대안에 대한 고민을 나름 하는 모습을 보였습니다.

> 생물 다양성을 체험해 본 후 생태계 파괴 문제의
> 심각성을 인지하고, 이를 보존하기 위한
> 아이디를 구체화하기 위해 ~
> 첨단 과학 5개 분야의 전문가 특강에서 나노 기술에 대한
> 깊은 관심을 가지고 나노 기술의
> 최신 동향 및 안전성에 대한 탐구를 기획하고 ~
> 인체 독성 문제의 해결이 남았음을 인지하였음.

> 태양 전지에 대한 관심을 가지고, 흑현미를 염료로 하는
> 태양 전지 제작을 시도하고 ∼ 실험 후 발생한 오차 원인을
> 분석하였고, 구체적 변인들을 조작을 위해 ∼

학교 프로그램에 대한 충실도와 만족감이 남달랐던 은정이의 1학년 성적은 살짝 요동을 치는 수준이었습니다. 여타의 1학년 학생들이 자주 보이는 공부 패턴이죠.

1학기 성적은 굿, 2학기 성적은 베드.

통합 과학의 성적이 3등급을 계속 유지하면서 자연 계열 학생으로서의 정체성 위기를 보이기도 했습니다. 1학년 말에 상담을 하면서 가장 많이 혼났던 부분이기도 합니다. 1학년 진로가 약학 분야인데, 통합 과학을 이런 식으로 공부하면 안된다는……. 1학년 교과 세특은 크게 의미 있는 것이 없긴 합니다. 다양한 학문의 영역을 접한 '신기함'이 좀 많다는 것이 가장 특징적인 부분입니다. 약학 분야를 진로로 생각하고 있었기 때문에, 모든 학생부가 '약학'을 지향하는 좋지 않은 모습을 보이고 있었습니다. 이 부분은 매우 중요한 부분입니다. 학생들은 대체로 진로와 진학에 대한 구분을 잘 하지 못하기 때문에, 학생부를 자꾸 '진로 세특'으로 채웁니다. 대학을 가는 준비는 '진학'의 영역이고, 진학을 위해서는 '진로와 관련된 세특'이 필요한 것이 아니라, '진로 분야에 대한 관심과 공부'가 필요합니다.

특히, 이 진로 분야에 대한 관심과 공부는 당연히 기본적인 공부를 전제로 합니다. 숱한 학생부를 보는 편인데, 많은 경우에 기본도 안 되는데, 심화를 말합니다. 그런 학생부는 좋은 평가를 받기 어렵습니다. 항상 강조하는 것처럼 '독서 목록은 그 학생의 지적 수준을 정확하게 보여'줍니다. 그 책을 읽을 정도의 수준인지는 기록된 학생부의 내용으로 충분히 판단이 됩니다. 그러니 뜬금없이 '폭주'하는 학생부는 "사절"해야 합니다. 자신만의 "깊이"가 이뤄지는 과정을 "증명"하는 것이 중요합니다. 설득되어져야 제대로 된 학생부입니다.

그런 의미에서 은정이의 1학년 학생부는 다소 부족함이 많았습니다. 설득과 증명이 부족하고 온통 진로로 가득했으니까요. 지적 역량을 강화하기 위한 구체적 행동도 없고, 지적 호기심을 충족시킬 수 있는 과정도 보이지 않았습니다. 그럼에도 의미 있는 것은 '배움의 신기함'이 곳곳에 기록되어 있다는 점입니다. 다양한 새로운 지식을 접할 수 있는 기회를 스스로 찾아다녔던 은정이의 행동들이 '성장'을 위해 반드시 필요합니다.

1학년이 끝나고 겨울 방학을 지나면서 은정이와의 본격적인 상담이 이뤄졌습니다. 긴 상담의 과정에서 공부에 대한 헌신을 결정하고 난 이후 보다 적극적으로 진로에 대한 탐색과 공부를 하면서 1학년 때 약학을 위해 관심을 가졌던 '화학 분야'를 깊이 파고 들기로 했습니다. 공부를 해보니 그 분야에 대한 흥미도 있고, 나름의 재미도 느꼈고 게다가 화학 선생님을 무척이나 좋아한 이유도 있었습니다. 은정이의 겨울 방학 공부량은 상당했고, 그 공부량을 소화하기 위해 애쓰는 모습들이 항상 발견되었습니다. 자기 주도 학습 프로그램에 참여하는 학생들이 120명 정도인데, 그중 출석률이 가장 좋은 학생이었습니다.(1학년 때의 출석률과 '심하게' 비교되는 부분입니다.) 공부에 대한 헌신을 결정한 학생들의 특징이기도 합니다. 이전과는 완전히 다른 삶을 "선택"한다는 것이 헌신의 출발점이기도 합니다.

무엇보다 은정이의 지적 성장에 가장 큰 영향을 준 프로그램은 당대의 과학 분야 지식인을 초빙하여 8회의 특강을 듣는 프로그램이었습니다. 물리학, 블랙홀, 뇌, 생명, 그리고 화학까지 다양한 과학의 영역들을 숱한 도서와 함께 읽고, 질문하기를 반복하면서 자신의 지식이 연결되는 경험을 하곤 했습니다. 군이 전공과 관련된 과학만 듣는 것이 아니라, 다양한 특강을 듣도록 프로그램을 구성하는 이유는 "고등학생"이기 때문입니다. 다양한 분야를 넓고, 얕게라도 알고 접할 때 지식이 폭발적으로 성장할 수 있는 나이이기 때문입니다.

> 프로그램에 참여하여 특강 사전 활동에서 주제와
> 자신의 궁금증을 해결하기 위해 '화학의 미스터리'와 같은
> 책들을 추가로 읽고, 읽은 내용을 토대로 초빙된
> 지식인에게 날카로운 질문을 함.
> 질문과 답변의 과정에서 에너지의 변화와 엔탈피,
> 엔트로피의 개념을 이해하고, 이를 심화하기 위해

'생명이란 무엇인가'를 읽고, 엔트로피 감소 반응인
자기 조립과 화학진동반응에 대해 독립적인 탐구를 위해 ～

폐플라스틱으로 인한 환경오염 문제의 심각성을 인지하고,
버섯 배지를 이용한 플라스틱 대체 용기를 제작하는
실험을 진행함. 유기물을 엉기게 하는 버섯 균사체의
특징을 이용하여 단열성과 내구성이 뛰어난 플라스틱 대체재의
존재 가능성을 확인하였으며, 실험의 과정과 결과에서
부족한 부분을 보완하기 위해 ～

　　자신의 분야에 대한 확신은 공부의 과정에서 나타나는 특징이기도
합니다. 추상적으로 생각하고 있는 모든 진로 분야는 크게 의미가 없
습니다. 대학은 구체성을 토대로 진학할 수 있습니다. 그러니 구체적
인 관심 분야에 대한 공부는 학생의 지속적인 성장을 견인하는 촉매
가 됩니다.

　　은정이는 프로그램들을 통해 조금은 어려운 개념들을 접하고 이해
하게 되면서 과학 성적이 점차 상승하게 됩니다. 2학년 1학기가 끝나
는 시점에서 은정이가 상담 중에 엄청 울었던 적이 있습니다. 겨울방
학부터 공부를 진짜 진심을 다해서 열심히 했는데, 수학 성적이 거의
제자리걸음을 한다는 것이 힘든 이유였습니다. 수학에 재능이 없는
것 같다는 말을 했습니다. 긴 상담 끝에 수학 성적은 반드시 오른다는
말로 마무리가 되었고, 은정이도 동의를 했고, 모종의 거래를 통해 '수

학 성적 내기(!)'가 성립되었습니다. 2학년 1학기에 수학 2등급 끝자락 내신 성적을 가졌던 은정이에게 '수학Ⅱ 전교 1등'을 요구했습니다. 수학Ⅱ 1등급이 아니라, 300명 중의 1등을 요구했죠. 충분히 가능하다는 전제를 깔고, '누군가는 이길 수밖에 없는 내기'를 했습니다. 은정이가 열심히 하는 것을 지켜보았고, 그만큼의 시간을 충분히 공부한다면 누구나 1등을 할 수 있다고 항상 생각하기 때문에, 충분히 가능하다고 생각을 했습니다. 그리고 실제로 은정이는 중간고사에서 수학Ⅱ 전교 1등을 했습니다!!!!!!! 기말고사에서는 아쉽게 2등을 하고, 학기말에 결국 2등으로 끝나긴 했지만, 스스로 안 된다고 생각했던 수학을 가볍게(!!!) 1등급을 만들어냈습니다.

공부는 태도(attitude) 이고,
그 태도를 유지하게 만드는 것은,
근래 유행하는 말로 표현하면
성장형 mind-set 입니다.

믿기지 않겠지만, 놀랍게도 공부를 하면 할수록 더 잘하게 되어져 있습니다. 공부와 노력이 비례하는 것이 아니라는 점을 정확하게 알아야 합니다. 열심히 노력한다고 성적이 오르지는 않습니다. 중요한 것은 어떤 태도로 열심히 하느냐 입니다. 쉬운 예를 들자면, 사장의 마인드로 일을 하는 것과 알바의 마인드로 일하는 것의 차이입니다. 자기 삶의 주인이라는 생각으로 공부하는 학생과 어쩔 수 없이 해야 하니까 공부를 하는 학생은 출발선이 같다고 하더라도 전혀 다른 결과를 낼 수밖에 없습니다.

우리에게 필요한 것은 '삶의 주인으로서 공부하기'입니다

삶의 주인으로 공부에 헌신하기로 한 은정이의 2학년 학생부는 조금 더 선명하고, 구체적인 이야기들로 채워집니다. 스스로의 호기심을 토대로 설계도를 만들고, 지적인 접근을 할 수 있는 기회를 자꾸 만들어 갔기 때문입니다. 이런 이야기를 자꾸 하는 이유는 이 글을 읽고 있는 예비 수험생, 학부모, 교사들 역시 실현 가능하다는 사실을 꼭 인지하셨으면 하는 바람 때문입니다. 지금 주변에서 이야기하는 공부에 대한 착각들 말고, 진짜 공부를 시작하면 '언제든, 충분히' 가능합니다.

자신이 좋아하는 시 '봄 길(정호승)'을 암송하고 ～
자신의 상황과 연결지어 시를 해석하였고,
절망적인 상황에서도 항상 희망이 존재함을 역설함. ～

다른 사람과 함께 나아가는 희망으로 나아가는 걸음의
중요성에 대해 깊이 공감하고, 자신만의 '연대'를 만들기 위해
구체적인 행동 지침을 만들고, 이를 공유하기 위해 ～ (문학)

미분과 적분을 활용하면 반응 차수가 0인 상황에 대한 보다
다양한 정보에 대해 알 수 있다는 사실에 흥미를 가지고,
'미분과 적분'(뉴턴프레스)을 읽고, 화학 반응 속도식과 반감기가
어떻게 유도되는지를 구체적인 문제를 통해 ～ (수학II)

수업 중 X선 회절 무늬 분석 시, 삼각함수를 기반으로 한다는
내용을 듣고, 의문점을 가지고 '수학으로 배우는
파동의 법칙'을 읽고, '푸리에 변환', '푸리에 급수' 등을
알게 되었고, 푸리에 변환과 파동의 불확정성을 이해하였고,
이를 실생활의 사례를 통해 ~ (수학Ⅰ)

브레드보드를 이용해 발광 다이오드의 기능을
확인할 수 있는 회로를 설계하였으며, 전자기 유도 현상을
확인 할 수 있는 회로를 구성하고 유도기전력 크기를
조절하는 방법을 실험으로 찾음.~

양자점과 태양 전지에 대해 의문을 가지고 독립적
탐구를 진행함. 반도체 기술이 나노 기술과 융합하여
양자점 기술을 통해 다양한 분야에서
활용됨을 확인하였고, 이를 탐구하기 위해 ~ (물리학Ⅰ)

플라스틱 분해법에 대한 의문점을 가지고 개별적인
탐구를 진행함. 플라스틱이 분해되는 일련의 과학적 원리에 대해
알게 되었고, 플라스틱 분해 효소에 대한 연구 결과들을
자세하게 분석하며 '바이오 플라스틱'에 대한 깊은 관심을
가지고 지속적인 질문을 통해 ~ (화학Ⅰ)

전공 진로 프로젝트에 참여하여, '세상을 움직이는 기술,
화학'이라는 주제로 개별 탐구를 진행함. 동아리 활동에서의
전지 제작 실험의 경험을 토대로 이차 전지의 원리와

활용에 대한 관심을 가지고, '처음 읽는 이차 전지 이야기'를 읽고, 자신이 해보고 싶은 실험 3가지의 실험 계획을 수립하였고, 다양한 프로그램을 통해 실제 실험을 진행함. 자신의 실험의 단점과 한계에 대한 분석을 조리 있게 잘 제시하였고, 앞으로의 연구 계획과 실험 계획을 구체적으로 ~ (진로와 직업)

공간 벡터에 대해 배운 후 3D 프린트에 대한 관심을 가지고 탐구함. 관심을 가지고 사람의 뼈를 대체하기 위한 의료용 인공 뼈의 존재를 인지하였고, 3D 프린트를 이용하여 인공 뼈 제작을 시도함. 서양인의 신체 구조와 다른 한국인의 체형에 맞는 인공 정강이뼈를 제작하기 위해 다양한 방식으로 제작하며, 실제 데이터를 기반으로 완성형에 가까운 인공 뼈를 만들게 되었고 ~

공학에 대한 이야기를 할 때 우리 사회가 쉽게 지나치는 부분이 있습니다. 자연 과학이라는 껍데기에 가린 진실이기도 합니다. 놀랍게도 공학의 목적은 '불편함의 해소'입니다. 사람들이 살아가는 삶에 대한 불편함을 해소하기 위해 필요한 것은 "사람에 대한 이해"입니다. 즉, 공학자의 능력 중 중요한 부분은 사람에 대한 이해의 수준이 높아야 한다는 말이기도 합니다. 그런 부분에서 학생부의 많은 영역에서 은정이는 문학 교과 세특, 행동 특성 등에서 자신의 '포용과 연대'를 많이 보여주기도 했습니다.

더불어 방향이 다소 선명해진 자신의 진로에 대한 깊은 "관심"을 토대로 다양한 수업에서 지식을 확산해가는 모습을 보여주었습니다. 배운 내용을 토대로 질문하고, 질문에 대한 답을 통해 또 '새로운 세상'을 만나고, 새롭게 만난 세상을 이해하기 위해 탐구하는 일련의 과정을 통해 "성장"을 만들어 냈습니다.

각 교과 세특에서 중요한 부분들을 체크해 둔 부분을 다시 한 번 읽어보고, 은정이가 성장을 위해 "어떤 노력"을 했는지를 고민해 보시길 바랍니다. 이런 생각이 여러분의 학생부 설계를 위해서 무척 중요한 포인트입니다. 여러분의 역량이 증명될 수 있는 행동을 하는 것이 중요하기 때문입니다.

3학년이 되고 은정이의 탐구는 깊이를 더해가기 시작합니다. 학종에서는 3학년 때 가장 심화된 역량을 증명하는 것이 매우 중요하다고 생각합니다. 1, 2학년은 준비의 과정입니다. 잘 누적하고, 축적된 지식이 고3에서 배우게 되는 깊이 있는 지식들과 반응하는 과정인 셈입니다. 더 많은 의문점을 가진 학생들과 더 폭넓게 공부한 학생들은 고3 때 더 멋진 결과물을 만들 수 있게 됩니다. 은정이는 자신이 1, 2학년에서 쌓고, 쌓았던 것들을 잘 소화했다는 것을 3학년 학생부를 통해 증명합니다.

2학년 때 실험에서 발견한 문제점을 토대로
'킬레이트 착화합물을 이용한 중금속 제거'를 주제로
팀 프로젝트를 진행함.
금속유기골격체의 온실 기체 포집 선응에 대한
탐구를 통해 배위화합물이 갖는 성질을 확인하였고,
킬레이트제가 납과 같은 중금속을 제거할 수 있지 않을까 라는
호기심을 가지고, 관련 도서들을 탐색하고 지속적인
질문을 이어감. 중심 금속의 ～ 엔트로피 및 엔탈피 개념을
이용해 킬레이트제가 한 자리 리간드보다
금속 이온과 강하게 결합하여 ～ 물리학적 지식의 확장과
화학 지식과의 연계를 보여주었음.
다양한 화학 실험과 탐구를 통해 화학이 사회 문제 해결에
기여할 수 있음을 증명함.

전공별 과학 교실에 참여하여 화학 특강을 통해
최신 배터리 기술과 신재생 에너지에 대해 알게 되었고,
'전기 화학'의 활용 가능성을 깊은 감명을 받음.
이를 확인하고 위해 '전기 화학 : 미래 에너지로 가는 길'을 읽고 ～

전공 심화 아카데미의 특강을 통해 '프러시안 블루가
방사성 물질의 흡착 및 제거에 유용하다는 연구 결과'를 접하고,
흡착 성능을 확인하고자 이를 이용한 수중 미세 플라스틱
제거에 대한 탐구하고 실험 계획을 수립함.
프러시안 블루 입자를 합성하고 미세 플라스틱이 포함된 물에
입자를 첨가하였으나 응집은 관찰되지 않았고,

이를 확인하기 위해 다양한 변수들을 동원하고 실험하고,
분석하는 등 과제 집착력을 보여주었음.
금속에 결합하는 리간드에 따라 기공의 크기가 달라져 ~
실험에 대한 고찰을 통해 동결 건조 시 승화 현상으로
얼음 결정이 생긴 자리에 기공이 생성되며 이는
다공성 지지체 합성에 필수적이라는 사실을 ~

'과학에도 통계는 필수'라는 영상을 통해 과학 현상은
통계적 분석이 되었을 때 의미가 있음을 깨닫고 과학에
활용되는 통계에 대해 관심을 갖게 됨.
실험 결과에 영향을 주는 요인을 검증할 수 있는 분산분석
(ANOVA) 검정의 중요성을 인식하고 분산분석의 이론과
적용 방법을 탐구함. F−값을 이용한 가설 검정 절차를
명확히 이해하고 있으며 그룹내 분산과
그룹 간 분산을 비교하여 F−분포를 통해 가설을 검정하고
사후 검정을 통해 결과에 영향을 미치는 요인을
분석하였으며 ~ (확률과 통계)

열에너지를 전기에너지로 전환하는 열전 기술에 대한
실험을 설계하고 진행함. 실험에 앞서 제베크 효과,
펠티어 효과, 톰슨 효과에 대해서 알아보고 ~
펠티어 소재를 이용해 온도차에 따라 생성되는 전압의 변화,
연결된 펠티어 소재의 수에 따른 전압의 변화를 측정하여
제베크 효과 및 기전력에 영향을 주는 요소를 확인하였으며 ~
실험을 설계할 때 '전기적 연결방식을 고려한

발전소자 최적 발전량 획득 방안 연구' 논문을 참고하는 등 ~
실험을 통해 확인한 열전 원리를 가지고 폐열을
전기에너지로 전환하여 사용한다든지, 저체온증을 막아주는
전자 피부, 달 탐사선의 보조 에너지원인 원자력 전지 등을
개발할 수 있다는 활용 사례 등을 인지함. (물리॥)

수업 중 '탄소중립 수소 혁명', '꿈의 에너지, '수소'에 대해
인지하였으며, 수소에너지 중 '그린 수소'에 대한
관심으로 '그린 수소 생산과 저장기술'을 주제로
독립적 탐구를 진행하며 ~ 수소운반체인 LOHC의 효율을
높이기 위한 안정적이고 경제적인 촉매의 개발이
중요함을 알게 되었고 ~ (환경)

미세플라스틱 흡착 실험 후, MOF에 관심을 갖고,
금속유기골격체를 이용한 이산화탄소 포집 원리 및
적용사례 탐구를 진행함. 열린금속자리와
질소원자 기반 기능화에 대해 탐구하여, 열린금속자리가
이산화탄소의 사중극자 모멘트로 인한 산소의
부분전하와 상호작용하여 이산화탄소 흡착력을 향상시키는
원리에 대해 ~ MOF를 사회문제에 적용할 방법을
모색해보며 공장의 외국인 노동자들이 유독기체에
노출된 사고를 떠올리며 대량합성이 가능하며
흡착력도 강한 MOF를 이용한 유독기체 흡착 설비의
개발을 제안하고 모형을 제작함.
모형의 구동 과정에서 생긴 오류에 대해 ~

학교의 다양한 활동을 통해 다양한 지식을 접한 은정이는 자신이 배우고, 알게 된 지식들을 그냥 두지 않았습니다. 책으로 배우고, 들어서 알게 된 지식을 확인하려는 다양한 시도를 은정이가 가진 탐구력을 거의 극한까지 개화시키는 것처럼 보였습니다. 특강을 통해 알게 되고, 그것을 확인하기 위해 실험을 계획하고, 실패하고, 그 실패를 통해 더 많은 지식을 탐구하고, 성장하고 발전하는 모습을 '반복적으로' 확인할 수 있습니다. 은정이가 가진 탁월함의 근원은 과제 집착력이기도 하고, 더 많은 지적 호기심이기도 하고, 때로는 더욱 강력한 "도전정신"이기도 합니다. 그럼에도 개인적으로 은정이에게 가장 과한 칭찬을 한 것은 '실패를 두려워하지 않는 태도'였습니다. 진짜 더더욱 강조하고 싶은 점은, 처음에 만난 은정이는 그렇지 않았다는 점입니다. 이런 점에서 학교의 역할을 매우 강조하는 편입니다. 학교는 다양한 실패의 공간이어도 됩니다. 아니, 다양한 실패의 공간이어야 합니다. 그 실패를 통해서 우리는 한걸음 앞으로 나아갈 수 있습니다. 은정이처럼!!!

> 특강을 통해, 수업을 통해 배우고
> 그 배움을 토대로 자신만의 호기심을 가지고 탐구하고,
> 탐구한 내용을 자신이 알고 있는 지식과 연결하는 것

은정이가 보여주는 학종 성공의 공식입니다. 사실, 거의 대부분의 성공 스토리이기도 합니다. 그러니 지금 당장, 여러분의 성공 공식을 만들어 봅시다. 무엇을 궁금해 할 것인지, 그 궁금증을 어떻게 해결할

수 있는지, 그리고 그 궁금증을 해결한 결과로 어떤 성장을 만들고 있는지를 "증명"합시다. 은정이는 다양한 활동과 성장을 토대로 고려대학교 신소재학부에 최종 합격했습니다. 내신 성적 자체로는 입학하기 어려운 성적이었지만, 자신의 역량을 구체적으로 증명해 냈기 때문에 충분히 가능했습니다. 고려대 신소재공학부에서 신소재공학에 "딱" 맞는 학생이라고 밝힌 내용은 다음과 같습니다.

수학, 물리 및 화학에 대한 흥미와 열정이 넘친다.
일생 생활에서 접하는 다양한 소재에 관심이 많다.
칠전팔기의 노력 하나는 나를 따를 이가 없다.

얼핏 봤던 은정이의 모습이 보이나요? 수학과 물리, 화학에 대한 관심이 넘쳐나고, 그 관심을 구체적인 행동으로 증명한 학생, 주변에서 접하는 숱한 소재들에 대한 관심과 탐구, 그리고 더 중요한 질문을 지속적으로 하는 학생, 노력과 더한 노력으로 고교 생활을 채운 학생이라는 점, 은정이의 **"학생부를 통해 증명"** 되고 있습니다.

학생부 종합 전형을 학생들과 함께 진행하면서 가장 눈부시게 성장하고 발전한 학생 중 한 명은 최근 대학을 진학한 예슬입니다. 예슬이는 오랜 교사 생활 속에서도 손에 꼽을 만큼의 창의성을 가진 정말 독특한 학생이었습니다. 다양한 재능을 가지고 있었고, 그 재능에 합당한 노력파이기도 했습니다.

함께 진행했던 다양한 활동들 속에서도 대체로 새로운 시도와 접근이 의미 있게 적용되었던 학생이기도 합니다. 의미 있게 적용되었다는 이야기는 '자기 나름의 해석'을 토대로 '자신만의 공부의 과정'이 있었다는 말입니다. 예슬이가 스스로 공부하고 방향을 잡고 이해한 내용을 토대로 하기 때문에 항상 '멋진 적용'이라는 결과를 만들 수 있었던 것 같습니다. 예슬이는 이공 계열 학생임에도 불구하고 다양한 주제에 대한 관심을 가지고 있었고, 그만큼의 질문을 가진 학생이었습니다. 자신의 궁금증을 다양한 통로를 통해 해결해가는 모습을 보였는데, 그 내용들을 한번 살펴 보겠습니다.

예슬이는 확실한 자기 목표가 있었고, 그 목표를 위한 '헌신'도 괜찮은 학생이었습니다. 1학년 때 예슬이의 목표는 건축, 도시 설계였고, 그 목표를 위해 몇몇 활동들을 적극적으로 참여했습니다. 앞서 항상 강조한 것과 같이 자신의 목표 분야에 대한 관심과 탐색이 매우 중요합니다. 예슬이는 그 부분에 있어서는 매우 준비된 학생이었습니다. 다만, 한 가지 중요한 지점은 뚜렷한 자신의 진로가 있다면 그 진로를 '심화'시키는 것이 필요합니다. 진로와 관련된 '활동'이 아니라, 진로와 관련된 '역량'이 포인트이니, 그 역량을 심화시키는 과정을 학생부를 통해서 증명해가는 것이라고 생각하면 됩니다. 전국의 다양한 고등학교의 학생부를 보면서 근래 가장 애매하게 평가하는 것은 이른바 '진로 세특'이라고 부르는 것입니다. 포인트를 '진로'에 맞추려고 하니, 교과 세특 내용이 해당 교과와의 전혀 관련이 없는 내용으로 채워집니다. 대학이 보려고 하는 것과 완전 다른 방향인 셈입니다. 대학의 입장에서 볼 때는 설득력이 없는 학생부입니다.

> 탄소발자국을 줄이면서 친환경적인 소비를 할 수 있는
> 방법을 익히고 업사이클링 프로젝트 활동을 진행하며,
> 폐 페트병 속에 모래, 숯 등을 집어넣고 입구를 천으로 막아
> 정수기로 사용하는 아이디어를 냄

무슨 과목 교과 세특일까요? 놀랍게도 '영어'입니다. 자신의 진로와 관련된 내용이라고 생각하고 교과 세특을 채우기 위한 활동을 나름 했지만, 전형적인 '진로 세특'으로 좋은 평가를 받기가 현실적으로 어렵습니다. 학업의 과정에서 충분한 개연성을 확보하는 것이 매우 중요합니다. 지식의 확장은 그런 개연성에서 출발한다는 것을 이해해야 자신이 할 수 있는 것들이 보이기 시작합니다.

예슬이의 고교 생활은(실제로 좋은 평가를 받는 학생들 대부분의

고교 생활은) 충분한 개연성을 가지고 자신의 탐구를 이어갑니다. 중요한 것은 그 개연성의 깊이가 학년이 올라갈수록 깊어져야 한다는 (심화되어야 한다는) 점입니다. 결국 그 과정을 통해서 '성장'이 이뤄지는 것입니다. 그런 면에서 생각해 보면 학생부는 나름의 '스토리텔링'이 중요합니다. 어떤 스토리를 가지고 '대학을 설득'할 것인지를 진지하게 고민할 필요가 있다는 말입니다.

예슬이의 1학년 활동들을 살펴보면 다소 추상적이고, 명확한 학습의 깊이가 보이지 않습니다. 1학년이니까 진로와 관련된 학습의 수준이 낮은 것은 당연할 수 있습니다. 그래서 1학년 때는 오히려 넓고 얇게 학습을 하는 것이 더 의미도 있고, 더 설득력도 있습니다. 어딘가에서 들은 '전공 적합성'이 반드시 1학년 때부터 시작해야 할 필요성은 없습니다.

넓고 얕게 시작해서 좁고 깊게

학생부를 구성하는 좋은 방법 중의 하나입니다. 개인적으로는 학생부 종합 전형을 준비하는 가장 좋은 전략이라고 생각하기도 합니다. 실제 지도하는 학생들의 상당수는 이 전략을 활용합니다. 다양한 학생들을 다양한 방식으로 성장시키는 것이 중요하다고 생각하기 때문에 전략은 당연히 천차만별이지만, 기본적인 스토리 라인은 대부분 유사하게 형성됩니다.

1학년 자율 활동에서 가장 눈에 보이는 활동은 인문학 캠프 활동입니다. 넓고 다양한 분야에 대한 관심과 '사람에 대한 이해'를 키울 수 있었던 활동이었습니다. 사실 거의 대부분의 분야가 그러하듯 건축이라는 분야도 '사람'에 대한 이해가 필수적입니다. 의도치 않았지만, 자신이 관심이 있는 분야를 자연스럽게 찾아가고 있었던 셈입니다. 다른 영역들은 매우 통상적인 1학년 학생들의 동아리, 진로 활동, 교과 세특의 내용을 보였습니다. 예슬이의 성장은 2학년 때 본격적으로 이뤄졌습니다. 학교 활동에서 획기적인 전환점이 생겨났고, 학생부의 방향성과 깊이도 2학년 때부터 의미 있는 것으로 나타나기 시작했습니다. 자신이 가진 다양한 재능을 학교 활동을 통해 드러낼 수 있는 프로그램에 참여했고, 공부로 연결시킬 수 있는 다양한 방법을 시도한 시기이기도 합니다. 예슬이의 가장 큰 특징 중의 하나는 자신이 배운 내용을 그림으로 표현하는 것이었습니다.

자신만의 '지식 구조화' 과정을 가지고 있었습니다.

오랜 시간 동안 자신만의 공부를 한 사람들은 자신의 지식을 구조화하는 자신만의 방법을 가지고 있습니다. 이런 방법에 있어서의 디테일이 매우 중요합니다. 수능 만점 받은 학생의 공부 방법이 모든 학생에게 적용되기 어려운 이유이기도 합니다. 지식을 자신만의 방법으로 구조화하고, 습득한다는 점은 매우 중요한 의미를 가집니다.

보다 더 잘할 수 있는 방법을 고민한 결과물이기 때문입니다.

오래 전 '1만 시간의 법칙'이라는 내용이 유행한 적이 있습니다. 이 법칙은 하루 3시간, 일주일 20시간씩 10년 또는 하루 6시간씩 5년 동안(1만 시간) 꾸준히 노력과 연습을 하면 최고의 전문가가 될 수 있다는 이야기로 한번쯤은 들어봤을 법칙입니다. 당연히 이 법칙은 숱한 오해와 오류를 만들어 냈습니다. 사실 중요한 것은 시간의 양이 아니라, '시간의 질'입니다. 꾸준히 오래도록 노력하는 것은 무척이나 중요하지만, 개인적으로 더 중요한 것은 '더 잘하기 위한 고민'이 필요하다는 점입니다. 꾸준히 열심히 노력한다고 성공할 수 있는 세상이 아니기도 합니다. 그러니 '남다른 고민'이 필요하고, 더 나은 결과물을 만들기 위한 고민이 필요합니다.

공부를 잘하는 학생들의 학습법은 이 고민의 결과물입니다. 그러니 같은 공부 방법으로 공부를 한다고 해도 같은 결과가 나올 수는 없습니다. 단순히 따라하는 사람들은 그 고민의 과정을 담을 수가 없기 때문입니다. 그런 의미에서 예슬이는 그림이라는 나름의 방식을 장착했습니다. 자신이 듣는 특강의 내용들을 나름의 과정을 거쳐서 '소화' 해내는 모습을 쌓아가면서 실시간으로 똑똑해지고 성장하는 모습들을 보여주기도 했습니다. 2학년에서의 다양한 활동들이 예슬이의 성장을 견인한 셈입니다. 다양한 프로그램에 참여해서 많이 듣고, 많이 보고, 많이 경험하면서 끊임없는 '지적 자극'을 만들어 갔습니다. 다양한 경험, 특히 새로운 경험을 통한 지적 자극은 예슬이가 배우고 있는 많은 영역에서 연쇄 반응을 가지고 왔고, 탐구의 수준들을 끌어올리는 결정적인 역할을 했습니다.

'뇌와 정신질환'을 통해 현대인들의 스트레스 문제에 대한 경각심을 느끼고, 건축물을 활용한 공간치료 및 가상공간을 활용한 스트레스 해소 방안에 대해 탐구 ～

'건축은 그것이 속한 사회의 영향을 받아 변한다.'라는 도서 내용을 토대로 건축이 사회를 바꿀 수 있는지에 대한 의문을 가지고 ～ 평소 관심 있는 인권이나 사회적 약자 이슈 등을 공학적으로 해결 ～

1인 가구의 증가로 인해 발생할 수 있는 다양한 사회문제를 분석하고, 이를 해결하기 위한 방안으로 공유주거의 형태를 제안하고 주거형태의 변화를 통해 다양한 사회문제 ～

카오스 발표회에서 '컴퓨터 시뮬레이션으로 구현한 가상 우주' 특강을 통해 가상공간의 개념을 건축학에서의 공간의 개념과 연결하여 생각해보고, 메타버스 시대의 건축가의 역할에 대한 탐구 ～

자율 활동, 동아리 활동, 진로 활동 등을 통해 자신의 탐구 방향과 관심 분야에 대한 탐구에 대해 보여주는 것이 필요합니다. 다만, 학생부에서 이 부분이 한정된 글을 사용할 수밖에 없는 공간임을 인지해야 합니다. 해당 내용에 대한 증명은 당연히 "교과 세특"에서 이뤄져야 합니다. 우수하다는 주장만 하고, 그 증거가 없다면 좋은 평가를 받는 것은 어렵습니다.

'삼각함수, 푸리에 급수를 활용한 건축에서의 노이즈 캔슬링'을 주제로 댐과 같은 수공 구조물과 건축물 시공, 도로변 등에서 발생하는 큰 소음을 노이즈 캔슬링 기능의 원리인 상쇄간섭의 파동을 이용하여 상쇄시키는 연구에 대하여 탐구하며, 푸리에 변환과 오일러 공식 고찰 (수학 I)

'극한 개념을 활용한 실내 공간 절약을 위한 이중 접이식 문의 자취방정식'이라는 주제로 이중 접이식 문과 일반문의 끝이 그리는 자취방정식을 극한과 미분계수를 이용해 직접 구하여 그 과정에서 생긴 의문점을 해결 (수학 II)

수업 중 유체 역학에 대한 소개에 관심을 가지고 탐구를 하였으며, 연속방정식과 베르누이법칙에 대해서 조사 후, 심화 연구 시간에 적용 건물이 받는 여러 가지 힘과 주변의 환경, 특히 바람과 관련하여 안전한 건물을 만든 예시들을 탐구하였고, 이를 토대로 학교에서의 바람의 세기를 측정해 바람 지도를 만들어 분석 (물리 I)

앞서 언급한 바를 생각하면 '배우고, 탐구하고, 연결하는' 과정을 거치면서 점점 더 의미 있는 학생부를 만들게 된 것입니다. 예슬이는 2학년부터 다양한 교과에서 탁월한 탐구의 내용을 보여주었습니다. 사실 거의 대부분의 교과에서 이런 탐구 역량이 드러나고 있고, 자신의 관심 분야에 대한 뛰어난 과제 집착력을 보여주었고, 특히 이 과정에서 교사와의 뛰어난 상호작용의 과정을 보여주었습니다. 개인적으로 가장 완벽한 전략이었다고 생각합니다.

**수업을 하시는 선생님은
나의 대학 진학을 위해 나를 돕는 분이다**

이런 생각이 명확하면 도움을 제대로 받을 수 있습니다. 자신의 주변 환경을 제대로 활용하는 것이 모든 성공의 주요 요인 중의 하나이고, 당연히 최고의 전략입니다. 주어진 환경을 제대로 활용하지 못하는데, 성공하는 것은 쉽지 않은 일입니다. 대부분의 경우에 재학생들이 만날 수 있는 최고의 지성인이 교사라는 점을 생각하면 우리의 모든 지식의 확장은 학교에서, 교사를 통해 이뤄지는 것이 가장 편리합니다. 그러니 학생부 종합 전형을 위한 최고의 전략을 꼭 기억하시길 바랍니다.

학교 선생님에게 최대한 많은 질문을 하기

다만, 그냥 질문하기는 의미가 없습니다. 대학이 요구하는 것도 아니고요. 학생부 종합 전형에서 성공한 선배들은 공통적으로 '공부하

310

고 질문하기'를 실천한 학생들입니다. 질문을 많이 하는 것도 중요하지만, 공부하고 질문해서 수준 높은 질문을 던지는 것이 성장을 위한 최고의 전략 중 하나입니다.

예슬이는 특히 그림이라는 점에 재능이 있기도 해서 '바람 지도'와 '소음 지도'와 같은 내용들이 더 큰 힘을 발휘할 수 있었습니다. 각자 자신이 잘하는 것을 극대화할 수 있는 전략을 쓰는 것이 제일 좋습니다. 더불어 예슬이의 가장 강력한 역량은 자신이 배운 내용을 실제 자신의 생활에 끊임없이 적용해 본다는 점이기도 합니다. 자기 지식으로 만들기 위한 노력입니다. 지식의 적용은 자연스럽게 지식의 확장으로 이어지게 됩니다.

로그함수를 이용한 데시벨의 표현과 활용을 주제로
탐구를 진행하며, 거리에 따른 데시벨의 차이를 수학적으로
확인하고, 김포 공항 등 소음 대책 지역의 형태를
구체적 데이터를 통해 분석하였으며, 이를 바탕으로
학교에서 진행되는 영어 듣기 평가 시의 소음 영향을 계산하여
소음 지도를 제작함. (수학과제탐구)

파이썬과 라이브러리를 이용해 공공 데이터를 분석하여
데이터에서 읽을 수 있는 다양한 현상에 대해
관심을 갖고, 지하철 노약자 장애인 편의시설 현황 데이터를
분석하여 총 121개의 역 중 실질적인 장애인 이동권을
보장하지 못하는 역이 약 25개 존재함을 확인하고

2학년에서의 탐구 과정을 통해 충분한 내공을 쌓은 예슬이는 3학년 학교생활을 매우 정밀한 설계도로 완성했습니다. 확실한 심화의 과정과 고민의 과정을 보여주는 것으로 '발전 가능성'이 뛰어난 학생임을 스스로 증명을 했습니다. 수업 시간에 배우고, 배운 내용을 "독립적"으로 탐구하고, 탐구한 내용을 기존의 지식과 연결하는 과정을 통해서 자신의 심화 학습을 증명한 셈입니다.

'감히, 아름다움'을 읽고 건축과 도시의 본질적인
아름다움이란 무엇인지 대해 고민하며, '사회의 미'와 도시 및
도시를 이루는 '건축의 미'가 상호작용한다는 자신의 생각을
구체화하였으며, 공정한 사회가 아름다운 사회이며 ~

현대사회에서 모든 사람이 직업, 신체적 제약, 나이 등에
구애받지 않고 인간으로서 함께 어우러질 수 있는
공간을 만들어 '사회의 미'를 지키는 건축물들이 필요하다는
자신의 생각을 토대로 학교의 공간 중 급식실 입구 앞,
복도, 학교 공터의 구조적 문제점과 소재의
단점 및 이를 보완하기 위해 탐구함. 자신의 아이디어를
구체화하여 수경재배 수직 텃밭 설치,
공터에 앉을 수 있는 계단 설치 등을 ~

예슬이의 다양한 '지도' 활동은 나름의 지식 구조화를 보여준다는 점에서 매우 의미 있는 활동이었고, 실생활 관련한 다양한 문제의식도 매우 정교해짐을 확인할 수 있습니다. 개인적으로 예슬이의 미적분 과목 교과 세특을 매우 좋아했습니다. 주제에 대한 공유와 질문 등을 통해 수준 높은 이야기를 만들 수 있었고, 접근 방법도 매우 창의적이었습니다.

건물 주변의 공기흐름을 분석하기 위한 방법으로
건축물의 표면 거칠기와 바람 순환 관계를 해석하는
논문을 접하게 되어, 이 개념을 적용하여
'디지털 트윈 S map 데이터와 적분을 활용한 건축물의 표면
거칠기 추정 및 도시 열섬에 미치는 영향'이라는 주제로
탐구하며, 적분 개념을 활용하여 표면 거칠기 값을 계산하고
바람 순환으로 인한 열섬 현상을 해석하여 ~,
행정구역별 평균온도를 조사하여 학교 근처와 여의도를
비교하여 표면 거칠기와 평균온도가
유의미한 관계임을 설명하고 ~ (미적분)

문제 해결을 위해 학습한 지식을 기반으로 탐구하고자 하는
의지와 그 탐구를 수행하는 역량이 뛰어남.
확률분포와 연속확률변수에 대해 배우면서 버스를
기다리는 시간이 ~ 이를 이용해서 급식실에서 대기하는
시간이 너무 길다는 문제의식을 갖고 급식 대기시간을
확률변수로 설정하여 분석하고
급식 시스템의 개선을 주제로 탐구하였으며 ~
실험을 위해 학급 친구들의 도움을 받아 ~ (확률과 통계)

"타자와 나, 레비나스의 철학론"이라는 주제로 발표 ~
배운 내용을 토대로 친구와 가족 관계를 설명하고 ~
특히, 건축물이라는 하나의 공간에도 타자론에
근거해서 사람 간의 이해와 소통, 관계라는 명제를
추론해 내는 등 독창적인 ~ (철학)

청계천 모형을 만들어 물높이 센서와 모터들을 이용해
일정 물높이 이상이 되면 배수 시스템이 작동하고 진입로를
차단하며 경고등을 켜는 등의 안전 시스템을 실제로
제작하여 일상에서 봐온 문제점을 3가지(진입로 차단, 경고등,
배수 시스템)의 요소들로 구분하여 해결하는 과정에서
문제 해결력을~ (인공지능과 피지컬 컴퓨팅)

　예슬이는 이 모든 역량들을 근거로 수시에서 7개의 학종(서울대, 연세대, 고려대 2, 성균관대 2, KAIST)을 지원했고, 7개 모두 합격했습니다. 흔히 하는 이야기로 '7관왕'이 되었습니다. 다만, 여기서 한 가지 짚어 넘어가야 할 부분이 있습니다. '7학종 합격'이라는 이야기를 들을 때 생각하는 그 내신이냐고 생각하면, 예슬이의 학생부 성적은 다소 애매합니다. 대체로 내신 성적이 오르는 것이 유리하다고 생각하고, 실제로 내신 성적이 상승한 학생들의 합격 비율이 높기는 합니다. 하지만, 유리하다는 말이지 항상 그런 학생들만 합격하는 것은 아닙니다. 고등학교 내신 성적의 하락 이유가 선명하고, 타당한 이유가 증명되어지면 내신 성적 자체의 하락이 문제가 되지는 않습니다.

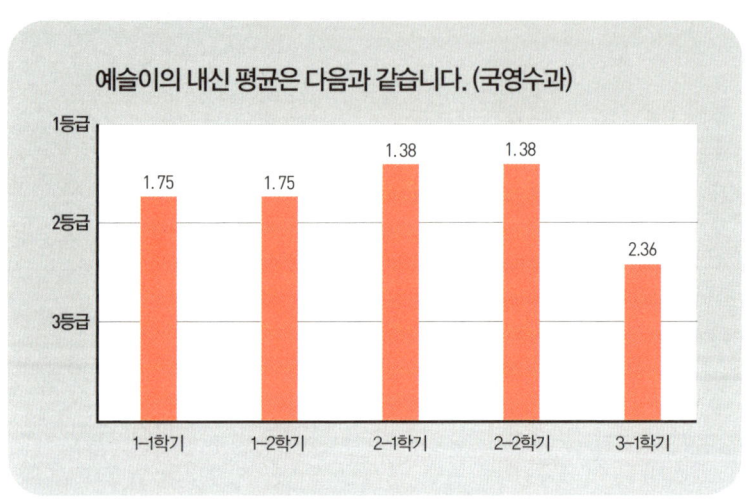

예슬이의 내신 평균은 다음과 같습니다. (국영수과)

3학년 1학기 성적이 유독 하락한 것을 볼 수 있습니다. 사실 다양한 이유가 있고, 이에 대한 증명을 학생부를 통해서 했기 때문에 우수함을 여러 대학으로부터 인정받을 수 있었습니다. (이 부분에 대한 내용은 나름 영업 비밀(!!)인 관계로 책에서는 쓰지 않고, 강의에서 뵙고 설명 드리겠습니다.) 내신 성적의 중요성이 떨어진다는 말이 아니라, 대학의 입장에서 보면 고등학교의 내신 성적을 절대적인 것으로 생각하지 않는다는 점을 이해하는 것이 필요합니다. 다양한 경로를 통해 자신의 우수함을 증명하는 것이 관건입니다. 그러니 제발, 내신 시험 망쳤다고 포기하지 말고, 자신만의 길을 찾았으면 합니다. 자신의 우수함을 가장 잘 아는 사람은 절대적으로 자신입니다.

저 내신 성적을 가지고, 5개 대학, 7개의 전형에서 합격했습니다.

예슬이의 학생부를 평가한 대략 70명 정도의 평가자들이 모두 합격 도장을 찍었다는 말입니다. 이 말의 의미를 제대로 이해해야 합니다. 오로지 내신만이 가장 강력한 도구라고 이야기한다면 이런 숱한 사례들을 설명할 방법이 없습니다. 학종은 기본적으로 학생의 역량을 '종합적'으로 판단하려는 전형이라는 점을 다시 한 번 강조합니다.

가끔 학생들이 자신의 역량을 제대로 파악하지 못하는 경우들이 존재하긴 합니다. 개인적인 경험으로는 대부분의 경우에 객관식 성적으로 자신의 가능성을 판단하는 경우입니다. 내신 성적에 함몰되기보다는 자신을 보다 객관적으로 봐줄 수 있는 사람의 도움을 받으면 자신의 길을 제대로 찾을 수 있습니다. 본질은 자신 속에 있는 우수함을 발견해서 성장시킬 수 있느냐의 문제입니다.

예슬이의 평균 추이에도 불구하고 7개 대학에서 모두 선발하려고 했다는 점을 다시 강조합니다. 앞서 언급한 바와 같이 학생부 종합 전형을 내신의 "평균"으로 평가하면 다소 이상한 결과가 나온다는 점은 명확합니다. 다양한 학생들을 소개하면서 항상 강조하는 부분은 '성장'이 포인트라는 점입니다. 그것이 지금 이 책을 읽고 있는 2학년 학생이라도 동일합니다. 멋진 도전의 시작은 항상 '변화'를 만드는 것입니다. 어제와 다른 오늘을 만들기 위해 변화를 선택하면 우리의 성장은 시작될 것입니다.

예슬이가 보여준 성장의 과정을 모든 학생들이 똑같이 따라할 수는 없습니다. 하지만, 중요한 것은 자신의 지적 호기심을 그냥 그대로 두지 않으려는 노력이 중요하다는 점을 말하고 싶습니다. 모든 전략의 핵심은 누군가가 만들어 주는 것이 아니라, 스스로 질문하고 그 질문에 대한 답을 찾기 위해 책을 읽고, 질문하고, 고민하는 과정이 필요합니다. 그 과정을 통해 여러분 안에 잠재된 놀라운 가능성이 폭발하게 됩니다.

예슬이의 학생부에서 가장 중요한 질문이 있습니다. 예슬이가 고교 생활을 하면서 가졌던 가장 본질적인 의문이기도 했고, 관심이기도 했습니다.

건축으로 세상을 바꿀 수 있을까?

예슬이는 자신만의 질문을 가지고, 그 답을 찾기 위해 고군분투를 했습니다. 자신이 보여주고 싶었던 학생부의 색깔을 "자신이 정한 것"입니다. 자신만의 색깔이 입혀진 학생부를 만드는 것이 중요합니다. 세상 어디 없는 "나만의 학생부"에는 나의 궁금함과 나의 관심, 나의 질문들이 포함되기 마련입니다. 그 스토리를 통해 교수와 입학 사정관을 설득하는 작업의 과정을 거치는 것입니다.

학생부는 단순히 능력을 나열하는 서류가 아닙니다. 대학을 설득하기 위한 "자신만의 논리"가 있어야 합니다. 그 논리는 개별 학생의 독특한 색으로 드러날 수밖에 없습니다. 그러니 우리는 대학의 질문에 대답을 해야만 합니다.

여러분의 학생부는 어떤 색인가요?

Chapter **3**

2027 대학입시
트렌드 분석

2027학년도 대학 입시 트렌드를 분석할 때, 학생과 학부모들에게 가장 많이 받는 질문 중에 하나는 '재수 가능' 여부입니다. 재학생인데, 2027 입시를 준비하는 예비 수험생인데 이미 재수를 염두에 두고 이야기를 합니다. 그리고 재수의 유리함 혹은 불리함에 대해서 묻는 것입니다. 재수생의 증가와 삼수생의 증가 등으로 대표되는 현재의 흐름 속에서 부모들의 고심 또한 충분히 이해가 됩니다. 이러한 입시 상황을 생각해 보면 2027 입시 트렌드 분석을 위해서는 꼭 필요한 전제이긴 합니다. 그러나 대학의 목적은 항상 우수한 학생을 선발하는 것입니다. 그러니 수험생들은 '진학'이라는 점에 중점을 두고 입시를 준비하면 해야 할 것들이 매우 선명하게 보입니다.

다음 책인 '2028 대한민국 대학입시 트렌드'에서 충분히 다룰 내용이긴 합니다만, 고교학점제라는 독특한 제도 하에서 이뤄지는 입시에 대한 막연한 두려움이 있을 수 있습니다. 그러나 대학의 전제를 생각해 보면 충분히 준비가 가능하다는 점을 다시 강조합니다. 2028 대입 체제의 핵심은 '정성 평가'의 강화입니다. 즉, 수능과 내신이 가진 정량적 평가의 한계를 정성 평가로 보완하겠다는 의미입니다. 특히, 2027학년도 전형 계획에서도 정시 모집에서 학생부 반영 대학이 증가하고 있다는 점을 감안하면, 당연한 귀결로 보이기도 합니다. 2026 전형에서 상위 14개 대학 중 정시에 학생부를 반영하는 대학은 처음 출발했던 서울대, 고려대, 연세대에 이어 한양대, 성대(사대)였고, 2027학년도 전형에서 중대와 동대가 추가로 합류하게 됩니다. 14

개 상위권 대학 중 7개 대학이 정시에 학생부를 반영하는 셈입니다.

2028 입시에서 대학이 이런 선택을 한 배경에는 공통 과목 수능을 골자로 하는 2028 수능의 변별력이 현재보다 다소 떨어질 수 있다는 대학의 전제가 깔려 있습니다. 특히, 자연 계열의 경우에는 '미적분 Ⅱ' 과목이 수능에서 빠지면서 수능 전체의 학습량이 매우 많이 감소하게 된다는 점이 크게 작용하게 됩니다. 2027 수능을 생각하면 '수학Ⅰ, 수학Ⅱ, 확률과 통계'에서 수능 과목이 끝이 나는 셈이기 때문입니다.

여러 언론들의 다양한 이야기와는 다르게 '수능 전형'만 놓고 보면, 재수생들이 유리할 수밖에 없습니다. 2028 수능을 준비하는 학생들은 '미적분Ⅱ'를 제대로 배우지 못하고 수능을 치는 셈이고, 2027 수능 세대까지는 '미적분Ⅱ'를 기본으로 공부했어야하기 때문입니다. 결국 쉬운 수능을 전제로 하면 수능 성적은 어느 정도 인플레가 나타날 수밖에 없고, 이 부분의 변별을 학생부 혹은 면접으로 해결하겠다는 의미입니다.

논술 전형에서도 유사한 상황일 것으로 보입니다. 수능에서 '미적분Ⅱ'를 치르기 위해 공부한 학생들과 내신 대비로 공부한 학생들과의 대결이 될 가능성이 높습니다. 어차피 서울의 상위권 대학들은 자연 계열 논술 범위로 '미적분Ⅱ'까지 준비할 것입니다. 그러니, 보다 밀도 높게 공부한 재수생들이 어느 정도 2028 입시에서 유리한 고지를 점하긴 할 것입니다. 결국 각종 언론 보도 등에서 이야기하는 것처럼 극단적인 재수생 감소는 나타나지 않을 것이지만, 어느 정도의 감소는 있을 것입니다. 실제 서울의 주요 대학에 강제되어 있는 정시 40% 룰이 확정적으로 없어질 가능성이 높기 때문에, 재수생은 감소하게 될 것입니다. 현재는 서울대, 한양대, 동국대가 정부의 지원을 받아 정시 비율을 2028학년도 입시에서 줄이게 됩니다.

2027학년도 입시에 대한 언론의 반응은 여전합니다. 혼란스럽고, 복잡하고, 난리가 났다고 이야기를 합니다. 하지만, 여러분도 잘 아는 바와 같이 언론의 수사일 뿐이고, 자본주의 사회에서 그렇게 해서라도 구독 수를 늘려야 하는 언론의 숙명이기도 합니다. 그러니 2027학년도 입시를 준비하는 우리들은 언론이 제공하는 정보에 혹할 것이 아니라, 제대로 "공부"를 해야 합니다. 제대로 공부하면 제대로 된 대응을 할 수 있습니다.

제대로 된 전략을 "준비" 할 수 있습니다.

당연하게도 올해 발표된 2027학년도 입시 계획은 내년에 변경이 됩니다. 또 다양한 부분에서 변화가 시도될 것이고, 서울의 주요 대학뿐만 아니라, 지방의 거점 국립대학들도 제법 많은 내용을 바꾸게 됩니다. 하지만, 불안해하지 않아도 되는 것은 2027학년도 입시에서 "큰 변화"는 거의 존재하지 않는다는 점입니다. 예측 가능하고, 대응 가능한 수준의 변화들이 주류를 이룰 것입니다. 그러니 불안해하지 말고, 제대로 된 준비를 해봅시다. 결국 그 모든 변화에도 대학은 "준비된" 학생, 즉 수능으로 준비된, 교과로 준비된, 학종으로 준비된, 논술로 준비된 학생을 선발한다는 말입니다. 어떤 전형으로 준비할지를 결정했다면 자신의 역량을 증명하기 위한 최적의 노력이 필요합니다. 교육 정책의 변화 때문에 불합격하는 학생의 비율은 절대 높지 않습니다. 지금의 변화에 너무 민감하게 반응할 필요 없습니다. 모든 교육 정책의 변화에도 불구하고 대학은 특정 학생을 "선발"합니다. 여러분이 그 특정 학생이 될 수 있는 역량을 증명하기만 하면 됩니다. 흔들리지 않으면, 불안해하지 않으면 그 역량을 증명할 길을 찾을 수 있게 됩니다.

2027학년도 입시와 관련해서 다양한 문제들이 있긴 하지만, 입시 문제는 항상 이슈가 되었다는 점을 생각하면, 불안과 공포를 자극하는 이야기는 멀리하고, 제대로 된 정보를 토대로 전체의 흐름을 이해하면 충분한 대비가 됩니다. 이것을 위해 이번 챕터에서는 2027학년도 입시의 다양한 트렌드를 분석할 것이고, 전체적인 입시의 판을 이해하는 과정이 될 것으로 생각합니다. 트렌드를 제시하는 이유는 당연히 제대로 된 대비책을 세우기 위함이라는 점을 꼭 강조하고 싶습니다. 입시와 관련된 숱한 스피커들이 다소 자극적인 이야기를 쏟아내고 있지만, 교육은 항상 기본에 충실해야 합니다.

2027학년도 입시에서 트렌드로 볼 만한 이야기는 여러 가지가 있겠지만, 파급 효과가 큰 것들을 중심으로 살펴보고자 합니다. 2025학년도 입시에서 가장 큰 이슈였고, 거의 모든 입시 뉴스를 잡아먹은 것은 '의대 증원 이슈'였습니다. 하지만, 사실상 더 큰 영향을 준 것은 당연히 '전공 자율 선택제(무전공)의 확대'였습니다. 2026학년도 입시에서 '의대 증원 원복'이 결정된 만큼 2027학년도 트렌드에서 가장 중요한 것은 역시나 '전공 자율 선택제'에 대한 이해입니다. 전공 자율 선택제는 이미 '변수'라기 보다는 '상수'에 가까운 개념이 되었습니다. 2027학년도 입시에서 매우 중요한 지점이긴 하니, 자세하게 분석을 해보도록 하겠습니다.

전공 자율 선택제는 고교학점제와 연결점이 있는 전형 방법이기도 합니다. 사실 시대의 흐름이기도 해서 트렌드의 성격이 매우 강합니다. 다만, 대학의 입장에서는 고교학점제 하에서의 입시를 대비하기 위한 방법으로 전공 자율 선택제를 활용하기도 한다는 점을 이해하면 보다 의미 있는 준비가 될 것입니다.

두 번째 트렌드로 SKY의 입시 지형을 살펴봅니다. 우리 사회의 입시 트렌드는 사실상 SKY의 영향을 크게 받는 편입니다. 아무래도 상위권 대학의 입시 지형에 따라 다양한 변화가 발생한다는 점에서 SKY의 전형 변화를 살펴볼 필요가 있습니다. 물론 다양한 변화가 발생할 수 있지만, 그럼에도 기본적으로는 현재의 체제를 크게 벗어나지 않을 것으로 생각합니다. 한 가지 유심히 살펴봐야 할 부분은 대학들이 입시 체제에 변화를 주는 이유는 단순히 2027학년도의 문제에 국한되지 않습니다. 1년 입시를 생각하고 입시 체제를 바꾸지 않는다는 말입니다. 지금의 대학 입시 체제의 변화는 모두 2028 입시를 염두에 둔 과정으로 이해하면 됩니다. 2028 입시 체제에서의 큰 변화가 예상되고, 계획되어진 만큼 그 변화의 폭을 줄이기 위한 노력의 일환으로 2027 입시에 변화를 주고 있다는 점을 이해하면 조금 더 쉬울 듯합니다. 그리고 최상위권 대학의 학생 선발 트렌드를 이해하는 것으로도 충분히 의미 있는 분석이 될 것으로 생각합니다. 특정 대학에 대한 입시 지형 분석은 다른 대학의 입시 지형 분석을 더 쉽게 만드는 경향이 있습니다.

다른 의미에서, 개인적으로 많은 학생들에게 학생들의 현재 수준보다 높은 수준의 대학을 목표로 삼기를 요구하는 편입니다. 높은 목표를 향해 '헌신'하는 그 과정 또한 매우 중요하다고 생각하기 때문입니다. 대학을 진학하느냐, 못하느냐의 문제보다 훨씬 중요한 것은 각자의 삶에서의 성공과 실패의 경험입니다. 인생에서의 성공을 위해서 가장 중요한 것은 '개인이 가진 가능성의 개발'이고, 그 역량 개발을 위해서는 반드시 '목표에 대한 헌신'이 필요합니다. 한 개인의 인생 전체를 봤을 때 대학 입시는 그것을 "연습"하는 과정일 뿐입니다.

세 번째 트렌드는 첨단학과 관련 내용입니다. 첨단학과들은 시대의 흐름을 어느 정도 반영하기도 하고, 대체로 '순증' 인원이라는 점에서 분석의 대상이 됩니다. 정부의 정책 상황 등을 고려할 때, 2027 학년도 입시에서는 순증 인원이 증가할 가능성이 높은 영역이기도 합니다. 우리 사회의 미래를 어느 정도 책임지게 될 학과라는 점에서 큰 의미가 있습니다. 다만 안타깝게도 중도 탈락이 많아지고 있다는 점이 문제입니다. 그럼에도 2027학년도 입시에서도 높은 입결을 유지할 것으로 보입니다. 첨단학과와 관련해서는 이른바 계약학과의 내용도 함께 살펴 볼 필요가 있습니다. 중복되는 부분이 많기는 하지만, 대체로 높은 성적대를 유지하고 있다는 점에서, 꾸준히 선발 인원이 증가하고 있다는 측면에서 하나의 트렌드로 자리 잡아 가고 있습니다.

2027학년도 대한민국 대학 입시 트렌드로 다뤄져야 할 다른 내용들이 충분히 있습니다. 지역 인재 전형, '사탐런'과 '확통런', 의대 정원 원복 등 많은 이야기들을 다룰 수 있지만, 각각의 이슈들이 나름의 한계가 있다는 점에서 트렌드 분석까지 할 필요는 없을 것으로 생각하고 있습니다.

지역 인재 전형은 의대 증원 이슈로 핫한 소재이긴 합니다. 의대 원복 결정과 이후 이뤄진 의대 증원 논의에서 여전히 뜨거운 감자가 될수밖에 없긴 하지만, 의대 원복 이후에도 지역 인재 전형이 축소되지않고 유지되고 있다는 점을 생각하면 당분간 변수라기보다는 상수에가까운 상태를 유지할 것으로 보입니다.

아울러 '사탐런'과 '확통런'은 해야 할 이야기가 많긴 하지만, 트렌드로서의 가치에 대한 고민의 여지가 있긴 합니다. 2025학년도 입시부터 매우 주목을 받기 시작했고, 현재 2026학년도에 이르러서는 거의 '광풍' 수준으로 확대되고 있는 수준이긴 합니다. 2025학년도 입시에서 소수의 '사탐런'과 '확통런'을 보면서 뉴스에서 언급을 했던 것은 결국 소수의 학생들이 이 선택으로 성공할 것이고, 2026학년도 입시에서는 매우 과대 포장되어서 광고가 될 것이고, 결국 더 많은 학생들이 움직이는 결과로 이어질 것을 예측했습니다. 우리나라의 사교육에서 항상 하는 방법이기도 합니다. 사탐런과 확통런에 대해서는 매우 엄중한 선택의 기준이 필요합니다. 언론에 비춰지는 많은 이야기들은 마치 아주 쉽게 성공하고, 성공을 위해서는 반드시 해야만 하는 것으로 보이지만, 실제 성공을 위해서는 면밀한 분석이 필요합니다. 언론에서 공개되고, 포털에서 이야기되어지는 것처럼 성공 사례가 많지는 않습니다.

2026학년도 입결을 통해 확인이 가능하겠지만, 상당수의 학생들이 선택과목을 변경한 상태로 수능을 보게 될 것이고, 특히 이공계열 학생들에게 매우 치명적으로 작용을 할 가능성이 높습니다. 그럼에도 2027학년도 입시를 준비하는 많은 예비 수험생들이 인문계열로 "도망"가는 선택을 하지 않았으면 하는 바람을 담아 봅니다. 베르세르크의 그 유명한 명대사가 필요한 지점인 것 같습니다.

도망쳐서 도착한 곳에 낙원이란 있을 것 없는 거야.
만화 '베르세르크', 미우라 켄타로

1. 트렌드 – 전공 자율 선택제

 전공 자율 선택제에 대한 이해

전공 자율 선택제는 학생이 대학 입학 후 자신의 흥미와 적성에 따라 2학년 때 전공을 자유롭게 선택하도록 만든 제도입니다. 전공 자율 선택제는 크게 2가지 유형으로 구분이 됩니다. 유형 1은 대체로 '자유 전공 학부'로 대학에서 개설되는 거의 모든 전공을 자유롭게 선택할 수 있도록 구성된 학부입니다. 당연히 의대, 간호대 등 일부 전공은 선택할 수 없지만, 계열과 상관없이 지원이 가능하다는 점에서 광범위한 선택을 보장하고 있습니다. 유형 2는 특정 계열 내에서 전공을 선택하도록 제한합니다. 해당 계열로 모집을 하고 해당 계열 내의 학과들 중에서 전공을 선택하도록 한다는 점에서 다소 선택의 범위를 좁힌 셈입니다.

서울 상위권 13개 대학의 전공 자율 선택제 중 유형 1로 선발하는 규모는 2,859명 규모입니다. 2026학년도 입시에서 가장 핫한 이슈 중의 하나인 연세대 '진리 자유 학부' 모집은 2027학년도에서도 최상위권 대학의 규모 면에서도 엄청 강력한 요인으로 작용하고 있습니다. 전공 자율 선택제 유형 1의 상위권 대학 모집 전형은 전반적으로 정시 모집이 54% 수준으로 확대된 모양새입니다.

상위 13개 대학 전공 자율 선택제(유형1) 선발 인원

대학	모집 단위	전형				
		교과	학종	논술	정시	합계
서울대 (159)	학부 대학 자유 전공 학부		74		49	123
	학부대학 광역				36	36
연세대 (259)	진리 자유(인)	19	24	12	72	127
	진리 자유(자)	20	25	12	75	132
고려대(134)	자유 전공 학부	18	29	15	35	97
	학부		9	8	20	37
성균관대 (280)	자유전공계열	20	120	30	110	280
서강대 (160)	인문 기반 자유 전공		20		49	69
	SCIENCE 기반 자유 전공		15		25	40
	AI 기반 자유 전공		15		36	51
한양대(252)	인터칼리지학부	42			50	92
	인터칼리지(인)		25	15		40
	인터칼리지(자)		85	35		120
경희대 (165)	자율 전공 학부	54	37	8	66	165
이화여대 (363)	스크랜튼 학부		27	13		40
	계열별 통합(인)				174	174
	계열별 통합(자)				149	149
한국외대 (101)	자유 전공 학부	15	19	24	43	101
서울시립대 (156)	자유 전공 학부(인)	15	10		53	78
	자유 전공 학부(자)	15	10		53	78
건국대 (308)	KU 자유전공		183	65	60	308
동국대(229)	열린전공(인)	50	2		67	119
	열린전공(자)	50	2		58	110
숙명여대 (293)	자유 전공	29			264	293
합계		347	731	237	1,544	2,859
		수시계 : 1,315				

동일한 대학군에서 유형2를 선발하는 인원은 3,571명 수준입니다. 전체적으로 보면 유형 1보다는 인원이 다소 많은 편입니다. 특이한 대학은 중앙대인데, 중앙대는 유형2로만 모집을 합니다. 이론상으로는 유형 1이 전공 자율 선택제에 더 적합한 형태이긴 하지만, 실제 운영을 해야 하는 대학의 입장에서는 다양한 고려를 한 결과로 유형 2가 다소 더 많게 형성되는 것으로 볼 수 있습니다.

경기 · 인천 소재 전공 자율 선택제(유형2) 모집 인원

대학	모집 단위	전형				
		교과	학종	논술	정시	합계
가천대	AI 인문대학	22	22	73	61	178
	법과 대학	17	21	46	45	129
	반도체 대학	21	16	73	61	171
아주대	경제 정치 사회 융합학부	24	36	5	27	92
	프런티어 과학 학부	18	50		30	98
	첨단 바이오 융합 학부	15	32		23	70
인하대	경영 융합 학부				44	44
	사회 과학 융합 학부				41	41
	인문 융합 학부				34	34
	공학 융합 학부				132	132
	자연 과학 융합 학부				40	40
한양대(E)	LIONS 자율 전공(인문사회)	20	68			88
	LIONS 자율 전공(자연)	55	68			123

전공 자율 선택제로 선발되는 학생들은 다양한 전형을 통해 선발이 이루어지게 됩니다. 앞서 설명한 바와 같이 각각의 전형의 특성에 맞는 방식으로 선발이 이뤄진다는 점을 감안하면 됩니다.

전공 자율 선택제 지원 전략

전공 자율 선택제에 대한 고민을 할 때 가장 유심히 살펴볼 부분은 이른바 누가 지원하는지에 대한 부분입니다. 여러 자료들을 감안해 보면 상대적으로 자연 계열 학생들의 비율이 다소 높은 것으로 보입니다. 2015개정 교육 과정이 가지는 일정 부분의 한계이기도 하지만, 대체로 인문 계열 학생들의 내신 성적이 다소 낮게 나타나는 편이고, 학업 성취도의 수준도 차이가 제법 나고 있습니다. 내신 성적이 상대적으로 유리한 자연 계열 학생들이 최종 전공 자율 선택제 유형1에서 대학의 수준을 높이기 위해 자유 전공을 선택해서 지원하는 것으로 분석이 됩니다. 같은 이유로 정시 지원에서도 유사한 결과들이 나타나게 됩니다. 상대적으로 높은 수능 성적을 가진 자연계열 학생들이 (미적분, 기하 선택자) 상위권 대학을 위해 전공 자율 선택제 유형1을 지원하고, 2학년 때 이공 계열로 진학할 계획을 세우고 지원하는 전략적 선택을 합니다. 실제 통계도 매우 높은 수준의 자연 계열 합격 비율을 보이고 있는 편입니다.

2025학년도 입결을 확인해 보면, 최상위권 모집 단위를 지원할 수 있는 학생들이 자유 전공을 지원하는 경우는 그리 많지 않은 편입니다. 상위권 모집 단위에 비해서 입결이 다소 낮게 나타나는 이유이기도 합니다. 다만, 지원하는 학생들의 비율 중 상당 비율이 자연 계열 학생이라는 점은 전략적으로 고려의 대상이 됩니다.

한양대 인터칼리지 추천형 2025 입결

모집 단위	모집 인원	경쟁률	70% cut
컴퓨터sw	13	14.4	1.34
경영 학부	26	14.9	1.57
생명 과학	6	13.7	1.51
인터칼리지	40	19.6	1.53

2025학년도 입시에서 아주 핫한 모집 단위였던 한양대 인터칼리지학부의 추천형 입결을 보면 최상위권 학과에 비해 다소 성적이 낮게 형성되는 모습을 보이고는 있지만, 그럼에도 중상위권 입결을 보이고 있음을 알 수 있습니다. 물론 한양대 추천형의 경우에 2025학년도부터 '정성 평가 10%' 반영이라는 변수가 있고, 2025학년도 경쟁률이 지나치게 높은 면이 없잖아 있긴 하지만, 2027학년도 입결 자체는 유사하게 형성될 가능성이 많다는 점을 고려해야 할 것 같습니다.

국민대 미래 융합 전공 – 교과 2025 입결

모집 단위	모집 인원	경쟁률	70% cut
신소재 공학부 전자 화학 재료 전공	13	9.13	1.84
미래 모빌리티 학과	8	9.8	2.44
자동차 융합 대학	26	5.8	
미래 융합 전공(인)	50	13.3	2.33
미래 융합 전공(자)	50	9.6	2.07

전공 자율 선택제의 학종 입결을 확인하면 다음과 같이 나타납니다. 대학과 모집 단위에 따라 입결은 매우 다르게 나타나기 마련이지만, 전반적인 추세가 있다는 점은 어느 정도 확실해 보입니다. 2027

학년도에도 여전히 무전공 전형의 선호도는 높게 나타나게 될 것입니다. 명확한 이해를 바탕으로 한 준비가 필요합니다.

경희대 자율전공학부 – 학종(네오르네상스) 2025 입결

모집 단위	모집 인원	경쟁률	70% cut
생물학과	13	29.8	1.78
미래 정보 디스플레이 학부	34	11.0	2.02
경제학과	20	11.0	2.35
자율 전공 학부	18	32.8	1.89

2027학년도 입시에서 전공 자율 선택제에 대한 고민을 하고 있다면 이런 내용을 충분히 고려해서 결정해야 합니다. 정시 등의 정량적 평가가 기본이 되는 경우에는 성적이 기준이 되기 때문에 전략적 요소는 다소 약한 편입니다. 반면, 학종의 경우에는 매우 전략적인 요소들이 크게 작용하게 될 것입니다. 전공 자율 선택제에서 대학이 강조하는 평가 요소에 대해 이해하면, 준비하는 과정이 다소 선명하게 나타날 것입니다. 건국대의 사례는 다음과 같이 나타납니다.

건국대 KU 자기 추천 전형 인재상

학과(부) 모집	교내 활동에 자발적으로 참여하고, **해당 전공에 관심과 소질이** 있어 스스로를 추천할 수 있는 자
KU 자유 전공 학부 모집	고교생 수준의 학업적 기초 역량과 다양한 경험을 바탕으로 **융 · 복합적 소양**을 길러 스스로를 추천할 수 있는 자 학교생활에서 깊이 있는 탐색으로 **학문간 응용능력**을 갖추어 스스로를 추천할 수 있는 자

학과 모집의 경우에 진로 역량이 제시되어 강조되는 것에 비해 자유 전공에서는 융합적 역량을 기본으로 하는 '학업적 역량'이 더욱 강

조되는 모습을 확인할 수 있습니다. 결국, 이른바 무전공 전형으로 불리는 전공 자율 선택제의 경우에는 '학생의 역량' 자체가 평가의 대상이 된다는 점을 확인할 수 있습니다. 계열 적합성보다는 다양한 계열을 포괄할 수 있는 융합적 역량이 더 우선된다는 점에서 관련된 역량을 지금부터 준비하는 것도 좋은 전략이 되긴 합니다. 다만, 전공 자율 선택제를 목표로 학교생활을 한다는 것은 다소 어려움이 있습니다. 2025학년도 입시에서 전공 자율 선택제에 지원하고, 합격한 학생들의 대부분은 특정 계열을 준비하던 학생이긴 합니다. 2027학년도 입시에서 무전공 전형을 목표로 준비한 학생들이 소수 존재하기는 하겠지만, 다수를 차지하지는 못할 것입니다. 즉, 대부분의 학생들이 진로 역량을 어느 정도 보여주는 학생부를 가지고 지원하게 될 것입니다. 결국에는 이 진로 역량을 어떻게 '확장'시켜서 보여줄 것인지가 관건이 될 것입니다.

앞서 학종에서 '배·탐·연'(배우고 탐구하고 연결하기)을 강조한 이유입니다. 자신이 배우고 탐구한 내용을 능숙하게 보여줄 수 있는 학생을 선호합니다. 실제로 그런 학생들이 선발이 됩니다. 진로 활동을 많이 한 학생이 선발되는 것이 아니라는 점을 이해하면, 무전공 전형에 대한 매우 높은 이해를 할 수 있게 됩니다. 사실 매우 단순한 이야기이긴 합니다.

서울대 식물 생산 과학부는 어떤 학생이 진학할까요?
서울대 식물 생산 과학부는 어떤 학생을 선발하려고 할까요?

식물에 대한 깊은 관심을 가지고, 고교 활동에서 작물 연구에 대한 깊은 관심을 가진 학생을 선발할까요? 그런 준비가 된 학생이 그리 많지 않다는 점을 생각하면 설득력이 없습니다. 고등학생 중 농업 응용 분야, 작물 생명 분야, 원예 생명 공학 분야에 관심을 가진 학생들이 얼마나 있을 것이며, 그 중 서울대를 지원할 만큼의 우수함을 가진 학생들이 어느 정도 있을지를 생각해 보면 어느 정도 설득력 있는 답을 찾을 수 있게 됩니다.

이른바 무전공 전형도 동일합니다. 결국 대학은 대학이 제시하고 있는 수준의 역량을 갖춘 학생을 선발한다는 점을 생각해야만 제대로 된 전략을 만들 수 있게 될 것입니다. 대학이 선발하는 무전공 전형이 '진로가 모호한 학생'이라고 생각하면 실패 확률이 매우 높아질 것입니다.

대학의 입장에서 무전공 전형에 선발하려는 학생은
"관심 분야에 대한 탐구 역량"을 증명한 학생입니다.

2. 트렌드 – SKY

서울대, 연대, 고대의 전체적인 입시 흐름은 서울대와 고대는 "유지", 연세대는 "변화"로 나타나고 있습니다. 특히, 연대가 전형에 다소 큰 변화를 주고 있다는 점은 유심히 살펴야 할 부분입니다. 전체 모집 인원은 큰 변동이 없으며, 수시와 정시의 비율도 그리 큰 차이는 없습니다.

SKY 수시, 정시 구분

대학	수시	정시	계
서울대	2,183명 (61.8)	1,349명 (38.2)	3,532명
고려대	2,721명 (59.3)	1,870명 (40.7)	4,591명
연세대	2,042명 (58.3)	1,460명 (41.7)	3,502명
계	6,946명 (59.8)	4,679명 (40.2)	11,625명

전체적으로 보면 11,625명을 선발하고 그 중 60% 정도를 수시로, 나머지 40% 정도를 정시로 선발합니다. 2027학년도 전체 수험생이 47만 명 정도가 될 것으로 예상된다면, 약 2.4% 수준의 학생을 선발한다는 말입니다. 학생들에게 항상 하는 말이기도 합니다.

절대 쉽지 않습니다!!!

누구나 가고 싶다고 말하지만, 전략적인 노력을 하지 않는다면 이룰 수 없는 목표가 될 것입니다. 2.4% 수준, 의학 계열까지 감안하면 17,000명 수준이니 약 3.8% 수준의 학생이 되어야 한다는 말입니다. 그 정도의 역량을 가지기 위해 열정적인 노력이 필요하고, 방향과 전략이 필요함을 다시 한 번 강조합니다.

트렌드를 이해하고, 자신만의 전략을 가진다면 지금 시작해도 충분히 가능합니다. 단, 반드시 가능하다고 생각하고 시작해야 합니다. 스스로 목표를 설정하고, 그 목표를 이루기 위해 노력하는 과정에서 우리는 '성장'이라는 열매를 가질 수 있게 됩니다.

멋진 도전이 되었으면 좋겠습니다.

2027학년도 서울대의 전형 계획은 사범대학의 체육 교육과, 식품 영양학과 등에서 미세한 조정이 있긴 하지만 전체적으로 2026학년도 입시 계획과 큰 차이가 없습니다.

2027학년도 서울대 선발 인원은 다음과 같습니다.

전형		인원	계
수시	지역 균형	511	2,183 (61.8%)
	일반 전형	1,495	
	사회 통합	177	
정시 '나'군	지역 균형	153	1,349 (38.2%)
	일반 전형	1,196	
계			3,532 (100%)

수시 모집만 실시하고, 정시 모집만 실시하는 모집 단위는 다음과 같이 나타납니다.

수시 모집만		정시 모집만	
대학	모집 단위	대학	모집 단위
인문 대학	국어국문학과, 중어중문학과, 영어영문학과, 불어불문학과, 독어독문학과, 노어노문학과, 서어서문학과, 언어학과, 아시아 언어 문명학부, 고고미술사학과, 철학과, 종교학과, 미학과	공과 대학	광역
사범 대학	교육학과, 독어교육과, 불어교육과	음악 대학	음악학과
음악 대학	피아노과, 관현악과, 국악과	학부 대학	광역

서울대는 학생부 교과 전형 없어, 학생부 종합 전형과 정시 전형으로 선발합니다. 학생부 종합 전형은 지역 균형 전형과 일반 전형으로 구분되는데, 지역 균형 전형은 소속 학교장의 추천을 받은 고교생으로 학생별 2명 이내로 제한되고, 2027년 2월 졸업 예정자 중 추천이 가능합니다. 지역 균형 전형과 일반 전형의 가장 큰 차이는 '수능 최저 학력 기준'의 적용 여부입니다. 지역 균형 전형은 수능 최저 학력 기준이 적용되며, 국수영탐(2) 중, 3합 7이내입니다. 지역 균형 전형은 단계형 전형으로 서류평가로 3배수를 선발하고, 2단계에서 1단계 성적 70%와 면접 30%로 선발합니다.

　　수시 모집 학종 일반 전형은 수능 최저 학력 기준을 적용하지 않습니다. 일반 전형 역시 단계형 전형이고, 전 모집 단위(미술대학, 사범대학, 음악대학 제외)에서 서류 2배수 선발, 1단계 성적 100, 면접 및 구술 고사 100으로 선발하게 됩니다. (사범대는 2단계가 1단계 성적 100, 면접 및 구술고사 60, 교직적성 · 인성면접 40) 2단계 면접 및 구술 고사는 공통 출제 문항 활용 모집 단위로 구분을 할 수 있습니다.

면접 및 구술고사 공통 출제 문항 활용 모집 단위 (일부)

모집 단위		평가내용	시간	
			준비	면접
인문대학		· 인문학, 사회과학 관련 제시문을 활용하여 전공 적성 및 학업 능력 평가 (영어 또는 한자 활용 가능)	30분 이내	15분 이내
사회과학 대학	전 모집 단위	· 인문학, 사회과학 관련 제시문을 활용하여 전공 적성 및 학업 능력 평가 (영어 또는 한자 활용 가능)		
	경제학부	· 사회과학, 수학(인문) 관련 제시문을 활용하여 전공 적성 및 학업 능력 평가 (영어 또는 한자 활용 가능)		
자연 과학대학	수리과학부	· 수학(자연) 관련 제시문을 활용하여 전공 적성 및 학업 능력 평가	45분 이내	
	통계학과	· 수학(자연) 관련 제시문을 활용하여 전공 적성 및 학업 능력 평가		
	물리 · 천문학부	· 물리학 관련 제시문을 활용하여 전공 적성 및 학업 능력 평가		

** 공통 출제 문항 비활용 모집 단위 : 미술대학 디자인과, 음악대학 국악과, 수의과대학, 의과대학, 치의학대학원 치의학과

제시문별 출제 범위 (일부)

과목	범위
수학(인문)	수학, 수학 I, 수학 II, 확률과 통계
수학(자연)	수학, 수학 I, 수학 II, 확률과 통계, 미적분, 기하
물리학	통합과학, 과학탐구실험, 물리학 I, 물리학 II
생명과학	통합과학, 과학탐구실험, 생명과학 I, 생명과학 II

　　정시 모집 '나'군 일반 전형에는 수능에서 모집 단위별 수능 응시 기준을 제시하고 있습니다. 정시 모집에서는 전 모집 단위(미술대학,

사범대학 체육교육과, 음악대학 제외)에서 수능 성적 100%로 2배수를 선발하고, 2단계에서 1단계 성적 80%와 '교과 평가' 20%를 반영하게 됩니다. 서울대가 제시한 교과 평가는 학교생활 기록부의 "교과 활동 발달 사항"을 반영한다는 점에서 학종과 차별화되지만, 정성적인 평가라는 점은 동일하게 작용합니다. 즉, 교과 성적을 정량적으로 반영하는 것이 아니라 모집 단위 관련 학문 분야에 필요한 교과 이수 및 학업수행의 충실도를 평가한다는 말입니다.

교과 활동 발달 사항 : 교과 이수 현황, 교과 학업 성적, 세부 능력 및 특기 사항

특히, 교과 학업 성적의 평가 항목은 '기초 교과 영역 및 모집 단위 관련 교과 성취도의 우수성'을 평가합니다. 이때 중요한 것은 '과목 수준, 수강자 수, 원 점수, 평균, 성취도별 분포 비율 등'을 고려한다는 점입니다. 개인적으로 가장 중요하게 생각하는 것은 선택한 과목의 '수준'입니다. 선택과목을 통해서 자신의 우수함을 보여줄 수 있는 지점이 됩니다. 교과 평가의 평가 등급은 A(5점), B(3점), C(0점)로 구분되며, 2명의 평가자가 독립적으로 평가하여 등급을 부여하고, 조합에 따라 점수를 부여하게 됩니다.

교과 평가 - 등급 조합 점수

구분	AA	AB	BB	BC	CC
배점	5	4	3	1.5	0

서울대를 정시로 지원하기 위해서는 모집 단위별 수능 응시 영역을 충족해야 합니다. 학과별로 다르게 제시되고 있습니다. 크게는 인문 계열, 자연 계열, 예체능 계열로 유형을 제시하고 있습니다. 세부적으로는 자연 계열을 2개의 유형으로 구분해서 총 4개의 유형으로 분류합니다.

모집 단위별 수능 응시 영역 기준 및 인정 기준 - 유형 2-1 (자연 계열 일부)

유형	모집 단위	2027학년도 수능 응시기준	
②-1	**자연과학대학** 물리 · 천문학부 물리학전공, 물리 · 천문학부 천문학전공, 화학부 **공과대학** 기계공학부, 전기 · 정보공학부, 에너지자원공학과, 항공우주공학과 **농업생명과학대학** 식물생산과학부, 식품 · 동물생명공학부, 조경 · 지역시스템공학부, 바이오시스템 · 소재학부 **사범대학** 물리교육과, 화학교육과, 생물교육과, 의과대학	국어, 수학, 영어, 한국사, 탐구 〈과학탐구영역 응시 기준〉 · Ⅰ + Ⅰ, Ⅰ + Ⅱ, Ⅱ + Ⅱ 3개 조합 중 선택 · 단, '물리학Ⅰ, 물리학Ⅱ, 화학Ⅰ, 화학Ⅱ' 중 1개 과목 이상 반드시 응시해야 함	[수학 선택] · 미적분, 기하 중 택1 [탐구 선택] · 과학탐구 8과목 중 택2 · 단, Ⅰ + Ⅱ 조합으 로 응시할 경우 서로 다른 분야의 과목을 응시해야 함 · 정시 모집에서 과학탐구Ⅱ 선택 시조정 점수를 부여함

결국 서울대는 어려운 과목을 선택해서 좋은 성적을 만든 학생에게 유리하도록 하겠다고 말하고 있습니다. 실제 서울대를 지원하고 좋은 결과를 만들기 위해서는 어려운 과목을 도전할 수 있는 도전 정신을 평가하겠다는 의미이기도 합니다. 서울대는 2015개정 교육 과정이 적용된 이후 학생들의 선택 과목에 대한 부담을 줄이기 위해

'전공 연계 교과 이수 과목'을 발표합니다. 전공 연계 교과 이수 과목은 지원 자격과는 무관하다고 밝히고 있지만, 모집 단위가 권장하는 과목의 이수 여부를 수시 모집의 서류 평가와 정시 모집의 교과 평가에서 반영한다는 점을 강조하고 있습니다. 즉, 해당 모집 단위를 지원할 계획이라면 '반드시' 수강해야 한다는 의미로 이해하는 것이 좋습니다.

사실 서울대가 제시하고 있기는 하지만, 개인적으로는 권장 과목이기도 하지만, 해당 분야를 공부하고, 관심을 가지고 있다면 당연히 선택해서 공부해야 할 과목이기도 합니다. 그런 의미에서 선택해야 할 방향을 명확하게 보여주는 '친절한 안내자'의 역할을 대학이 충분히 하고 있는 셈입니다.

서울대는 전공 연계 교과 이수 과목을 '핵심 권장 과목'과 '권장 과목'으로 구분해서 제시하고 있습니다. 인문 계열 모집 단위는 경제학부의 '미적분, 확률과 통계'를 제외하고는 권장 과목이 제시되어 있지 않습니다. 이는 학생의 진로와 적성에 따라 선택하면 된다는 의미로 이해하면 되지만, 진로와 적성에 따른 과목을 선택해야 한다는 점을 명확하게 이해할 필요가 있습니다. 결국은 진로와 적성에 대한 관심과 공부를 토대로 과목을 선택하라는 의미입니다.

핵심 권장 과목 : 학과(부)에서 공부하기 위해 필수적으로 이수를 권장하는 과목
권장 과목 : 학과(부)에서 공부하기 위해 이수를 권장하는 과목

2027학년도 서울대 전공 연계 교과 이수 (일부)

모집 단위		핵심 권장 과목	권장 과목
자연과학 대학	화학부	화학II, 미적분	확률과 통계, 기하
공과대학	광역	미적분, 확률과 통계	기하
	기계 공학부	물리학II, 미적분, 기하	확률과 통계
농업생명 과학대학	스마트 시스템 과학과	미적분	물리학 I 또는 화학 I 또는 생명과학 I
첨단 융합 학부		미적분	확률과 통계 또는 물리학 I 또는 화학 I 또는 생명과학 I

전공 연계 교과 이수 과목들을 확인해 보면, 자신이 지원하려는 계열에서 꼭 필요한 과목들을 제시하고 있음을 알 수 있습니다. 해당 분야를 공부하기 위해 필요한 과목이기도 하고, 앞으로 해당 분야를 깊이 배우기 위해 선행되어야 할 고교 수준의 교과 내용이라는 점에는 이견이 있을 수 없습니다. 고교생들은 자신의 선택과목으로 자신의 진로 역량을 증명해야 합니다.

2025학년도 학종 - 지역 균형 입결

모집 단위	모집 인원	경쟁률	70% cut
인문 계열	28	3.75	1.4
경영 대학	26	2.92	1.22
기계 공학부	16	4.25	1.30
조선 해양 공학과	6	4.5	1.54

2025학년도 학종 - 일반전형 입결

모집 단위	모집 인원	경쟁률	70% cut
경제학부	60	5.57	2.03
기계 공학부	544	6.94	2.5
조선 해양 공학과	22	10.23	3.48
스마트 시스템 과학과	10	19.50	2.02

　서울대 학종의 입결을 비교해보면 명확한 성격이 나온다는 점을 확인할 수 있습니다. 개별 고교에서 추천을 받는 지역 균형의 경우에는 극상위의 내신을 전제로 합니다. 여기서 서울대 학종에 대한 착각이 생기는 부분이 있습니다. 지역 균형은 어차피 전국의 거의 대부분의 고교에서 극상의 내신을 가진 학생들이 지원을 합니다. 그러니 합격자의 내신 성적이 좋은 것이 너무 당연합니다. 내신이 거의 지원 자격이 되기 때문입니다. 반면, 일반 전형의 경우는 다소 낮은 내신을 확인할 수 있습니다. 통계 자료를 면밀하게 분석해 보면 50% cut 과 70% cut의 성적 차이가 제법 나타납니다. 즉, 학종의 나머지 합격생 30%는 제법 내신 점수 차이가 많이 나게 된다는 것을 의미합니다. 대체로 특목고와 자사고 학생들의 성적이긴 하겠지만, 그럼에도 일반고 학생들이 어느 정도 포함된다는 점을 고려하고 전략을 구성하는 것이 반드시 필요합니다.

　서울대를 지원하고 합격하기 위해서는 학종 준비를 확실하게 하거나 수능 준비를 완벽하게 해야 합니다. 객관식 역량을 측정하는 수능 전형에서는 틀리는 개수가 중요하게 작용하게 됩니다. 정시에서도 정성 평가가 반영되기는 하지만, 2027학년도까지는 정성적인 평가가 엄청난 반전을 만들어 내지 못합니다. 교과 평가에서 역전하는 비율이 높게 형성되지 않기 때문입니다. 그러니 정시 수능 위주의 전형에서 좋은 결과를 만들기 위해서는 객관식 역량이 무척이나 중요하고, 결정적입니다. 대체로 이런 객관식 역량을 증명하기 위해서 필요한 시간을 "하루 14시간"으로 규정을 합니다. 즉, 서울대 정시 성공을 위한 최고의 전략은 하루 14시간 공부입니다!!!!! 주말 28시간의 공부에서 다른 사람의 이야기를 듣는 공부가 차지하는 비중은 30% 수준이어야 합니다. 나머지는 "자신만의 공부"여야 합니다.

서울대가 수시 학종에서 평가하는 것은 학교가 아니라, 개별 학생의 역량입니다. 그 역량이 선명하게 드러난다면 충분히 좋은 평가를 기대할 수 있습니다. 서울대의 요구가 선명하다는 점을 기억하고, 그 요구에 부합하는 결과를 만들기 위해 '자신만의 전략'을 세우길 바랍니다. 세상 어디에도 없는 자신만의 수시 전략을 수립하고, 그 전략을 완성하기 위한 '도전적인 행동'이 여러분의 역량을 증명하게 될 것입니다.

이미 완성된 인재를 선발하려는 것이 아니라,
장차 훌륭한 인재로 성장할 가능성을 지닌 학생을
선발하려는 것입니다. ─서울대 학종 안내 책자

2027학년도 고려대

2027학년도 고려대의 전형별 선발 인원은 다음과 같이 나타납니다. (정원 외 포함)

모집 시기	전형 유형	전형명	모집 인원	전형 요소 및 비율
수시	학생부 교과	학교 추천 전형	648	학생부(교과) 90 + 서류 10
	학생부 종합	학업 우수 전형	901	서류 100 (일괄)
		계열 적합 전형	521	1단계 : 서류 100 (5배수) 2단계 : 1단계 성적 60 + 면접 40
		고른 기회 / 다문화 / 재직자 / 사이버 국방	247	1단계 : 서류 100 (3배수) 2단계 : 1단계 성적 60 + 면접 40 ** 사이버 국방 별도
	논술	논술 전형	349	논술 100
	실기/ 실적	특기자 전형	55	전형별
정시	수능	일반 전형	1,027	수능 100 (의과대학, 사이버 국방 등 제외)
		농어촌 / 사회 배려 / 특수 교육 / 특성화고	250	
		교과 우수 전형	593	인문·자연계열 (의과대학 제외) 수능 80 + 학생부(교과) 20 의과대학 수능 80 + 학생부(교과) 20 + 적성·인성 면접
계			4,591	

** 특별 전형 제외, 정원 외 418명, 정원 내 4,173명

고려대는 2027학년도에 총 4,591명을 선발합니다. 수시로 2,721명(59.27%)을 선발하고, 정시로 1,870명(40.73%)을 선발합니다. 어떤 전형이 자신에게 유리하고, 불리한지에 대한 명확한 분석이 선

행되어야 합니다. 입시에서 실패하는 가장 큰 이유 중의 하나는 놀랍게도 자신의 역량을 제대로 파악하지 못하기 때문입니다. 자신에게 유리한 전형을 포기하고, 자신에게 불리한 전형을 선택해서 도전을 하는 학생들이 생각보다 많은 편입니다.

예를 들면, 수능 위주의 정시 전형은 당연히 '객관식 역량'을 측정하는 전형입니다. 상위권 대학에서 정량 평가인 전형에서 서류 반영이 다소 확대되는 경향이 있긴 하지만, 대체로 아직은 정시 전형은 정량 평가의 비중이 절대적이긴 합니다. 학교 내신 시험의 과정에서 객관식 역량의 부족함을 느낀 학생들이 "돌연" 수능을 준비하는 노선으로 변경을 합니다. 대부분의 학생들은 동일한 '정량적 평가'이기 때문에 유사한 성적 수준이 나오는 경향이 강합니다. 이를 극복하기 위해서는 '남다른 노력'이 필요합니다. 문제는 이런 남다른 노력이 고교 생활 중에서 이뤄졌다면 더 의미 있는 결과를 만들 수 있었다는 점입니다. 2026학년도 기준으로 17만 명 수준의 졸업생 등이 수능을 보게 됩니다. 과연 얼마나 많은 졸업생 등이 '객관식 능력'을 증명할 수 있게 될까요? 상식적인 질문이고, 충분히 결과를 예측할 수 있기도 합니다. 결국 자신이 어떤 역량을 가지고 있고, 자신의 역량이 충분히 발현될 수 있는 전형을 선택하는 것이 무척이나 중요하다는 점을 다시 강조합니다.

고려대의 경우는 서울대와 유사하게 2027학년도 입시에서는 큰 변화를 주지 않았습니다. 2026학년도 입시에서 논술 부활이라는 이슈를 던지고, 신설학과를 제시하고, 학종에서 일부 면접 폐지와 같은 변화를 시도했던 것을 감안하면 변화가 거의 없는 셈입니다. 고려대는 수능 최저 학력 기준을 대체로 제시하고 있는 편입니다. 의학 계열과 예체능 계열을 제외한 수능 최저 학력 기준은 다음과 같이 설정되어 있습니다.

고려대 수능 최저 학력 기준

전형	모집 단위	수능 최저 학력 기준
학교 추천	인문/자연	국수영탐(1) 4개 영역 중 3개 영역 합7
학업 우수	인문/자연	국수영탐(1) 4개 영역 합8
논술	인문/자연	국수영탐(1) 4개 영역 합8

의학계열을 제외한 일반 모집 단위를 기준으로 할 때, 고려대의 수능 최저 학력 기준은 꽤 높은 수준입니다. 달리 말하면, 수능 최저 학력 기준을 달성하지 못하는 비율이 다소 높게 형성된다는 말이기도 합니다. 실제 학종-학업 우수 전형의 수능 최저 학력 기준인 '4합 8'은 많은 수험생들을 절망케 하는 기준이기도 합니다. 다만, 한 가지 조심해야 할 점은 앞서 언급한 바와 같이 2학년 학력 평가의 등급을 기준으로 수능 최저 학력 기준을 판단하면 안 된다는 점입니다. 대부분의 재학생들은 3학년이 되면 학력 평가와 모의 평가의 성적이 상당한 수준으로 하락하게 됩니다. 이는 졸업생 등의 유입이 생각보다 많기 때문입니다. 그러니 지금부터 그에 합당한 준비를 위한 '노력과 희생'이 있어야 합니다.

수능 최저 학력 기준의 달성이 어렵다는 말은 여러분에게만 해당되는 말이 아닙니다. 고려대를 도전하는 많은 학생들도 이 난관에서 좌절합니다. 즉, 우리가 합당한 노력과 희생을 한다면 충분히 충족할 수 있다는 말이기도 합니다. 2027학년도 입시를 준비하는 고2 학생들과 학부모들은 1, 2학년 때의 모의고사 성적에는 매우 심한 거품이 있다는 점을 정확하게 인지해야 합니다.

고려대 학생부 교과 – 학교 추천 전형은 648명을 모집합니다. 전형 요소는 '학생부 교과 90% + 서류 10%'입니다.

학생부 교과는 교과 평균 등급 점수를 반영하고, 서류는 학생부에 대한 종합 평가입니다. 개인적으로는 이런 류의 학생부 교과 전형은 새로운 형태의 '학종'으로 규정을 합니다. 내신 성적이라는 자격 기준을 제시하는 학종이라는 의미입니다. 완전 새로운 전형이라기보다는 서울대가 운영하는 '지균'의 변형판이라고 생각합니다. 각 대학에서 내신 성적이 우수한 학생들이 지원하는 점에서 자격 기준을 제시한 것이고도 하고, 서울대 지균과 인력풀이 상당 부분 겹치기 때문이기도 합니다. 서류 평가 10%는 학생부 종합 전형의 방식을 차용하고 있습니다. 서류 평가에서 측정하려는 고려대의 평가 역량은 '교과 이수 충실도(70%), 공동체 역량(30%)'입니다. 교과 이수 충실도는 '계열 관련 교과 이수, 학업 충실도, 기타 요소'로 평가하며, 공동체 역량은 '규칙 준수, 나눔과 배려, 리더십, 기타 요소'로 평가합니다.

전체적으로 학종의 평가 방식과 평가 요소들을 활용하고 있고, 서류의 반영은 10%이긴 하지만, 내신 성적이 거의 유사하다는 점을 감안하면 제법 강력한 힘을 발휘하고 있습니다. 유사한 수준의 다른 대학의 학생부 교과 전형 입결과 비교해 보면 다소 성적이 낮게 형성되고 있음을 확인할 수 있습니다.

2025학년도 학교 추천 전형 입결(일부)

모집 단위	학교 추천 전형					
	모집 인원	경쟁률	충원합격 순위	최종 등록자교과 성적학생부 등급		
				50% cut	70% cut	2024 70%cut
경영대학	52	6.13	77	1.29	1.36	1.45
철학과	11	6.18	14	1.48	1.55	1.54
영어영문학과	16	4.56	14	1.52	1.54	1.48
생명과학부	15	10.93	24	1.26	1.30	1.38
생명공학부	17	8.88	27	1.25	1.27	1.33
화공생명공학과	14	11.71	36	1.24	1.28	1.4
신소재공학부	22	8.59	26	1.40	1.43	1.48
전기전자공학부	34	8.03	75	1.32	1.34	1.37
의과대학	18	20.50	29	1.05	1.07	1.08
간호대학	10	10.30	12	1.43	1.49	1.51
컴퓨터학과	20	8.45	73	1.25	1.26	1.32
데이터과학과	7	10.29	6	1.38	1.39	1.75
국제학부	7	10.00	14	1.49	1.56	1.86
미디어학부	12	5.25	19	1.26	1.31	1.44
바이오의공학부	12	9.50	20	1.40	1.41	1.46
자유전공학부	18	7.78	17	1.36	1.39	1.46
스마트보안학부	8	8.88	5	1.41	1.49	1.51

학교 추천 전형에서 의학계열을 제외하고 가장 높은 성적을 보인 모집 단위는 인문 경영(1.36)이고, 자연 컴퓨터학과(1.26)입니다. 가장 낮은 성적을 보인 모집 단위는 노어노문학과(1.70), 식품 자원 경제학과(1.55)입니다. 사범대학에서는 수학 교육(1.37)이 가장 높고, 가정 교육(1.75)이 가장 낮습니다. 전반적으로 전년도에 비해 입결이 상승했음을 확인할 수 있습니다. 가장 중요한 이유는 무전공 전형의 확대로 추론 가능합니다. 무전공 전형의 인원 배분을 위해 거의 모든 학과들이 1~3명의 모집 인원을 줄였습니다. 그 결과 성적이 살짝 상승한 것으로 판단할 수 있습니다.

2027학년도 고려대 학종- 학업 우수 전형은 901명을 모집합니다. 서류 100%로 일괄 합산으로 선발합니다. 학종- 계열 적합은 수능 최저 학력 기준을 적용하지 않는다는 점에서 학업 우수 전형과 차이가 있습니다. 계열 적합 전형은 521명을 선발하는데, 단계형 전형으로 선발합니다. 1단계 서류 100%로 5배수를 선발하고, 2단계에서는 1단계 성적 60% + 면접 40%로 최종 선발합니다. 면접은 제시문 기반 면접으로 진행이 됩니다. 모든 대학의 제시문 기반 면접은 '선행 학습 영향 평가 보고서'에서 고교 수준의 내용을 넘어서 출제된 것인지를 검토하게 됩니다. 지금까지 소수의 대학을 제외하고는 고교 수준을 넘어선 선행 학습의 요소들이 없는 것으로 평가 받고 있습니다. 개인적으로는 이 부분이 2028학년도 입시에서 대학의 면접 비중 증가에 대한 자신감의 배경으로 생각 합니다. 정성 평가의 확대를 대학마다 풀어내는 방법이 다르긴 하겠지만, 대체로 면접 확대와 강화를 생각하고 있습니다. 그 근거로 오랜 시간 동안 출제된 논술과 제시문 기반 면접의 노하우가 작동할 것으로 보입니다.

고려대에서 사용하는 학종 평가 요소는 다음과 같습니다.

평가 역량	정의	평가 요소	세부 내용
학업 역량	대학 교육을 충실히 이수하는데 필요한 수학 능력	학업 성취도	전반적인 교과의 성취 수준
		학업 의지	학업을 수행하고 학습해 나가려는 노력
		기타 요소	상기 외 '학업 역량'에 부합하는 기타 요소
자기 계발 역량	관심 분야에서 스스로 성장할 수 있는 능력	계열 관련 역량	계열 관련 탐색 노력과 준비 정도
		탐구력	주어진 문제에 대해 깊고 폭넓게 탐구할 수 있는 능력
		기타 요소	상기 외 '자기 계발 역량'에 부합하는 기타 요소
공동체 역량	공동체의 구성원으로서 필요한 바람직한 사고와 행동	규칙 준수	공동체 내의 규칙·규정을 준수하는 태도
		나눔과 배려	타인을 위하여 나누어 주고자 하는 태도와 행동
		리더십	공동체의 목표 달성을 위해 구성원들의 상호 작용을 이끌어가는 능력
		기타 요소	상기 외 학교 폭력 가해 여부 등 '공동체 역량'에 부합하는 기타 요소

고려대는 학종의 평가요소들을 서류 평가에서 각각의 비율로 평가하고 있습니다.

구분	학업 역량	자기 계발 역량	공동체역량
학업 우수 전형	50	30	20
계열적합전형	40	40	20

각 전형에서 평가 등급은 7점 척도로 사용을 합니다.

'매우 우수(A+) – 우수(A) – 다소 우수(B+) – 보통(B) –
미흡(C) – 매우 미흡(D) – 부적격(F)'

학업 우수 전형은 당연히 학업 역량을 가장 중요하게 평가하고, 계열 적합 전형은 진로 역량의 성격이 강한 자기 계발 역량을 다소 높게 평가합니다. 학업 역량은 앞서 설명한 내용과 큰 차이를 보이지 않습니다. 그럼에도 '기타 요소'가 중요한 변수가 될 수 있습니다. 평가의 재량권을 확대해 준다는 측면에서도 의미가 있고, 학생들의 입장에서는 학업 역량 등의 역량을 틀에 맞춰진 형태로 준비하지 않아도 된다는 의미이기도 합니다.

반면, 자기 계발 역량은 다소 생소한 개념으로 보일 수 있지만, 여타 대학들이 '진로 역량'으로 사용하는 개념으로 이해하면 됩니다. 계열과 관련된 탐색의 수준과 준비의 정도를 본다는 점에 방점을 찍으면 되고, 탐색의 수준이 탐구력으로 이어지게 됩니다. 깊고, 넓게 탐구할 수 있는 역량을 증명하는 것이 관건인 셈입니다. 상위권 대학은 대체로 "탐구력"을 매우 중요한 역량으로 평가합니다. 고등학교에서의 공부가 아니라, 대학에서의 공부 역량을 평가하기 위함입니다.

공동체 역량은 고려대가 특히 강조하는 역량이긴 합니다. 고려대는 기본적으로 공동체에 대한 헌신이라는 기본적인 교풍을 가지고 있고, 그것을 유지하려는 경향이 강하게 나타나는 편입니다. '민족

고대'라는 전통이 평가에도 자연스레 녹아드는 경향이 있습니다. 즉, 고려대 학생부 종합 전형을 준비하기 위해서는 '공동체에서 발현되는 역량'을 강조하는 것도 하나의 전략이 될 수 있습니다.

계열 적합 전형의 면접은 인문과 사회를 구분하여 시행을 하고, 준비 시간 21분, 면접 시간 7분으로 진행이 됩니다. 평가요소는 '분석력(20%), 적용력(30%), 종합적 사고력(40%), 면접 태도(10%)'입니다. 면접과 관련해서는 '고려대 입학처 홈페이지>입학도우미>입학 설명회/면접영상'을 참고하면 가장 확실한 준비가 가능합니다. 우수 면접 사례와 면접 평가를 위한 준비 방법이 가장 상세하게 제시되어 있습니다. 면접 제시문 기출 문항은 '선행 학습 영향 평가 보고서'를 참고하면 모집 단위의 기출 문항들을 확인할 수 있습니다. 다소 정형화된 제시문이기 때문에 기출 문제를 참고하면 충분히 준비가 가능합니다.

평가 요소 (비율)	평가 항목	면접 문항(예시)
분석력 (20)	제시문의 주제와 내용을 이해하고 제시문 사이의 연계성을 파악하는 능력	– 제시문 (가),(나),(다),(라),(마),(바) 제시 1. 제시문 (가)를 활용하여 제시문 (나)에 나타난 결과를 분석하시오. 2. 제시문 (마)의 결과들을 바탕으로 제시문 (다)의 주장을 평가하시오. 3. 제시문 (바)를 활용하여, 제시문 (라)의 문제 원인을 분석하고 제시문 (라)에 나타난 해결 방안을 평가한 후 새로운 해결 방안을 제시하시오.
적용력 (30)	제시문에 나타난 정보를 주어진 문제에 구체적으로 적용할 수 있는 능력	
종합적 사고력(40)	주어진 정보를 논리적으로 통합하여 문제를 해결하는 능력	
면접 태도 (10)	의사표현 방식과 면접에 임하는 전반적인 태도의 적절성	

2025학년도 고려대 학종의 입결은 다음과 같이 나타납니다. 학업 우수와 계열 적합을 비교함으로써 매우 의미 있는 판단을 할 수 있습니다.

2025 고려대 학종 – 계열 적합(일부)

모집 단위	계열 적합					
	모집 인원	경쟁률	충원 합격 순위	최종 등록자 교과 성적 학생부등급		
				50% cut	70% cut	2024 70%cut
경영대학	46	11.78	64	2.05	2.43	2.43
영어영문학과	12	15.08	28	2.34	2.56	3.05
생명과학부	11	12.82	27	2.18	2.50	2.34
생명공학부	13	15.23	38	2.01	2.11	2.42
경제학과	15	12.93	44	2.48	2.62	2.67
통계학과	10	13.40	8	2.62	3.04	3.07
신소재공학부	17	14.76	52	2.52	2.90	2.36
건축사회환경공학부	11	17.27	18	2.74	2.77	3.16
전기전자공학부	28	12.68	88	1.75	2.06	2.62
반도체공학과	10	15.60	19	3.41	3.79	3.85
컴퓨터학과	15	14.00	46	2.78	3.29	3.36
스마트모빌리티학부	20	13.80	31	3.64	3.78	4.03

2025 고려대 학종 – 학업 우수(일부)

모집 단위	계열 적합					
	모집 인원	경쟁률	충원 합격 순위	최종 등록자 교과 성적 학생부등급		
				50% cut	70% cut	2024 70%cut
경영대학	72	10.97	98	2.26	2.54	2.38
영어영문학과	20	12.20	19	2.41	2.86	2.82

생명과학부	19	17.21	14	1.75	**1.91**	1.74
생명공학부	23	17.04	20	1.67	**1.99**	1.67
경제학과	25	10.48	28	2.13	**2.64**	2.25
통계학과	15	17.27	10	1.94	**2.36**	2.74
신소재공학부	19	15.63	9	1.81	**2.04**	1.97
건축사회환경 공학부	15	21.60	6	2.09	**2.20**	2.38
전기전자공학부	43	12.63	32	1.81	**1.96**	1.95
반도체공학과	10	13.30	8	1.69	**1.72**	2.13
컴퓨터학과	25	10.72	17	1.82	**1.99**	1.73
스마트모빌리티 학부	10	14.30	2	2.14	**2.17**	2.29

전체적으로 보면 학업 우수 전형에 비해 계열 적합 전형의 입결이 낮게 형성 된다는 점을 확인할 수 있습니다. 계열 적합 전형의 특성 때문이기도 한데, 학생부의 우수함이 합격을 결정짓는 중요한 요소가 되는 편입니다. 정량 평가적 요소보다는 정성 평가적 요소가 강하다고 판단할 수도 있습니다. 결국 이런 특성으로 인해 특목고, 자사고의 지원자들이 많은 것으로 분석이 가능합니다. 특히 학종의 70% cut는 학생부 교과의 컷과는 다소 다른 의미를 가집니다. 하위 30% 학생들의 내신 성적의 범위가 제법 크게 나타난다는 점을 감안해서 지원 전략을 수립하는 것이 중요합니다. 개별 모집 단위의 인원이 전년도에 비해 감소했고, 그만큼의 합격선이 다소 상승하는 모습을 확인할 수는 있지만, 학생부 교과 전형의 경우와 같이 영향이 그렇게 크게 나타나지는 않는 편입니다.

2025학년도 고려대 입시에서 가장 핵심적인 내용 중 하나는 논술 전형의 신설이었습니다. 7년 만의 논술 전형 신설은 꽤나 큰 반향을 불러 일으켰고 2027학년도 전형에서도 큰 영향력을 행사할 것으로 보입니다. 2027학년도 논술 전형은 논술 100%로 349명을 선발합니다. 수능 최저 학력 기준은 국수영탐 4합 8 이내로 다소 높게 설정 되었으나, 최상위권 대학임을 감안하면 적절한 수준으로 볼 수 있습니다. 2025학년도 논술 전형의 경쟁률은 64.88:1이었습니다. 사실 경쟁률만 놓고 보면 상위권 대학 기준으로 높게 느껴지지는 않을 것입니다. 논술과 관련해서는 워낙 높은 경쟁률들을 많이 본 탓이기도 합니다. 하지만, 361명 모집에 지원자가 "23,421명"이라는 점을 감안한다면 논술이 정말 쉽지 않다는 점을 확인할 수 있을 것입니다. 가장 높은 경쟁률은 전기전자 공학부가 102:1을 기록했습니다. 고려대 논술 중 유일하게 100:1의 경쟁률을 넘어선 학과입니다. 여타의 대학과 다르게 고려대의 논술 수능 최저 학력 기준이 4합 8로 매우 높다는 점을 감안하면 엄청난 경쟁률입니다. 경쟁률이 가장 낮은 학과로는 사범대학을 제외하면 지구환경 과학과(38.25:1), 간호학과(36.80:1) 입니다.

　논술을 준비하기 위한 가장 중요한 방법 중의 하나는 대학의 기출 문항과 모의 논술입니다. 특히, 고려대의 경우에는 논술 전형의 부활이라는 측면을 생각하면 이전의 고려대 논술 문항들을 확인할 필요는 있습니다. 고려대가 발표한 논술 문항을 분석해 보면 전체적인 고려대 특유의 논술 특징은 어느 정도 나타나고 있지만, 대안 제시나 복수의 지문 활용, 자료 및 도표 포함 등은 다른 대학의 논술 유형들을 일부 받아들인 것으로 보입니다. 그런 측면에서 보면 이전 논술 문항과 다소 다른 결은 분명히 있습니다. 논술 출제 범위와 관련하여 '선행 학습 영향 평가 보고서'를 작성해서 제출해야 하는 대학의 입장에서는 고교 교육 수준을 넘기 힘듭니다. 결국 고교 수준에서 이뤄지는 학업 역량을 측정하기 위한 문항들로 구성이 될 테고, 논술의 핵심은 고교에서 학습한 내용을 어떻게 활용할 것인가의 문제로 귀결이 될 것입니다.

고려대가 제시한 논술의 출제 범위는 다음과 같습니다.

계열 공통	계열	교과(군)	교육 과정 과목명
국어, 수학, 영어, 통합사회, 통합과학, 과학탐구실험, 한국사	인문	국어	독서, 문학, 화법과 작문, 언어와 매체
		사회 (역사, 도덕포함)	한국지리, 세계지리, 세계사, 동아시아사, 경제, 정치와 법, 사회문화, 생활과 윤리, 윤리와 사상
	자연	수학	수학, 수학Ⅱ, 미적분, 확률과 통계, 기하

전체적인 범위를 확인해 보면 고교에서 배우는 거의 대부분의 과목이 포함이 됩니다. 결국 특정 과목의 유불리를 이야기하기 어려운 상황입니다. 매년 출제되는 문항들이 다양한 과목에 걸쳐서 출제가 되기 때문이고, 실제 문항별로는 선택 과목에 따른 유불리가 어느 정도 발생하는 것이 정상적이긴 합니다. 다만, 이공 계열 논술의 경우에는 수학 관련 모든 과목을 공부하지 않았다면 문항 자체를 풀 수 없다

는 점을 감안하면 당연히 모든 과목을 공부해야만 합니다. 반면에 인문 논술의 경우에는 배경 지식을 묻지 않는다는 점을 꼭 알아야 합니다. 배경 지식이 반드시 있어야만 잘 풀 수 있는 문항이 아닙니다. 주어진 지문을 통해서 충분히 유추할 수 있고, 그 유추의 내용이 대체로 고등학교 인문 사회 영역에서 주로 다루고 있는 주제일 가능성이 높습니다. 결국 배운 내용을 어떻게 활용할 것인가의 문제인 셈입니다.

2027학년도 고려대 정시 선발은 '가'군에서 이뤄집니다. 2025학년도에서 '다'군을 시도했던 고려대는 2026학년도 전형부터는 '가'군으로만 모집을 하게 됩니다. 정시 '다'군에 다양한 대학들이 포진하게 되는 상황을 만들고, 다시 '가'군만 모집을 하는 셈입니다.

수능 100%인 일반 전형으로 1,027명을 선발하고, 수능 80%와 학생부 교과 내신 20%를 반영해 선발하는 교과 우수 전형으로 593명을 선발합니다. 수능 위주의 전형이기 때문에 정량 평가로 인한 점수가 가장 중요합니다. 특히, 서울대의 교과 평가가 정성적인 평가라는 점과 다르게 고려대는 학생부 교과 성적을 정량적으로 반영합니다. 구체적인 산출 방법은 굳이 알 필요가 없지만(자동 계산이 됩니다.), 등급별 점수를 보면 1등급 100점, 2등급 98점, 3등급 94점, 4등급 86점 등입니다. 4등급부터는 합격 가능성이 거의 없는 셈이고, 3등급도 점수 차이를 감안하면 힘들다는 점을 추론할 수 있습니다.

2025학년도 정시 일반 전형 입결

모집 단위	모집인원	경쟁률	충원순위	최종 등록자 70%cut				
				국	수	탐1	탐2	평균 (백)
경영대학	84	2.85	73	94	95	90	88	92.72
영어영문학과	27	3.44	3	93.5	93	88	95	94.42
생명과학부	25	2.88	5	93	97	93.6	91.2	94.43
생명공학부	31	3.55	12	93	98	90	91	94.37
경제학과	34	2.88	15	94	96	90	88	93.98
통계학과	19	4.21	7	95	97	90	94	95.02
신소재공학부	32	8.38	6	95	97	93	91	95.00
건축사회환경공학부	21	4.81	2	92.4	97	94	91	94.67
전기전자공학부	65	3.88	52	93.3	98	94	94	95.17
반도체공학과	10	8.20	21	95	98	90	83	93.33
컴퓨터학과	32	4.69	27	94	97.3	93	91.9	94.88
자유전공학부	25	3.16	16	96.6	97	88	89.2	93.83
스마트모빌리티학부	20	5.50	26	95	98	90	94	95.12

2025학년노 정시 교과 우수 전형 입결

모집 단위	모집인원	경쟁률	충원순위	최종 등록자 70%cut				
				국	수	탐1	탐2	평균 (백)
경영대학	37	3.05	12	95.6	95	90	91.6	94.00
영어영문학과	12	3.08	0	94	95	83.3	91.5	93.03
생명과학부	11	5.82	3	96.4	94.4	85	87.7	94.23
생명공학부	12	3.00	2	92	97	90	94	93.33
경제학과	15	3.80	4	94.2	95	88	89.4	93.17
통계학과	9	3.00	1	95.6	93.8	88.2	80.2	92.50
신소재공학부	16	2.38	4	95	97	88.4	88	92.80

모집 단위	모집인원	경쟁률	충원순위	최종 등록자 70%cut				
				국	수	탐1	탐2	평균 (백)
건축사회환경공학부	11	2.27	1	95	95	90	88	94.50
전기전자공학부	26	3.12	9	92	98	90	88	93.83
컴퓨터학과	14	3.14	6	91.9	97	93.6	81	93.50
자유전공학부	11	2.18	9	92	87	88	75	89.17

　　최상위권 대학을 진학하기 위한 노력은 제대로 된 전략이 있을 때 가능합니다. 사회의 변화와 정책의 변화도 중요하고, 거기에 대응하기 위한 대학의 전형 변화를 아는 것도 중요하지만, 결국 대학은 모든 전형에서 '준비된' 학생을 선발합니다. 전형의 변화와 상관없이 준비된 학생이 되는 것이 훨씬 더 중요합니다. 여러분이 진학하려는 대학이 SKY이든, 다른 대학이든 구체적인 방법을 고민하고 준비하는 학생들이 유리한 포지션을 잡게 될 것입니다. 단순히 열심히 하면 된다는 말은 준비가 부족함을 드러낼 뿐입니다.

　　개인적으로 선호하는 인생 문장 중 하나를 공유합니다. 이 문장을 통해 '스스로 준비됨'을 확인해 보시면 좋겠습니다.

풍파는 언제나 전진하는 자의 벗이다.
― Nietzsche (니체)

2027학년도 연세대

연세대는 2027학년도 전형 계획에 많은 변화를 시도하고 있는 편입니다. 2026학년도 입시에서 무전공 전형인 '진리자유학부'를 신설했는데, 서울대와 고려대의 무전공 전형을 합친 수준의 인원을 모집하면서 큰 이슈가 되었습니다.

연세대 진리자유학부 전형별 구분

구분	계열	수시			계	정시 '가'군	
		교과–추천형	학종–활동 우수	논술			
진리자유학부	인문	19	24	12	55	유형 I	72
	자연	20	25	12	57	유형 II	75
계		39	49	24	112	계	147

2027학년도 입시에서 개인적으로 가장 큰 변화 중의 하나는 논술 출제 방식에 있습니다. 과학 논술을 포기하고 2026학년도 논술까지 수학 중심의 논술 출제를 유지하고 있었지만, 2027학년도 입시에서 다시 과학 논술(통합과학 과목)을 추가하기로 했습니다. 당연히 2028학년도 입시를 대비하기 위함입니다. 과학과 관련된 제시문을 활용한 서논술형 평가 방식이 적용됩니다.

논술에서의 또 다른 큰 변화는 치의예과의 논술 전형 폐지입니다. 다양한 이유가 있겠지만, 2026학년도까지 논술 전형으로 치의예과에서 10명을 선발했지만, 2027학년도 입시에서는 모집 인원의 대부분을 학종(활동 우수형)으로 선발하게 됩니다. 2025학년도에 광역 모집 단위로 신설되어, 2026학년 입시까지 정시로만 선발하던 생명시스템대학 생명과학부는 2027학년도 입시에서는 수시 모집에서도 선발을 하게 됩니다.

2027학년도 연세대의 모집 인원은 다음과 같습니다.

전형		인원	계
수시	학생부 교과	475	2,042 (58.3%)
	학종 - 활동 우수형	697	
	학종 - 국제형	254	
	학종 - 국제 인재	120	
	학종 - 기회 균형	189	
	논술	269	
	특기자 - 체육	38	
정시 '가'군	일반	1,241	1,460 (41.7%)
	국제 · 체능	99	
정시 '나'군	예능	120	
계			3,502 (100%)

전체적인 모집 인원은 58명 정도 감소하게 되는데, 이는 2025학년도 논술에서 초과 선발한 인원 58명을 2027학년도 정원에서 감축하여 모집하기 때문입니다. 16개 모집 단위에서 감축하는 인원 58명이 모두 자연계열인 이유는 자연계열 논술에서 발생한 사고로 인함입니다.

2027학년도 연세대 학생부 교과 전형(추천형)은 2027학년도 2월 졸업 예정자를 대상으로 학교장의 추천을 받은 자(학교별 10명 이내)를 대상으로 합니다. 지원을 위해서는 '최소 이수 과목 요건'을 충족해야 합니다. 최소 이수 과목 수는 공통 과목 5과목, 일반 선택 과목 5과목, 진로 선택 과목 1과목을 기준으로 제시하고 있습니다. 전형 요소는 과목군을 A(국영수사과), B(그 외 과목)로 구분하여, 다른 배점을 사용합니다. 반영 과목 A는 등급 점수를 환산하여 적용을 하는데, 1등급은 100점, 2등급은 96점, 3등급은 87.5점 등으로 부여합니다. 반영 과목 B는 9등급 혹은 성취도에 따라 최대 5점 감점을 제시하고 있습니다.

2027학년도 연세대 학생부 교과 전형(추천형)에는 수능 최저 학력 기준을 적용하고 있습니다. 수능 최저 학력 기준은 상위권 대학에서 가장 많이 적용하는 유형이라고 할 수 있는 "인문 2합 4, 자연 2합 5"입니다. 다만, 다소 어렵게 느껴질 수 있는 부분은 '국수탐(2)'에서 수능 최저 학력 기준을 달성해야 한다는 점입니다. 물론 의학 계열의 수능 최저는 1등급 2개 이상을 요구하고 있습니다.

2025학년도 교과 - 추천형 입결

모집 단위	모집 인원	경쟁률	70% cut	2024 70% cut
경영학과	45	5.34	1.46	1.44
화학과	7	11.71	1.30	1.46
화공생명공학부	14	13.14	1.18	1.39
전기전자공학부	3	8.94	1.26	1.45
사회환경시스템공학부	13	11.77	1.39	1.62
시스템반도체공학과	20	11.15	1.20	1.47
행정학과	14	5.0	1.30	1.45

전년도 모집 단위에서 가장 높은 입결을 보인 모집 단위(일반학과 기준)는 인문 계열은 언론홍보영상학부이고, 자연 계열은 화공생명 공학부입니다. 대학이 발표하는 50% cut와 70% cut을 비교해 보면 큰 차이를 보이지 않는다는 점을 서울대의 경우에서 강조했습니다. 연세대의 경우도 거의 유사하게 형성됨을 알 수 있습니다. 당연히 최종 합격선은 어느 정도 예측 가능합니다.

2027학년도 연세대 학생부 종합 전형(활동 우수형)은 2026학년도 입시와 동일하게 진행이 됩니다. 단계형 전형으로 1단계는 서류 평가 100%로 4배수를 선발합니다. 2단계는 1단계 성적 60%를 반영하고, 면접 40%로 선발합니다. 면접은 제시문 기반 구술 면접으로 '논리적 사고력 및 의사소통 능력'을 측정합니다. 2027학년도 연세대 학생부 종합 전형(활동 우수형)에서도 학생부 교과(추천형)와 동일한 수능 최저 학력 기준을 설정하였습니다. 실제로 많은 학생들이 '2합 4'를 달성하지 못해서 떨어진다는 점을 생각하면 충분한 공부를 통해 수능 최저 학력기준을 충족하기 위한 노력이 반드시 필요합니다. 특히, 지방의 일반고 학생들을 중심으로 수능 최저 학력 기준 미달이 높게 나타나는 편이라는 점을 감안하면 더욱 강력한 학습량을 요구하는 셈입니다.

거듭 강조해서 말씀드립니다. 수능 최저 학력 기준은 항상 '보수적'으로 판단하는 것이 중요합니다. 대부분의 예비 고3들은 수능 성적 자체를 매우 낙관적으로 생각하는 경향을 보입니다. 그 이유는 학력 평가 결과를 너무 과신하기 때문인데, 이것이 입시에서의 가장 큰 착각 중의 하나입니다. 학력 평가의 인원은 30만 명 수준이고, 실제 수능은 약 16만 명의 재수생이 합류해서 46만 명 수준입니다. 상위권 졸업생의 숫자와 비율이 높게 형성된다는 점을 감안하면 2학년 때의 학력 평가 수준의 성적이 수능에서 나오기 어렵다는 점을 알 수 있습니다.

학종 '국제형'은 국내고와 해외고/검정고시 출신자를 구분하여 254명을 선발합니다. 단계형 전형으로 구성이 되고, 1단계는 서류 평가 100%로 5배수를 선발하고, 2단계에서는 서류 평가 60%와 면접 40%로 선발합니다. 제시문 기반 논리적 사고력 및 의사소통 능력 면접으로 진행이 되며 대체로 영어 지문을 포함합니다. 수능 최저 학력 기준은 국내고 학생들은 2합 5 (국수탐(2)), 영2, 한국사 4로 설정이 되고, 해외고 등은 수능 최저 학력 기준을 적용하지 않습니다.

연세대는 2027학년도 입시에서 학종을 확대하는 모양새를 보입니다. 기존의 특기자 전형이었던 '국제 인재' 전형을 학종 '국제 인재'로 전환하면서 120명을 학종으로 선발합니다. 지원 자격을 "국내고 졸업(예정)자 중, 국제 인재로 성장 잠재력을 보여 줄 수 있는 자"로 명시하고 있습니다. 분석적인 측면에서 생각하자면, 중요한 부분이 바로 연세대가 '성장 잠재력'을 어떻게 규정하고 생각하고, 평가하려는 지를 이해하는 것이 중요합니다. 상당수의 상위권 대학은 기본적으로 잠재력 혹은 성장 가능성, 발전 가능성 등을 매우 중요하게 생각합니다. 다만, 우리가 신경을 써야 하는 부분은 그 역량이 어떤 식으로 '평가되는지'입니다. 그 평가 시스템을 이해하면 충분한 대비가 됩니다.

학종 국제 인재 전형은 단계별 전형이고, 수능 최저 학력 기준은 적용되지 않습니다. 1단계 서류 100%로 3배수를 선발하고, 2단계에서 서류 60%, 면접 40%로 최종 선발을 합니다. 면접은 국제형과 유사하게 진행이 되지만, 국제형과의 차이점은 영어 구술 면접이 이뤄진다는 점입니다.

2025학년도 학종 - 활동 우수형 입결

모집 단위	모집 인원	경쟁률	70% cut	2024 70%cut
경영학과	47	7.87	1.91	1.92
물리학과	6	14.67	1.59	1.57
화공생명공학부	16	16.75	1.76	1.74
전기전자공학부	36	10.22	1.73	1.67
시스템반도체공학과	38	9.58	2.15	2.17
행정학과	16	8.63	2.05	1.67
심리학과	8	8.38	1.68	1.66
정치외교학과	16	8.13	1.88	1.9

논술 전형은 논술 성적 100%로 285명을 선발합니다. 논술 전형에서 과학 제시문이 부활한다는 점이 가장 특징적인 부분입니다. 연세대 논술은 수능 최저 학력 기준이 없지만, 수능 전 논술 시행이라는 부담이 존재합니다.

연세대 논술 출제 방향

인문 계열	자연 · 통합 계열
• **논술 유형 :** 논리력, 창의력, 종합적 사고능력을 평가하기 위한 다면 사고형 시험 • **출제형식 :** – 인문 · 사회 교과목의 통합형 – 출제범위 : 고교 교육과정의 보통 교과 전체 – 영어 제시문이 포함될 수 있음 – 수리 · 통계자료 또는 과학 관련 제시문이 포함될 수 있음	• **논술유형 :** 논리력, 창의력, 종합적 사고능력 등을 평가하기 위한 수리 · 통합형 시험 • **출제형식 :** – 자연 · 통합 계열 지원자에 대한 종합적 사고 능력 평가를 강화하기 위해, 수리적 사고력뿐 아니라 기초적인 과학소양과 논리적 사고력을 측정 (수리적 사고력 평가의 비중을 축소하고, 과학 관련 제시문을 통한 서논술형 평가를 도입) • **출제과목** – 수학 출제 범위는 고교 교육과정의 보통교과 전체 – 통합형 제시문 출제 범위는 고교 교육과정의 공통 과목 중 통합 과학 전체

연세대에서 폐지되었던 과학 논술이 부활한다는 점은 시사하는 바가 매우 큽니다. 다만, 전체 과학 논술이 아니라 '통합 과학'이라는 점이 이례적인 부분이긴 합니다. 학생들의 선택의 복잡성을 전제로 하는 고교 학점제를 대비하기 위한 과정으로 이해될 수 있는 부분입니다. 다만, 통합 과학임에도 불구하고 논술 문제 자체는 다소 어렵게 출제될 것입니다. 충분한 대비가 필요하다는 점을 강조합니다. 논술 관련해서 또 주목되는 지점은 연세대 치대가 논술 전형을 실시하지 않는다는 점입니다. 논술 전형에 배정되었던 10명의 모집 인원은 모두 학종 활동우수형으로 변경되었습니다. 연세대에서는 전반적인 학종 확대의 모양이 동일하게 유지되는 모습니다.

정시에서 연세대 성적은 말할 것도 없이 최상위권으로 나타납니다.

정시 전형의 입시 결과는 다음과 같습니다. (일부 학과)

모집 단위	모집 인원	경쟁률	충원 인원	최종 등록자 영역별 70% cut 과목별 백분위					
				국어	수학	탐구	평균	영어 등급	확통 비율
국어국문학과	21	2.94	1	98	85	94	95	2	42.86
철학과	17	2.88	4	96	85	95	92	2	58.82
심리학과	17	3.65	4	98	90	93	88	2	47.06
경제학부	48	3.13	33	96	90	92	92	2	38.30
경영학과	166	3.58	119	98	90	93	94	1	48.48
물리학과	13	3.77	10	91	95	94	94	1	0
화공생명공학부	33	4.73	45	88	98	97	93	2	0
전기전자공학부	86	5.36	111	91	98	94	94	2	0
신소재공학부	41	5.46	19	89	97	96	91	2	0
정치외교학과	43	3.40	8	96	89	94	94	1	55.81
응용통계	19	4.21	8	97	93	87	92	1	10.53
융합 인문사회과학부	74	2.95	8	94	91	85	85	1	13.51

최종 등록자의 수학 선택 과목이 의미 있는 자료가 됩니다. 이른바 '문과 침공'을 어느 정도 확인할 수 있는 자료이기 때문입니다. 전체 대학에서는 약 30% 수준으로 보고 있지만, 서울 상위권 대학에서는 유독 비율이 높게 나타납니다. 전통적으로 문과 침공이 덜 나타나는 모집 단위는 '역사학, 어문 계열'입니다. 사학과는 확통 비율이 86.36%이고, 노어노문학과는 85.71%를 기록하고 있습니다. 사회복지학과에서는 71.43%를 기록하고 있습니다. 반대로 경제학부, 응용통계와 같은 모집 단위에서는 문과 침공이 아주 극명하게 나타난다는 점을 확인할 수 있습니다. 특정 학과들을 제외하고는 전반적으로

문과 침공이 광범위하게 나타남을 확인할 수 있습니다.

전체적인 입결과 2027학년도 전형을 살펴보면 연세대는 큰 변화를 시도하고 있음을 알 수 있습니다. 늘 그러하듯 변화에 대해 준비하는 학생들은 좋은 성과를 내기 마련입니다. 다만, 연세대만을 위한 준비를 할 필요는 없다는 점이 어느 정도 위안이 될 것입니다. 상당수의 학생들은 중복 합격을 하는 편입니다.

대학은 우수한 학생을 선발하기 원합니다.

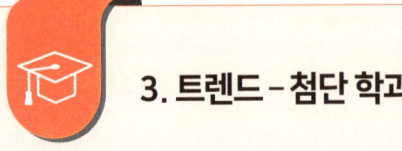

3. 트렌드 – 첨단 학과

첨단 학과는 정부가 첨단 분야의 인재 양성을 위해 관련 학과의 입학 정원을 대폭 확대하면서 입시에서 중요한 변수로 부상 중에 있습니다. 전통적인 첨단 학과들은 대체로 AI, 빅 데이터, 미래 자동차, 반도체, 바이오 헬스 등이고, 최근에 신설되는 학과들로는 양자 컴퓨터, 지능형 AI 등입니다. 의대 증원과 관련된 이슈들이 초강력한 상황이라서 주목을 덜 받는 경향이 있긴 하지만, 상위권 대학 혹은 학과를 노리는 학생들에게는 대단히 메리트 있는 학과임에는 분명합니다. 물론 첨단 학과로 진학한 후에 반수 등의 문제점이 지속적으로 발생하고 있긴 하지만, 그럼에도 급변하는 미래 사회를 이끌어갈 첨단 분야의 인재를 양성한다는 측면에서 매우 중요한 학과입니다.

첨단 학과 개설 대학

지역	대학
서울 (26교)	경희대, 고려대, 광운대, 국민대, 덕성여대, 동국대, 동덕여대, 삼육대, 상명대, 서강대, 서울과학기술대, 서울대, 서울시립대, 서울여대, 성균관대, 성신여대, 세종대, 숙명여대, 숭실대, 연세대, 이화여대, 중앙대, 한국외대, 한성대, 한양대, 홍익대
인천, 경기 (18교)	인하대, 가천대, 가톨릭대, 강남대, 경기대, 경희대(국), 대진대, 아주대, 안양대, 용인대, 을지대(성), 중앙대(다), 평택대, 한국공학대, 한국항공대, 한신대, 한양대(에), 화성의과학대

강원 (6교)	강원대, 강릉대, 원주대, 연세대(미), 한라대, 한림대
대전, 충청권 (17교)	건양대(대), 목원대, 충남대, 한남대, 한밭대 고려대(세), 공주대, 남서울대, 백석대, 상명대(천), 선문대, 순천향대 극동대, 세명대, 청주대, 충북대, 한국교통대
부산, 대구, 경상권 (13교)	동서대, 동아대, 부경대, 부산대 경북대, 울산대 경상국립대, 국립창원대, 창신대 금오공대, 대구한의대, 동양대, 영남대
광주, 전라권, 제주도 (9교)	광주여대, 전남대, 조선대 목포해양대, 순천대, 전남대(여) 전북대, 전주대, 제주대

2027학년도 입시에서 첨단 학과는 89개 대학 294개 모집 단위에서 14,613명을 모집하게 됩니다. 전형별로 보면 학생부 종합 전형과 학생부 교과 전형이 62% 수준을 차지하고 있습니다. 전국적으로 보면 이런 통계가 나오지만, 서울 소재 대학을 기준으로 보면 학종 선발 비율이 38% 수준을 보이고 있습니다. 서울 주요 14개 대학은 학종 선발 비율이 41% 수준을 보이고 있습니다.

서울의 최상위권 대학에서도 첨단 학과의 증가는 계속 이어지고 있는 상황입니다. 2024년부터 본격적으로 증가하기 시작했습니다. 2024학년도 최상위권 대학 입시에서는 서울대 첨단 융합 학부, 성균관대 반도체 융합 공학, 에너지 학과가 신설되었고, 2025학년도 입시에서는 정부의 지원에 힘입어 서울대가 스마트 시스템 과학과를, 연세대에서는 첨단 컴퓨터 학부, 지능형 반도체 전공이 신설되었고, 고려대에서는 인공 지능 학과, 성균관대는 양자 정보 공학과가 신설되었습니다.

2026학년도 입시에서는 서울 주요 대학의 첨단 학과도 여전히 증가 세를 이어갑니다. 연세대가 모빌리티 시스템 전공(15명), 성균관대가 바이오 신약·규제과학과(17명)와 배터리 학과(18명), 서강대 반도체 공학과(17명), 중앙대 지능형 반도체 공학과(10명), 동국대는 의료 인공 지능 공학과(23명)와 지능형 네트워크 융합 학과(14명)를 신설합니다. 그 외에도 세종대(양자 지능정보학과, 국방 AI로봇 융합 공학과), 서울과기대(바이오 메디컬학과) 등의 신설이 이어지고 있습니다.

수도권 주요 대학 첨단 학과 개설 현황 (일부)

대학	모집 단위	인원
서울대	통계학과	28
	전기정보공학부	151
	컴퓨터공학부	65
	첨단융합학부	219
	스마트시스템과학과	25
연세대	첨단컴퓨팅학부	131
	지능형반도체전공	31
	모빌리티시스템전공	15
고려대	데이터과학과	40
	스마트보안학부	51
	융합에너지공학과	32
	인공지능학과	103
	전자전기공학부	208
	통계학과	78
	화공생명공학과	80
	신소재공학부	122
	컴퓨터학과	111
	바이오의공학부	80

고려대	수학과	50
	물리학과	49
성균관대	반도체융합공학과	67
	에너지학과	47
	양자정보공학과	28
	바이오신약 · 규제과학과	17
	배터리학과	18
서강대	인공지능학과	28
	반도체공학	17
한양대	에너지공학과	30
	미래자동차공학과	41
	융합전자공학부	119
	컴퓨터소프트웨어학부	130
	전기생체공학부(전기공학)	59
	바이오메디컬공학	24
	유기나노공학과	28
	데이터사이언스학부	40
중앙대	AI학과	40
	지능형반도체공학과	10
경희대	빅데이터응용학과	24
	미래정보디스플레이학부	89
한국외대	Language & AI융합학부	49
	Social Science & AI융합학부	49
서울시립대	인공지능학과	20
	융합응용화학과	20
	융합바이오헬스전공	5
	첨단인공지능전공	5
	지능형반도체전공	10
동국대	컴퓨터 · AI학부	186
	시스템반도체학부	54
	의료인공지능공학과	23
	기계로봇에너지공학과	94

대학	모집 단위	인원
동국대	지능형네트워크융합학과	14
숙명여대	인공지능공학부	50
	지능형전자시스템전공	35
	신소재물리전공	28
	컴퓨터과학전공	42
	데이터사이언스전공	28
	서울권 대학 계	3,237
인하대	데이터과학과	19
	에너지화학공학과	36
	스마트물류공학전공	10
	인공지능공학과	80
	데이터사이언스학과	50
	스마트모빌리티공학과	40
	디자인테크놀러지학과	40
	반도체시스템공학과	80
	이차전지융합학과	40
	첨단바이오의약학과	20
가천대	시스템반도체학과	50
	스마트시티학과	50
	스마트팩토리학과	50
	금융·빅데이터학부	100
	인공지능학과	150
	화공생명배터리공학부	200
	바이오로직스학과	100
	스마트보안학과	50
아주대	첨단신소재공학과	85
	미래모빌리티공학과	137
	지능형반도체공학과	40
	첨단바이오융합대학	75

** 일부 대학, 학과는 2027학년도 입학전형시행계획(안)에서 누락되어 있음.

아직은 추진 계획이긴 하지만, 학과 혹은 계열의 한계를 넘나드는 시도를 대학이 지속적으로 하고 있는 편입니다. 미래 세대의 먹거리는 결국 학과나 계열에 국한되지 않는다는 생각이기 때문입니다. 첨단 학과 분야에서도 이런 흐름이 나타나고 있긴 합니다.

가장 대표적인 것은 서울대가 추진하고 있는 '과학 기술 의학(Health Sciences and Technology)' 연합 전공입니다. 의사 과학자 양성의 일환인 셈인데, 과학 기술 의학자는 바이오 의료 분야에 특화된 과학자 · 공학자로 새로운 의료 기술, 신약 등을 연구 개발하는 첨단 바이오 영역의 전문가를 양성하게 됩니다. 전 세계적으로 보면 의사 과학자 양성이 오래 전부터 시작되었지만, 우리나라는 유독 취약한 분야입니다. 반면, 글로벌 시장에서의 바이오 의료 산업은 급격한 성장을 하고 있다는 점에서 매우 유력한 첨단 학과의 성격을 가지게 될 것입니다.

지방 거점 국립대의 첨단 학과들은 다음과 같이 나타나고 있습니다.

대학	모집 단위	인원
강원대	AI융합학과	29
	디지털밀리터리학과	16
	배터리융합공학과	32
	반도체물리학과	14
	스마트팜융합바이오시스템 공학과	19
	스마트산업공학과	24

대학	모집 단위	인원
충남대	스마트시티건축공학과	33
	자율운항시스템공학과	33
	인공지능학과	26
	생명정보융합학과	16
	반도체융합학과	39
	에너지공학과	26
	정보통신융합학부	66
충북대	지능로봇공학과	26
	반도체공학부	35
	정보통신공학부	73
	소프트웨어학부	50
	전기공학부	40
	바이오헬스학부	52
경북대	전자공학부	226
	에너지공학부	62
	스마트생물산업기계공학과	25
	금속재료공학과	39
	신소재공학과	25
	기계공학부	92
	인공지능전공	53
	인공지능컴퓨팅전공	37
부산대	반도체공학전공	34
	고분자공학과	47
	유기소재시스템공학과	42
	재료공학부	75
	전자공학전공	61
	산업공학과	45
	나노에너지공학과	25
	나노메카트로닉스공학과	36
	광메카트로닉스공학과	16
	의생명융합공학부	61

부산대	컴퓨터공학전공	67
	인공지능전공	54
전남대	합바이오시스템기계공학과	26
	인공지능학부	99
	미래모빌리티융합학과	40
	빅데이터융합학과	45
	전자컴퓨터공학부	154
	기계공학부	94
전북대	스마트팜학과	26

첨단 학과는 정부의 정책 기조가 지속적인 확대로 나타날 가능성이 여전히 높습니다. 첨단 과학 영역에서 사회가 요구하는 인재의 수요가 많기도 하지만, 현실적으로 AI 산업, 바이오 산업, 에너지 산업 등의 숱한 미래 먹거리 산업들을 성장시키기 위한 당연한 과정이기도 합니다.

첨단 학과를 지원하기 위해서는 다양한 전략이 필요하긴 하지만, 전체적인 지원 전략은 앞서 언급한 내용과 크게 다르지 않습니다. 다만, 학종을 위한 진로 역량이라는 점에서 생각해 보면 첨단 학과는 항상 '창의성'을 전제로 합니다. 기술의 최첨단은 이전까지와는 다른 시도를 한다는 전제가 있기 때문입니다. 새로운 시도를 통해 새로운 기술을 만들어내야 한다는 점을 생각하면 창의성에 대한 요구는 당연한 것이기도 합니다. 창의성을 위한 최고의 방법은 '질문'입니다. 기존의 것에 대한 쉼 없는 질문을 통해 새로운 관점을 가질 수 있게 되기 때문입니다. 그런 의미에서 상위권 대학에서는 대체로 '질문'의 중요성을 강조하는 것입니다. 자신의 관심 분야에 대한 질문과 공부를 증명하는 과정이 필요합니다. 진로 분야에 대한 관심과 깊이를 보여주는 것으로 충분히 증명이 가능합니다. 새로운 시도를 위해서는 항상 실패를 전제로 합니다. 그러니 당연히 도전 정신이 드러나는 활동을 보여주는 것도 의미가 있을 것입니다.

첨단 학과 혹은 기술의 최첨단을 가장 잘 보여주는 것은 개인적으로는 세계 최대 가전 · IT 전시회인 'CES(Consumer Electronics Show)'라고 생각하는 편입니다. 온갖 도전적이고, 실험적인 시도들을 볼 수 있는 곳이기도 합니다. 저는 학생들을 지도하기 위해서 항상 관심을 가지고 다양한 분야들을 찾아보는 편입니다. CES 2025에서 대학 연구소로는 유일하게 최고 혁신상을 받은 곳은 한양대학교(에리카) 소프트웨어 융합대학원 휴먼 컴퓨터 인터랙션학과의 게임연구실입니다. 이 연구실에서 출품한 제품은 'TD^2-이명 디지털 치료기'입니다. 단순화하면 가상현실(VR) 환경에서 환자가 아바타를 직접 제어함으로써 이명(tinnitus) 증상을 완화하는 효과를 내는 제품입니다. 사실상 난치로 분류되는 이명을 완화할 수 있는 가상 현실 게임을 만들어 낸 것으로 보입니다. 연구실의 이름에서 알 수 있듯이 '게임' 연구실입니다. 다양한 가상현실 게임을 통해 실질적인 현실의 변화를 만들어 낼 수 있다는 점에 착안한 것으로 보입니다. 이 연구실에서는 가상현실 보행 보조 시스템 등도 함께 연구되고 있다고 합니다.

이전과는 다른 시도, 새로운 관점으로의 접근 등이 이러한 결과물을 가능하게 한 것입니다. 첨단 과학 기술의 눈부신 발전은 결국 우리 삶의 많은 불편함을 조금씩 해결해 갈 것입니다. 그러니 이런 학과에 지원하기 위해서는 여러분이 그런 자질을 가지고 있음을 증명하는 것이 중요합니다.

'지속적인 관심'과 '열정적인 공부'

첨단 학과에 대한 이야기를 할 때면 항상 언급되어야 하는 것이 바로 '계약 학과'입니다. 계약 학과는 몇 개의 형태로 구분하여 분류할 수 있습니다. 가장 대표적인 계약 학과는 대기업과 연계된 형태입니다. 대기업 채용 계약 학과는 2026학년도 전형과 동일하게 13개교 18개 학과(790명)로 선발 인원이 다소 증가한 상태에서 선발이 이뤄집니다.(다만, 계획이기 때문에 실제 발표와 모집은 대학마다 다르게 나타나게 됩니다.)

계약 학과 현황

대학	모집 단위	기업	교과	학종	논술	실기	수능	합계
고려대 (120)	반도체공학	SK하이닉스		28			12	40
	스마트모빌리티	현대자동차		30			20	50
	차세대 통신	삼성전자		20			10	30
서강대 (30)	시스템반도체공학	SK하이닉스	3	14	3		10	30
성균관대 (150)	반도체시스템공학	삼성전자		45	10		15	70
	지능형소프트웨어	삼성전자		30	5		15	50
	배터리학	삼성SDI		20			10	30

대학	모집 단위	기업	전형별 인원					
			교과	학종	논술	실기	수능	합계
숭실대 (20)	정보보호	LG U+		8		4	8	20
연세대 (130)	시스템반도체공학	삼성전자	20	43	12		25	100
	디스플레이 융합공학	LG디스플레이		19	4		7	30
한양대 (40)	반도체공학	SK하이닉스	6	22	4		8	40
가천대 (30)	클라우드공학	카카오 엔터프라이즈	7	7	7		9	30
경북대 (30)	모바일공학전공	삼성전자		5	15		10	30
POSTECH (40)	반도체공학	삼성전자		40				40
DGIST (30)	반도체공학	삼성전자		27			3	30
GIST (30)	반도체공학	삼성전자		25			5	30
KAIST (100)	반도체시스템공학	삼성전자	30	70				100
UNIST (40)	반도체공학	삼성전자		35			5	40
합계			66	488	60	4	172	790

전체적인 숫자들을 확인하면 학생부 종합 전형이 압도적으로 많다는 것을 알 수 있습니다. 이는 다양한 해석이 가능하긴 하지만, 계약을 통해 대학과 기업이 원하는 인재를 선발하기에 학종형 선발이 더 유의미하다는 평가의 결과로 이해할 수 있습니다. 대학 생활에서도 학종으로 선발된 학생들의 학점이 다른 전형에 비해 높게 형성된다는 점도 어느 정도 반영된 것으로 판단할 수 있는 부분이기도 합니다.

두 번째로 언급할 수 있는 계약 학과는 군대와의 계약으로 형성됩니다. 대체로 4년 전액 등록금 지원과 일정 기간의 의무 복무를 전제로 합니다. 가장 대표적인 것은 고려대 '사이버국방학과'입니다. 7년 의무 복무를 전제로 하고, 학종으로 10명, 수능으로 20명을 선발합니다. 세종대는 '국방시스템공학(해군 7년)', '항공시스템공학(공군)'을 선발합니다. 경기도에서는 아주대 '국방디지털융합학과(공군 7년)', 한양대(E) '국방전략기술공학과(해군 7년)'을 모집하고, 단국대 '해병대군사학과(7년)', 충남대 '국토안보학과(육군 7년)', '해양안보학과(해군 7년)', 영남대 '군사학과(육군 7년)'에서 모집합니다.

세 번째는 '조기 취업형' 계약학과입니다. 조기 취업이라는 특징처럼 일과 학업을 병행하는 프로그램으로 운영이 됩니다. 입학과 동시에 취업이 확정되고, 4년제 대학을 3년 만에 졸업하는 효과가 있습니다. 기업의 입장에서는 조기 인재를 확보하고, 기업의 맞춤형 인재를 양성할 수 있다는 장점이 있습니다. 전체적인 흐름은 다음과 같습니다.

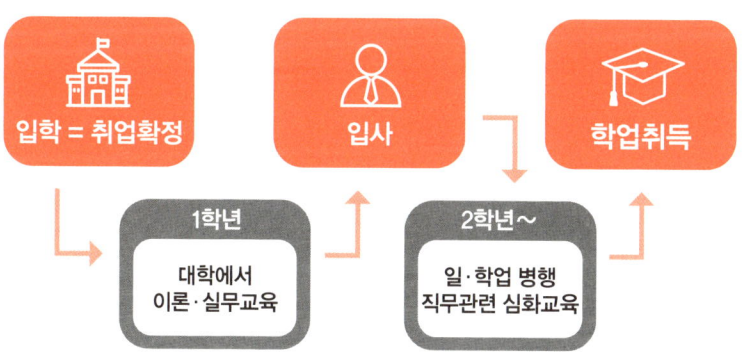

－출처 : 조기 취업형 계약학과 홈페이지

조기 취업형 계약 학과는 다양한 대학들로 확대되고 있고, 학과도 다양해지는 상황입니다. 근래에는 대학원에서도 개설되고 있습니다. 수도권 이외의 대학들도 많이 있습니다. 국립공주대, 백석문화대, 국립한밭대, 순천향대, 혜전대, 경일대, 구미대, 동의과학대, 부산대, 부산과학기술대, 동의대, 국립목포대, 전남대, 동강대에서 많은 학과들이 개설되어 있습니다.

대학	학과
가천대	바이오의료기기학과, 게임·영상학과, 반도체·디스플레이학과, 미래자동차학과, 반도체설계학과, 차세대반도체학과(대학원)
명지대	스마트건설공학과, AI·빅데이터학과, 디지털콘텐츠융합과, 헤어·메이크업학과, 스파·메디컬스킨케어과, 뮤직콘텐츠기획과
경기과학기술대학교	컴퓨터기계융합과, 영상콘텐츠학과, 미래모빌리티과, 패션매니지먼트, 정밀기계과
서울 시립대	바이오헬스·에코융합학과
한국 공학대	스마트전자공학과, AI소프트웨어학과, IT융합디자인공학과, 스마트그린소재공학과
한양대(E)	스마트컨스트럭션공학과(대학원), 소재·부품융합전공, 로봇융합전공, 스마트ICT융합전공, 건축IT융합전공, 지속가능건축융합전공

한양대(E)의 입학 전형 방법을 살펴보겠습니다. 당연히 일반 학과와의 선발 방식이 차이가 있습니다. 1단계 서류 평가는 '학생부 교과 성적, 비교과 활동, 자기 소개서'로 구성이 됩니다. 1단계에서는 5배수를 선발합니다. 2단계는 면접 평가로 진행이 되고, '지원 동기, 실무 이해도, 문제 해결 능력'을 보게 됩니다. 2단계에서는 1단계 성적을 10% 반영합니다. 2단계 면접에서는 기업 면접 평가와 대학 면접 평가 위원에 의해서 면접이 진행됩니다.

모집 단위	모집 인원	경쟁률
소재·부품융합전공	13	8.31
로봇융합전공	18	10.0
스마트ICT융합전공	15	14.8
건축IT융합전공	24	6.25
지속가능건축융합전공	21	5.52

다양한 논의가 가능하지만, 계약 학과라는 틀에서 보면 충분히 메리트가 있는 학과 일 수 있습니다. 계약 학과 입결의 경우에는 모집 단위에 따라 다르기는 하지만, 다소 높게 형성되는 가천대의 경우에 최종 입결이 대체로 5등급 초반(70% cut)에서 결정되는 편입니다. 가천대가 발표하는 90% cut은 대체로 6등급 초반으로 나타나고 있습니다. 대기업 계약 학과들의 2027 수시 모집 전형을 간략히 살펴보면 다음과 같습니다. 물론 계획이라서 변동의 여지는 있지만, 기본적인 틀은 유지된다고 보면 됩니다.

대학	모집 단위	전형명	전형 방범	수능 최지
연세대	시스템반도체 공학 디스플레이융합 공학과	추천형 (교과)	일괄합산	인 : 국수탐 (2) 2합 4 자 : 국수탐 (2) 2하 5 영 3, 한 4
		활동 우수형 (학종)	1단계 : 서류 100 2단계 : 서류 (60%) + 면접(40%)	
고려대	반도체공학 스마트모빌리티 차세대통신	학업 우수	서류 100	국수영탐 4합 8, 한 4
		계열 적합	1단계 : 서류 100 (5배수) 2단계 : 서류 (60%) + 면접 (40%)	-
성균관 대	반도체시스템공학 지능형SW학 배터리학	융합 인재	서류 100	국수영탐 (2) 3합 6
		탐구 인재	서류 100	
		과학 인재	1단계 : 학생부 100 (7배수) 1단계 70 + 면접30	-

계약 학과는 학종의 비율이 높다는 점에서 학업 역량과 진로 역량에 대한 충분한 준비가 필요하고, 수능 최저 학력 기준이 적용되는 모집 단위에서는 수능 최저 학력 기준의 충족이 매우 큰 변수로 작용합니다. 최근의 계약 학과 정시 입시 결과를 확인해 보면 충원율이 대체로 높아지고 있으므로 충원율을 고려한 지원 전략이 필요합니다.

대한민국
입시 트렌드 대응 전략

다양한 분석을 통해 입시 트렌드를 이해했다면, 가장 중요한 작업이 남았습니다. 즉 그 트렌드를 어떻게 자신의 것으로 만들 것이냐의 문제입니다. 수많은 시간의 숱한 컨설팅과 학생 지도를 통해 확고하게 말씀 드릴 수 있는 것은 '입시 전략은 반드시 케바케(case by case)'라는 점입니다. 다른 사람의 이야기는 중요하지 않습니다. 만점을 받은 학생의 공부법을 그대로 따라한다고 만점을 받는 것이 아니고, 서울대 의대를 간 학생의 전략을 그대로 따라 한다고 서울대 의대를 갈 수 있는 것이 아닙니다. 개인들에게는 각자 "다른 경험"들이 존재하기 때문입니다. 그러니 다음과 같은 질문이 가능합니다.

'그 많은 정보들을 어떻게 나의 것으로 만드느냐?'

이 질문에 대해 답하는 과정이 반드시 필요합니다. 숱한 입시 실패의 사례에서 공통적으로 나타나는 현상입니다. 언론에서, 방송 프로그램에서는 성공의 비법인양 잘못된 입시 정보들을 전달합니다. 각각의 이야기를 모두 한 곳으로 모으면 성공의 과정에서 서로 다른 이야기를 하고 있다는 사실을 알게 됩니다. 트렌드를 공부하는 이유는 그 트렌드에 맞는 "행동"을 하기 위함입니다. 시대의 흐름을 읽고, 그 흐름에 맞는 행동을 하기 시작할 때 우리는 보다 의미 있는 성과를 만들 수 있게 되는 것입니다.

이 책을 읽는 독자의 대부분은 학부모, 교사, 학생입니다. 각자의 자리에서 어떻게 의미 있게 트렌드를 자신의 것으로 만들 수 있는지를 논의 하려고 합니다. 여러분들과 공유하려는 내용이 지극히 개인적인 경험을 토대로 한 내용이라 다소 불편함을 느끼는 분들도 있으리라 생각합니다. 그럼에도 꾸밈없이 이야기를 전하고자 하는 이유는 우리 모두 그 지점에서 "고민"을 해야 하기 때문입니다. 당면한 질문에 깊은 고민을 하고 "나름의 답"을 찾아가는 과정이 있어야만 성장할 수 있습니다. 다만, 앞서 언급한 바와 같이 '이러이러할 것이다~'라는 단순한 "믿음"은 배제하고, 이 글을 읽어주셨으면 하는 바람은 있습니다. 사실, 우리 사회에서 상식적인 이야기들이 통용되지 않는 가장 큰 이유가 바로 이 '믿음' 때문입니다. 자신이 믿는 것에 대한 나름의 절실한 이유를 가지고 다른 사람의 이야기를 듣지 않는 것에서 문제가 시작됩니다. 건전하고 상식적인 이야기는 다른 사람의 이야기를 '듣는' 것에서 출발합니다. 다들 자신만의 신념으로 똘똘 뭉쳐 있고, 반드시 이렇게 해야만 한다는 생각에 사로잡혀 정말 들어야 할 내용을 못 듣는 사람들을 저는 교육현장에서 많이 만납니다.

얼마 전 지방 강의를 갔다가 정말 어색하고 황당한 일을 겪었습니다. 강의는 1부와 2부로 나누어서 진행이 되었는데, 일찍 도착해서 1부 강의를 좀 듣게 되었습니다. 강의 내용이 전체적으로 제가 강의에서 많이 언급하던 내용과 소재라서 다소 의아하게 생각을 하면서 강의를 듣고 있었는데, 1부 강사가 마지막에 제 유튜브 강의 목록들을 화면에 띄우면서 제 강의를 전부 다 들었다고 이야기를 하면서 강의를 마무리했습니다. 저는 그럴 수도 있는 일이라고 생각합니다. 강의 내용은 얼마든지 차용할 수 있고, 그 강사의 나름의 공부의 과정이라고 생각하고, 공교육의 성장을 위해 일정 부분 필요한 일이라고도 생각합니다. 문제는 강의 내용을 차용한 것이 아니라, 전반적인 강의의 흐름이었습니다. 결론적으로 이야기를 하자면 제 강의의 내용과 정반대의 이야기를 했다는 점입니다. 사실 저는 엄청난 충격을 받았습니다.

일반적으로 우리는 다른 사람의 이야기를 액면 그대로 듣지 않습니다. 대개 우리가 듣는 내용에 본인의 경험이 추가되는 경향이 있습니다. 그러나 공부에 있어서 중요한 부분은 '그대로 듣는' 행위입니다. 인간은 자신이 들은 내용을 토대로 자신의 경험을 지식과 접목해가는 과정을 통해 성장합니다. 문제는 사람들이 많은 경우에 이성적인 사고 대신에 자신이 평소에 믿는 것을 더 강화하기 위한 수단으로 '신념과 믿음'을 선택한다는 점입니다. 이 글을 읽는 여러분들 모두 이 문제에 대해 '깊은 고민'을 하는 계기가 되기를 바랍니다.

우리의 목표를 위해, 우리의 행동을
수정해야 한다는 점을 이해했으면 합니다.

어제와 같은 행동을 하는데, 내일이 바뀌기를 원하는 것은 무리입니다. 내일을 바꾸고 싶다면 오늘의 행동을 수정해야만 합니다. 여러 이야기들을 통해 자신을 '합리화' 하기 보다는 문제 행동을 구체적으로 수정해야만 변화가 시작됩니다. 그러기 위해서는 무엇이 문제인지를 정확하게 분석하는 과정이 반드시 필요합니다. 이 분석을 위한 이야기를 이제 시작하려 합니다.

1. 학교에서의 입시 지도

학교에서의 입시 지도에 관해서는 숱한 이야기들이 존재합니다. 다만 개인적으로 학교에서의 입시 지도에 대한 이야기를 시작하기에 앞서 반드시 전제되어야 하는 질문을 여러분들께 드리겠습니다.

'오늘날 학교란 무엇인가?'

이 질문에 대해서 어떻게 답하느냐에 따라서 전혀 다른 이야기가 나올 수밖에 없습니다. 공교육의 위상이 바닥으로 떨어지고, 교사가 학생을 제대로 '교육'할 수 없는 이 상황에서 학교란 도대체 무엇인가에 대한 질문과 고민이 반드시 있어야만 합니다. 교사가 무엇 하나 제대로 시도할 수 없도록 만들고 있는 현실에서 과연 학교는 무엇을 해야 하는가에 대한 사회적 공감대를 형성하기 위해서는 숱한 토론의 과정 역시 필요합니다.

교육이란 새로움에 대한 도전의 과정입니다. 학생들은 모르는 것을 배워야 하고, 교사들은 더 의미 있는 가르침의 과정을 고민해야 합니다. 당연히 숱한 실패의 과정을 거칠 수밖에 없습니다. 그 실패에 대해 교사 개인이 책임을 져야 한다면, 누가 그 책임을 지려고 하겠습니까? 그냥 '늘공'(늘상 공무원)이 되는 것이 가장 쉽습니다. 정말 안타까운 일이지만, 현실에서 가장 많이 만나는 교사들이기도 합니다.

저는 현 입시 체제에서 입시의 주체는 학교가 되어야 한다고 주장합니다. 물론 학교 교육의 본질에 대한 다양한 논의가 있을 수 있고, 제 주장에 대해 합리적 반론 역시 충분히 가능하다는 점은 인정합니다. 다양한 매체를 통해 입시 강의를 진행하면서 방송, 유튜브, 현장 강의 등 다양한 경로로 공격을 받기도 합니다. 그 중 가장 많은 공격을 받는 지점은 역시나 '입시 교육' 자체에 대한 이야기입니다. 교육자이면서 어떻게 그럴 수 있냐는 비판도 있습니다. 학교 교육이 입시를 위한 교육이 되는 것이 맞느냐는 질타도 많이 받습니다. 맞습니다. 학교 교육이 그래서는 안 된다고 생각합니다. 당연히 입시는 목적이 아니고, 과정이어야 합니다. (사실 이런 이야기는 특정 집단에 소속된 사람들에게서 많이 듣는 이야기이기도 합니다.)

하지만, 우리나라 교육 현실을 들여다보면 조금 다른 이야기를 할 수밖에 없습니다. 우리가 살아가는 현대 자본주의 체제의 사회는 첨단 자본주의로 흘러가고 있고, 공교육을 제외한 교육의 주체들은 200% 자본의 논리가 적용되고 있습니다. 학교만이 교육의 본질에 대한 이야기로 시간을 보내는 사이에 공교육은 서서히 외면 받고, 무너지고 있습니다. 아무도 공교육의 말을 믿지 않고 들으려 하지 않습니다. 학생과 학부모의 요구는 '좋은 대학'이고, 고등학교는 그 과정일 뿐이라는 인식이 팽배합니다. 좋은 대학은 학교가 아니라, 학원이 보내주는 것이라고 이야기하는 사람들도 많이 만납니다. 슬프게도 결국 아무도 들어주지 않는 '교육 이야기'만 남은 셈입니다. 개인적으로는 교사의 이야기를 듣게 만들어야 우리가 원하는 교육을 할 수 있다고 생각합니다. 교사의 이야기를 듣게 만들기 위해 학생과 학부모들이 원하는 것을 학교가 제일 잘할 수 있다는 점을 보여줘야 합니다. 우리의 궁극적인 목표가 '교육'이라면, 통할 수 있는 전략을 써야 합니다. 그런 의미에서 저는 '입시'를 교육의 일환으로 생각합니다. 제대로 된 입시 교육이 전제 되어야만 성장가능성이 충분히 있는 인재를 길러 낼 수 있다고 봅니다.

엄청난 자본의 사교육 현장의 러브콜을 저는 정말 많이 받습니다. 그럼에도 저는 공교육 현장을 굳건히 지키려 합니다. 물론 더 많은 돈을 버는 것이 나쁜 것은 아니지만, 제 인생의 목표가 '돈' 보다는 '사람'이기 때문에 인재를 키운다는 나름의 보람과 소신을 가지고 묵묵히 공교육 현장을 지키고 있습니다. 자본주의의 최첨단을 살아가는 세상에서 쉽지 않은 이야기이지만, 누군가는 해야만 하는 일이고, 그 말도 안되는 일들이 되게끔 만들어야 합니다. 닥쳐올 AI 시대에 인간의 존재 가치에 대한 격론이 예고되어 있고, 인간 노동에 대하 숱한 의문들이 제기될 것입니다. 그 속에서 우리가 인간이라는 사실을 잊지 않기 위해서는 무엇보다 단단한 인간으로서의 신념이 필요합니다. 그러나 문제는 오늘날의 자본주의는 인간으로서의 신념마저도 돈으로 해결하려 한다는 점입니다. 누군가는 사회가 틀렸다고, 시대가 잘

못 가고 있다고 경고의 메시지를 전하고 있는데 아무도 듣지 않고 그저 공허한 메아리에 그친다면 우리의 교육은 방향성을 잃을 수밖에 없습니다.

우리 스스로가 먼저 입시에 대한 생각과 관점이 바뀌어야 합니다. 입시에 대한 전향적인 사고를 할 때 비로소 출발점에 서게 되는 것입니다. 그러니 입시 결과에 대한 고민은 잠시 접어두었으면 합니다. 사실상 교육이 당장의 결과로 나타날 수가 없습니다. 한참의 세월이 흐른 뒤에야 선생님의 가르침을 이해했노라고 자녀를 데리고 와서 이야기하는 제자들을 만날 때면 교육에서의 결과, 특히 입시 결과를 이야기하는 것이 사실상 의미가 있을까 하는 생각을 합니다. 하지만, 당장 학생과 학부모는 눈앞에 보이는 결과에 대한 이야기를 더 많이 합니다. 교사와 학교가 먼 미래를 보고 교육에 대해서 말하기만 한다면, 학생과 학부모는 교사와 학교를 외면하려는 경향이 있습니다. 이런 이유로 당장 믿고 의지할 곳이 학원 밖에 없다고 생각하고 상당수의 학부모들이 사교육 시장에 입시를 의존하고 있는 실태입니다. 조금은 노골적이고, 보다 더 공격적으로 느껴지는 부분이 있다고 하더라도 변화를 위한 분석으로 이해해 주시고, 남다른 도전을 선택할 수 있길 바랍니다. 굳이 교육 수요자의 요구를 외면한 교육일 필요는 없다고 생각합니다. 교육 수요자의 요구를 충분히 수용하고, 학교의 선택을 충분히 강행할 수 있는 방법이 있기 때문입니다.

개인적으로 학생을 지도하면서 가장 중요하게 생각하는 것은 '학생의 성장'입니다. 사실, 입시 지도를 통해 성과를 내기 시작하고, 주변의 인정을 받기까지 오랜 시간이 걸리지는 않았습니다. 학생 지도의 핵심은 과거나 현재나, 그리고 미래에도 여전히 학생의 성장 입니다. 교육의 본질도 학생의 성장이라고 생각합니다. 물론 어떤 성장이냐에 대한 문제는 당연히 있을 것입니다. 그러나 분명한 것은 지적으로 발전하고, 다른 사람에 대한 이해도가 높아지고, 인격적으로 성장하는 것이 교육의 목표임에는 틀림없습니다.

모든 분야에서 정보가 넘쳐나는 세상이고 과잉 정보와 혹은 거짓된 광고로 인해 현대인들은 두통이 생길 지경입니다. 이 시대에 중요한 것은 결국 바른 '선택'입니다. 다양한 정보에 대한 취사선택, 사실과 거짓을 분별할 수 있는 능력 등이 교육을 통해 제공될 수 있을 것입니다. 개별 학생이 가진 다양한 가능성이 개화될 수 있도록 안내자의 역할을 학교가 감당해야 한다고 저는 생각합니다. 그 결과로 무엇을 선택하느냐는 당연히 학생의 몫일 것입니다.

우리 사회를 보다 나은 사회 혹은 공동체로 만드는데 기여할 수 있는 잠재력을 개화할 수 있도록 만들어진 시스템이 바로 학교라는 것을 강조하고 싶습니다. 그런 의미에서 학생, 학부모들이 가장 강력하게 원하는 것인 입시 혹은 대학 진학은 매우 강력한 교육적 도구가 된다고 생각합니다. 교육 수요자들의 요구에 부응하면서도 교육적 가치를 훼손하지 않을 수 있는 방법으로 입시는 가장 좋은 카드라고 생각합니다. 교사는 진학 지도를 통해 학생의 성장에 대해 고민할 수 있고, 학생은 진학을 위한 준비의 과정에서 성장을 이뤄낼 수 있게 됩니다. 성장을 경험한 학생들은 매우 뛰어난 '자기 효능감'을 경험하게 되고, 자기 효능감은 가장 확실한 성장의 동력이 됩니다. 질문을 통해 진로에 대해 관심을 갖게 되고, 질문을 통해 탐구의 힘을 키워내고, 질문을 통해 보다 넓은 세상에 대한 관심과 고민을 가지게 되는 학생들을 키워내는 것이 오랜 시간 입시 지도를 통해 가지게 된 교사로서의 저의 자부심입니다.

개인적으로 책을 무척 좋아합니다. 제가 독서를 통해 성장을 했기 때문에 제자들에게도 숱한 독서의 기회를 제공합니다. 학교에서 진행하는 모든 프로그램의 베이스는 항상 독서입니다. 숱하게 읽은 책들 중에서도 유독 '제목'이 좋은 책이 기억에 많이 남습니다.

모든 이가 스승이고, 모든 곳이 학교다 (창비교육, 신영복 외)

제 삶을 이끌어 온 중요한 인생 문장 중 가장 최고의 문장을 여러분들과 공유합니다.

모든 이에게서 배우는 사람

개인적인 교육적 가치이기도 하고, 학생들에게 항상 강조하는 말이기도 합니다. 인간은 태어나면서부터 자연스럽게 모든 사람에게서 배우고, 모든 상황에서 배우고, 모든 환경에서 배우고, 모든 사건에서 배우면서 그 과정을 통해 한 인격체로서 성장해 나갑니다. 이 모든 것이 사람이 살아가는 과정입니다. 이런 맥락에서 다들 힘들고 어렵다고 말하는 고등학교의 시간들도 당연히 '배움'의 시간일 뿐이며, 입시를 위한 고난의 시간으로만 여기지 말고, 그 고통을 통해 무언가를 배우고 성장한다면 그 인생은 나름의 빛나는 가치를 가질 수 있게 됩니다. 여기서 문제는 '어떻게' 배울 것이냐 혹은 '무엇을' 배울 것이냐입니다.

기왕에 책 제목의 이야기가 나왔으니, 제가 사랑하는 책 제목을 하나 더 소개하려 합니다. 제 교육 철학과 맞닿아 있기도 하고, 학교가 무엇이어야 하는가에 대한 개인적인 답이기도 합니다. 사실 이 제목은 시인의 시 제목이기도 합니다.

사람만이 희망이다 (해냄, 박노해)

이 책은 이사를 다닐 때도 항상 제 책꽂이 중간에 둡니다. 그리고 힘들게 하는 학생과 학부모를 만난 이후에는 계속 쳐다보면서 곰곰이 생각합니다. 오늘 만난 학생과 학부모들의 어떠함에도 불구하고 '사람만이 희망'이다. 합리적이지 않은 요구를 하고, 이성적인 판단이 결여된 행동을 보이는 학생과 학부모를 상대한 이후에 스스로 무너지지 않기 위해서 되뇌입니다.

희망 찬 사람은 그 자신이 희망이다.

내 마음에 '희망'으로 가득 차고 확신에 찰 때면 스스로 다짐을 합니다.

나는 희망을 만드는 사람이다!!!

학교에서 만나는 모든 상황과 환경이 내 맘대로 될 리가 없습니다. 우리가 겪는 모든 사건들도 대부분 그러합니다. 그러니 우리는 그 속에서 스스로의 성장을 만들 고민을 해야 합니다. 그러니 우리의 목표를 든든히 세우면 될 일입니다. 사람이 희망이고, 우리의 모든 노력은 그 희망을 만드는 작업입니다.

나름의 긴 인생을 살아왔고, 그 인생의 시간들을 통해 항상 고민했던 지점은 지금의 상태보다 성장하는 것이었습니다. 성장을 위한 최고의 선택은 우리가 처한 모든 상황에서 "배우면" 됩니다.

나를 둘러싼 모든 상황, 환경, 사람, 사건을 통해 배우기

우리가 살아가면서 내가 원치 않는 수많은 사건과 사람과 환경과 상황을 만나게 됩니다. 중요한 것은 내가 만나게 되는 상황, 환경, 사건, 사람이 아니라, 그 상황과 환경, 사건과 사람에 대한 "나의 해석"입니다. 동일한 상황과 환경, 사건과 사람을 만나게 되더라도 남과 다른 해석을 할 수 있다면, 그 모든 상황에서 얼마든지 우리는 배움을 통한 성장을 할 수 있게 됩니다. 그래서 저는 우리 학생들에게 지속적으로 이러한 "해석"을 잘 하도록 연습시키고 있습니다. 학교에서 학생

들은 교사로부터 입시 지도를 받고 있지만, 실제로는 개인의 성장을 위한 숱한 연습을 하고 있는 셈입니다.

성장을 위한 해석

학교가 학생들의 이러한 성장을 위한 '해석'을 가르쳐 줄 수 있는 장이 될 수 있다면, 최고의 교육장이 될 수 있다고 생각합니다. 성장을 위한 해석은 한계를 뛰어넘을 수 있는 힘을 제공합니다. 결국 성장을 위한 해석은 현재의 상태를 '부족'으로 인지하게 만듭니다. 현재의 상태가 균형이 아니라, 부족으로 인지되면 학생은 변화를 선택하게 됩니다.

실패를 경험하는 숱한 학생들과의 만남에서 알게 된 사실입니다. 학생들은 자신의 현재 상태를 '균형'으로 인지합니다. 자신의 성적을 균형으로 인지하고, 자신의 공부 수준을 균형 잡힌 상태로 인지합니다. 그러니 더 이상 삶을 바꾸기 위한 노력을 하지 않습니다. 잘 잡힌 균형 상태를 굳이 깰 이유가 없기 때문입니다. 하지만, 성장을 위해서는 편안한 균형의 상태를 깨고, "의도적인 불균형" 상태로 돌입해야 합니다. 불안하고, 걱정되고, 막막한 상황을 버텨내야 성장으로서의 새로운 균형점을 찾게 됩니다. 이 역할을 학교 교육이 감당할 수 있어야 합니다. 사교육은 불안을 "증폭"시킵니다. 하지만, 학교는 그 불안을 통해 학생의 성장을 담보할 수 있습니다.

학교의 역할론, 학교의 이상론에 대한 이야기이기는 하지만, 그럼에도 전국의 숱한 교사와 학교들이 이 역할을 감당하기 위해 노력하고 있다고 믿고 있습니다. 갈수록 '늘공 교사'의 수가 증가하는 것도 사실이지만, 반대로 교육에서 희망을 찾기 위해 노력하고 애쓰는 교사들과 학교도 많아지고 있습니다. 다만, 이런 교사와 학교는 널리 알려지지 않는 편입니다. 우리가 접하는 뉴스는 대부분 '늘공 교사'에 대한 이야기이고 언론은 더욱 불안을 조장하고 결국은 학교에 대한 신뢰는 무너지고 사교육 시스템에 들어 갈 수밖에 없는... 오늘의 학교를 바라볼 때 교사로서 정말 마음이 아픕니다.

전국을 돌면서 정말 많은 강의를 진행합니다. 학생의 성장에 대해서 말하고, 그 성장의 결과물로서의 진학 성공 사례를 이야기합니다. 숱한 지방 강의를 진행하면서 학부모들에게 가장 많이 듣는 말입니다.

'저희 학교는 그렇게 하지 않아요.'

맞습니다. 그렇게 하지 않죠. 당연한 이야기입니다. 모든 고등학교들이 똑같이 한다는 것은 교육적으로도 맞지 않습니다. 학교가 어떠해야 하고, 교육이 어떠해야 한다는 기준은 학교의 교사 수만큼이나 다양합니다. 그것이 맞기도 합니다. 각자의 교육관이 있기 마련이고, 그 교육관에 맞게 행동하기 마련입니다. 다만, 개인적으로 강조하고 싶은 것은 학교의 어떠함에 대한 것은 아닙니다. 학교는 그럴 수 있고, 교사도 그럴 수 있습니다. 문제는 학생이 그 모든 상황에서 무엇을 배울 것인지를 고민하는 과정이 중요합니다. 자신을 둘러싼 상황과 환경, 사건과 사람에 대해서 어떤 포지션을 취해야 할 것인지를 배우는 것이 그래서 중요하다고 강조했습니다.

학교의 문제를 떠나서 조금 더 확장하자면, 우리가 사는 지역이 문제고, 우리 사회의 교육 정책이 문제고, 그 교육 정책이 만들어지는 모든 정치적 상황이 문제입니다. 우리를 둘러싼 모든 상황 등이 우리에게 유리해지고, 우리에게 주어지는 모든 환경들이 우리가 원하는 수준일 때 행동을 하겠다고 생각한다면, 그 어떤 일도 이뤄지지 않을 것입니다. 그러니 학교가 그렇게 하지 않는다는 말로 행동을 멈추는 것이 아니라, 그 상황과 환경 속에서 성장의 답을 찾아갈 수 있어야 합니다. 그 모든 상황에도 불구하고, 성장의 답을 찾아가는 학생을 대학은 '잠재역량'이 뛰어난 학생으로 평가합니다.

'저희 학교는 그렇게 하지 않습니다.'
맞습니다.
하지만, 상황이 그렇다면,
여러분은 남다른 성장의 기회를 잡은 것입니다.

우리의 해석이 남다르다면, 우리의 성장도 남다를 것입니다.

 **학교에서의 입시 전략**

학교의 입시 전략이 어떠해야 하는가에 대해서는 개별 학교의 상황과 환경이 크게 다르기 때문에 개인적으로도 천편일률적인 방식이 있다고 생각하지는 않습니다. 무엇보다 학교와 교사의 열정이 있는 학교라면 어떤 결과든 충분한 가능성이 있음을 말씀드리고 싶습니다. 전체적인 입시 전략을 위해서는 앞서 제시한 것과 유사한 질문들에서 출발해야 합니다.

학교가 무엇을 할 수 있는가?
학교가 무엇을 해야 하는가?

학교라는 집단의 구성원들이 이에 대한 동의를 하고, 공감을 형성하는 것이 무엇보다 중요하다고 생각을 합니다. 학교 구성원들이 성장에 대한 공감대를 형성하는 수준이 높을수록 더 나은 교육의 결과가 나오는 것은 너무도 당연할 것입니다. 다만, 그 결과의 상당 부분이 왜곡될 여지는 충분히 있어 보입니다. 언론이 대체로 파고 드는 부분도 바로 이 부분이긴 합니다. 왜곡이 가능하다는 이야기는 불안을 자극할 수 있고, 불안이 자극된다는 말은 기사화 되었을 때, 이슈가 될 수 있다는 말이기도 합니다.

입시 결과가 매우 잘 나오는 학교들 중 많은 부분은 '재수생'이 포함된 결과입니다. 재수생의 입결 포함에 대한 부분은 사실 개별 학교의 입장에서는 매우 당연해 보입니다. 어떤 상황이든 입시 결과가 좋게 나오면, 보다 좋은 학생들이 지원할 가능성이 높기 때문입니다. 이 상황 자체를 탓할 수는 없을 듯합니다. 그래서 개인적으로는 입시 결과 자체의 중요성보다는 학교 구성원들의 공감대에 더 큰 의미를 부여하고자 합니다. 학교는 충분히 성장할 수 있고, 그 성장의 잠재력 또한 매우 크다고 생각을 합니다. 학교를 구성하고 있는 교사들의 수준을 감안하면 언제든 의미 있게 성장할 수 있는 여지는 충분합니다. 다만, 그 변화의 출발점이 어디에서 시작되느냐의 문제인 것 같습니다.

숱한 학생들을 만나면서 알게 된 중요한 사실은 대다수의 학생들은 '실패를 반복' 한다는 점입니다. 조금 더 냉정하게 말하자면, 공부를 못하고, 낮은 성적을 유지하는 학생들은 대체로 '실패할 수밖에 없는 행동'을 반복합니다. 반대로 공부를 잘하고 성적이 잘나오는 학생들은 '성공할 수밖에 없는 행동'을 반복합니다. 결국 오랜 시간의 '누적된 행동'으로 그러한 결과물을 만들고 있다는 점을 인지해야 합니다.

유튜브를 보고, 릴스를 보면서 시간을 보낸 학생들이 좋은 성적을 받을 수는 없습니다. 고등학교의 성적은 더욱 그러합니다. 반면, 제가 진행하는 방학 프로그램에 참여하는 학생들은 아침 8시에 등교해서, 22시까지 자기 주도 학습을 진행해야 합니다. 놀랍게도 이 학생들의 성적은 상승 곡선을 만들어 냅니다. 무엇을 하고 있느냐에 따라서 미래를 예측하는 것이 가능합니다. 학교도 동일합니다. 굳이 입시가 아니어도 교육을 성공적으로 수행하는 학교와 성공적으로 수행하지 못하는 학교는 그런 면에서 동일한 지점이 있습니다. 성공의 경험을 쌓고, 실패했을 때 그 실패를 통한 성장과 변화를 만들어 내면 다시 성공의 경험을 쌓게 되고, 더 큰 성공을 위한 도전을 할 수 있게 됩니다. 반면, 실패하는 학교들은 대체로 실패할 수밖에 없는 행동들을 쌓습니다.

저와 공감대를 형성할 수 있는 '동지'들을 만들고 찾기 위해 교사 대상 진학 연수에 많은 힘을 쓰는 편입니다. 하지만, 교사 대상 연수 후에 가장 많이 듣는 말은 대체로 비슷합니다. (놀랍게도 사람들은 강의를 들을 때 '자기가 듣고 싶은 이야기'만 듣는 편입니다.)

저희도 그렇게 이야기를 합니다.
저희도 똑같이 그렇게 하고 있어요.

학교장도, 교감 선생님도, 3학년 부장 선생님도 항상 이런 이야기를 합니다. 솔직히 처음 이 말을 들었을 때 엄청 충격을 받았습니다. 오래전 강의했던 고등학교였는데, 학생부의 내용이 조금 심각한 학교였습니다. 그런데 교사 연수에서 잘못된 지점들을 열심히 이야기하고, 성공하기 위한 학교의 전략에 대해서 열심히 이야기를 했는데, 강의 후에 몇몇 선생님들이 저에게 오셔서 '저희도 그렇게 하고 있어요.' 저는 할 말을 잃었습니다. 그렇게 행동을 했다면, 학생부가 절대 그렇게 만들어질 수가 없는데도 말입니다. 자신이 듣고 싶은 이야기만을 듣고 동의를 하신 겁니다.

학생들의 성장을 위해 쉼 없이 같이 독서를 하고, 더 많은 질문을 만들어내고, 그 질문들이 학생의 변화를 만들어 낼 수 있도록 숱한 연결 고리를 만드는 작업을 했다면, 학생부는 멋진 이야기들도 채워지게 될 것입니다. 어디에서도 볼 수 없는 수준 높은 이야기들로 채워지고, 남과 다른 학생부가 만들어지게 될 것입니다. 하지만, 그 학교는 여전히 예전의 학생부였고, 학생을 위한, 성장을 위한 어떤 내용도 확인할 수 없었습니다.

지방에서 귀가를 하면서 긴 시간 운전을 하면서 엄청 고민을 많이 했었습니다. 변화를 원하지 않는 사람들은 안타깝게도 이야기의 본질과는 상관없는 지점에서 동의를 합니다. 자신이 변화하지 않아도 될 이유를 그 지점에서 찾는 것 같습니다. 안타깝게도 '인지부조화' 현상이 나타나고 있는 셈입니다. 적당한 자기 타협과 자기 합리화를 통해 변화의 지점을 포기합니다.

그렇게 하는 것이 가장 편하기 때문입니다.

강의 후 선생님들끼리 이야기가 들리기도 합니다. 서울이니까 가능하다고, 학생들이 다르니까 가능하다고 등등의 이야기가 대다수입니다. 하지만, 그럴 수 없습니다. 제가 근무하는 학교의 교육을 바꾸고, 입결을 바꾸기 위해 숱한 도전과 고생을 했습니다. 거기에는 어떤 합리화와 자기 타협도 없었습니다. 주변 지인 교사들에게 항상 들었던 말이(지금도 듣고 있지만...) 있습니다.

'굳이 그렇게까지 해야 해요?'<br>'왜 그렇게 까지 해요?'

편한 길은 누구에게나 있습니다. 학교에도 있고, 교사에게도 있고, 학생에게도 있고, 학부모에게도 있습니다. 편한 길은 성장을 위한 길이 아닙니다. 편한 길은 자기 타협의 길일뿐이고, 자기 합리화의 길일뿐입니다. 그렇게까지 해야 하냐고 묻는 후배 교사에게 저의 대답은 항상 동일합니다.

당연히 그렇게 해야지. 그래야 변화가 가능하니까.

그렇게까지 해야 하냐는 질문에 대해 그렇게 해야 한다고 말한 노력의 결과를 한번 보도록 하겠습니다. 이것이 가능하냐고 묻는다면 당연히 가능합니다. 그리고 이 글을 읽고 있는 모든 교장, 교감, 교사들에게도 강력하게 이야기하고 싶습니다. 가능합니다. 그리고 선생님들 근무하시는 학교에서도 가능했으면 합니다. 입시 결과가 당연히 모든 것을 보여주는 것은 아니지만, 보다 나은 학교를 만들기 위한 기본으로서는 충분히 그 역할을 할 수 있습니다. 모두가 존중받고, 함께 성장하기 위한 학교의 첫 번째 원칙은 당연히 학교의 이야기가, 교사의 말이 통해야만 가능합니다.

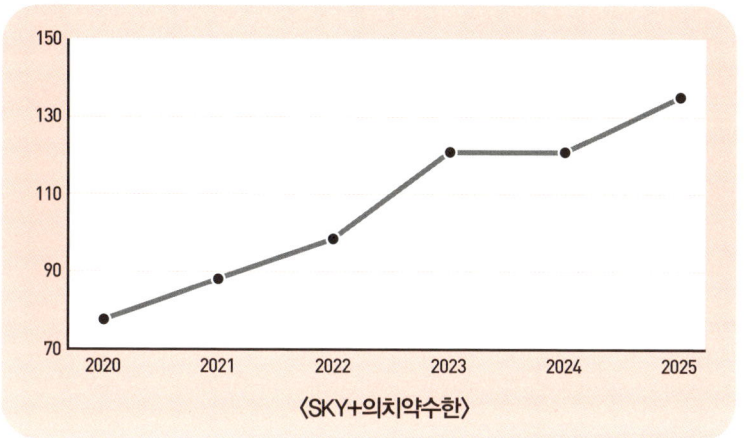

〈SKY+의치약수한〉

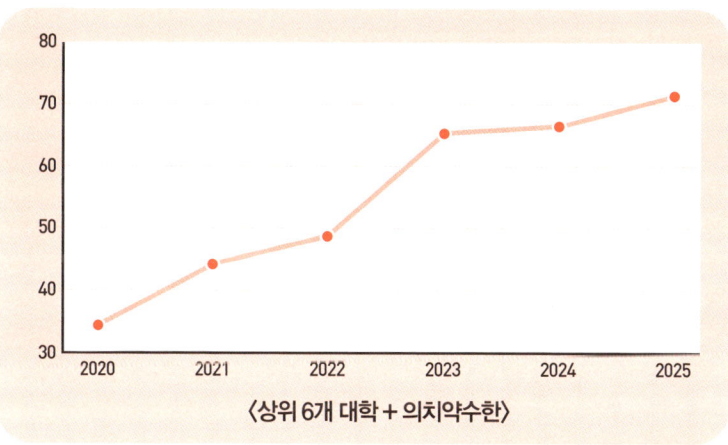

〈상위 6개 대학 + 의치약수한〉

이 그래프가 어떻게 해석될지에 대한 고민은 여전히 있긴 하지만, 그럼에도 가능하다는 점을 강조하고 싶은 마음을 담아 올립니다. 그래프에는 안 넣었지만, 학교에서 진학 파트를 담당한 이후 8년 동안 연속해서 입결이 상승 중인 학교를 만들고 있습니다. 현실적으로 보기 힘든 입결 그래프이긴 할 것입니다. 물론 힘듭니다. 당연히 고통스럽습니다. 방학 동안 혼자서 출근해서 하루 13시간을 상담하는 것이 쉬울 리가 없습니다. 다른 교사들이 퇴근한 학교에 남아 밤늦게까지 프로그램을 진행하는 일이 어찌 쉽겠습니까. 하지만, 그 과정을 통해 학생의 성장을 만들 수 있습니다. 학생도, 교사도 이 고통의 시간을 통해서만 성장이 가능하기 때문입니다. 반드시 강조하고 싶은 것이 있습니다. 교사의 일반적인 헌신과 희생이라고 생각하기 쉬운데, 개인적으로 아니라고 생각합니다. 앞서 언급한 '모든 사람에게 배우는 사람'을 생각해보면 됩니다.

교사는, 학교는 학생들을 성장시키는 과정에서
충분히 성장합니다.

개인적으로는 이런 경험과 교육 철학을 가지고 있기 때문에, 굳이 시간을 내서 교사 연수를 적극적으로 진행하려고 합니다. 교사 대상 연수를 진행할 때는 대체로 보다 많은 교사의 "고민과 헌신"을 요구하는 편입니다. 그래야 변화가 일어나기 때문입니다. 교사는 그 일을 통해 성취감과 효능감, 전문성의 향상이라는 결과를 얻을 수 있기 때문에 이 성장의 스토리텔링은 항상 충분히 win-win 전략이 됩니다. 그런데 들어야 할 이야기보다는 듣고 싶은 이야기에 집중하게 되면, 변화의 지점을 찾지 못하게 됩니다. 입력 값이 제대로 들어갔다면, 출력 값이 제대로 나오는 것이 정상입니다. 오류가 생긴다면, 전달에 문제가 있는 것이고, 전달에서 발생한 문제를 해결하기 위한 '행동'을 하면 됩니다. 그 행동은 구체적인 무엇인가가 될 것입니다. 당연히 학생들이고, 인간이기 때문에 무조건적으로 입력 값과 출력 값이 동일할 수는 없습니다. 하지만, 성장과 변화의 출력 값이 오차가 발생하는 이유를 학생들의 어떠함으로 규정을 해버린다면, 변화를 위한 구체적인 도전이 아직 이뤄지지 않은 상태입니다. 학생들의 그러함에도 불구하고 변화를 시도하는 것이기 때문입니다. 대체로 학생들은 자신에게 필요한 것이 무엇인지를 잘 모르는 상태일 가능성이 높습니다. 지금까지 상담하면서 지도했던 학생들의 대부분이 그러했고, 학생이란 배우는(學) 삶(生)을 살아가고 있기에 진로, 진학 교육에서 학교가 가지는 영향력은 클 수밖에 없습니다. 학교의 변화 시도는 매우 다양한 파급 효과를 만들 수 있다고 생각합니다. 그러기 위해서는 기본적으로 학교의 문제점에 대한 합리적 분석에서 출발해야 합니다. 교사 간의 합의도 좋고, 관리자의 결단이어도 좋습니다. 어떤 상황에서든 '변화'를 시도하기 위해서는 분석과 공부가 필수적입니다.

학교에서의 입시 전략에 대한 고민을 하다보면, 가장 먼저 고민해야 할 지점은 입시 전략을 위한 교사의 공감대 형성입니다. 사실, 이 부분이 참 어려운 부분이기도 합니다. 21세기 자본주의를 살아가는 우리는 자녀를 보다 좋은 대학을 보내기 위해서 온갖 노력을 다하고, 사교육 시장은 이러한 니즈에 맞춰 발 빠르게 변화와 혁신을 추구하는데, 막상 학교는 옛날의 모습 그대로 박제 되어 버린 것이 아닌가하는 안타까운 마음이 들 때가 많습니다. 여전히 우리 사회에 존재하는 조선 시대 양반들의 사고방식, 입시 교육은 참교육이 아니라고 말하는 숱한 교사들과 공감대를 형성하는 것이 정말 쉽지 않습니다. (제가 근무하는 학교에서도 여전히 이런 주장을 하는 교사들이 존재했었습니다. 현재는 오랜 시간을 거치면서 천천히 바뀌어져 가는 과정으로 '소수'의 교사만 남았습니다.) 쉽지 않은 이유는 사실 단순합니다.

모든 변화는 원래 쉽지 않습니다.

학교는 다양한 입시 전략을 사용할 수 있습니다. 지방의 일반고에서는 보다 더 다양한 '도전'이 가능하다고 생각합니다. 그리고 그 도전을 상위권 대학에서 아주 긍정적으로 평가합니다. 학교가 변화를 선택하고, 도전을 선택하는 것이 쉽지 않다는 것을 알기 때문입니다. 때로 그 도전은 객관식 역량을 향상시키기 위한 도전이 될 수도 있고, 때로 학생부 위주 전형에서의 도전이 될 수도 있습니다. 그것이 어떤 도전이든, 변화를 시도하기 위한 모든 도전은 응원 받아 마땅합니다. 수많은 학교가, 교사가 도전에 대한 실패에 머물러 있습니다.

'내가 해봤는데, 안되더라.'

변화와 도전에 대해 이야기할 때 가장 많이 듣는 말입니다. 당연합니다. 쉽게 변할 거라면, 우리는 굳이 고생하지 않아도 됩니다. 쉽게 변화되지 않기 때문에 실패를 굳이 두려워 할 필요가 없습니다. 그 실패에 머물러 있을 이유는 더욱더 없습니다. KAIST는 2021년에 '실패연구소'를 설립했습니다. 도전은 실패를 통해서만 성립된다는 지극히 당연한 진리에서 출발한 연구소입니다. 실패에 대한 다양한 의미 부여를 통해 실패에 대한 두려움을 없도록 만들고, 최종적으로는 도전 정신을 함양하는 것이 목적입니다. 우리나라 최고의 대학 중 하나인 KAIST에서도 실패를 연구합니다. 더 많은 도전을 위해서, 더 성공하는 도전을 위해서 더 많은 실패들을 연구하고, 사례를 모으고, 이야기를 나눕니다. 심지어 2023년에는 '실패 주간'을 만들기까지 했습니다.

매년 메달처럼 서울대를 가장 많이 보낸 학교들이 뉴스를 장식합니다. 하지만, 개인적으로는 서울대를 가장 많이 보낸 학교보다는 개교 이래 서울대생을 처음 배출한 고등학교를 더 응원합니다. 그 고등학교는 새로운 도전을 시도했을 것이고, 그 도전에 합당한 응원을 받았다고 생각합니다. 서울대만의 문제가 아니라, 학교의 도전이 더 많은 학생들에게 효능감을 주고, 실패를 딛고 일어날 수 있는 문화를 만들 수 있습니다. 실패가 가지는 의미를 더 많이 경감시켜 주는 것이 학교가 선택할 수 있는 최고의 입시 전략이라고 생각합니다. 제가 학생들에게 많이 해 주는 말입니다.

나의 역사는 언제나 다시 쓰인다

책갈피도 만들어서 나눠주고, 다양한 굿즈를 만들어서 이 문구를 새겨줍니다. 나의 역사는 이제 시작이고, 그래서 나의 열정과 노력과 선택에 따라 지금부터 다시 쓰이게 될 것이라고 세뇌를 시킵니다. 그

러니 도전하라고, 그러니 실패를 두려워하지 말라고. 학교를 변화시
키려는 모든 도전을 열렬히 환영하고, 응원합니다.

우리 학교의 역사는 언제나 다시 쓰인다.

바로 지금 이 글을 읽고 있는 당신을 통해서…
선생님의 도전을 응원합니다.

입시 지도를 위한 학교의 역량 강화

앞서 제가 근무하는 학교의 입결을 보여드렸습니다. 학교의 역량이 전체적으로 상승한 결과물입니다. 제가 항상 방점을 두는 부분은 입시 결과 자체의 상승보다는 보다 많은 학생들을 자신이 원하는 대학으로 보낼 수 있는 학교의 역량에 포인트를 둡니다. 학생 개인이 가진 가능성을 끌어올릴 수 있는 역량을 학교가 가지기 시작한 셈입니다. 상위권 대학의 진학률이 높아진 것은 말할 것도 없지만, 개인적으로 가장 의미 있게 판단하는 것은 상위권 대학 진학의 거의 대부분이 **"재학생 수시 학종"**이라는 사실입니다. 근래에는 재수생이 다소 늘고 있는 추세이긴 하지만, 그럼에도 불구하고 여전히 상위권 대학 합격생들의 70% 이상은 재학생 수시 학종입니다. 학교생활을 통해 자신의 우수함을 증명할 수 있는 학교를 만들고 있는 셈입니다.

내 자녀를 보내고 싶은 학교

제가 만들고 싶은 최종적인 학교의 모습입니다. 학교에서 만나는 많은 학생들은 누군가의 아들이고, 누군가의 딸입니다. 친구의 딸이기도 하고, 지인의 아들이기도 합니다. 사랑받는 친척의 아들이고, 은사님의 손녀이기도 합니다. **내 자녀가 학교에서, 군대에서, 직장에서 받았으면 좋을 것 같은 대접을 하는 것, 세상을 바꾸는 출발점이라고 생각합니다.** 그래서 더 많은 애정을 쏟고, 더 많은 성장을 응원합니다. 저의 자녀들은 이미 군대를 다녀왔고, 대학을 졸업했음에도 여전히 이 꿈을 가지고 있습니다. (사실 조금의 시간이 지나고 나면, '내 손주를 보내고 싶은 학교'가 되겠지만)

지금에 와서는 상당 부분 완성되어 가고 있다는 주변의 평가를 받습니다. 많은 경우에 함께 근무하는 교사들이 자신의 자녀가 다녔으면 좋겠다는 이야기를 합니다. 나름의 성공이긴 하지만, 여전히 부족한 부분이 보이고, 그 부족함을 극복할 수 있는 방법에 대한 고민을 계속 하고 있습니다.

학교의 프로그램을 기획하고, 학생의 성장을 위한 다양한 방법과 과정을 수행하지만, 입시 지도 자체가 목적이었던 적은 없습니다. 너무 당연하게도 '입시 결과'는 학생의 성장의 결과일 뿐입니다. 많은 성장이 이뤄지면, 입시 결과는 당연히 좋아지게 됩니다. 많은 성장을 이루려면 학생을 '더 많이 괴롭혀야' 합니다. 끝없이 놀고 싶어 하는 학생들을 끈질기게 책과 만나도록 만드는 과정을 통해서 성장은 이뤄지게 됩니다. 학교 프로그램을 세팅할 때 가장 중요하게 생각하는 것이 바로 '독서'입니다. 모든 프로그램은 독서 기반 프로그램으로 구성하고, 일회성 프로그램은 없도록 구성을 합니다. 한번 책을 읽는 것으로 성장이 이뤄질 수는 없기 때문입니다. 지속적인 사고의 과정을 만들기 위해서는 지속적인 독서의 과정이 필요하다고 생각하기 때문에 대부분의 프로그램은 '연간 프로그램'으로만 세팅하는 것이 중요합니다. 성장을 위한 프로그램은 설계도 무척 중요합니다. 어떤 프로그램을 통해서 어떤 역량을 보여주는 것에 주력할 것인지를 설정해 두고 학생들을 원하는 방향으로 유도하는 것이 중요합니다. 앞서 살펴본 바와 같이 대학이 주로 '학업 역량, 진로 역량, 공동체 역량'을 평가한다면, 학교 프로그램도 그에 맞도록 구성을 해야 합니다. 그럼 질문은 간단해집니다.

학업 역량을 보여주기 위해서는 어떤 프로그램을 기획해야 할까? 학생들이 어떤 활동을 하면 학업 역량이 돋보이게 될까?

이런 다양한 질문들을 통해서 프로그램을 세팅하면 학생부 기록이 매우 의미 있게 나타나게 됩니다. 학업 역량의 핵심이 '탐구력'이라고 강조를 했습니다. 그럼 탐구력을 보여주기 위해서는 학교가 어떤 프로그램을 구성할 것인지를 고민하면 됩니다. 교사들의 생각과는 다르게 학생들은 기본적으로 탐구가 무엇인지, 어떻게 해야 하는지를 잘 알지 못하고 주먹구구식으로 탐구를 진행합니다. 사실, 당연한 이야기입니다. 중학교에서 그런 공부를 한 적이 없고, 누군가 그것을 알려주지 않았습니다. 게다가 최근의 학생들은 궁금한 것이 생기면 'ChatGPT'와 같은 AI에게 묻는 것이 익숙한 세대들입니다. 그러니 사고의 과정, 탐구의 과정이 낯설 수밖에 없습니다.

학업 역량을 위해 제가 세팅한 프로그램은 '지식의 향연(饗宴)'입니다. 향연의 국어 사전적 의미는 '특별히 융숭하게 손님을 대접하는 잔치'입니다. 이 프로그램에 참여하는 학생들이 지식으로 베풀어지는 향연이 될 수 있기를 바라는 마음에서 네이밍을 했습니다. 프로그램의 이름을 정하는 것에 애정을 많이 쏟는 편이긴 한데, 그 모든 과정에 학생의 성장이라는 열망을 담고 싶었습니다. 지식의 향연은 기본적으로 학업 역량을 위한 탐구형 프로그램입니다. 연간 프로그램을 구성을 하고, 학년별 분리 모집을 합니다. 기본적으로 특정한 목적을 가지고, 팀별 탐구로만 진행합니다. 굳이 팀별 탐구인 이유는 공동체 역량을 자연스럽게 보여주고 강조할 수 있기 때문입니다. 4명의 학생을 하나의 팀으로 구성하고, 팀당 교사 1명을 배정합니다. 7개월 정도의 기간 동안 하나의 주제를 선생님과 함께 탐구한다는 콘셉트입니다. 선발을 위해 사전 과제 발표를 진행하는데, 1학년에서 발표하는 학생들의 주제와 탐구의 수준은 매우 미미합니다. 그래서 학년을 구분해서 선발을 합니다. 수준 차이가 생각보다 많이 납니다. 다만, 그냥 둔다면 수준 차이는 나지 않습니다. 1학년 때 한번 트레이닝 된 학생들은 2학년에서 확실히 주제와 탐구 수준, 발표 내용의 수준이 높아집니다. 1학년 때의 탐구를 통해 탐구력이 어느 정도 성장한다는 점은 이 프로그램을 진행하면서 확실하게 알 수 있습니다. 교육을 통해 탐구력을 성장시킬 수 있고, 그 과정에서 확실히 학생들이 성장하는 모습을 볼 수 있다는 장점이 명확합니다. 탐구의 과정에서 보고서를 작성하게 되는데, 이 보고서 작성이 학생들에게는 난제입니다. 해본 적이 없다는 것이 가장 큰 이유이긴 합니다. 그래서 지식의 향연에 참여한 학생들이 진행하는 가장 첫 번째 과정은 '탐구 보고서 작성법' 강연입니다. 이 강연은 꼭 대학원생을 초빙합니다. 실제 논문을 쓰고 있는 대학원생이 가장 정확하게 알고 있습니다. 인문, 자연을 구분해서 탐구 보고서 작성법을 매우 시간을 들여서 정성껏 배웁니다. 앞서 강조한 바와 같이 제대로 배워야 제대로 된 탐구를 할 수 있습니다. 탐구 보고서 작성 방법을 배우고 나면 비로소 자신들이 사전 과제 발표를 한 내용의 수준이 문제가 있음을 알게 되고, 제대로 된 수정을 하게 됩니다. 진정한 탐구의 출발점입니다.

1학기 기말 고사 이후에는 '중간 평가'를 진행합니다. 팀별 탐구의 과정을 중간 점검하는데, 팀 담당 교사들을 크로스로 배정해서 다른 팀의 탐구 과정을 확인하고, 조언해 주는 과정입니다. 탐구 자체를 객관적으로 볼 수 있도록 해 주는 매우 중요한 과정입니다. 자신이 탐구하고 있는 과정을 다른 교사들의 시각에서 평가하는 시간인데, 담당 교사들에게 최대한 많은 지적을 부탁합니다. 학문의 영역에서 학생들을 갈굴 수 있는 공식적인(!!) 기회이기도 하고, 많은 지적을 통해서 더 많은 성장이 이뤄진다고 믿기 때문입니다. 중간 평가가 실제로는 가장 빡빡하게 진행되기 때문에 이 프로그램에 참여하는 학생들은 대체로 중간 평가에 대한 두려움이 매우 큰 편입니다. 그만큼 탐구의 수준이 확보됩니다.

4월에 시작해서 11월에 끝나는 이 프로그램의 정점은 2학기 기말고사 후에 진행하는 발표회입니다. 전체 진행 팀을 대상으로 최종 보고서 및 발표를 진행하고, 전시회를 진행합니다. 우수 팀은 다음 년도 지식의 향연 참가를 희망하는 학생들을 대상으로 최종 발표도 진행하게 됩니다. 탐구 보고서 발표회는 학생들의 학업 역량을 확산할 수 있는 좋은 기회가 됩니다. 실제 탐구가 어떤 방식으로 진행되고, 어떤 탐구들이 좋은 평가를 받게 되는지를 이해할 수 있는 기회이기 때문입니다. 발표와 평가의 과정에서 제출하는 모든 과제에 대해서는 철저하게 검증을 하려고 노력합니다. 다양한 프로그램을 활용해서 검증서를 제출하도록 합니다. 최근에는 AI가 작성한 문건을 변별해주는 프로그램도 활용하고 있습니다. (근래 교과 세특 등의 학생부 기록을 AI 기반으로 활용하려는 추세가 보이는데, 살짝 위험합니다.)

지식의 향연에 참여한 많은 학생들은 실제 탐구를 진행하고, 책을 읽고, 논문을 읽고, 실험을 하고, 탐방을 하고, 체험을 하는 등의 활동을 교사와 함께 진행합니다. 교사에게 더 많은 것들을 물을 수 있는 기회가 생기고, 독서와 질문에 대한 피드백을 상시 받기 때문에 긍정적인 요소는 매우 많습니다. 지식의 향연을 통해 학생들은 자신이 배우는 지식의 깊이를 담보할 수 있고, 개별 지식의 확장을 경험하기도 합니다. 가장 중요한 효능은 개별 교과에서 자신만의 탐구를 진행할 수 있게 된다는 점입니다. 자연스럽게 학업 역량이 증명이 됩니다.

개별 학교에서 어떤 프로그램을 진행할 때 지향점이 선명한 것이 매우 중요합니다. 프로그램별로 무엇을 목표로 하고 있고, 그 목표를 이루기 위해서는 어떤 것을 해야 하는지를 명확하게 제시하면 학생들은 자신의 성장을 구체적으로 만들 수 있게 됩니다. 프로그램에 따라 다양한 선발 과정이 있는데, 대체로 독서와 면접입니다. 그러다보니 학생들이 자연스럽게 면접에 익숙해지게 되고, 독서의 깊이도 나름 생기게 됩니다. 전체적인 과정을 통해 학생들의 성장이 이뤄지는 셈입니다.

여러 프로그램 중에서 개인적으로 가장 아끼는 프로그램은 '지식인의 서재'라는 프로그램입니다. 가장 처음 시작했고, 가장 오래 진행되고 있으며, 가장 많은 애정이 담긴 프로그램이기도 합니다. 초기 학교의 진학 관련 프로그램을 세팅할 때는 인문계열 학생들만 담당을 했기 때문에 인문계열 학생들을 위한 특강 프로그램입니다. 지향점과 목표는,

'우리 사회의 지식의 최전선에 서 있는 지식인을 초빙해
나의 서재를 채우자'

입니다. 프로그램의 지향점과 목표는 매우 중요합니다. 이것이 정해져 있어야만 구체성을 가진 프로그램으로 완성도를 높일 수 있게 됩니다. 지식인의 서재는 일단은 특강 프로그램이긴 하지만, 통상의 특강 프로그램과는 차별점이 선명합니다. 지식인의 서재는 연간 프로그램이고, 학년 초에 선발의 과정을 거칩니다. 연간 6~8회의 강연을 듣게 되고(해마다 조금씩 다르게 진행이 됩니다), 사전 세미나와 사후 세미나의 과정을 거치게 됩니다. 즉, 하나의 특강을 제대로 이해하기 위해 노력하는 과정이 진행된다는 말입니다. 여기에 매우 중요한 포인트가 있습니다.

단순하게 생각하면 누가 특강을 와서 강의를 하는지는 학생부에

기록되지 않습니다. 최근 노벨 생리의학상을 수상한 '팀 헌트' 교수의 초청 강연(2024년 5월)을 진행했습니다. 개별 고등학교에서는 진행하기 쉽지 않은 강의인 것은 맞습니다. 다만, 불가능하지는 않습니다.(지식인의 서재 대응 이과 프로그램으로 이공 계열 학생들을 위해 진행하고 있는 '지식인의 랩(lab)실'의 초청 강연)

여기서 질문, 노벨 생리의학상을 받은 팀 헌트 교수의 특강은 학생부에 어떻게 기록이 될까요? 당연히 교수 이름은 기록될 수 없습니다. 그러니 어떤 특강을 들었는지 대학이 알 수가 없습니다. 그럼 무엇이 의미가 있을까요? 팀 헌트 교수의 특강을 진행하기 위해 사전에 진행했던 세미나에서 학생들의 공부한 내용이 학생들의 성장으로 이어지게 됩니다. 그 성장의 내용이 학생부에 기록되는 것입니다. 그러니 노벨상 수상자의 강연을 들었다는 사실이 중요한 것이 아니라, 그 놀라운 특강을 통해서 어떤 성장을 만들었는지가 중요하다고 계속 강조하는 것입니다.

얼마 전 표창원 프로파일러(전직 국회의원)의 강연을 진행하기도 했습니다.(2025.4.) 주제는 과학 수사에 대한 것이었고, 학생들은 그 특강을 통해서 과학 수사에 대한 개념과 활용에 대한 관심과 인식, 그리고 "탐구"를 하게 되었습니다. 그 탐구의 내용은 당연히 교과 세특에서도 찬란히 빛나게 될 것입니다.

지식인의 서재는 초기에는 총 100명의 학생들을 선발했고, 8개의 특강에 따라 8개의 팀으로 구성을 했습니다. 각 팀은 주제에 따라서 구성을 합니다. '국제 정치', '경제 경영', '예술 문화' 등의 팀(팀의 구성은 매년 학생들의 선호에 따라 변경됨)으로 구성이 되고, 연간 진행되는 특강의 순서에 따라 해당 팀만 사전 세미나를 진행합니다. 다만, 지식인의 서재에 참여하는 모든 학생들은 연간 8권의 책을 읽고, 개인 탐구 도서 2권 이상을 선정해야 합니다. 결국 지식인의 서재 프로그램을 진행하는 학생은 연간 10권 이상의 독서를 해야 하고, 그 중 최소 3권에 대해서는 명확하게 설명하고, 자세하게 말할 수 있어야 합니다. 당연히 8권의 도서는 특강을 오시는 교수님들의 저서입니다. 자신이 관심이 없는 영역을 듣게 만드는 것도 이 프로그램의 중요한 지점입니다. 다양한 분야의 이야기를 통해 자신의 진로에 대해 깊이 있는 고민을 하도록 만들어줍니다. 단순하게 문학이 진로인 학생이 아니라, 다양한 분야를 섭렵하고, 그 속에서 문학을 "선택"한 학생으로 만들어져가는 과정인 셈입니다. 지식인의 서재에서는 각 팀의 팀장 역할을 하는 기획팀 8명을 연말에 미리 선발합니다. 기획팀은 겨울 방학 동안 저와 함께 세미나 진행을 위한 다양한 학습을 하게 됩니다. 더불어 다음 연도에 진행하게 되는 지식인의 서재 초청 강사의 섭외를 위한 활동을 진행합니다. 8명의 기획팀은 각각 섭외하길 원하는 지식인의 책을 읽고, 섭외 활동을 위한 포인트를 발표합니다. 토론의 과정을 통해 섭외 방식을 결정합니다. 초청할 지식인에 따라서 영상을 만들기도 하고, 책을 만들기도 하고, 노래를 부르기도 하고, 시를 낭송하기도 하는 등의 활동을 합니다. 실제 가능한 방법을 최대한 동원해보는 활동을 합니다. 이 과정을 통해서 상당한 수준의 성장이 이뤄집니다. 대체로 기획팀 학생들은 자신이 원하는 대학에 진학하게 됩니다. 물론 모든 섭외가 다 순조롭게 성사되는 것은 아닙니다. 일련의 과정 가운데 학생들은 상당한 실패를 경험합니다. 솔직히 개인적으로 이런 실패를 즐깁니다. 실패라는 경험을 통해서 학생들이 성장할 수 있는 또 다른 도전을 할 수 있는 기회가 생긴다고 생각하기 때문입니다.

지식인의 서재를 운영하면서 학생들의 성장이 이뤄지는 지점은 매우 다양합니다. 가장 중요한 포인트는 거의 대부분의 학생들이 실제로 책을 읽습니다. 어려운 책이 대부분이긴 하지만, 그 책을 읽어내기 위한 노력을 힘껏 합니다. 그래서 아주 놀랍게도 특강이 진행되는 동안 졸거나 딴 짓을 하는 학생이 거의 없습니다. 100명의 고등학생이 눈을 초롱초롱 뜨고, 집중하는 모습은 강의를 진행하는 교수님들의 입장에서는 매우 생소한 장면인 것은 분명합니다. 그래서 대체로 강의가 끝난 후에 강연자인 교수님들의 만족도가 매우 높습니다.

사전 세미나의 효과도 있고, 실제 독서를 했기 때문이기도 합니다. 처음부터 이렇게 되는 것은 아닙니다. 철저한 교육의 과정이 있어야 하고, 독서가 제대로 진행되는지에 대한 점검의 과정도 있어야 하고, 무엇보다 사전 세미나가 매우 의미 있게 진행되어야 합니다. 그 속에서 학생들이 성장의 가능성을 봐야 한다는 점도 중요합니다.

지식인의 서재 초청 지식인 및 필수 도서 (일부)

구분	초청 지식인	필수 도서
2017	문요한 의사	스스로 살아가는 힘
	전상국 작가	우상의 눈물
	박노자 교수 (노르웨이 오슬로 대학)	주식회사 대한민국
	안광복 교사	철학, 역사를 만나다
	박준영 변호사	우리들의 변호사
2018	진중권 교수	놀이와 예술 그리고 상상력
	박노자 교수	러시아 혁명사 강의
	한동일 교수 / 신부 / 변호사	라틴어 수업
	최태성 강사	최태성 한국사 수업
	문경란 이사장	우리 곁의 난민
2019	정여울 작가	내성적인 여행자
	이해인 수녀	기다리는 행복
	조한혜정 교수	선망국의 시간
	주경철 교수	유럽인 이야기
	한젬마 디렉터	한젬마의 아트 콜라보 수업
2020	최재붕 교수	포노사피엔스
	구본권 교수	공부의 미래
	권일용 교수	악의 마음을 읽는 자들
	정우철 노슨트	샤갈, 내 영혼의 빛깔과 시
2021	황필규 변호사(공익인권법재단 공감)	우리는 희망을 변론한다
	김준형 교수 (전 국립외교원장)	영원한 동맹이라는 역설
	박노자 교수(오슬로 대학)	미야로 산다는 것
	임현주 아나운서(MBC)	아낌없이 살아보는 중입니다
	배상훈 교수(우석대 겸임교수)	누가 진짜 범인인가
2022	이종필 교사	특수교사, 교육을 말하다(이종필 외)
	김헌 교수(서울대 인문학연구원)	천년의 수업
	김광석 교수 (한국경제산업연구원)	경제 읽어주는 남자
	손수호 변호사	사람이 싫다
	김지윤 박사	차이나는 클라스 국제정치편

구분	초청 지식인	필수 도서
2023	김태훈 교수(경남대)	인지 심리학은 처음이지?
	박지훈 여행 도슨트	난처한 미술이야기 5
	한순구 교수(연세대)	내가 배우고 싶었던 미시 경제
	신형철 교수(서울대)	인생의 역사
2024	맹필수 교수(서울대 건축)	도시 논객
	김선욱 교수(숭실대 철학)	마이클 샌델과의 대화
	박준영 변호사	지연된 정의
2025	표창원 소장 (범죄연구소)	게으른 정의
	박노자 교수 (오슬로 대학)	전쟁 이후의 세계
	윤지원 작가	니체처럼 사랑하고 세네카처럼 현명하게

인문계열 학생들의 지식인의 서재는 매우 유용한 프로그램이 되었습니다. 시대를 앞서가는 다양한 분야의 지식인들의 이야기를 통해 더 다양한 삶을 간접적으로 경험할 수 있다는 점이 의미 있습니다. TV에 나오는 연예인 수준의 교수를 봤다는 사실이 학생들의 인생을 바꿀 수는 없다고 누차 강조합니다. 활동 자체가 중요한 것이 아니라, 그 활동에 대한 해석의 수준이 중요합니다.

지식인의 서재는 오랜 시간을 거치면서 나름의 '생태계'를 만들어 가는 중입니다. 지식인의 서재 유니버스가 형성되고 있고, 그 속에서 학생들은 매우 다양한 시도를 하고 있습니다. 그 다양한 시도들을 통해서 조금씩 성장하는 모습을 '관찰'할 수 있습니다. 지식인의 서재 전용 화폐를 만들고 그 화폐의 유통을 추적하고 화폐 발행량을 조절하는 등 학생들의 성장과 함께 이 프로그램 역시 발전해 가고 있습니다. 더욱 놀라운 것은 학생들의 성장이 자연스럽게 입시 결과로도 연결되었습니다. 이에 힘입어 이공 계열에도 유사한 프로그램을 세팅하게 되었습니다. 다양한 이공 계열 대응 프로그램이 만들어졌고, 가장 대표적인 프로그램이 '지식인의 랩(lab)실' 입니다. 지식인의 '랩실'도 같은 방식으로 운영이 되고 있고, 대부분의 고등학교가 그러하듯 이공계열 학생이 더 많은 관계로 더 인기가 있는 프로그램이 되었습니다.

지식인의 랩실 초청 지식인 및 필수 도서 (일부)

구분	초청 지식인	필수 도서
2020	서민 교수 (단국대)	서민교수의 의학 세계사
	최재천 교수 (이화여대)	다윈 지능
	임창환 교수 (한양대)	바이오닉맨
	신인철 교수 (한양대)	세포 짠 DNA 쏙 북적북적 생명 과학 수업
	김범준 교수 (성균관대)	관계의 과학
	홍성욱 교수 (서울대)	크로스 사이언스
2021	임창환 교수 (한양대)	브레인 3.0
	유성호 교수 (서울대)	나는 매주 시체를 보러 간다
	권준수 교수 (서울대)	나는 왜 나를 피곤하게 하는가
	조규성 교수 (카이스트)	WHY 원사력이 필요한가
	정진호 교수 (서울대)	위대하고 위험한 약이야기
	송기원 교수 (연세대)	송기원의 포스트 게놈시대
2022	김상욱 교수 (경희대)	김상욱의 양자 공부
	배상수 교수 (서울대)	크리스퍼가 온다
	김현준 교수 (한양대)	수학의 쓸모
	이상완 교수 (카이스트)	인공지능과 뇌는 어떻게 생각하는가
	김홍표 교수 (아주대)	작고 거대한 것들의 과학
2023	이기진 교수 (서강대)	이기진 교수의 만만한 물리학
	이인아 교수 (서울대)	기억하는 뇌, 망각하는 뇌
	김성근 교수 (서울대)	화학의 미스터리

구분	초정 지식인	필수 도서
2022	우종학 교수 (서울대)	우종학 교수의 블랙홀 강의
	이제선 교수 (연세대)	공학의 눈으로 미래를 설계하라
	김성훈 교수 (연세대)	생명과 약의 연결고리
2024	팀 헌트 교수 (노벨 생리의학)	인간은 왜 아픈걸까
	이순칠 (서울대 물리학과 교수)	퀀텀의 세계
	윤성철 교수 (서울대학교)	우리는 모두 별에서 왔다
	방소영 교수 (한양대)	내 면역은 내가 지킨다
2025	이덕환 교수 (서강대)	같기도 하고 아니 같기도 하고
	김진형 교수 (KAIST)	AI 최강의 수업
	이일학 교수 (서울대 생명과학)	생물학 산책

지식인의 서재와 지식인의 랩실은 기본적으로 특강 이전에 진행되는 '사전 세미나'가 매우 중요합니다. 특강에 참여하시는 강사의 책을 읽고, 자신만의 질문을 만들고, 그 질문을 팀원들과 공유하게 됩니다. 공유된 질문들은 다양한 의견들을 통해 수준 높은 질문으로 발전해가게 됩니다. 다양한 질문들이 이합집산을 통해 발전하고, 성장하게 됩니다. 이런 과정을 통해서 학생들의 지적 수준도 함께 동반 상승하게 됩니다. 자신의 질문에 대한 다른 학생의 답을 듣기도 하고, 서로 해결되지 않는 질문들을 선별해서 강사에게 질문을 하게 됩니다. 이런 일련의 과정이 개별 학생들이 교과에서 활동하는 과정으로 자연스럽게 연결됩니다. 궁금한 것이 생기면 그냥 넘어갈 이유가 없으니 더 많은 것들을 배울 수 있게 됩니다.

'지식인의 서재'에 참여하여 총 8회의 특강을 듣기 위한
준비 과정으로 지정 도서 10권을 읽고,
토론과 질문을 위한 세미나 팀에 참여함.
'비판하는 지식인' 세미나 팀에서 자신이 발췌한 질문들로
팀원들과 치열한 토론을 진행하였음.
세미나 과정에서 ～

실제 학생부 기록 내용입니다. 공통 내용으로 들어가는 내용은 '지식인의 서재 활동 + 개별 세미나 팀 활동' 정도이고, 나머지 개별 학생의 질문과 성장은 개별 기록이 됩니다. 당연히 개별 학생의 질문은 진로 활동의 질문으로 끝나는 것이 아니라, 교과 활동으로 가지고 가게 됩니다. 독서한 내용, 탐구한 내용, 자신의 질문을 통해 성장한 내용 등을 수업 시간에 최대한 활용합니다.

지식인의 서재, 지식인의 랩실은 여러 측면에서 해석되고, 분석되어지겠지만, 전략적인 측면에서 본다면 '진로 역량'을 증명하기 위한 프로그램입니다. 진로 역량을 보여주기 위한 프로그램인데, 이것을 이해하기 위해서는 앞서 언급한 바와 같이 진로 역량에 대한 공부가 필요합니다.

본질적으로 지식은 **'넓고, 깊게'**라는 방향으로 충족될 수 있습니다. 고등학교 수준에서는 최대한 넓게, 그리고 고1, 2 학년 수준에서도 최대한 넓게 펼쳐서 다양한 경험을 쌓는 것이 중요합니다. 그 다양한 경험들이 진로 역량의 토대가 되기 때문입니다. 상위권 대학이 굳이

다양한 경험의 다양성에 대한 평가에 대해 강조하는 이유이기도 합니다. 실질적으로 고등학생의 직접적인 경험을 무한정 늘릴 수는 없으므로 '간접 경험'으로 다양한 경험을 대신할 수 있어야 합니다. 이 간접 경험은 "독서"를 통해서 이뤄지는 것이 가장 좋습니다. 지식인의 서재와 지식인의 랩실에 참여하는 학생들은 자신의 진로 분야와는 다른 분야의 특강들을 많이 듣게 됩니다. 전혀 관심이 없었던 분야일 수도 있고, 조금의 관심을 가졌던 분야일 수도 있습니다.

중요한 것은 이전에 제대로 알지 못했던 분야를
'공부'하게 된다는 점입니다.

새로운 세상을 만나게 되고, 새로운 세상을 이해하기 위한 나름의 도전을 하게 됩니다. 새로운 세상을 만나게 되면 당연히 '질문'이 생길 수밖에 없고, 그 질문에 대한 답을 찾아가는 과정이 바로 '지적 호기심'을 해결해가는 과정이고, 그 과정의 결과물이 바로 '지적 성취'가 되는 것입니다. 이렇게 얻어지는 지적 성취는 매우 중요한 의미를 지닙니다. 상위권 대학에서 공통적으로 '지적 호기심'에 대해서 이야기를 하는데, 새로운 세상을 만나고 그 세상에 대한 호기심을 가지고 "공부" 하는 것을 "지적" 호기심이라고 표현하는 것입니다. 그리고 지적 호기심을 풀어가는 과정을 '지적 성취'로 판단합니다.

관심 분야 이외의 넓고, 다양한 이야기를 듣고, 그 속에서 자신의 분야가 가지는 **의미를 보다 객관적으로 볼 수 있게 됩니다.** 다양한 측면에서 자신의 진로 혹은 전공을 조명해 볼 수 있게 되는 셈입니다. 실질적인 융합적 관점 혹은 융합적 역량은 이러한 경험들이 축적될 때 가능해집니다. 여담이지만, 실제로 제법 많은 학생들이 지식인의 서재 혹은 지식인의 랩실 특강을 통해 진로를 바꾸게 됩니다. 제대로 공부해보니 정말 재미있는 영역을 알게 되었기 때문입니다.

예슬이는 '비판하는 지식인'으로 명명한 박노자 교수의 특강을 듣고 상당한 수준의 변화를 경험한 대표적인 학생입니다. 경제에 대한 막연한 관심을 가지고 있던 예슬이는 박노자 교수의 특강을 듣고, 저서를 읽으면서 정치의 깊은 매력에 빠졌습니다. 현실적으로 박노자 교수의 책을 고등학생이 읽는다는 것은 정말 쉽지 않지만, 정치 영역에 대한 폭발적인 관심과 탐구가 압도적인 변화를 만들어내게 되었고, 결국 UN에 두 개 밖에 존재하지 않는 고등 판무관 중 하나인 '세계 인권 고등 판무관'이라는 목표를 가지고 서울대에 진학했습니다.

학교에서 다양한 프로그램을 진행하고 있고, 실질적인 성장을 이뤄내는 프로그램이 대부분입니다. **학교가 입시를 교육 전략이라는 측면에서 접근하면** 활동의 기획과 진행을 통해서 충분히 성장하는 학생들을 만들 수 있다는 점에서 교육적 효과가 탁월합니다. 실질적인 성장을 이룬 학생들이 많을수록 더 많은 시너지가 나기 마련입니다. 활동을 통한 시너지, 탐구를 통한 시너지가 극명하게 나타나는 프로그램이 하나 있습니다. '전공 기초/탐구/심화 아카데미'라고 하는 프로그램인데, 이 프로그램은 아주 전략적인 요소들이 강하게 반영되어 있지만, 시너지를 내는 핵심에는 '졸업생'들이 있습니다. 제가 기획하고,

진행하는 프로그램들을 통해서 학생들의 선호도가 매우 높은 최상위 권에 진학한 졸업생들이 프로그램에 참여해서 멘토로 활동할 기회를 주고 있습니다. 졸업한 선배 멘토와의 1:1 상담, 졸업한 선배의 학습법 특강 등을 통해 지속적인 자극을 주고, 목표를 선명하게 만들어줍니다. 바로 눈앞에 목표로 하는 대학을 진학한 선배가 있고, 그 이야기를 직접 듣는다는 것이 의외로 강력한 힘을 발휘하게 되고, 동기 부여가 확실하게 되는 편입니다. 프로그램에 이런 요소들을 넣으면서 가장 많이 듣는 말 중의 하나는,

선생님, 저도 내년에 멘토로 불러주실거죠?

입니다. 매우 자발적으로 자신의 목표를 세팅하고, 그 목표를 향해서 무던히도 질주할 수 있게 해주는 문장입니다. 서로의 시너지를 극대화할 수 있는 전략이기도 합니다. 졸업생들은 자신이 누군가의 멘토가 되고, 지향점이 되는 과정을 겪으면서 보다 의미 있는 사람으로 성장하기 위해 더 노력을 합니다. 서로가 win-win을 하고 있는 셈입니다.

입시 트렌드는 지속적으로 변화할 것이지만, 앞서 강조한 바와 같이 준비된 학생들은 언제든 자신이 원하는 대학을 진학할 수 있는 자격을 가지게 됩니다. 지금의 입시 트렌드의 변화는 큰 틀에서의 변화는 아닌 만큼 충분히 대비 가능합니다. 학교가, 교사가 어떤 식으로 전략을 세울 것인지에 대한 고민을 통해 학생과 함께 성장할 수 있는

전략을 세워내길 바랍니다. 개인적인 생각으로는 학교 프로그램을 세팅할 때 성공해서 오랜 시간 안착되는 프로그램의 공통점은 확실한 방향이 세워질 때였습니다. 다양한 프로그램을 시험적으로 운영해 봤고, 그만큼의 실패도 있었지만, 그 모든 것이 성장을 위한 과정의 일환이었습니다. 원하는 결과를 만들기 위해서는 다양한 방식을 시도해보고, 더 많은 실험적 도전을 합니다. 낯선 분야에 대한 두려움 없는 도전이 수시로 이뤄졌습니다. 그 결과 학생의 성장이 지속적으로 이뤄지고 있습니다.

공부는 모르는 것을 배우는 과정이기에 숱한 실패를 경험해야 합니다. 중요한 것은 실패를 통해 성장을 만들어 가는 경험입니다. 현대사회에서 실패는 터부시 됩니다. 보다 적게 실패해야 한다고 이야기를 하고, 실패를 많이 하는 사람은 무언의 사회적 압박을 받습니다. 하지만, 학교는 실패의 공간이어야 하고, 실패가 당연하게 용인되는 공간이어야 합니다. 당연히 학교도, 교사도 실패를 통해 성장하는 모습을 충분히 보여주어도 됩니다. 성공만을 '정답'이라고 말하는 세상이고, 실패는 '죄악'으로 취급하는 세상이지만, 어떤 성공도 실패 없이는 불가능합니다. 더 높은 목표를 위해, 더 의미 있는 성장을 위해 멋지게 도전하고, 더 멋지게 실패합시다.

우리의 도전은 "항상" 성공할 것입니다.
새로운 시도와 도전이야말로 성공입니다.

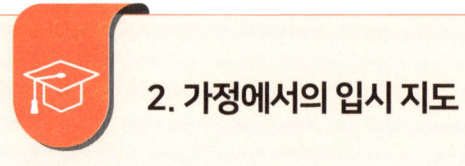

2. 가정에서의 입시 지도

우리 사회는 입시 문제에 대한 사회적 관심이 지나치게 높습니다. 관심이 높아지는 것 까지는 좋은데, 높은 관심이 대체로 '집착'으로 이어지다보니 성적과 대학 진학에 대해 과하게 예민해지고 있습니다. 예민해진다는 말은 스트레스 정도가 매우 높아진다는 말이기도 합니다. 남들보다 조금이라도 앞서야 한다고 생각하니 '7세 고시'라는 말이 등장하고 있습니다. 경쟁에서 이기기 위해서는 7세 고시는 너무 늦다며, '4세 고시'라는 말까지 나오고 있는 상황입니다.

무엇이 문제일까요?

개인적으로 가장 큰 문제는 '부모의 허영심'이라고 생각합니다. 자녀의 대학 입시를 통해 무언가 보상을 받겠다는 생각이 가장 근원적인 문제인 것 같습니다.

보다 나은 대학, 보다 나은 성적, 남들이 부러워하는 타이틀…

자녀에게 그런 것들을 '만들어 줄 수 있는 부모'라는 타이틀, 자녀를 의대에 보내고, 서울대를 보냈다는 "훈장"이 더 중요한 것 같아 보입니다. 지금까지 만난 부모들의 상당수는 이런 욕망을 자연스레 표현을 하고 있었습니다.(당연히 겉으로는 '자녀의 인생을 위해서' 라고 이야기를 합니다.) 부모들의 삶에서 자랑거리 하나 만들고, 남들에게 보여 줄 수 있는 커다란 훈장 하나 달기 위해 노력하는 것으로 느껴질 때가 제법 많습니다. 그러다보니 간혹 자녀의 삶의 어떠함보다 그 훈장을 훨씬 중요하게 생각하기도 합니다.

우리 딸은 의대 갔지. (무려 "내가" 보냈어!!!!!)
내 아들은 서울대 갔지.("내가" 보내기 위해서 얼마나 노력했는데...)

서울대학교 발전 재단이 2024년에 배포한 스티커가 논란이 된 적이 있습니다. 서울대 로고가 들어간 "I'M MOM", "I'M DAD", "PROUD FAMILY", "PROUD PARENT" 스티커였습니다. 학벌주의 조장이라는 등등의 숱한 찬반으로 논란이 되었습니다. 찬반 논란의 어떠함에도 불구하고, 안타깝게도 학벌에 대한 우월감과 열등감의 존재를 확인할 수 있습니다. 그 우월감과 열등감을 단적으로 확인할 수 있는 것이 있습니다. 숱한 상담 중에서도 특히 성적이 매우 안 좋은 학생의 부모와 상담을 할 때면 항상 불편한 것이 있습니다.

성적이 좋지 않은 학생을 둔 부모는
항상 '죄인처럼' 행동을 합니다.

왜 그래야 할까요? 그렇게 행동하는 부모를 볼 때면 항상 가지는 의문입니다. 그러면 당연히 안됩니다. 그런 행동은 부모와 자녀의 관계 설정에 문제가 있다는 것을 보여주는 행동이기도 합니다. '성적'으로 자녀를 판단할 필요는 없음에도 불구하고 숱한 부모들이 성적으로 자녀의 삶을 판단하려 합니다. 낮은 성적은 부끄럽고, 높은 성적은 자랑스러울 이유는 없습니다. 여러분의 자녀의 삶은 시험 점수로 판단되는 것이 아닙니다. 시험 점수 때문에 부모가 매우 많이 힘들 수 있습니다. 그럴 때면 항상 스스로에 이런 질문을 하길 바랍니다.

나는 자녀가 어떤 삶을 살길 바라고 있지?

좋은 대학을 진학하는 것은 '수단'일 뿐입니다. 자녀가 행복한 삶을 살기 위해서 필요하다고 '부모'가 생각하는 것입니다. 물론 우리 사회에서 대학이 많은 것을 결정하는 것도 사실이고, 좋은 대학이 더 많은 부를 창출하는 데 기여할 수 있는 것도 일정 부분 사실입니다. 하지만, 좋은 대학이 행복한 삶을 보장하지는 않습니다. 자녀들이 살아갈 미래에는 더더욱 그러할 것입니다. 그러니 질문을 해봅시다. 그런 다음 나름의 답을 찾아가면 됩니다.

자녀에 대한 '사랑'이 어느 순간 사라지고, 사랑이 있어야 할 자리에 대학, 성적, 학원, 시험만이 존재하는 것 같습니다. 뭔가 이상하고 잘못된 방향입니다. 사회가 그것을 부추기고 있고, 부모와 자녀들도 그것이 당연하다는 듯 따라갑니다. 걸어가는 길을 수정해야 하고, 궤도를 바꿔야 합니다. 자녀와 부모와의 관계 설정이 출발점입니다.

부모와 학부모

가정에서의 '입시 지도'에 대해 알려 드리기 위해서는 전제되어야 할 이야기들이 좀 있습니다. 바로 "부모와 학부모"의 차이에 관한 이야기입니다. 이 두 단어는 비슷한 것 같지만, 교육적인 측면에서는 굳이 구분을 해야 합니다. 부모와 학부모의 가장 큰 차이는 역할에 있습니다. 부모의 역할이 있고, 학부모의 역할이 있다는 말입니다. 부모의 역할은 크게 두 가지입니다. 하나는 법적 후견인이고, 다른 하나는 '양육'입니다. 부모의 가장 중요한 역할은 당연히 양육이 우선적일 수밖에 없습니다. '양육하다'의 영어 표현은 'nurture'입니다. 라틴어 어원은 'nutrire'인데, 의미는 '영양을 공급하다, 젖을 먹이다'입니다. 국어사전에서의 의미는 '아이를 보살펴서 자라게 함'입니다.

부모의 역할인 양육은 '아이'에게 필요한 것입니다.

부모의 입장에서 보면, 자녀는 당연히 '아이'입니다. 여전히 '아이' 입니다. 그러나 자녀는 스스로를 아이라고 생각하고 있을까요? 인간은 사춘기를 지나면서 자아 정체감이 형성되고, 하나의 인격체로 성장하게 됩니다. 문제는 '인격체'로 성장하고 있는데, 부모는 여전히 아이 취급을 한다는 점입니다. 부모의 역할이 양육이라는 점을 생각하면, 지금 부모인 여러분의 행동은 충분히 설명이 가능합니다. 자연스럽게 아이를 대할 때 보살핀다는 행위에 집중을 하게 됩니다. 그러니 아이를 온전한 인격체로서의 대접하는 것이 우선되지 않습니다. 모든 위험으로부터 자녀를 보호하기 위해서는 자녀를 부모의 일부로 인지해야 합니다. 이 경우에도 인격체로서의 자녀에 대한 고민의 여지는 별로 없습니다.

문제는 사춘기를 지나면서입니다. 이 시기에는 '개별 자아'가 형성되는 시기이고, 개별 인간으로서의 인격이 형성되기 시작하는 시점입니다.(당연히 완성은 아주 먼 이야기입니다.) 이때부터는 한 명의 인격체로 대우해 주는 것이 필요합니다. 더 이상 양육이 중요하지 않습니다. 보살핌의 의미가 약화될 수밖에 없다는 말입니다. 인격체로서의 자녀를 인정하기 시작하면 입시에서도 완전 다른 이야기들이 펼쳐지기 시작합니다.

유교적 관념이 여전히 강한 우리나라에서 쉽지 않은 이야기입니다. "내" 아이를 독립된 인격체로 인정하는 것이 쉽지 않습니다. "내" 아이라는 말에 포함된 강한 소유욕이 이것을 쉽지 않게 만듭니다. 내 것이 아니라는 점을 인정해야 부모의 역할에서 벗어날 수 있습니다. 자녀를 '한 명의 독립된 인격체'로 인정할 때 우리는 다른 역할에 대한 고민을 시작할 수 있습니다. 가정에서 학업과 교육, 입시에 대한 이야기가 제대로 진행되기 위해서는 반드시 '독립된 인격체'에 대한 존중이 있어야만 합니다. 사춘기를 지나고 있는 자녀들에게 부모로서의 역할은 최소한이어야 하고, 학부모로서의 역할은 최대한이 되어야 합니다. 그러나 현실은 안타깝게도 거의 대부분의 부모들이 여전히 '부모'의 역할에 집착하고 있다는 점입니다.

부모는 교육과 입시에서 실패합니다.

하지만, 학부모는 교육에서도, 입시에서도 성공합니다. 학부모는 '학생을 자녀로 둔 부모'를 지칭하는 용어입니다. 사실, 학부모 (Student's Parents)라는 영어식 표현을 그대로 사용한 것이라서 어감이 다소 어색한 것은 사실입니다. 정확하게는 개념상 별로 차이가 나지 않는 말이긴 하지만, 군이 학부모와 부모를 구분하고자 하는 의도는 역할을 구분하기 위함입니다. 학부모는 양육의 대상이 아닌 '학생'에 대한 이야기를 해야 합니다. 학생의 배움에 대해서 이야기해야 하고, 아이에서 벗어난 학생으로서의 삶에 대해 이야기를 해야 합니다. 그러니 기본적인 전제는 '한 명의 인격체'로 인정하고 대하는 것입니다. 학부모가 어떤 역할을 해야 하는지에 대해서는 다양한 해석이 가능하고, 실제로 다양하게 나타나기도 합니다. 다만, 개인적으로는 학부모의 첫 번째 역할은 항상 코칭(coaching)이어야 한다고 생각합니다.

'개인이 지닌 능력을 최대한 발휘하여
목표를 이룰 수 있도록 돕는 일'

코칭의 의미에 동의가 되시나요? 코칭의 어원은 커다란 사륜마차를 의미하는 'coach'에서 출발한 단어입니다. 사람들이 희망하는 목적지까지 도달할 수 있도록 만드는 수단이라는 의미에서 개인에 대한 맞춤형 지도를 뜻하는 단어로 발전했습니다. 학부모가 해야 할 역할이 잘 이해가 되시나요? 자녀가 가진 놀라운 가능성을 최대한 발휘할 수 있도록 돕는 일을 부모인 우리가 해야 합니다. 수많은 의문점들이 떠오르고 질문을 해 봐야 합니다. 그런 의문을 통해 답을 찾아가야 합니다. 코칭을 정의한 저 문장을 소리 내서 한번 읽어봅시다. 그리고 지금 자녀를 위해서 그렇게 행동하고 있는지를 스스로에게 물어봅니다. 학부모의 역할을 제대로 하고 있다면, 자녀의 성적은 당연히 좋게 나타날 것입니다. 자녀의 성적이 낮게 형성되어 있다면, 학부모로서의 코칭이 제대로 이뤄지지 않고 있다는 말입니다.

코칭의 문장이 완성되기 위해서는 자녀의 능력이 무엇인지를 알아야 합니다. 여러분들은 자녀의 가능성, 역량, 잠재력, 능력을 무엇이라고 말할 수 있으실까요? 대답하기 쉽지 않을 것으로 생각합니다. 대부분의 부모들은 대답하지 못하는 질문이긴 합니다. 다음으로는 자녀가 가진 능력(잠재력, 가능성, 역량)에 대해 이해했다면, 그 능력을 최대한 발휘할 수 있도록 무엇을 했는지를 스스로에게 물어야 합니다. '학원을 열심히 보냈어요.'는 이 질문에 대한 답이 될 수 없습니다. 다음으로는 목표에 대해서 물어야 하고, 돕는 행동에 대해서도 물어야 합니다.

어떻게 도우셨나요?
그 도움에 대해 자녀도 도움이라고 생각할까요?

이런 질문들에 대한 구체적인 답을 찾아가는 과정이 코칭의 과정입니다. 매우 어렵습니다. 진짜 어렵습니다. 그런데, 학부모가 해야 할 가장 중요한 일이고, 자녀의 인생의 가장 중요한 부분이 이 코칭에 의해 결정이 될 것입니다. 단순하게 대학을 이야기하는 것이 아니라, 인생 전체에서 중요한 역할이기도 합니다. 그러니 자녀의 인생에서 가장 필요한, 제대로 된 코칭을 준비해야 합니다. 그럼에도 매우 어려운 지점은 우리가 '아마추어 코치'라는 점입니다. 자녀는 학생을 오래도록 한 '프로 학생러'입니다. 그런데, 학부모를 자처하는 부모는 '아마추어'입니다. 여기서 문제가 발생합니다.

우리에게 필요한 것은 '프로 코치'가 되기 위한 "공부"입니다.

좋은 학부모가 되기 위해서는 많은 공부가 필요하다는 말입니다. 많은 공부에서 끝나는 것이 아니라, 공부가 행동으로 이어지기 위해 많은 연습도 필요합니다. 그럼에도 매우 다행이라고 생각하는 것은 이 책을 읽는 독자로서의 학부모는 2027학년도 입시를 준비한다는 점입니다. 그 모든 공부와 연습의 시간이 충분합니다. 입시 공부를 해야 한다고 말하면 상당수의 지방 학부모들은 당장 '정보의 부족'을 아쉬워합니다. 서울과 지방의 정보 격차가 심각하고, 지방이라서 손해를 본다는 말을 합니다. 우리가 정보화 시대에 살고 있다는 점을 잊고 있습니다. 정보의 부족이라니요!!!!! 과잉 정보의 시대를 살아가고 있는데 정보의 부족이 있을 리가 없습니다. 지나치게 많은 정보들 속에서 진짜를 가려내는 것이 더 머리 아픈 세상인데, 정보가 부족하다니요. 숱한 사교육업체들의 유튜브를 쉼 없이 보는 부모들, 사교육업체 주체의 입시 설명회에 구름처럼 몰리는 숱한 부모들을 보면서 많은 안타까움을 느낍니다. 거기에는 **내 자녀의 입시에 대한 정보는 없습니다!!!!!** 대학 진학에 엄청난 요행을 바라고, 쉽게 대학을 갈 수 있는 방법을 찾아 방황하고 있는 셈인데, 그런 방법이 존재하지 않는다는 점을 꼭 알아야 합니다.

상위권 대학 진학을 위한 전략

입시 전략은 항상 "개별성"이 중요합니다. 상위권 대학일수록 더 그러합니다. 상위권 대학 진학이라는 목표를 가지고 있다면, 경쟁자들이 유사한 수준의 능력을 갖고 있다는 점을 인지해야 합니다. 내신 성적이 가장 큰 장점이라면, 그 정도의 내신을 가진 학생들이 생각보다 많다는 점을 알아야 합니다. 자녀들과 비슷한 대학에 원서를 쓰는 학생들은 대체로 비슷한 성적과 유사한 능력을 가지고 있다는 말입니다. SKY를 쓰려고 하는 학생들은 그들끼리, 지방거점국립대를 쓰려고 하는 학생들은 나름의 유사함을 가지고 있습니다. 그러니 중요한 것은 유사한 학생들 속에서 "남다름"이 필요합니다. 2027학년도 입시 성공을 위해서는 이 남다름이 제대로 준비되어야 합니다.

다른 학생들이 성공한 전략에 대한 이야기는 크게 의미가 없습니다. 내 자녀의 입시 성공을 위해서 가장 필요한 정보는 당연히 '내 자녀에 대한 정보'입니다. 입시의 성패는 대학에 대한 숱한 정보들이 아니라, 내 자녀에 대한 숱한 정보들을 토대로 개별적으로 만들어 가는 것입니다. 대치동에서 성공했다고 알려진 부모들 이야기의 핵심은 대치동이라서 성공한 것이 아니라, 그런 코칭 전략을 가지고, '지속적인 행동'을 했기 때문에 가능한 것입니다. 대치동 부모들의 성공 스토리 뒤에는 수 없이 많은 '숱한 실패의 사례'들이 존재합니다. 숱한 실패의 사례들은 알려지지도 않습니다. 아무도 홍보를 하지 않으니까요. 우리는 기획되고, 의도된 광고들을 통해 소수의 성공 사례를 접하고 그것을 진실로 '믿고' 있을 뿐입니다.

성공하는 학생들은 대체로 성공하는 방법을 사용합니다. 절대적인 원칙인 것 같습니다. 성공하는 식당은 성공할 수밖에 없는 방법을 쓰고, 실패하는 회사는 실패할 수밖에 없는 방법을 누적해서 사용합니다. 대학 입시에 성공하는 학생을 만들기 위해서는 학부모가 성공할 수 있는 방법을 사용해야 합니다. 거의 대부분의 성공에는 항상 '**기본에 충실함**'이 존재합니다. 우리의 코칭도 그러해야 합니다. 요행을 바라고, 더 쉬운 방법을 찾는 것은 실패하는 사람들의 특징 중의 하나입니다. 기본에 충실한 코칭이 필요하다는 점을 다시 강조합니다. 그러니 우리에게는 나름의 '코칭 스타일'이 필요합니다. 우리의 입시 전략을 성공적으로 만들어 줄 여러분만의 코칭 스타일이 있어야 합니다. 1%의 대학, 즉 의학 계열을 보내고 싶다면 그에 합당한 역량이 증명되어야 합니다. **코칭은 이런 역량의 증명을 위해 필요한 과정**입니다. SKY를 보내기 위한 학부모의 코칭 스타일은 어떤 것이어야 할까요? 스스로 질문을 통해 답을 찾아가야 합니다. 이건 누군가가 알려주지 못합니다. 부모 개인의 경험과 자녀의 특성을 조합해야 나오는 것이기 때문입니다. 구체적이고, 차별화된 코칭 스타일을 통해서 우리는 우리의 자녀들을 우리가 원하는 방향으로 이끌 수 있게 됩니다. 그래서 다시 질문을 해봅니다.

이 질문에 제대로 답할 수 있다면 좋겠습니다. 어떤 대학을 보내고 싶으세요? 대체로 학부모들이 원하는 대학은 '인서울 상위권 대학'인 것 같습니다. 어제도 목포에 강의를 갔었는데, 대부분의 부모들이 안타깝게도 한결같이 '인서울'을 외칩니다. 목표가 그렇다면 그 목표에 맞는 행동을 하는 것이 중요합니다.

부모도, 학생도

목표는 설정해 두고 그 목표를 달성할 수 없는 행동을 지속한다면 당연히 실패하게 됩니다. 다이어트를 하겠다는 목표를 세우고, '먹방'을 보는 행동을 계속한다면 다이어트는 반드시 실패하게 됩니다. 목표를 달성할 수 있는 행동을 하는 것이 중요합니다. 학생은 당연히 공부고, 부모는 코칭을 위한 공부를 지속해야 합니다. 건국대를 진학하려면 대체로 상위 13% 수준의 학생이 되어야 합니다. 그럼 상위 13% 학생을 만들기 위한 '남다른 전략'이 필요합니다.

남다른 코칭이 있을 때 가능합니다.

여러분의 코칭은 어느 정도인가요? 냉정하게 스스로를 돌아봐야 합니다. 학부모로서 자녀의 입시 성공을 위해서 무엇을 하고 있는지를 냉정하게 검토해보면 문제의 심각성을 느낄 수 있을 것입니다. 지금까지 만나서 상담을 한 부모들은 대체로 자녀의 입시 성공을 위해서 "화"를 냅니다.

자녀의 인생을 위해, 공부를 위해,
대학을 위해 해주는 일이
'진심으로 화를 내는 일' 뿐입니다.

냉정하게 생각해야 합니다. 회사에서 진심으로 화만 내는 사장이 있을 때 회사가 잘 돌아갈 수는 없습니다. 전략의 실패이고, 경영의 실패입니다. 이 부분을 인정해야 우리는 문제 해결의 출발점에 서게 됩니다. 학원도 보내주고, 맛있는 간식도 제공하고 등등의 일도 당연히 하고 있으시겠죠? 하지만, 그런 일들은 다른 수험생의 학부모들도 하고 있습니다. 전략이라고 말할 만한 요소가 아니라는 말입니다.

코칭에 대한 제대로 된 고민과 공부는 우리의 전략을 남다르게 만들 수 있습니다. 코칭에 대한 다양한 이론들이 존재하고, 그보다 더 많은 해석이 존재하는 사회입니다. 다만, 우리는 자녀의 코칭이라는 주제로 한정해서, 입시를 위한 코칭으로 더 한정해서 생각하면 됩니다. 코칭은 **'전문성, 수평성, 협력성, 문제 해결, 지속성, 동기 부여'**와 같은 하위 항목들이 존재합니다. 제대로 된 코칭을 위해서는 더 많은 것이 필요하겠지만, 학부모로서의 코칭을 위해서는 몇 가지를 정하고 '실천'하는 것이 필요하다고 생각합니다. 어떤 요소들을 더 강조할 것이냐는 개별화 전략입니다.

2027학년도 입시를 준비하는 학부모들이 가장 선행했으면 하는 부분은 당연히 '문제 해결'입니다. 사실상 코칭의 가장 근본적인 지점이라고 할 수 있겠습니다. 결국 코칭은 문제 해결을 위해서 존재하고, 출발점도 거기일 수밖에 없습니다. 자녀의 학습과 입시에 어떤 문제가 있는지를 명확하게 분석해야 합니다. 그리고 그 문제를 해결하기 위한 과정과 방법에 대한 고민이 있어야 합니다. 앞서 다양한 이야기를 했던 가장 중요한 이유가 바로 '문제 해결'을 위한 나름의 노하우이기 때문입니다. 더불어 문제 해결을 위해서는 '수평성'이 전제되어야 합니다. 자녀가 아니라 '한 사람의 인격체'로서 존중하는 마음이 전제되어야 제대로 된 문제 해결이 가능합니다. 실제 강의에서도 제가 엄청 강조하는 내용입니다. 청소년기를 지나는 모든 수험생들은 존중받아야 합니다. 부모와 자녀 간의 이 수평성이 존재할 때 우리는 보다 의미 있는 결과를 만들 수 있습니다.

자녀를 사랑한다는 것과 자신의 소유로 생각하는 것은 전혀 다른 이야기입니다. 사랑하기 때문에 존중감을 표현해야 합니다. 자녀에 대한 존중감은 문제 해결의 가장 중요한 실마리가 됩니다. 자녀가 원하는 모든 것을 해주고, 무조건 이야기를 들어주라는 말이 아닙니다. 수평성의 전제는 "대등한 관계"임을 인정하라는 말입니다. 그렇지만 부모와 자녀 사이에서 대등한 관계는 생각보다 쉽지 않습니다. 우리가 자녀를 지나치게 사랑하기 때문입니다. 잘 아시는 것처럼 지나치고 헌신적인 사랑은 아주 쉽게 '집착이라는 독'이 되어 버립니다.

문제 해결을 위해서는 코칭의 지속성도 중요합니다. 한번 노력해 보고 안된다고 포기하면 안됩니다. 자녀들의 문제는 '제법 오래된 문제'입니다. 긴 시간을 통해 형성된 습관의 문제이기도 하고, 세상과 사회를 바라보는 가치관의 문제이기도 합니다. 그러니 그 습관과 가치관을 바꾸기 위한 코칭도 "제법 긴 시간"이 필요합니다. 당연히 숱한 실패를 전제로 합니다. 중요한 것은 코칭은 지속성을 가지고 하는 것입니다. 그 지속성이 변화를 만드는 가장 중요한 지점이기 때문입니다. 시험 점수는 이런 과정의 결과물일 뿐입니다.

학부모로서 코칭을 하기 위해서 절대적으로 해결되어야 할 일이 '감정을 조절'하는 일입니다. 코칭은 합리적인 과정이고, 설득의 과정입니다. 그런데, 분노하고 화를 낸다면 코칭은 대체로 실패하게 됩니다. 화를 내는 것으로 문제를 해결할 수 없습니다. 우리의 코칭은 감정에 기반을 둔 것이 아닙니다.

앞서 언급한 바와 같이 우리 뇌는 '자발성'에 근거해서 신경망을 형성합니다. 그러니 공부를 한다는 행위는 학생의 자발적인 행위를 전제로 합니다. 지속적인 공부를 한다는 것은 학생이 지속적으로 공부를 '선택'한다는 말이기도 합니다. '알아서 공부를 한다니!' 어떻게 이런 놀라운 일이 가능할까요? 공부를 잘하는 학생들은 대체로 자발성에 근거를 두고 있습니다. 이런저런 불만을 가지고 있더라도, 휴대폰으로 영상을 보고, 게임을 즐기지만, 기본적으로 자신이 해야 할 일들의 경계를 확실하게 가지고 있는 편입니다. 흔히 말하는 자기 주도 학습이 가능한 친구들인데, 가장 근본적인 이유는 **'공부의 필요성을 인정하고, 공부가 필요하다는 사실을 진심으로 받아들인다는 점'**이 다른 학생들과 다릅니다. 공부를 보다 잘하기 위해서 어떻게 해야 하는지를 고민하는 학생들입니다. 이른바 '동기 부여'가 확실하게 된 학생들입니다.

2025년 12월 31일과 2026년 1월 1일을 생각해 봅시다. 예비 수험생이 진짜 수험생이 되는 해입니다. 대부분(?)의 예비 고3들은 자신이 고3이 되는 새해가 시작된다는 점에서 엄청 열심히 공부할 것이라고 온갖 다짐을 다 합니다. 돌아보면 지난 기말고사 때도, 중간고사 때도 그랬을 것이고, 2학년 올라갈 때도 그런 말과 그런 행동을 했었습니다. 공부를 위해 이토록 거대한 결심을 해야 하는 학생은 공부를 잘하기가 어렵습니다. 그러니 그 결심들은 쉽사리 무너지고, 갖은 이유들로 공부는 미뤄지기 마련입니다. 이 글을 쓰는 오늘도 학교에서 고3 학생들이 숙면(!!!)을 취하고 있는 것을 봅니다. 2025년 1월 1일에 열심히 공부할 것이라고 그렇게 다짐을 했던 학생들이 말입니다. 쉽사리 지치고, 쉽사리 포기를 합니다. 공부를 잘해낸다는 것은 '한계'를 돌파하는 작업입니다. 한계를 돌파한다는 것이 그리 쉬운 일은 아닙니다. 숱한 어려움을 견뎌내야 하고, 그 속에서 자신만의 답을 찾아가야 합니다. 그냥 열심히 공부한다고 되는 일이 아니라는 말입니다.

이렇게 어려운 선택을 매순간 해야 하는 자녀들에게 부모가 해줄 수 있는 일을 고민해야 한다는 말입니다. 한 가지 팁을 드리자면, 예비 고3 학생들에게 공부, 대학, 미래, 직업과 같은 이야기로 접근을 하면 안됩니다. 학생들은 매우 예민한 안테나를 가지고 있어서 그런 의도를 가지고 하는 모든 이야기를 필터링합니다. 코칭을 위한 대화의 주제는 어떤 주제여도 상관이 없습니다. 부모님의 경험과 성장을 간접적으로 전달할 수 있으면 됩니다. 중요한 것은 특정한 주제는 항상 있는 것이 좋습니다. 특정 주제에 대한 깊은 이야기가 학생의 성장을 위해 꼭 필요합니다. 하나의 주제로 이야기를 시작하면 2시간 정도의 이야기 할 수 있어야 합니다. 주제에 대한 깊은 성찰을 보여주기 위해서는 그 정도의 시간이 꼭 필요합니다.

코치로서의 '문제 해결'을 위한 팁을 하나 드리자면, '전문성'에 대한 고민을 해결하는 방법입니다. 사실 전문적인 코치가 된다는 것은 현실적으로 학부모들에게는 어려운 일입니다. 심지어 그것이 입시라면 더 어렵게 느껴지실 겁니다. 그런데 학부모들이 입시 코칭을 위한 전문성을 확보하는 것은 의외로 간단합니다. 자녀를 진학시키고 싶은 대학의 입학처에서 공개하는 다양한 자료들을 읽어보시면 됩니다. 다른 곳에서의 어설픈 정보들은 의미 없습니다. 옆집 누구는 이렇게 해서, 의대를 갔다더라, 아래층 누구는 여차여차해서 SKY를 보냈다더라 하는 이야기는 아무 도움이 안됩니다. 입시의 전문성이 현저히 떨어지는 이야기일 뿐입니다. 본질은 코치가 제대로 된 공부를 해서 기본적인 전문성에 대해서 이해하고 있느냐의 문제입니다. 보내고 싶은 대학을 3개 정도 정하시고, 그 **대학이 발표하는 자료들을 정독**을 해야 합니다. 그러면 입시를 코칭하기 위해 필요한 정보들은 어느 정도 확보됩니다. 이후에 그 정보들을 자녀와 '결합'시키는 과정이 필요합니다. 다만, 그 대학에 대한 이야기를 자녀에게 절대 하지 않는 것을 추천합니다. 입시를 위해서는 부모의 애정 어린 돌봄이 필요한 것이 아니라, 학부모의 코칭이 필요하다는 점을 꼭 기억하고, 복잡하고, 변화가 많다고 생각하는 입시 트렌드를 코칭으로 가볍게 이겨버릴 수 있길 바랍니다.

상위권 대학을 진학하기 위해서 학생들에게 꼭 필요한 것 중의 하나는 '스트레스 관리'입니다. 아무리 공부를 좋아한다고 말하는 학생들도 나름의 스트레스는 생길 수밖에 없습니다. 그러니 멋진 코칭을 위해서는 자녀의 스트레스가 어떻게 "관리"되고 있는지를 확인해야 합니다. 많은 학생들은 스트레스는 유튜브로 풀고, SNS로 풉니다. 상담을 하는 학생들의 스크린 타임을 확인해보면 이 부분은 너무도 명확합니다. 릴스와 디엠, 갖은 영상들에 지속적으로 노출되어 스트레스를 해결하고 있다고 "믿고" 있습니다.

그럴리가!!!!!

영상 매체들은 스트레스를 해소할 수가 없습니다. 그러니 학생들은 자신의 스트레스를 관리하는 것이 아니라, 방치하고 있는 셈입니다. 적당한 스트레스는 공부의 효율을 올려주지만, 관리되지 않은 스트레스는 오히려 학업 능률을 엄청나게 떨어뜨리게 됩니다. 문제는 학생들이 스트레스를 어디서, 어떻게 풀어낼 수 있느냐 입니다. 우리 사회는 스트레스를 '해결'해야 한다고 말하지만, 학생들은 '스트레스 해소 방법'을 배운 적이 없습니다. 아무도 스트레스 해결 방법을 알려주지 않고, 스트레스를 해결하라고 이야기를 합니다. 정확하게는 스트레스를 해결할 수 있다고 말하는 온갖 '주장'들을 학생들은 어릴 때부터 배우고, 배운 그대로 행동을 합니다. 결국 기껏해야 유튜브와 온갖 릴스, 게임 등이 학생들이 배운 스트레스 해소 방법입니다. 그런 방법으로 스트레스를 해결할 수 있다고 '믿기' 때문에 학생들의 스트레스 지수는 해결되지 않은 채로 켜켜이 쌓여만 갑니다. 스트레스가 "0"이 되어야 한다는 이상한 믿음 때문에 문제는 더 꼬이게 됩니다. 그렇게 쌓인 스트레스는 트리거가 되어 당겨지는 순간 폭발하게 됩니다. 안타깝게도 그 트리거 역할은 대체로 부모가 하게 됩니다. 스트레스가 없는 상태를 지향하는 놀라운 자본주의 사회에서 학부모가 이야기해야 하는 것은 스트레스 제로 상태가 아닙니다. 스트레스 제로 상태는 공부할 수가 없는 상태입니다. 모든 상황이 다 갖춰지면 공부하겠다는 말은 공부를 안하겠다는 말과 동일합니다. 그리고 공부는 이미 모르는 것을 알아가는 과정이기 때문에 스트레스를 받을 수밖에 없습니다. 그렇다면 결국 학부모가 해야 할 것은 분명합니다.

스트레스를 관리하는 법을 보여주는 것

다만, 여기서의 문제는 부모들도 스트레스 관리가 잘 되지 않는다는 점입니다. 그러니 우리는 자녀의 삶을 보다 의미 있는 것으로 만들기 위해, 부모로써 우리의 삶 또한 더 나은 삶을 살도록 연습하는 과정이 있어야 합니다. 자녀를 키우면서 부모의 성장이 반드시 동반될 수밖에 없는 이유이기도 합니다. 스트레스를 "관리"해야 한다는 것은 어느 순간에 일정 부분 스트레스를 적당히 풀어낼 수 있는 '무언가'를 가져야 한다는 의미이기도 합니다. 그것이 있어야 학생들의 스트레스도 적당한 수준에서 관리가 될 수 있습니다.

개인적으로 가장 좋은 방법으로 생각하는 것은 '부모와의 대화'를 통해 풀어내는 것입니다. 대화를 통해 스트레스를 해소하고 관리하는 것은 매우 전통적인 방식이기도 합니다. 앞서 자녀와의 대화를 강조한 가장 중요한 이유이기도 합니다. 다른 방식이 아니라, 부모와의 대화를 통해 자신의 생각과 느낌들을 정리할 수 있다면 최상의 스트레스 관리법이 될 것입니다. 최근 신문 기사에 나왔던 '자녀와의 주제가 있는 대화의 시간이 길수록 상위권 대학에 진학하게 된다.'는 논문은 그런 의미에서 해석이 가능합니다. 대화의 주체는 가능한 학생이어야 합니다. 부모가 대화의 주체가 되면 자녀는 대화를 통해 스트레스를 관리할 수가 없습니다. 그러니 학부모가 해야 할 가장 중요한 코칭의 기술 중의 하나는 자녀가 숱한 이야기를 풀어낼 수 있도록 대화의 주도권을 자녀에게 넘기는 기술을 고민해야 합니다. 일방적으로 혼내고. 가르치는 대화는 중고등학생의 가정에서는 있어서는 안됩니다. 우리의 코칭의 기술이 발달할수록 우리는 '아마추어 부모'에서 빨리 벗어날 수 있게 됩니다.

자녀는 가르침의 대상이 아니고, 대화의 대상입니다.

3. 난·처·한 현역 "예비 고3"들에게

　'난생 처음 한 번의 입시'를 겪게 될 2027학년도 수험생들에게 무슨 말을 할 수 있고, 해야 하는지에 대해서 늘 고민하고 있습니다. 어른의 관문이 되는 통과의례로서의 '수능'은 우리 사회에서 그 무게가 만만치 않습니다. 어린 나이에 그런 삶의 무게를 견뎌야 하는 것도 안타깝지만 '어른'으로 나아가는 길의 관문이기에 입시생 모두에게 마음 깊은 응원을 보냅니다. 그 문을 열었을 때, 여러분이 보게 될 세상이 상상했던 그 무엇보다 멋진 세상이었으면 좋겠습니다. 그런 욕심을 갖고 있기 때문에 숱한 강의 일정 등을 소화해내고 있기도 합니다. 공부를 해서 좋은 대학을 가고 싶지만, 공부보다 재미있는 것들을 너무 많은 '난처한 상황'에 당면한 예비 수험생들이 이 난처한 상황을 인생 최고의 기회로 만들 수 있는 '선택'이 있다는 점을 강조하게 싶습니다. 여러분의 어떠한 생각과 달리 여러분은 성공할 인생을 살고, 원하는 것을 가질 수 있는 능력을 "충분히" 갖고 있습니다.

여러분의 성공은 당연합니다.
여러분의 실패도 당연합니다.

성공과 실패를 가르는 것은 결국 그 어떤 것도 아니고, "지금의 여러분의 선택"입니다. 어떤 선택을 하느냐에 따라서 여러분이 가지고 있는 가능성이 발현이 됩니다. 쉽고, 편하고, 재미있는 선택을 한다면, 여러분의 실패는 당연합니다. 어렵고, 힘들고, 고통스러운 선택을 한다면 여러분의 성장은 당연합니다.

책을 집필하고 있는 지금 이 순간에도 교실에서 공부하다가 잠드는 학생들을 봅니다. 힘들고, 피곤하고, 어렵습니다. 당연합니다. 모든 성장은 한계를 이겨내야만 가능합니다. 어떤 성장도 쉽게 될 수 없고, 어떤 발전도 편안하게 될 수가 없습니다. 여러분이 좋아하는 그 아이돌마저도 견디기 힘들었던 '연습생'의 시절이 있었습니다. 춤을 더 잘 추고, 노래를 더 잘하기 위한 숱한 연습의 시간들, 바로 '고통을 선택'한 시간들이 있었기에 성공할 수 있었습니다.

다양한 전략을 가지고 있고, 학생들을 변화시킬 수 있는 놀라운 계획들을 가지고 있지만, 본질적으로 입시는 '학생의 선택'입니다. 아무리 좋은 강사가 있고, 완벽한 입시 코디가 있다고 하더라도 본질적으로 공부는 '학생의 선택'일 수밖에 없습니다. 제가 만난 숱한 학생들 중에서 성공한 학생은 제가 요구하는 선택을 자신의 선택으로 받아들이는 학생이었고, 실패한 학생들은 제가 요구한 내용을 수용하지 못한 학생들이었습니다. 숱한 전설을 만들어 내고, 더 많은 성공 사례들을 가지고 있지만, 결국은 학생의 선택입니다. 여러분이 어떤 선택을 하느냐에 따라서 많은 것들이 달라집니다. 입시가 어렵고, 입시가 힘들다고 외면하는 선택을 하면, 우리가 원하는 결과는 얻지 못하게 됩니다.

우리의 모든 가능성은 고통을 통해서 능력이 됩니다.

무엇을 준비할 것인가

'난처한' 상황을 해결하기 위해서는 '전략'이 있어야 합니다. 전략은 일종의 '설계'를 의미합니다. 당연하게도 그 설계를 구현하기 위해서는 '실천'이 있어야만 합니다. 사실상 대학이 요구하는 것이기도 하고, 여러분이 살아갈 인생이 요구하는 것이기도 합니다. 무엇을 잘할 것인지, 어떻게 잘할 것인지 등등의 질문이 있을 수밖에 없습니다. 그런 질문들을 무시하고 그냥 '열심히 공부'하면 금방 지칩니다. 지금까지 해왔던 숱한 결심들을 떠올려 봅시다. 중간고사를 망치고 난 이후에 기말고사는 반드시 '미리' 준비해서 좋은 성적을 만들 것이라고 다짐했던 순간, 새해에는 열심히 공부하겠다고 결심했던 순간, 2학년이 되었으니 최선을 다해서 공부를 할 것이라고 외쳤던 순간들을 돌아봅시다.

왜 실천하지 못했을까요?

사실, 다양한 이유가 있긴 하지만 가장 중요한 것은 '구체적 결심과 실천'이 없었기 때문입니다. 우리의 성장은 구체성에 있습니다. 추상적으로 열심히 하는 것은 우리 유전자가 받아들일 수 없는 방식입니다. 그러니 쉽게 실패합니다. 우리의 생각대로 우리의 유전자가 움직이는 것이 아니기 때문입니다. 설계와 전략, 실천의 중요성이 여기에 있습니다. 우리의 의도대로 우리의 몸이 작동하지 않는다는 점, 우리는 매우 유혹에 약하다는 점, 우리의 의지는 솜털처럼 가볍다는 점을 인정하고 설계를 해야 합니다. 자신의 약점이, 생활 패턴이 결심 한번으로 해결될 것이라는 생각은 매우 위험한 생각이고, 실패를 예약하는 생각일 뿐입니다. 제 경험상, 그리고 다양한 자료들을 토대로 생각해 볼 때, 우리 몸이 우리의 의지를 받아들이기 위해서는 최소 3주의 시간이 필요해 보입니다. 즉, 여러분이 공부를 하겠다는 생각을 하고, 최소한 3주 간 "동일한 행동을 반복"할 때, 우리의 몸이 우리의 공부를 받아들이고, 그에 맞도록 움직이기 시작한다는 말입니다. 그럼 우리의 설계와 전략은 그 3주를 버틸 수 있도록 구성되어야만 합니다.

**공부를 하기 위해서는 공부를 할 수 있도록
몸을 길들여야 합니다.**

우리 몸을 보다 잘 활용하기 위해서는 충분한 연습의 시간이 필요합니다. 전 세계적으로 유명한 운동선수들, 뛰어난 음악가들을 생각해보면 이 말이 무슨 의미인지를 알 수 있을 것입니다. 그들이 처음부터 탁월하게 그 몸을 사용한 것이 아닙니다. 숱한 도전과 무수한 실패를 전제로 한 것입니다. 제대로 움직이지 않는 몸을 자신이 원하는 대로 움직이도록 길들인 결과입니다. 그런데 왜 공부는 '그냥' 열심히 하면 된다고 생각해요? 공부를 그렇게 쉽게 생각을 하기 때문에 실패하는 것입니다.

2027학년도 입시를 준비하는 모든 예비 고3들에게 가장 현실적인 조언을 하자면, 앞으로의 시간들은 여러분이 지금까지 살아왔던 시간들보다 훨씬 더 힘들 것 입니다. 더 고통스럽고, 참을 수 없다고 느껴지는 모든 순간들이 눈앞에 펼쳐질 것입니다. 공부를 하면 할수록 그 힘듦은 더 가중될 테고, 압박은 더 강력해질 것입니다.

힘들거야.
엄청 힘들거고,
공부를 하면 할수록
더 고통스럽고, 더 많이 힘들어질거야.

왜냐하면 모든 위대함은 이 힘듦을 견뎌낼 때 만들어지는 것이기 때문입니다. 절대 쉽지 않습니다. 여러분이 높은 목표를 설정했다면 그만큼 더 힘들어지는 것이 너무도 당연합니다. 그러니 성공하는 학생의 비율이 극악으로 낮습니다. 그럼에도 도전해야 하는 이유는 우리 속에 있는 이 멋진 '잠재력'을 그냥 두기에는 너무도 아깝기 때문입니다. 하나씩 습관을 바꾸고, 변화를 시도할수록 우리 속의 잠재력들이 깨어나기 시작합니다. 그러니 2027학년도 입시를 제대로 준비하기 위해서는 제대로 된 출발점에 서는 것이 중요합니다. 변화를 위해서는 당연히 우리의 삶의 패턴을 바꾸는 과정이 반드시 필요합니다. 공부하기 위한 몸으로 길들이기 위해서 제일 먼저 처리해야 할 일은 '부정적인 말과 생각'에 대한 것입니다. 우리 뇌는 우리가 생각하는 대로 만들어 가는 경향이 강합니다. '힘들다'는 말을 반복적으로 사용하면, 실제로 힘이 듭니다. 우리 뇌는 힘들다는 사실을 '패시브'

화 시킵니다. 뇌가 그렇게 인지한다는 말은 실제 우리 몸에 힘들다는 결과물이 나타나게 된다는 말입니다.

우리 뇌는 상상과 현실을 구분하지 못합니다.

　여러분이 레몬을 떠올리고, 레몬을 먹는 상상을 하면 입에서는 엄청난 침이 생성됩니다. 우리 뇌가 상상을 현실로 인식하기 때문입니다. 이것을 최대로 활용하는 것이 바로 '이미지 트레이닝'입니다. 즉, 우리 뇌는 이미지로 실질적인 트레이닝이 어느 정도 가능하다는 말입니다. 결국 여러분이 '힘들다'는 말을 상상하는 것만으로도 우리 뇌는 몸에 피곤을 축적하게 됩니다. 그러니 안된다는 생각을 포함해서 모든 부정적인 생각을 접고, 공부를 하기 위한 생각과 몸을 길들여야 합니다. 그런 의미에서 '선택'에 대한 이야기를 강조한 것입니다. 힘들 수밖에 없는 공부를 여러분이 직접 '선택'해야 한다는 말은 그 힘든 선택을 '지속'해야 한다는 의미이기도 합니다. 힘들지만, 여러분의 선택이니 계속하겠다는 것을 '계속 설득'해야만 합니다. 자꾸 편한 것을 찾고, 쉬고 싶고, 놀고 싶어 하는 우리 몸을 "설득"해서 공부하도록 길들여야 한다는 말입니다. 더 정확히 설득의 과정은 우리 몸의 요구를 무시하고 '그냥 공부하는 것'이긴 합니다.

　'인지 부조화(cognitive dissonance)'라는 말이 있습니다. 인지 부조화는 '두 가지 이상의 인지, 즉 생각이나 신념, 태도 등이 서로 모순될 때, 심리적 불편함과 스트레스 상황'을 의미하는 개념입니다. 인간은 이런 인지 부조화 상황을 이겨내기 위해 '자기 합리화'라는 방법을 사용합니다. 가장 대표적인 예가 '포도밭에 들어간 여우'의 이야기입니다. 열심히 포도를 따먹기 위해 노력했지만 먹을 수 없게 된 여우가 돌아서면서 '저 포도는 분명이 맛이 없을 거야.' 말을 합니다. 자기 합리화를 통해 스트레스를 상황을 해결하는 것입니다. 우리가 우리 몸을 설득하기 위해서는 이런 인지 부조화를 충분히 활용할 수 있습니다. 인지나 행동을 변경하는 것으로 스트레스 상황을 벗어날 수 있기 때문입니다. 놀고 싶다는 생각과 공부하고 있는 상황은 우리에게 충분한 스트레스 상황이고, 이때 우리의 자기 합리화는 대체로 '잠깐 쉬었다 하면 능률이 더 오를 거야' 입니다. 하지만 그런 자기 합리화를 무시하고 계속 공부를 하는 것으로 행동을 확정 지으면, 우리 몸은 스트레스 상황에서 벗어나게 됩니다. 그런 상황이 반복되면 우리 몸은 우리의 의지와 설득에 길들여지게 되고, 우리 뇌가 공부하기에 적합한 상황과 환경을 스스로 만들어 가게 됩니다. 몸을 길들이기 위한 가장 좋은 방법 중의 하나는 몸을 묶어 두는 방법입니다.

'7 to 11'

'세븐 일레븐'은 우리 시대 최고의 공부 스승인 '한동일 교수'(동아시아 최초의 바티칸 공소원 변호사, 성대 교수, 前 가톨릭 신부, '라틴어 수업'의 저자)의 공부법으로 유명합니다. 정해진 시간만큼 자신을 철저히 묶어 두는 것을 통해 '몸에 공부가 인(印)이 박히도록' 해야 한다고 말합니다. 습관적으로 공부하는 것의 중요성에 대해서 이야기를 합니다. 공부를 하는 몸으로 길들여지도록 해야 한다는 말입니다. 이 책을 읽고 있는 예비 수험생들 모두가 당연히 할 수 있는 일입니다.

공부는 재능이 아니라, 철저한 "자기 설득"의 과정입니다.

오랜 시간동안 숱한 제자들을 성공시킨 저의 지론입니다. 공부를 잘하는 재능은 없습니다. 인간은 그렇게 창조되지 않았습니다. 우리는 모두 가능성을 가지고 태어난 존재입니다. 우리의 가능성은 어떻게 개화하느냐의 문제일 뿐입니다. 지속적인 "자기 설득"의 과정이 있어야만 우리가 원하는 행동을 계속할 수 있게 됩니다. 중요한 점은 자기 설득은 다른 사람이 절대 할 수 없다는 점입니다. 다른 사람의 말이, 지금 읽고 있는 책의 내용이 여러분을 설득하는 것처럼 여겨지지만, 아닙니다. 자기 설득은 오로지 자신만이 할 수 있습니다. 다른 사람을 설득한다는 것은 불가능한 이야기입니다. 다른 사람을 설득하는 것처럼 보이는 모든 것은 그 사람이 그 설득을 "받아들이는" 것일 뿐입니다.

다른 사람의 설득을 자신의 것으로 받아들이고
자신을 설득할 때만 사람은 변화하게 됩니다.

결국 여러분의 인생을 바꾸기 위한 설득은 오로지 여러분 자신만이 할 수 있습니다. 그래서 공부가 힘들고, 인생을 바꾸기 어렵습니다. 이 모든 이야기를 여러분이 받아들여야 한다는 전제가 있기 때문입니다. 게임, 동영상, 연애 등등을 포기하는 것이 쉽지 않다는 것을 압니다. 이미 하나의 습관을 넘어 '중독'의 수준일 테니까요. 하지만, 우리는 그 중독을 이겨낼 수 있는 능력 또한 갖고 있습니다. 이런 이야기를 하다보면, '의지력'이 약하다고 이야기 하는 학생들을 많이 만납니다. 자신은 의지력이 약해서 도저히 그렇게 할 수 없고, 자꾸 멈추게 된다고 말합니다. 공감을 못해 드려 죄송하지만, 원래 의지력이 약한 사람은 거의 없습니다. 굳건한 의지를 가지고 공부를 하는 전교 1등은 정확하게는 의지력이 강한 것이 아니라, 자기 설득을 "지속적"으로 하고 있을 뿐입니다. 세븐 일레븐을 자신의 30년 일상으로 만든 한동일 교수님처럼 자기 설득을 '프로그램화' 시킨 학생입니다. 프로그램화 될 때까지 지속적으로 자기 설득을 "연습"을 한 학생입니다. 즉 자신의 몸을 공부로 길들인 학생일 뿐입니다.

모든 자기 설득은 숱한 실패에서 시작합니다.

연습의 과정에는 늘 실수와 실패가 있기 마련입니다. 처음부터 잘하고, 계속 잘하기만 하는 사람은 없습니다. 의지력이 약할 수 있고, 결심이 자꾸 무너질 수 있습니다. 하지만, 우리는 그 모든 실패를 딛고 일어날 수 있습니다. 우리는 그런 능력을 충분히 갖고 있습니다. 의지력이 약하다고 '스스로 믿는' 학생들은 자신의 포기를 정당화합니다. 일종의 '인지 부조화'입니다. '의지력이 약하다고 자기 합리화'

하면 공부를 안 해도 됩니다. 스트레스가 없어집니다. 자신은 공부를 하고 싶지만, 의지력이 약해서 못하는 것으로 결론이 나게 됩니다. 자신의 잘못이 아니라고 자기 합리화하고, 변명으로 공부를 끝내는 것에 불과합니다. 공부를 잘하고 싶다는 자신의 욕구, 생각에 비해 공부를 하는 행동이 따라오지 않을 때 학생들은 심리적인 불편함을 느끼게 됩니다. 이 심리적인 불편함을 해결하는 가장 간단한 방법이 자기 합리화입니다. 대체로 '나는 의지력이 약해'라고 말하면 자신이 공부하지 않는 행동에 대한 설명이 가능해집니다. 이렇게 자기 합리화가 끝나고 나면, 죄책감도 없어지고 마음의 평화가 찾아옵니다. 그리고 성적은 바뀌지 않습니다. 자신의 성적을 바꿀 수 있는 기회를 자신이 포기했다는 점을 인지하지도 못합니다. 의지력이 약하다고 하는 사람은 어느 적당한 지점에서 자기 합리화와 타협을 시도한 것입니다. 올해 1월 1일에도 그런 선택을 했고, 중간고사 이후에도 그런 선택을 했습니다. 우리의 모든 실패는 타협에서 시작됩니다. 적당한 이유로 인한 적당한 순간의 타협이 습관적으로 반복된다는 말입니다.

그런 선택을 반복하고 있기 때문에
앞으로 나아갈 수 없는 것입니다.

공부를 한다는 것은 항상 어려운 선택일 수밖에 없습니다. 재미있고, 쉬운 일이 고개만 돌리면 언제든 존재하는 사회에서, 공부는 절대 쉽게 할 수 있는 선택이 아닙니다. 어렵습니다. 그렇기에 우리가 도전할 가치가 있는 것입니다. 공부라고 하는 것은 지금까지 여러분이 살아오고 경험해 왔던 것들과 크게 차이 나지 않습니다. 처음 자전거를 배웠을 때를 기억하나요? 자전거를 타기 위해 노력했던 모든 순간들을 생각해 보면, 지금 여러분의 상황을 보다 냉정하게 평가할 수 있게 될 것입니다. 어린 시절, 자전거를 처음 배울 때 느꼈던 막연한 두려움, 잘 탈 수 있을까 라고 생각했던 모든 걱정들, 누군가가 잡아주던 자전거를 탈 때의 불안함 등등을 생각해 보면, 여러분은 그 어려운 일을 직접 해냈고, 충분히 자전거를 잘 타고 있습니다. 공부라고 하는 행동도 이와 다르지 않습니다. 2027학년도 입시를 준비하는 여러분이 느끼는 그 막연함, 두려움, 불안함 등은 여러분이 이미 겪어봤던 종류의 것입니다.

힘들 수밖에 없는 선택입니다. 하지만, 이 모든 힘든 것들을 이겨내고, 한걸음 더 나아갈 때에 느끼게 될 '자유로움'을 여러분은 알고 있습니다. 조금 더 힘든 일이고, 조금 더 지루한 일일 수 있고, 조금 더 고통스러운 일들의 '반복'일 수 있습니다. 하지만, 그 모든 힘듦의 결과는 여러분이 보다 자유롭게 자전거를 탈 수 있도록 만들어 줄 것입니다. 마음껏 여러분이 원하는 곳으로 이동할 수 있는 큰 힘이 되고, 바탕이 되어줄 것입니다.

작년 현수 학생과 상담을 했습니다. 현수는 무척이나 부모의 사랑과 관심을 많이 받고 자유롭게 잘 자란 학생이었습니다. 특히 자녀에 대한 부모의 신뢰는 매우 컸고, 건강하고 강한 멘탈을 가진 현수라고 엄청 칭찬을 했습니다. 그런데 실제로 상담이 진행되는 동안 현수는 매우 힘들어 했습니다. 평소에 그 누구한테 그토록 많은 지적을 받은 경험이 별로 없었을 현수가 제대로 하지 않고 있던 거의 모든 사항을 저한테서 지적을 받았으니, 얼마나 고통스러웠겠습니까. 상담 이후에 자신의 모든 에너지를 공부에 쏟기로 선택을 했고, 지속적으로 공부를 해나가던 차였습니다. 하지만, 지속한다는 것은 그리 쉬운 일은 아닙니다. 안 하던 공부를 시작한다는 말은 지금까지의 삶의 패턴을 모조리 바꾼다는 의미이기도 합니다. 그러니 온갖 불편함이 있을 테고, 온갖 고통이 당연하게 현수를 괴롭게 했습니다. 단순하게만 생각해도, 친하게 지내던 친구들과의 관계에 문제가 생기기 시작합니다. 친구들의 입장에서는 현수가 갑자기 안 하던 공부를 하고, 지금까지 자신들과 놀던 모든 행동을 안 하기 시작했으니 친구들의 입장에서는 현수가 이상하게 변한 것입니다. 당연히 문제가 생길 수밖에 없습니다. 그런 온갖 문제들 때문에 엄청 힘든 시간을 보내면서도 현수는 공부를 끝까지 '선택'했습니다. 이후에 부모와의 상담을 하면서 부모가 했던 말입니다.

> 저는 현수가 멘탈이 강한 아이라고 생각했어요.
> 그런데 이런 일들을 겪고 보니,
> 멘탈이 엄청 약하다는 사실을 알게 되었어요.
> 그냥 멘탈을 확인할 만큼의 어려움을 겪은 적이
> 없었던 거였더라고요.

우리의 많은 선택에는 대가가 따르기 마련입니다. 현재 여러분이 받은 그 내신 성적은 지금까지 살아왔던 삶의 결과물입니다. 여러분의 선택의 결과물입니다. 만족스럽다면, 같은 선택을 반복하면 됩니다. 하지만 불만족스럽다면, 선택을 바꾸기 위한 **'용기'**가 필요합니다. 주변의 친구들로부터, 여러분을 둘러싸고 있는 환경으로부터, 그리고 심지어는 지금의 상태를 균형으로 인지하고 있는 여러분의 몸으로부터 **"미움 받을 용기"**가 필요합니다. 그들의 입장에서 여러분의 변화는 '평화를 깨는 행동'입니다.

다만, 지금까지와는 다른 선택을 한다면,
그만큼 힘들어지게 됩니다.
그 모든 멋진 선택을 하는 여러분을 응원합니다.

자기 자신과 대면할 준비가 되었다면, 성적 상승을 위한, 그리고 여러분의 희망 대학을 위한 출발선에 비로소 서게 된 것입니다. 자기 설득을 하지 않으면 대부분의 공부는 크게 의미가 없습니다.

그 다음으로 준비해야 할 것은 앞서 언급한 바와 같이 자신에게 맞는 전형을 찾는 것입니다. 어떤 전형을 어떻게 준비할 수 있는가에 대해서는 앞에서 충분히 이야기를 했습니다. 다만, 그럼에도 강조하고 싶은 것은 여러분의 입장에서의 준비가 아니라, 대학이 요구하는 것을 준비해야 한다는 점입니다. 선발하는 측의 입장을 정확하게 이해해야 하고, 그 기준에 부합하는 행동을 해야 합니다. 기준에 부합하지 못하면, 선발할 수가 없습니다.

대학 입시를 위한 3년의 시간 중 어느 정도를 소비한 것 같나요? 그리고 어느 정도의 시간이 남았나요? 이 책을 읽고 있을 즈음에는 아마 빨라도 3년의 기간 중 절반 이상을 소비한 시점일 것입니다. 다르게 말하자면, 생각보다 준비할 시간이 많지 않다는 말입니다. 그러니 남은 시간은 최대한 사용해야 합니다. 일단 기본적으로는 '세븐 일레븐'을 유지해야 합니다. 다른 말로 하자면, '몰입'의 시간을 최대한 만들어야 합니다. 시간을 채우는 것은 아무 의미가 없습니다. 시간의 농도가 달라야 하고, 시간의 질적 가치가 높아야 합니다. 그러기 위해서 우리에게 요구되는 것이 '몰입'입니다. 집중력이 없다는 식의 이야기는 의미가 없습니다. 집중력은 타고나는 것이 아니라, 연습을 통해서 만들어지는 것입니다.

첫 상담에서 집중력이 없다고 이야기하던 은서는 상담을 통해 공부를 하기로 '선택'을 하고, 한동안 자습실에서 '멍' 때리고 있었습니다. 무엇을 해야 할지 모르겠다면서요. 하지만, 하나씩 하나씩 연습하면서 자신의 부족함을 보완해 나가고 있고, 지금은 세븐 일레븐을 거의 완벽하게 해내고 있습니다. 물론 성적은 고공행진을 했습니다. 자기 설득을 성공적으로 해냈고, 몸을 완벽하게 길들이기 시작한 셈입니다. 은서는 지금 자습실에서 가장 집중력이 높은 학생으로 평가받고 있습니다.

집중력은 재능이 아니라, 오랜 연습의 결과물입니다.

나만의 '난·처·한 입시 전략'을 위해

난생 처음 한 번의 입시를 성공적으로 끝내기 위해서는 우리는 전략적인 고민을 해야 합니다. 전략의 출발점은 대체로 '설계'입니다. 자신의 삶에 대한, 자신의 시간에 대한 설계가 이뤄져야 합니다. 대학은 그런 설계에 기초한 행동을 매우 중요하게 판단합니다. 사실상 모든 우수함 뒤에는 그런 전략적 설계가 밑바탕 되어 있습니다.

수능은 8시 40분에 시작합니다. 그러니 우리가 수능을 잘 보기 위해서는 너무도 당연하게 아침형 인간이 되어야 합니다. 8시 40분에 뇌가 최고로 잘 돌아가는 상태가 되어야 한다는 말입니다. 인간의 뇌는 수면에서 깨어난 이후에 2시간 정도 지나면 통상적인 뇌의 사용과 유사하게 사용이 가능하다고 이야기를 합니다. 즉, 수능에서 좋은 성적을 만들기 위해서는 최소한 6시 40분 이전에 일어나야 한다는 말입니다. 하루 이틀 그렇게 일어난다고 뇌가 제대로 돌아가지는 않습니다. 기상 시간을 습관으로 만들어 둘 때, 뇌가 그렇게 반응을 합니다. 이를 토대로 공부를 위한 전략적 수면 패턴이 만들어지게 됩니다. 6시 40분 기상을 위해 취침 시간은 12시 40분을 넘어서는 안됩니다. 이런 이야기를 하면 대부분의 학생들이 엄청 힘들어 합니다.

저는 올빼미형 인간이라, 밤에 공부가 더 잘 됩니다.

그럴리가!!! 아닙니다. 그럴 수 없습니다. 밤에 공부가 더 잘된다고 느끼는 이유는 그렇게 생활 패턴을 만들었기 때문입니다. 유전자에 올빼미형 인간이 각인되어 있다는 신박한 발상을 하게 되는 것입니다. 인간은 그렇게 창조되지 않았습니다. 여러분이 밤을 더 선호하는 것은 여러분의 놀이 성향과 맞닿아 있습니다. 올빼미형 인간은 그렇게 행동한 결과물일 뿐입니다. 아침에 일어나는 것이 너무 힘들다고 이야기를 합니다. 당연합니다. 계속 올빼미처럼 행동을 하는 사람이 아침에 일찍 일어나는 습관을 만들어야 한다는 것은 원래 힘듭니다. 하지만, 앞서 언급한 바와 같이 우리가 우리 몸을 아침에 일어나는 것으로 길들이면 됩니다.

주변에 군대를 다녀온 사람들을 보면 올빼미형 인간이라는 것이 얼마나 허망한 이야기인지를 확인할 수 있을 것입니다. 군대에서 아침 일찍 일어나는 습관을 들인 사람들은 대체로 제대를 하고도 한동안은 아침 일찍 일어납니다. 그리고는 얼마 지나지 않아 다시 올빼미형이 됩니다. 왜일까요? 당연히 그런 삶을 "계속" 살기 때문입니다. 우리의 습관은 항상 누적된 행동의 결과물입니다. 그러니 2027학년도 입시를 준비하는 여러분에게 간곡하게 부탁하는 것은 수면 시간과 같은 행동 패턴들을 '전략적 설계'의 과정을 거쳐서 결정하길 바랍니다. 논리적으로 설득 가능하고, 스스로를 충분히 설득할 수 있는 토대를 가지고 구체적으로 설득하기 시작하면, 전략적 설계는 빛을 발하게 됩니다. 그 전략적 설계가 하나의 완성된 행동이 될 때까지 버티면 우리는 성공을 손에 쥘 수 있게 됩니다.

우리가 공부를 시작하게 되면 또 다른 벽을 마주하게 될 때가 있습니다. 결국 여러분이 원하는 대학은 대체로 전교권에서 우수한 성적을 보이는 학생들이 희망하는 대학일 테니, 스스로 자괴감이 들게 됩니다.

**저런 학생들이 생각하는 대학을 내가 진학할 수 있을까,
내가 이번 기말고사에서 저 학생들을 성적으로 이길 수 있을까?**

이미 실패를 확정짓고 생각을 하고 행동을 한다면, 반드시 실패하게 됩니다. 넘사벽의 내신 학생들이 넘사벽이 될 수 있었던 이유는 선행을 많이 해서가 아니라, 공부량과 패턴이 성적을 올리는 데 적합하기 때문입니다. 그럼 우리의 선택은 그런 공부량과 그런 패턴을 만들 수 있는 방법을 찾는 것입니다.

저자는 고3 때, 뒤늦게 공부를 시작했는데, 공부를 시작할 때의 목표는 엄청 단순했습니다.

전교 1등을 하고 있던 학생보다 책상에서 적게 일어나기

그때를 떠올리면 정말 어리석기 그지없는 전략이었습니다. 하지만, 그 목표를 설정하고, 실제로 혼자서 전교 1등을 하던 학생과 경쟁을 시작했습니다. 전교 1등 학생의 행동 패턴을 분석하고, 그 분석을 토대로 전교 1등 학생보다 공부를 더 하는 것이 당시에 제가 생각했던 최고의 전략이었고, 실제로 전략은 매우 성공적으로 완성 되었습니다. 지금 생각해 보면, 이런 무식한 전략이 성공할 수 있었던 이유

는 대학을 가겠다는 '간절함'이었던 것 같습니다. 간절함은 기적을 만드는 가장 중요한 요소일 수밖에 없습니다. 그러니 넘사벽이라고 생각하지 말고, 도전해 볼 만한 학생으로 생각합시다. 우리 학교의 전교 1등도 학교에서 전교 1등일 뿐이라고 생각하면, 도전할 수 있는 실마리가 생깁니다. 남다른 노력, 남다른 간절함, 남다른 설득 등이 이어진다면, 우리의 도전은 충분히 성공으로 만들어질 것입니다. 실제로는 인식의 문제가 가장 큰 편입니다. 넘사벽이라고 인지하고 말하는 순간, 넘을 수 없는 상태를 전제로 합니다. 그러니 넘사벽 말고, '도사벽(도전할 만한 사차원의 벽)'이라고 계속 이야기해 봅시다. 그러면 도전해 봄직한 이야기들이 만들어지게 됩니다.

앞서 언급한 바와 같이 2027학년도 입시를 준비하는 재학생들의 입장에서 최고의 입시 전략은 최대한 수시 지원 전략을 제대로 수립하는 것입니다. 사실, 상당수의 재학생들은 모두 '난처한' 상황이긴 합니다. 모두가 나름의 고민을 가지고 있고, 나름의 문제점을 가지고 있고, 나름의 불안을 가지고 있습니다. 이러지도 저러지도 못하는 난처한 상황에서는 결국 무엇이 중요한지에 의해서 결정됩니다. 우리는 선택을 해야 하고, 그 선택에는 항상 그만큼의 대가가 따르기 마련입니다. 어쩔 수 없는 난처함이라면, 머뭇거리다가 시기를 놓치지 말고, 지금 당장 의미 있는 선택을 했으면 합니다.

늦지 않았습니다.

chapter 4 | 대한민국 입시 트렌드 대응 전략

난생 처음 한 번의 입시를 성공적으로 '한번'에 끝내기 위한 도전을 위해서는 여러분이 가진 자산이 무엇인지, 어떤 능력이 있는지, 그 능력을 어떻게 활용해서 '최고의 결과'를 만들 것인지에 대한 "진지한" 분석이 필요합니다. 그저 공부가 안된다는 단순한 말보다는 안되는 이유에 대한 '구체적 분석'을 통해 교정해야 할 행동을 찾아가야 합니다. 사실 거의 대부분의 예비 고3들이 교정해야 할 행동은 거의 유사합니다. 오늘날을 살아가는 청소년들에게 공부를 방해하는 요소들은 거의 확정적으로 정해져 있는 경우들이 대부분입니다. 출발은 흰 종이에 여러분의 공부 방해 요인을 차분히, 구체적으로 그리고 무엇보다 솔직하게 적어가야 합니다. 스스로 '중독'의 상태임을 확인하고, 인정하면 우리는 출발점에 서게 됩니다. 출발점에 선 학생들은 처음에는 천천히 걷지만, 이후에는 미친 듯이 달리기 마련입니다. 여러분 그리고 이 글을 쓰는 저자마저도 '완성된 존재'가 아닙니다. 그러니 우리는 여전히 성장의 가능성을 갖고 있는 존재입니다.

**누군가는 성장을 위한 선택을 하고,
또 다른 누군가는 멈춰 있는 선택을 합니다.**

2027학년도 입시를 위한 난 · 처 · 한 전략들이 성공적으로 이뤄질 수 있다고 확신하는 근거는 당연히 여기에 있습니다. 오로지 여러분의 선택과 지속적인 설득만이 우리의 성장을 완성되게 해줄 것입니다. 그러니 부디 주변에 여러분을 사랑해서 도와주기를 간절히 원하고 있는 부모님과 선생님들의 도움을 받으시길 부탁드립니다. 그

분들과의 연대는 여러분의 전략을 보다 풍성하게 만들어 주고, 완전하게 만들어 줄 수 있습니다.

멋진 전략을 만들기 위해 우리의 삶에 대한
질문이 필요합니다.

2027학년도 대한민국 대학입시 트렌드를 세상에 내 놓으며 한없는 아쉬움과 부족함을 느끼게 됩니다. 더 많은 이야기, 더 많은 정보들을 담고 더 의미 있는 입시 성공을 향한 저 나름의 고민을 갈무리합니다. 입시와 교육에 대한 숱한 이야기들, 그리고 그보다 훨씬 더 많은 스피커들이 넘쳐나는 사회에서 그냥 '소음' 하나 더 하는 것은 아닌지, 그냥 다수가 말하는 대로 말하면 마음이라도 편할 텐데⋯⋯.

나름의 교육 철학 가운데에서 가장 중요하게 생각하는 것은 '교육'이라는 말 자체에서 출발합니다. 결국 교육은 배움이며, 배움은 '현재의 알지 못함'을 전제로 합니다. 결국 교육은 실패의 반복일 수밖에 없고, 그 실패를 통한 보다 나은 답을 찾아가는 과정이나 다름이 없습니다. 더 많이 실패해 보고, 더 많이 고민해 보는 과정이 필수적이기에 우리의 배움과 교육은 실패에 관대해야만 합니다. 더 많은 실패에 대해서 우리는 기꺼이 '응원'을 할 수 있어야만 합니다. 하지만, 현실은 냉정하기만 합니다. 한 문제라도 틀려 대학 입시에 문제가 생길 것 같아 대학 교수들을 동원해서라도 학교 시험 문제의 오답 민원을 제기하고, 손톱만큼의 손해도 감당하지 않으려 숱한 학교 폭력 민원이 끊이질 않고 있습니다. 학생들의 실패는 용납할 수 없는 지경에 이르렀고, 학생들은 그 어떤 실패에 대해서도 '숱한' 공격이 예고된 살벌한 사회를 살아가야 합니다.

어떤 대학을 진학했는지는 학생 인생의 성공과 실패를 가늠하는 잣대가 되어졌고, 자녀의 입시 성공 여부가 '부모의 역량'인 것처럼 취급받는 세상이 되어버렸습니다. 그 속에서 실패를 말하고, 실패를 통한 성장을 말한다는 것은 정말 쉽지 않습니다. 하지만, 교육과 입시의 성공에는 항상 본질이 존재하기 마련입니다. 그 본질을 외면하면 '반복되는 실패'는 예정되어 있습니다. 본질을 외면하면 실패를 통한 성장은 요원할 수밖에 없습니다.

에필로그(Epilogue)의 어원은 그리스 신화의 에피메테우스에서 기원합니다. '나중에 깨우치는 사람'이라는 뜻을 가지고 있습니다. 사실, 방점을 어디에 찍느냐의 문제라고 생각합니다. '나중에'에 방점을 찍는 것이 아니라, '깨우치는'에 찍기만 하면 됩니다. 우리 학생들은 아직 인생의 출발점에 서 있습니다. 고2는 여전히 인생의 출발점입니다. 절대 늦지 않았고, 이제 깨우쳤다면 지금이라도 시작하면 됩니다. 우리는 지금까지 수많은 방법을 사용해 왔고, 많은 실패들을 경험했습니다. 놀랍게도 앞으로의 인생에서 더 많은 실패를 경험하게 될 것입니다. 그래서 개인적으로는 이 '실패'들을 매우 소중하게 생각합니다. 숱한 학생들과 상담을 하면서 가장 자주 하는 말 중의 하나를 여러분들과 나누고 싶습니다.

> 실패해도 괜찮아. 하나만 배우자.
> 그럼 같은 실수는 하지 않게 될 거야.

우리의 실패는 '배움'의 과정일 뿐입니다. 어떤 실패도 결과가 되지는 않지만, 그 실패에 머물러 있는 사람에게 그 실패는 안타깝게도 결과가 됩니다. 같은 실패를 할 수밖에 없는 선택을 하는 학생은 당연히 실패에 머물게 됩니다. 상담을 통해 진짜 '전설'을 만든 학생들도 많이 있습니다. 그 학생들의 공통점은 모두 '실패'에 머물지 않는 학생들이었습니다. 자신이 실패했다는 사실을 '인정'하고 그 실패에서 벗어나기 위한 선택을 했습니다. 그리고 그 선택을 쌓아서 전설을 만들었습니다. 우리도 지금보다 나은 선택을 위해 현재를 분석하기 시작할 때 실패에서 일어날 수 있게 됩니다.

2025년에 2학년이 된 성민이와의 상담을 이야기할 필요가 있을 듯합니다. 성민이의 고1 생활은 자신의 표현으로 '암담함' 그 자체였습니다. 내신 성적은 6, 7등급이었고, 학교 프로그램에 참가 신청을 했던 모든 프로그램에 합격하지 못했고, 힘든 방황의 시간을 겪었습니다. 성민이와는 1학년 2학기 기말 고사 후에 상담을 하게 되었는데, 긴 이야기 끝에 성민이는 자신의 삶을 바꾸기 위한 '도전'을 선택하게 되었습니다. 겨울 방학 중 성민이는 학원을 전부 그만두고, 아침 8시 등교, 22시 하교를 반복했고, 24시까지 스터디카페에서의 공부를 강행했습니다. 스마트폰과 패드는 저에게 맡겼고, 자신만의 공부를 "한없이" 이어갔습니다. 겨울방학은 시험이 없기 때문에 사실 자신의 실력이 상승하고 있다는 객관적인 확인도 어렵습니다. 그 모든 상황에도 불구하고 성민이는 자신과의 '타협'을 시도하지 않았습니다. 흔들릴 때마다 상담을 통해서 이야기했던 '인생 문장'을 소리 내어 말하는 것으로 버텨냈습니다. 2학년 1학기 중간고사 후 성민이는 자신이 공부를 잘할 수 있다는 명확한 확신을 가지게 되었습니다. 실제로 성적도 큰 폭으로 상승을 했습니다. 앞서 학습에 대한 모든 언급을 실제로 실천해 낸 학생이기도 합니다. 중간고사 이후에 엄청난 자신감을 가지게 된 성민이는 기말고사까지 자습실에서 '거의 살다시피' 공부를 했습니다. 1학기 기말고사까지 마무리한 시점에서 성민이의 성적은,

국영수 평균 2.7등급
수학은 무려 2등급!!!

이 되었습니다!!! 진심을 가지고, 공부한 학생들이 한 학기 정도면 만들 수 있는 성적입니다. 실제로 몇몇 학생들이 이런 추세를 만들고 있다는 점에서 충분히 일반화가 가능하다는 점을 강조하고 싶습니다. 문제는 제가 근무하고 있는 학교가 내신 성적의 경쟁이 엄청나다는 점입니다. 결국 성민이는 그 모든 경쟁을 이겨낼 수 있는 공부량을 확보했다는 점에서 충분히 우수한 학생임을 스스로 증명했습니다.

다시 강조하고 싶습니다. 원래 공부를 잘하던 학생이 아니었습니다. 지금 이 글을 쓰고 있는 시점에서도 성민이는 자습실 맞은편에서 놀라울 정도의 집중력을 발휘하며 스스로 공부를 하고 있습니다. 2학기에 성민이는 조금 더 성적을 올리게 될 것이고, 결국은 자신이 희망하는 대학보다 더 높은 대학을 진학하게 될 것입니다. 성민이의 선택과 성장은 절대 쉽지 않습니다. 성민이는 남다른 노력을 했고, 그 노력

을 지속했습니다. 그 노력을 지속하는 것이 쉬울 리가 없습니다. 하지만, 성민이의 성장을 위해서는 그 '지속'은 당연히 필요한 과정입니다. 우리는 인생을 살면서 이런 숱한 어려움과 힘든 일을 직면하게 됩니다. 문제는 그 상황에서 우리가 무엇을 선택하느냐에 따라 이후 삶의 모든 것이 결정이 됩니다.

2027학년도 입시를 준비하는 모든 예비 수험생과 학부모 여러분!

우리의 실패는 당연합니다.
하지만,
우리의 성장과 성공도 당연합니다.

결국 우리의 실패와 성공을 결정짓는 것은 '행동의 지속'입니다. 실패할 수밖에 없는 행동을 한다면, 실패는 당연한 것입니다. 성민이처럼 성공할 수밖에 없는 행동을 지속한다면 성공하는 것은 너무도 당연한 것입니다. 결국 성공하는 사람들은 매 순간 성공할 수밖에 없는 선택을 하고, 실패하는 학생들은 매 순간 실패할 수밖에 없는 선택을 쌓아가는 것입니다. 어제 노력한 만큼만 노력하고, 지난 방학 때에 공부했던 패턴으로 만족한다면, 더 이상의 성장은 없습니다. 쉬운 선택을 했으니, 성장은 요원할 뿐입니다. 성민이의 선택은 항상 어려운 선택이었습니다.

여러분 앞에 쉬운 선택과 어려운 선택이 있습니다.
무엇을 선택할 것인가요?
그 선택이 여러분이 어떤 사람인지를 "증명"합니다.

어렵고 힘든 선택을 하는 모든 예비 수험생들에게 열렬한 응원을
보냅니다.

정상에서 만납시다.

◆ 참고 문헌

- 성존 마일스, 2025,『성장지향성』, 오프도어북스
- 카이라 보비넷, 2025,『끝까지 해내는 뇌』, 갤리온
- 샘 리처드, 2025,『스위트 스팟』, 북플레저
- 롭 다이얼, 2025,『행동은 불안을 이긴다』, 서삼독
- 송길영, 2024,『시대예보: 호명사회』, 교보문고
- 김태훈, 이윤형, 2024,『깊은 생각의 비밀』, 저녁달
- 줄리아 켈러, 2024,『퀴팅』, 다산 북스
- 이시한, 2024,『똑똑한 사람은 어떻게 생각하고 질문하는가』, 북플레저
- 대니얼 윌링햄, 2023,『공부하고 있다는 착각』, 웅진 지식 하우스
- 이케가야 유지, 2023,『최적의 공부 뇌』, 포레스트북스
- 요한 하리, 2023,『도둑맞은 집중력』, 어크로스
- 캐럴 드웩, 2023,『마인드셋』, 스몰빅라이프
- 토드 로즈, 2023,『집단 착각』, 21세기 북스
- 안우경, 2023,『씽킹 101』, 흐름 출판
- 리사 제노바, 2022,『기억의 뇌과학』, 웅진 지식 하우스
- 아미시 자, 2022,『주의력 연습』, 어크로스
- 조병영 외, 2022,『읽었다는 착각』, EBS 북스
- 황농문, 2020,『슬로 싱킹』, 위즈덤 하우스
- 캐럴 드웩, 2018,『스탠퍼드 인간 성장 프로젝트 마인드 셋』, 스몰빅라이프
- 헨리 뢰디거, 마크 맥대니얼, 2014,『어떻게 공부할 것인가』, 와이즈베리
- 게리 켈러, 제이 파파산, 2013,『원씽』, 비즈니스북스
- 어디가 www.adiga.kr
- New 학생부 종합 전형 공통 평가 요소 및 평가 항목
- 대학별 2026/2027학년도 대학 입학 전형 시행 계획
- 대학별 발간 자료
  학생부 종합 전형 안내서, 논술 가이드 북, 선행 학습 영향 평가 보고서
  수시 전형 계획서, 선택 과목 안내서, 전공 안내서
- 한국 교육 과정 평가원 발간 자료 및 보도 자료

2027 대한민국 대학입시 트렌드

발행일   2025년 10월 31일 초판 1쇄

지은이   윤윤구
편집 디자인   사사연 B&D
기획 마케팅   이정호

발행인   이재민
발행처   리빙북스
등록번호   109-14-79437
주소   서울시 강서구 곰달래로31길 7 동일빌딩 2층
전화   (02) 2608-8289
팩스   (02) 2608-8265
이메일   macdesigner@naver.com
홈페이지   www.livingbooks.co.kr

ISBN 979-11-87568-43-8 43370
ⓒ 윤윤구, 2025